四川省"十二五"普通高等教育本科规划教材
21世纪普通高等院校系列教材

经济法

JINGJIFA

（第三版）

主　编　彭礼坤
副主编　刘小莉　王永昌　钟绍军

西南财经大学出版社
中国·成都

图书在版编目（CIP）数据

经济法/彭礼坤主编．—3版．—成都：西南财经大学出版社，2020.3
（2021.8重印）
ISBN 978-7-5504-4384-6

Ⅰ.①经…　Ⅱ.①彭…　Ⅲ.①经济法—中国—教材　Ⅳ.①D922.29

中国版本图书馆CIP数据核字（2020）第029947号

经济法（第三版）

主　编：彭礼坤

副主编：刘小莉　王永昌　钟绍军

责任编辑：刘佳庆

封面设计：杨红鹰　张姗姗

责任印制：朱曼丽

出版发行	西南财经大学出版社（四川省成都市光华村街55号）
网　　址	http://cbs.swufe.edu.cn
电子邮件	bookcj@swufe.edu.cn
邮政编码	610074
电　　话	028-87353785
照　　排	四川胜翔数码印务设计有限公司
印　　刷	郫县犀浦印刷厂
成品尺寸	185mm×260mm
印　　张	18.75
字　　数	440千字
版　　次	2020年3月第3版
印　　次	2021年8月第2次印刷
印　　数	2001—3000册
书　　号	ISBN 978-7-5504-4384-6
定　　价	49.80元

21 世纪普通高等院校系列教材

编　委　会

▶▶ 总序

为推进中国高等教育事业可持续发展，经国务院批准，教育部、财政部启动实施了“高等学校本科教学质量与教学改革工程”（下面简称“本科质量工程”），《国家中长期教育改革和发展规划纲要（2010—2020）》也强调全面实施“高等学校本科教学质量与教学改革工程”的重要性。这是落实“把高等教育的工作重点放在提高质量上”的战略部署，是在新时期实施的一项意义重大的本科教学改革举措。“本科质量工程”以提高高等学校本科教学质量为目标，以推进改革和实现优质资源共享为手段，按照“分类指导、鼓励特色、重在改革”的原则，对推进课程建设、优化专业结构、改革培养模式、提高培养质量发挥了重要的作用。为满足本科层次经济类、管理类教学改革与发展的需求，培养具有国际视野、批判精神、创新意识和精湛业务能力的高素质应用型和复合型人才，迫切需要普通本科院校经管类学院开展深度合作，加强信息交流。在此背景下，我们协调和组织部分高等院校特别是四川的高校，通过定期召开普通本科院校经济管理学院院长联席会议，就学术前沿、教育教学改革、人才培养、学科建设、师资建设和社会科学研究等方面的问题进行广泛交流、研讨和合作。

为了切实推进“本科质量工程”，2008 年的第一次联席会议将“精品课程、教材建设与资源共享”作为讨论、落实的重点。与会人员对普通本科的教材内容建设问题进行了深入探讨并认为，在高等教育进入大众化教育的新时期，各普通高校使用的教材与其分类人才培养模式脱节，除少数“985”高校定位于培养拔尖创新型和学术型人才外，大多数高校定位于培养复合型和应用型经管人才，而现有的经管类教材存在理论性较深、实践性不强、针对性不够等问题，需要编写一套满足复合型和应用型人才培养要求的高质量的普通本科教材，以促进人才培养和课程体系的合理构建，推动教学内容和教学方法的改革创新，形成指向明确、定位清晰和特色鲜明的课程体系，奋力推进经济管理类高等教育质量的稳步提高。与会人员一致认为，共同打造符合高教改革潮流、深刻把握普通本科教育内涵特征、满足教学需求的系列教材，非常必要。鉴于此，本编委会与西南财经大学出版社合作，组织了30余所普通本科院校的经济学类、管理学类的学院教师共同编写本系列教材。

本系列教材编写的指导思想是：在适度的基础知识与理论体系覆盖下，针对普通本科院校学生的特点，夯实基础，强化实训。编写时，一是注重教材的科学性和前沿性，二是注重教材的基础性，三是注重教材的实践性，力争使本系列教材做到“教师易教、学生乐学、方便实用”。

本系列教材以立体化、系列化和精品化为特色。一是除纸质教材外，还配备课件、视频、案例、习题等数字化教学资源；二是力争做到“基础课横向广覆盖，专业课纵向成系统”；三是力争把每种教材都打造成精品，让多数教材能成为省级精品课教材、部分教材成为国家级精品课教材。

为了编好本系列教材，我们在西南财经大学出版社的协调下，经过多次磋商和讨论，成立了首届编委会。首届编委会主任委员由西华大学管理学院院长章道云教授担任。2017年，由于相关学院院长职务变动，编委会的构成也做了相应调整。调整后的编委会由西南财经大学副校长张邦富教授任名誉主任，蒋远胜教授任主任，李成文教授、张华教授、周佩教授、赵鹏程教授、董洪清教授、傅江景教授任副主任，20余所院校经济管理及相关学院院长或教授任编委会委员。

在编委会的组织、协调下，该系列教材由各院校具有丰富教学经验并有教授或副教授职称的教师担任主编，由各书主编拟订大纲，经编委会审核后再编写。同时，每一种教材均吸收多所院校的教师参加编写，以集众家之长。自2008年启动以来，经过近十年的打造，该系列现已出版公共基础、工商管理、财务与会计、旅游管理、电子商务、国际商务、专业实训、金融经济、综合类九大系列近百种教材。该系列教材出版后，社会反响好，师生认可度高。截至2017年年底，已有30多种图书获评四川省“十二五”规划教材，多个品种成为省级精品课程教材，教材在西南地区甚至全国普通高校的影响力也在不断增强。

当前，中国特色社会主义进入了新时代，我们要建设教育强国，习近平总书记在党的十九大报告中对高等教育提出明确要求，加快一流大学和一流学科（简称“双一流”）建设，实现高等教育内涵式发展。“双一流”建设的核心是提升学校自身的办学水平，关键是提高人才培养质量和学科建设水平，同时办学声誉得到国际社会的认可。为此，高等学校要更新教育思想观念，遵循教育教学规律，坚持内涵式发展，进一步深化本科人才培养模式改革。而教材是体现高校教学内容和方法的知识载体，是高等院校教学中最基本的工具，也是高校人才培养的基础，因此，高校必须加强教材建设。

为适应“双一流”建设的需要，全面提升高校人才培养质量，构建学术型人才和应用型人才分类、通识教育和专业教育结合的培养制度，满足普通本科院校教师和学生需求，需要对已出版的教材进行升级换代。一是结合教学需要对现有教材进行精心打造。具体而言，贯穿厚基础、重双创的理念，突出创新性、应用性、操作性的特色，反映新知识、新技术和新成果的学科前沿；利用数字技术平台，加快数字化教材建设，打造立体化的优质教学资源库，嵌入可供学生自主学习和个性化学习的网络资源模块。二是根据学科发展的需要，不断补充新的教材，特别是规划旅游类、实训类、应用型教材。

我们希望，通过编委会、主编和编写人员及使用教材的师生的共同努力，将此系列教材打造成适应新时期普通本科院校需要的高质量教材。在此，我们对各经济管理学院领导的大力支持、各位作者的智力成果以及西南财经大学出版社员工的辛勤劳动表示衷心的感谢！

21 世纪普通高等院校系列教材编委会

2018 年 5 月

▶▶ 第三版前言

本教材自2009年9月出版、2011年3月再版以来，深受广大读者的好评和青睐，2014年5月入列四川省“十二五”普通高等教育本科规划教材书目。

本次修订在保持原教材特点和风格的基础上，主要依据最新颁布和修订的《中华人民共和国外商投资法》《中华人民共和国公司法》《中华人民共和国反不正当竞争法》及《中华人民共和国消费者权益保护法》等法律法规对相关章节进行了全面修订，同时根据读者使用中发现的问题对全书再次进行了文字和体例上的更正。

本次修订工作由彭礼坤、缪锌、张坦三位老师完成。其中，缪锌老师对第二、三章做了全面修订，张坦老师对第五章和第十章做了全面修订，彭礼坤教授统纂定稿。

修订工作虽能促进教材更加完善，但错漏与暇疵仍然在所难免，诚望学界同仁与广大读者批评指正。

编者

2020年2月

前言

本教材为满足经济法学教学和实践的需要，紧紧围绕地方经济发展的要求，从企业的法律环境，即企业的内部经营管理和对外经济贸易的角度切入，以经济管理人员应具备的法律素质和能力为全书内容的取舍导向，涵盖了企业法律、公司治理、合同法、票据法、保险法、证券法，也涉及一般被归类为市场规制法的反垄断、反不正当竞争、消费者权益保护、产品质量等方面的法律制度，以及工业产权、劳动以及经济争议解决等法律制度。本书突出了两个特点：其一是教材特色，即立足于经济法学基础理论，简明实用、通俗易懂，力求使读者易于掌握并达到应有的要求。其二是时代特色，即着眼于经济法制的健全，对实践中普遍关心的问题，如电子支票、网络保险等网络规范问题，做了一定的概括和探讨。

本教材的编排适应经济管理类人才在经济法律知识及其应用方面的需求，可作为经济管理类等非法律专业本、专科学生的教学用书，也可作为参与市场经济活动的各类主体普及经济法律知识的参考书。

本教材由彭礼坤教授任主编，刘小莉、王永昌、钟绍军任副主编，各章节写作分工如下：第一章，钟绍军（吉林农业科技学院）；第二章，秦丽华（宜宾学院）；第三、四、五章，刘小莉（四川轻化工大学）；第六章，彭礼坤（四川轻化工大学）；第七章，齐丽艳（吉林农业科技学院）；第八章，袁凤明（吉林农业科技学院）；第九、十三章，任跃斌（西昌学院）；第十章，耿选珍（西昌学院）；第十一章，王永昌（西华大学）；第十二章，邱晓霞（成都大学）；第十四章，缪锌（四川轻化工大学）。全书由刘小莉、王永昌、钟绍军统稿，最后由彭礼坤教授统纂定稿。

本教材在编写过程中，吸收和参考了有关专家教授的研究成果但未能一一列明，在此谨表深深的谢意！同时感谢西南财经大学出版社和四川轻化工大学对本教材的编写和出版所给予的鼎力支持！教材中错漏与不妥之处在所难免，敬请学界同仁与广大读者批评指正，以便再版时修正。

编者

2009 年 7 月

目录

1 / **第一章　经济法基础知识**

第一节　经济法的产生与发展 …………………………………… (1)

第二节　经济法的概念和调整对象 ……………………………… (3)

第三节　经济法律关系 …………………………………………… (9)

思考与练习题 ……………………………………………………… (14)

15 / **第二章　企业法律制度**

第一节　企业法概述 ……………………………………………… (15)

第二节　个人独资企业法 ………………………………………… (16)

第三节　合伙企业法 ……………………………………………… (21)

第四节　全民所有制工业企业法 ………………………………… (29)

第五节　外商投资法律制度 ……………………………………… (32)

思考与练习题 ……………………………………………………… (34)

35 / **第三章　公司法律制度**

第一节　公司与公司法概述 ……………………………………… (35)

第二节　有限责任公司的设立和组织机构 ……………………… (41)

第三节　股份有限公司的设立和组织机构 ……………………… (49)

第四节　公司董事、监事、高级管理人员的任职资格和义务 …… (54)

第五节　公司的融资 ……………………………………………… (55)

第六节　公司的财务会计制度 …………………………………… (59)

第七节　公司合并、分立、增资、减资 …………………………（61）
第八节　公司解散和清算 …………………………………………（62）
第九节　外国公司的分支机构 ……………………………………（64）
第十节　违反公司法的法律责任 …………………………………（65）
思考与练习题 ………………………………………………………（67）

68／**第四章　企业破产法律制度**
第一节　企业破产法律制度概述 …………………………………（68）
第二节　破产申请与受理 …………………………………………（70）
第三节　管理人 ……………………………………………………（73）
第四节　债务人财产 ………………………………………………（75）
第五节　债权申报 …………………………………………………（77）
第六节　债权人会议 ………………………………………………（77）
第七节　重整程序 …………………………………………………（79）
第八节　和解程序 …………………………………………………（81）
第九节　破产清算程序 ……………………………………………（82）
第十节　法律责任 …………………………………………………（84）
第十一节　特殊规定 ………………………………………………（84）
思考与练习题 ………………………………………………………（85）

86／**第五章　竞争法律制度**
第一节　市场竞争与竞争法概述 …………………………………（86）
第二节　反垄断法 …………………………………………………（89）
第三节　反不正当竞争法 …………………………………………（98）
思考与练习题 ………………………………………………………（102）

104／**第六章　合同法律制度**
第一节　合同与合同法概述 ………………………………………（104）
第二节　合同的订立 ………………………………………………（107）
第三节　合同的效力 ………………………………………………（114）
第四节　合同的履行 ………………………………………………（117）
第五节　合同的变更、转让和终止 ………………………………（121）
第六节　违约责任 …………………………………………………（125）
思考与练习题 ………………………………………………………（127）

128/ **第七章　证券法律制度**

第一节　证券与证券法概述 …………………………………………（128）
第二节　证券发行与证券交易制度 ……………………………………（132）
第三节　上市公司收购制度 …………………………………………（136）
第四节　证券监督管理体制 …………………………………………（140）
思考与练习题 ………………………………………………………（142）

143/ **第八章　保险法律制度**

第一节　保险与保险法概述 …………………………………………（143）
第二节　保险合同法 ………………………………………………（144）
第三节　保险业法 …………………………………………………（149）
第四节　网络保险的法律问题 ………………………………………（157）
思考与练习题 ………………………………………………………（159）

160/ **第九章　票据法律制度**

第一节　票据和票据法概述 …………………………………………（160）
第二节　票据一般规则 ………………………………………………（162）
第三节　汇票规则 …………………………………………………（169）
第四节　本票与支票规则 ……………………………………………（177）
第五节　涉外票据的法律适用 ………………………………………（179）
第六节　电子支票的法律问题 ………………………………………（180）
第七节　票据法上的法律责任 ………………………………………（183）
思考与练习题 ………………………………………………………（183）

184/ **第十章　产品质量与消费者权益保护法律制度**

第一节　产品质量法律制度 …………………………………………（184）
第二节　消费者权益保护法律制度 ……………………………………（192）
思考与练习题 ………………………………………………………（202）

203/ **第十一章　工业产权法律制度**

第一节　工业产权法律制度概述 ………………………………………（203）
第二节　专利法律制度 ………………………………………………（204）
第三节　商标法律制度 ………………………………………………（215）
第四节　工业产权的国际保护 ………………………………………（226）
思考与练习题 ………………………………………………………（228）

229/ **第十二章　劳动法律制度**

第一节　劳动法概述 …………………………………… (229)

第二节　劳动合同 …………………………………… (233)

第三节　集体合同 …………………………………… (239)

第四节　工资、工作时间与休息休假 ………………… (242)

第五节　劳动保护与职业培训 ………………………… (245)

第六节　劳动争议的处理 ……………………………… (248)

思考与练习题 ………………………………………… (252)

253/ **第十三章　会计、审计与统计法律制度**

第一节　会计法律制度 ………………………………… (253)

第二节　审计法律制度 ………………………………… (259)

第三节　统计法律制度 ………………………………… (264)

思考与练习题 ………………………………………… (268)

269/ **第十四章　经济争议的解决**

第一节　经济争议的解决方式 ………………………… (269)

第二节　经济仲裁 …………………………………… (270)

第三节　经济司法 …………………………………… (276)

思考与练习题 ………………………………………… (284)

285/ **参考文献**

第一章 经济法基础知识

第一节　经济法的产生与发展

一、经济法的产生

经济法从产生、发展到现在，经历过一个漫长的演变过程。

（一）早期奴隶社会的“诸法合一”状态

在公元前的奴隶社会时期，古代西亚乌尔第三王朝所制定的《乌尔纳姆法典》中，就有了奴隶制国家直接组织和管理经济活动的法律条款，并且是以“诸法合一”的形式出现的。

公元前 18 世纪的古代巴比伦王国时期，国王汉谟拉比主持、制定和颁布的《汉谟拉比法典》中对有关经济方面的内容所做出的规定又有了进一步的发展。在总共 282 条的法典中，既有对财产权、契约、债务及侵犯财产行为所做出的规定，同时也有对土地、房屋所有权的确认，果园的经营，商业的往来和借贷，劳动力的雇佣，畜力、船舶、车辆的使用和租赁，以及对手工业工匠的权利和义务等方面所做出的具体规定。因此，《汉谟拉比法典》一直被看作是古代奴隶制社会时期的一部较完备的法典。

（二）中期封建社会的民法状态

在公元 5~6 世纪的西欧封建社会，东罗马帝国的查士丁尼大帝下令整理、编纂的《罗马法大全》（又称《国法大全》或《民法大全》），对当时商品生产和交换活动中的所有权、债权、契约等方面的问题都做出了详细的规定，它被看做是古代封建社会时期用以调整社会经济关系的最完备的法律。

中世纪的封建社会，欧洲各国先后形成了一系列与封建经济关系相关的法律制度，如《日耳曼法》《教会法》《罗马法》等法典中的“庄园制度”“领地制度”“细册农制度”等。

（三）近代资本主义社会时期经济法的萌芽状态

在19世纪末20世纪初，资本主义社会正由自由竞争经济向垄断阶段发展。一方面，这个时期的商品生产和货币交换已经逐步成为资本主义社会经济发展的核心内容，社会经济关系更加趋向复杂化。同时，由于自由经济和竞争活动的加剧，以及资本的高度集中与垄断组织的相继出现，资本主义社会的固有矛盾空前激化，许多资本主义国家越来越意识到，社会生产中的无限制的自由竞争、生产与销售活动的无政府状态以及经济社会中的高度垄断的趋势，将直接影响到资本主义经济的发展。另一方面，由于社会生产力的高度发展，经济关系趋向复杂多样，也迫切需要有一种能够与之相适应的法律来对社会经济活动进行调节，而以往的综合法典形式已经不能适应社会经济发展的客观需要了。在这种情况下，为了维护资产阶级的利益，巩固其国家政权的统治，各主要资本主义国家相继采取了由国家来直接干预社会经济活动的做法，即开始制定法律对经济活动进行干预。

1890年，美国率先颁布了世界上第一部被认为是经济法的反垄断法，即《谢尔曼法》，这部法律被看做是资本主义国家直接用法律的形式干预社会经济活动的开始，这也是近现代社会所产生的经济法的早期萌芽形式之一。

二、经济法在我国的产生与发展过程

经济法在我国也经历了一个漫长和曲折的发展过程。

（一）新中国成立前我国经济法的发展过程

在我国历史上，很早以前就已经出现了调整经济关系的法律条款。从夏、商、周时期开始，发展到后来的唐、宋、元、明以及清朝的初期，在各个历史时期的法律条款中，都有关于经济方面的法律规定。这些调整经济关系的法律条款，大多是以土地制度和赋税徭役制度为中心做出的。同时对农业和手工业的生产、组织和管理，对商业、航运、劳动安排以及用工制度，牲畜和仓库的管理等，都有一些详细的法律规定。

1840年鸦片战争之后，中西方商贸活动增加，为了适应商品交换关系的发展需要，清朝政府也曾颁布了《商人通则》《公司律》《破产律》《商标注册暂行办法》等少量的单项经济法规。

国民党统治时期，为了维护封建官僚买办资产阶级的利益，国民政府在继承、修改旧法律的基础上，又照搬照抄国外的一些法律，以“中央政府”的名义，先后制定和颁布了诸如《公司法》《工厂法》《专利法》《电业法》《土地法》等120多个经济方面的法律法规，但大多数都没有得到有效的实施。

在民主革命时期，我们的党和人民政府比较重视解放区和革命根据地的经济立法工作，并把这些法律作为管理经济、发展生产、组织商品流通和支援革命战争的重要手段。从1928年我党制定的第一部土地法即《井冈山土地法》开始，到1949年4月25日的《中国人民解放军布告》为止，我国先后制定和颁布了《中华苏维埃共和国土地法》《工商投资暂行条例》《矿山开采出租办法》等，共制定和颁布了近200部经济法规。

（二）新中国成立后我国经济法制建设的发展状况

新中国成立后，为了恢复国民经济，建立和巩固社会主义的所有制，推动社会主义经济建设的发展，国家以及各部门共颁布了 1 000 多部各种法律、法规，而其中直接用来调整经济关系的法律法规就有 800 多部，占全部法律法规总数的 80%。

特别是从 1978 年党的十一届三中全会以来，随着我国经济体制改革的发展和社会主义市场经济体制的确立，经济法作为一种促进社会经济发展，保障改革开放，维护社会经济秩序的重要工具，逐渐受到人们的重视，并且应用范围愈来愈大。为适应我国经济发展的需要，国家先后制定和颁布了各种经济法律法规。近年来，由全国人民代表大会及其常委会和国务院所制定的经济法律法规近八百部；由各省、自治区、直辖市的人大及其常委会和地方人民政府制定的地方性经济法规、法则有近万部。

第二节　经济法的概念和调整对象

一、经济法的概念

经济法是我国社会主义法律体系中的重要组成部分，它是一门独立的部门法。经济法是国家对社会的经济活动实行宏观调控与管理的重要工具，是国家机关、企事业单位、各种社会经济组织以及公民个人在社会经济活动中的行为准则。

所谓经济法，是指国家制定并用以调整国家经济管理机关、企事业单位、其他社会组织及其内部，还有它们与个体生产经营者或公民个人之间在社会经济调控与管理活动，以及在市场经济运行活动过程中所发生的一定范围内经济关系的法律规范的总称。

经济法的概念从理论上概括，具体包括以下三个方面的含义：

首先，经济法本身是一种法律规范，它是国家对社会经济活动进行调控和管理的法律。因此，它对社会的经济活动和行为人的作为与不作为都具有普遍的法律约束力。

其次，经济法是用以调整社会经济关系的法律规范。这种经济关系是为实现一定的经济目的而发生的社会关系，主要包含因经济的调控和管理活动而发生的纵向经济关系、经济运行中开展协作活动而发生的横向经济关系、社会经济组织内部在管理和协作过程中所发生的经济关系，还有涉外活动中所发生的各种经济关系。

最后，经济法是调整社会经济活动中一定范围内的经济关系的法律规范。这种一定范围内的经济关系，主要体现的是上述四个方面的经济关系，这些经济关系共同构成了经济法所调整的社会关系的特殊性要求。

二、经济法的调整对象

经济法的调整对象主要是社会经济活动中的一定范围的经济关系，即在社会经济调控与管理活动以及在市场经济运行活动中所发生的各种经济关系。这些经济关系主要分为四个方面：

（一）经济法调整国家在进行宏观调控和管理活动中所发生的经济关系

所谓宏观调控与管理活动，是国家或政府有意识、有目标地运用各种手段对社会供给总量和需求总量及其构成等主要经济活动所实施的调节和控制的活动。它包括计划、组织、指挥、调节、监督等活动，在这些活动中所发生的经济关系体现的是一种纵向的管理关系。作为调整国家宏观调控和管理活动中的经济关系的经济法，一是要规范宏观调控主体，二是要规范和管理宏观调控行为。在市场经济条件下，经济法把调控主体及其行为作为自己的调整对象是完全必要的。这对于各级政府、各种经济管理机关依据法律规定取得主体资格，确立健全而强有力的宏观调控体系，以其调控行为（包括对竞争管理行为、计划管理行为、价格管理行为、财政金融管理行为、国有资产投资管理行为等方面经济关系的调整）对市场经济的发展施加一定的影响力，对保证市场经济正常有序运行大有益处。

（二）经济法调整社会经济活动中各种行为主体在市场经济运行中所发生的经济关系

国家经济管理机关、企事业单位和其他社会组织以及个体生产经营者和公民个人相互之间，在市场经济运行中，必然会发生广泛的、多形态的横向联系和协作经济关系。经济法主要调整各社会组织、团体及个人相互之间彼此以独立主体的身份平等进行交往的经济联系和经济协作关系；调整各企业、社会组织以及个体生产经营者和公民个人在参与市场经济竞争活动中所发生的各种各样的经济关系，等等。

（三）经济法调整社会经济组织内部在开展经济活动中所发生的经济关系

社会经济组织内部的经济关系是一种特殊的经济关系，这种经济关系既有纵向的管理特点，又有横向联系和协作的要求，同时又是一种纵横交叉、相互结合的经济关系。这种经济关系主要包括：企业或其他经济组织内部围绕着生产、经营、科研等方面的工作所形成的纵向管理和横向协作过程中发生的各种经济关系；在农村的乡、镇、村及其他经济组织，围绕着联产承包责任制以及农村专业承包户相互之间建立起来的各种经济关系。

（四）经济法调整涉外经济活动中所发生的经济关系

涉外经济关系是指国家经济管理机关和社会经济组织在对外经济活动中发生的具有涉外因素的经济关系。具体地说，涉外经济关系包括涉外经济管理机关与企业组织之间的调控与管理关系以及外贸组织、企事业单位与外商之间的市场运行和相互协作的关系，还有在我国的涉外组织内部所发生的各种涉外经济关系，等等。

上述经济管理关系、经济联系和经济协作关系，经济组织内部的经济关系以及涉外经济关系，既相互联系又有所区别，共同构成了我国经济法完整、统一的调整对象。

三、经济法的特征

经济法作为法律体系中的一部独立的部门法，从本质上来说，与其他部门法一样，都具有鲜明的阶级性、国家的强制性和具体的规范性等特点。除此之外，经济法又不同于其他部门法，还具备以下几个法律特征：

（一）经济法具有体系结构上的综合性特征

经济法是一个总的名称，它是由计划管理、工业、农业、商业、交通运输、财政金融、自然资源和环境保护、基本建设、经济协作、涉外经济等各方面的一系列单行经济法律法规所共同组成的综合体系。经济法的这种综合性特点，是由它调整的经济关系所具有的广泛性和统一性决定的。

（二）经济法具有讲求效益的经济性特征

一切经济主体参加经济活动，都是为了实现一定的经济目的。因此，它们在经济活动中必须讲求经济效益，减少浪费，提高效率，力争用最小的劳动消耗取得最大的经济利益。而经济法的作用就在于，国家通过运用法律的形式，以“国家之手”来干预和调整社会经济活动，保证一切合法经营者的经济目的能够得到实现，它是对有关经济方面的内容所做出的法律规定。

（三）经济法具有奖励与惩罚两种措施同时并用的特征

一般来说，法律只是规定对某些行为的限制与惩罚。但是，从某些具体的经济法律法规的相关条款来看，却是采取了奖励与惩罚两种措施同时并用的处理方式。如那些参与经济法律关系的主体在履行义务并卓有成效时，就会根据有关规定受到不同形式的奖励；违反法律规定时，就要受到不同形式的制裁。这也是经济法不同于其他部门法的一个重要特征。

（四）经济法具有明显的专业技术性特征

社会的经济活动与科学技术的发展是紧密相连的。作为经济法来说，既要反映经济规律的客观要求，同时又要符合科学技术发展的现状。无论立法者在经济法的制定上，还是经济法律关系的主体和执法者在组织实施经济法的过程中，都需要了解和掌握一定的科学技术知识，才能适应经济法制建设的需要，保证经济法律法规得到有效执行。

四、经济法的基本原则

（一）经济法基本原则的含义

经济法的基本原则，是指在经济立法、经济执法、经济司法、经济守法中处于指导地位，具有根本性、全局性意义的法律原则。

理解经济法基本原则的含义，应当把握以下两点：首先，立法为经济法所特有。法律原则中宪法原则体现法律的本质属性和根本要求，是国家全部法律都应遵循的基本准则。经济法的原则是宪法原则在经济领域的具体化，但它并不是宪法原则的简单重复。宪法之下，各个法律部门都有自己特有的原则，如运用市场机制与国家宏观调控相结合原则，就是经济法所独有的。其次，它在经济法领域具有指导性和全局性。在经济法领域的诸多法律原则中，只有那些体现国家大政方针，关系国民经济全局性和长远发展问题，并且对于经济法的立法、司法、守法等各个环节具有普遍指导意义的原则，才属于基本原则。经济法基本原则统领其他具体原则，也是经济法体系中各单行法律和各项规范的精神和灵魂。

（二）经济法基本原则的确立依据

尽管我国没有制定经济基本法，并且学者们就经济法基本原则在学理上的概括也不完全一致，但无论从哪个角度概括经济法的基本原则，其基本的依据都是一致的，并且是充分的。

1. 客观经济规律是经济法基本原则的形成基础

经济规律是指经济现象和经济过程中内在的、本质的和必然的联系。经济规律具有客观性，不以人的意志为转移，并以其固有的方式作用于人类社会的经济生活。经济活动符合客观经济规律，则会有效地推动经济发展和社会进步；反之，经济活动违背客观经济规律，不仅不会取得成效，而且要受到它的惩罚。人类长期社会实践的探索，尤其是马克思主义理论体系的建立，为我们认识客观经济规律，并将其运用于经济活动实践创造了条件。经济法的基本原则必须是客观经济规律的集中运用，如生产关系必须适应生产力发展的性质和状况，上层建筑必须适应经济基础发展的要求，国民经济发展综合平衡及价值规律、按劳分配规律等等，都应当是我国经济法律形成的基础。经济规律具有系统性，任何社会条件下，都存在很多经济规律，它们一方面相互联系，共同作用于社会经济生活；另一方面，其中总是有基本经济规律起着主导作用，基本经济规律体现某一社会形态经济生活中最本质的特征，也决定经济发展的根本方向。经济法的基本原则能够突出地反映这些基本经济规律的本质要求，综合运用规律。同时，人类社会经济生活并不是被动地在规律驱使下展开的，而是积极地把握规律、运用规律的过程。经济法在运用经济规律时，既要充分发挥其积极的一面，又要能够有效地限制其消极影响的一面。如竞争的基本规律是优胜劣汰，但这同时会损害社会公平，它要求经济法在建立有效竞争机制的同时，通过完善社会保障体系来兼顾公平。

2. 宪法是经济法基本原则的根本依据

宪法作为国家的根本大法，是其他一切法律的依据。我国宪法规定了国家的基本经济制度，在经济法的基本原则乃至各项具体规范中必须体现和贯彻。宪法关于国家基本经济制度的规定主要是：

社会主义制度是中华人民共和国的根本制度；社会主义经济制度的基础是生产资料的社会主义公有制，即全民所有制和劳动群众集体所有制；社会主义公有制消灭了人剥削人的制度，实行各尽所能、按劳分配的原则；国家在社会主义初级阶段，坚持公有制为主体、多种所有制经济共同发展的基本经济制度，坚持按劳分配为主体，多种分配方式并存的分配制度；国有经济，即社会主义全民所有制经济，是国民经济中的主导力量，国家保障国有经济的巩固和发展；农村集体经济组织实行家庭承包经营为基础、统分结合的双层经营体制，国家保护城乡集体经济组织的合法权利和利益，鼓励、指导和帮助集体经济的发展；国家保障自然资源的合理利用，禁止任何组织或者个人用任何手段侵占或者破坏自然资源；任何组织或个人不得侵占、买卖或者以其他形式非法转让土地，土地的使用权可以依照法律的规定转让；一切使用土地的组织和个人必须合理地利用土地资源；在法律规定范围内的个体经济、私营经济等非公有制经济，是社会主义市场经济的重要组成部分，国家保护个体经济、私营经济的合法权利和利益，国家对个体经济、私营经济实行引导、监督和管理；社会主义的公有财产神圣不可侵犯，国家保护社会主义的共同财产，禁止任何组织或者个人用任何手段侵占或者破坏国家和集体的财产；国家保护公民的合法的收入、储蓄、房屋和其他合法财产的所有权；国家通过提高劳动者的积极性和技术水平，推广先进的科学技术，完善经济管理体制和企业经营管理制度，实行各种形式的社会主义责任制，改进劳动组织，以不断提高劳动生产率和经济效益，发展社会生产力；国家合理安排积累和消费，兼顾国家、集体和个人的利益，在发展生产的基础上，逐步改善人民的物质生活和文化生活；国家实行社会主义市场经济体制；国家加强经济立法，完善宏观调控；国家依法禁止任何组织或者个人扰乱社会经济秩序；国有企业在法律规定的范围内有权自主经营；集体经济组织在遵守有关法律的前提下，有独立进行经济活动的自主权；允许外国的企业和其他经济组织或者个人依照中华人民共和国法律的规定在中国投资，与中国的企业或者其他经济组织进行多种形式的经济合作，它们的合法权利和利益受中华人民共和国法律保护；国家保护和改善生活环境和生态环境，防治污染和其他公害；公民有劳动的权利和义务；公民有依照法律纳税的义务。

宪法的上述内容，对我国的基本经济制度、所有制结构、经济体制、宏观管理与调控作了全面的原则性规定，为经济法基本原则的确定提供了基本依据。

3. 法律、行政法规的规定是经济法基本原则的直接依据

这些规定有的在法律、行政法规的立法宗旨、立法任务和立法精神中体现经济法的基本原则，有的则由法律条文直接做出规范。前者如《中华人民共和国反不正当竞争法》，立法宗旨就是维护公平竞争；后者如《中华人民共和国矿产资源法》直接规定“矿产资源属于国家所有”，体现了坚持社会主义基本经济制度原则。

五、我国经济法基本原则的内容

依据经济法基本原则的上述内在规定，我国经济法基本原则的内容可以概括为以下几个方面：

（一）坚持社会主义基本经济制度原则

社会主义基本经济制度，是我国经济立法的基础和前提，经济法必须以各种法律形式和调整手段，保障、贯彻和发展社会主义基本经济制度。社会基本经济制度包括生产资料所有制和分配制度。我国正处于社会主义初级阶段，在生产资料所有制上实行社会主义公有制为主体、多种所有制经济共同发展的制度；在分配上实行以按劳分配为主体，多种分配方式并存的制度。其中，以公有制为主体、多种所有制共同发展的制度，是社会主义经济制度的基础和基本特征，它适应我国经济发展的客观要求，是解放生产力、发展生产力、巩固社会主义生产关系的根本经济制度保证。

坚持公有制为主体、多种所有制经济共同发展制度，一是要坚持、保障公有制经济的主体地位。国有经济控制国民经济命脉，对经济发展起主导作用。这种主导作用主要体现在其控制力上，对关系国民经济命脉的重要行业和关键领域，国有经济必须占支配地位；在其他领域则应通过资产重组等形式提高国有资产的经营效益和整体质量，而不能仅仅着眼于其数量比重的大小。集体经济是公有经济的另一种重要形式，特别是在农村经济发展中居于主体地位，应当通过深化农村经济体制改革，壮大集体经济实力，发展多种形式的合作经济，引导农民走共同富裕的道路。经济法还要为城市集体经济的改革与发展提供制度保证。二是保障社会主义公有财产不受侵犯。其中包括保护国有资产和国有自然资源不受侵犯；保护城乡集体财产不受侵犯；保证国有经营性资产保值增值。三是保护个体经济、私营经济的合法权利和利益，对其实行引导、监督和管理。四是保护公民个人的合法财产不受侵犯。五是保护外国投资者在我国的合法权利和利益，规范其生产经营行为。

坚持按劳分配为主体，多种分配方式并存的制度，一是要调整分配关系，真正体现多劳多得，少劳少得；二是要把按劳分配和按生产要素分配结合起来，既鼓励一部分人通过诚实劳动和合法经营率先致富，也鼓励和保护资本、技术等生产要素参与收入分配；三是杜绝非法收入，整顿不合理收入，调节过高收入，救济过低收入。

（二）市场机制与国家干预相结合原则

1993 年 3 月 29 日第八届全国人民代表大会第一次会议通过的《中华人民共和国宪法修正案》做出了“国家实行社会主义市场经济”的规定，把它确定为一项宪法原则，确立了我国经济体制改革的目标。坚持市场机制与国家干预相结合的经济法原则，是实行社会主义市场经济的基本要求。由计划经济向市场经济转变，集中表现为资源配置方式由计划配置转向在国家宏观调控下的市场机制为主。市场机制的建立和完善，有利于充分优化资源配置，调动市场主体的生产经营积极性，促进科学技术进步和管理水平的提高，是经济体制改革的核心环节。它要求：依法确认市场主体资格，赋予企业和其他经济组织自主经营和独立参与市场竞争的权利；发展包括资本、劳动力、技术等生产要素市场在内的市场体系，完善价格形成机制；健全市场规则，加强市场管理，消除垄断、不正当竞争、地区封锁等市场障碍，建立统一、公平、开放、充分竞争的市场秩序。

市场机制必须与国家干预相结合，原因在于市场机制这只“看不见的手”存在天然的缺陷，诸如不完全竞争的存在、竞争条件的先天不公平、外部经济效果以及竞争引起的收入差距拉大等，需要政府宏观调控和微观制度去矫正。只有将市场机制与国家干预有机结合起来，才能既激发经济发展的巨大活力，又保证其平衡、稳健、协调和可持续性。市场机制下国家干预社会经济活动的要求，一是政府由直接管理经济转向宏观调控。经济法要确认和保障政府宏观调控的权限，保证政府对国民经济发展的方向、进程、结构、质量等的有效控制。二是规范宏观调控的手段，由传统的行政命令、行政指挥手段为主，转向依靠基础建设、计划引导、政策调节、市场服务为主。三是完善微观经济制度，有效管理市场交易行为。

（三）保护社会公平原则

保护社会公平，是法律的根本价值目标之一，经济公平则是社会公平的决定性因素。公平包括形式公平和实质公平两方面。形式公平指的是机会均等和法律地位平等，追求的是公平竞争；实质公平则是指结果公平。由于每个人的社会地位、经济实力、先天禀赋及个人能力存在差异，使得很多情况下仅靠形式公平难以实现实质公平，传统民商法以个人权利为本位，强调形式公平，但其结果在微观领域会因竞争条件的不平等而导致个人之间物质财富、工作条件、生存空间的差距，造成形式与实质的背离；在宏观领域则无法解决垄断、分配不公、宏观经济总量失衡的问题。经济法在维护形式公平的同时，更注重社会实质公平的实现，通过订立一些形式上看似不公平的义务性条款，维护实质的公平，如通过税收调控分配关系，通过社会保障救助社会弱者，通过劳动关系中的强制性规定保护劳动者的合法权益，通过反垄断等保持市场充分竞争等。

（四）权利义务与责任相统一原则

权利义务与责任相统一原则，是指包括国家在内的经济法主体，在经济法律关系中权利、义务、责任集于一身，相互统一的原则。这里的权利，是指依法享有的经济权利（国家机关的经济职权）；义务，则是与权利相对应的经济义务（职责）；责任，是违反经济义务（职责）所应承担的法律后果。权利义务与责任相统一原则是社会公平原则的延伸，是明确经济法主体权利义务和责任的依据。坚持这一原则的要求是：国家机关行使调控和管理权力必须与其担负的经济管理职责相统一，公共经济管理职能决定了其职权范围，任何国家机关及其工作人员都不能超越职权、牟取私利；国家作为国有财产的代表，与其他任何财产所有者在生产经营领域享有同样的权利，承担同样的义务；任何市场主体在充分享有生产经营权利的同时，都应当履行相应的经济义务；任何违反经济义务的行为，都必须承担相应的消极的法律后果；在企业内部的权利划分上，明晰财产所有权、法人产权和企业经营权；围绕所有者财产权利的实现划分企业职能部门的职责，建立内部的制衡关系；在劳动合同关系中，劳动者的报酬与其工作业绩相统一。

经济法上述四项基本原则是相互密切联系的有机整体；坚持社会主义基本经济制度原则是前提和基础，市场机制和国家干预原则是宏观运行模式，保护社会公平原则是价值目标，权利义务与责任相统一原则是微观活力的源泉。

第三节　经济法律关系

一、经济法律关系的概念和构成要素

（一）法律关系的概念

法律关系是指社会关系经法律规范调整所形成的当事人之间的权利义务关系。法

律关系具有如下特征：

（1）法律反映的是国家意志，法律关系因而属于意志关系，而不属于物质关系。

（2）法律关系是经法律规范调整所形成的关系，它以法律规范的存在为前提。

（3）法律关系以当事人之间的权利义务为内容，明确界定权利义务，是法律调整社会关系的根本目的。

（4）法律关系内容的实施以国家强制力作为保证。

不同法律规范调整不同的社会关系，因而形成不同的法律关系。民法调整平等主体间的财产和人身关系，形成民事法律关系；行政法律规范调整行政管理关系，形成行政法律关系；刑法调整犯罪的认定与惩罚关系，形成刑事法律关系。可见，任何法律关系都是由这个法律部门调整相应的社会关系所形成的一种权利义务关系。

（二）经济法律关系的概念和构成要素

经济法律关系是经济法律规范所确认和保护的在国家参与、管理和协调经济运行中形成的权利义务关系。

经济法律关系与其他法律关系的区别，主要表现在它所依据的法律规范以及该法律规范所调整的对象和所形成法律关系的内容上。经济法律关系的形成依据是经济法；经济法以国家在参与、管理和协调经济运行中形成的社会关系为调整对象；所形成的法律关系以经济权利和经济义务为内容。

经济法律关系同其他法律关系一样，由主体、内容和客体三个要素构成。

二、经济法律关系的主体

（一）经济法律关系主体的概念

经济法律关系主体又称经济法主体，是指参加经济法律关系，享有一定经济权利和承担一定经济义务的当事人。在经济法律关系中享有权利的一方为权利主体；承担义务的一方为义务主体。通常，双方当事人在经济法律关系中都既享有权利，同时也承担义务。

判断当事人是否构成经济法律关系的主体，其主要依据是：

（1）作为主体，必须以自己的名义参加经济法律关系。凡是主体的代理人、代表人及组成部门，都不具有主体地位。

（2）作为主体，必须是经济法律关系中权利义务的承担者。

（3）作为主体，必须能够独立或相对独立地承担财产责任。独立承担财产责任是指完全以自己拥有所有权或处分权的财产作为责任财产。相对独立地承担财产责任是指像个人独资企业、合伙企业等，尽管可以作为市场主体，但要由其投资人承担无限责任或无限连带责任。不能承担财产责任的组织和个人，不能成为经济法律关系的主体。

（二）经济法律关系的主体资格

任何组织和个人参与经济法律关系，必须依法取得主体资格，即具备参与经济法律关系的权利能力和行为能力。经济法律关系主体资格的取得，必须具备法律规定的条件并经过相应的程序。例如：国家行政机关依据宪法和法律经国家权力机关批准成立；企业经工商行政管理部门核准登记成立，部分企业在注册登记之前还要经政府有关部门审批，等等。经济法律关系主体必须在法律规定或在法律认可的范围内从事经济行为，超出范围则不具有经济法律关系主体资格。

（三）经济法律关系主体的种类

依据其在经济法律关系中的地位、职能的不同，经济法律关系主体可作如下分类：

1. 经济管理主体

经济管理主体是指依法成立的，承担对国民经济发展实施决策、组织、管理和协调职能的组织或机构，包括国家及其职能机构如国家权力机关、国家行政机关、国家审判机关、国家检察机关等。国家机关在法律规定的范围内，行使各自的经济管理职权，并承担相应的义务。国家机关的职能，既是国家职能的组成部分，其结果又由国家承担，由此可见，国家是经济管理的当然主体。

2. 经济活动主体

经济活动主体是指依法参加商品生产、分配、交换、消费活动的组织和公民个人。这类主体包括：

（1）企业、事业单位和社会团体。企业是集合劳动力、资本、技术、管理等要素，以营利为目的的自主经营的商品经济组织，包括各类法人企业和非法人企业。事业单位如学校、公益性医院等，社会团体如工会、妇联等，也是经济法律关系的主体。

（2）企业的内部组织和有关人员。在企业内部经济管理关系中，企业的组织机构（如股东大会、董事会）及有关人员（如股东、董事、经理、职工）享有主体资格。

（3）农村承包经营户、个体工商户、公民个人。农村承包经营户是指作为农村集体经济组织成员的农户，依法同集体订立农地等承包经营合同，从事农业生产经营的经济形式；个体工商户是指城乡居民以营利为目的，主要靠自身劳动（包括少量雇工），从事工商业生产经营的个体经济。他们和公民个人除了可以参加民事法律关系外，还在经济管理和经济活动中同国家机关及企业、事业单位和社会团体发生经济关系，成为经济法律关系的主体。

此外，国家在一定条件下也可以作为经济活动的主体，如国家出让国有土地使用权、发行国债等。

三、经济法律关系的内容

经济法律关系的内容，是指经济法主体所享有的经济权利和承担的经济义务。它是形成经济法律关系的核心，没有经济权利和义务，经济法律关系就不可能存在。经济权利和经济义务相互对立又相辅相成，一方的权利就是他方的义务，而权利的取得则要以履行相应的义务为前提。

（一）经济权利

经济权利，是指经济法主体依法享有的自己为或不为一定行为和要求他人为或不为一定行为的资格。不同的经济法主体享有不同的经济权利。

1. 经济职权

经济职权是指国家机关所享有的管理、协调经济运行的权力。经济职权是国家经济职能在法律上的体现，其产生基于国家授权，为国家机关所专有，并具有命令与服从的隶属性质。正确行使经济职权，是市场经济条件下国家干预经济生活的主要形式。因此，对国家机关而言，它是职权与职责的统一。

经济职权依其行使主体及具体内容的不同，可以分为经济立法权、经济行政权（包括经济决策、经济命令、经济指导、资源配置、经济调节、经济监督等项权能）和经济司法权等。

2. 经济权利

随着社会主义市场经济体制的建立，国家管理经济逐步由行政直接干预为主转变为依法间接调控为主，经济法主体的经济权利范围也不断扩大并受到更为有效的保护。经济权利主要有：

（1）国有资产管理权。这是指国家授予有关部门对国有资产进行管理的权利。这种权利是国家行使其财产所有权的具体形式，是国家行政权与国家财产所有权分离、国家所有权与企业经营权分离的体现。国有资产管理权的表现形式主要有：资产登记权、投资权、经营方式选择权、收益权、资产稽核权、资产处分权等。

（2）国有企业经营权。它是指国有企业对国家授予其经营管理的财产享有的占有、使用收益和依法处分的权利。该项权利是由国家财产所有权派生的权利，权利范围依据国家授权确定。

（3）企业经营自主权。它是指除国有企业以外的其他各种类型企业对自己的财产所享受的占有、使用、收益和处分的权利以及在核定的范围内从事生产经营活动的权利。与国有企业经营权不同，它是投资人财产所有权和企业生产经营活动权的综合，不同类型的企业在具体内容上有所区别，但其目的都是授予企业独立或相对独立的市场主体资格，这对市场竞争机制的形成具有重要意义。

（4）农业承包经营权。它是农村集体经济组织成员享有的通过与集体订立合同，承包集体的土地等生产资料从事农业生产经营的权利。

3. 请求权

请求权是指经济法主体享有的在其合法权益受到侵犯时要求侵权人停止侵权行为或要求有关国家机关保护其合法权益的权利。请求权主要包括要求赔偿权、请求行政复议权、请求仲裁权、经济诉讼权等。

（二）经济义务

1. 经济职责

经济职责是指国家机关行使经济职权时必须为或不为一定行为的法律要求。作为的职责是主动行使经济管理职能，制订和完善经济发展计划，对国民经济运行进行宏观管理和调控，监督市场主体的生产经营行为等；不作为的职责是指以不作为某种行为的方式履行职责，即不滥用国家机关的经济职权。经济职责是国家机关的职务责任，其职责范围与该机关的经济职权相一致。

2. 经济义务

经济义务是除国家机关以外的经济法主体在经济法律关系中必须为或不为一定行为的约束。其中作为的义务主要是：第一，贯彻执行国家的方针、政策、法律和法规。这是所有经济法主体都必须履行的基本义务。第二，服从合法的经济调控。第三，依法缴纳税金和其他费用。第四，全面履行协议和合同。不作为的义务主要是：不侵犯其他经济法主体的合法权益。

经济法主体不履行经济义务，则要承担相应的法律责任。

四、经济法律关系的客体

经济法律关系的客体，是指经济法主体享有的经济权利和承担的经济义务所共同指向的对象。客体是主体权利和义务借以实现的载体，权利和义务的性质、具体内容等通过客体得以表现。因此，客体要素在经济法律关系中必不可少。经济法律关系的客体主要有以下几类：

（一）财物

作为经济法律关系客体的财物，是指可以为经济法主体控制、支配的，有一定经济价值和实物形态的物品，以及充当一般等价物的货币和货币衍生物的有价证券。依据法学和经济学理论，财物类客体可分为生产资料和生活资料、固定资产和流动资金、流通物、限制流通物和禁止流通物，种类物和特定物，有形物和无形物，货币和有价证券等。

（二）经济行为

作为经济法律关系客体的经济行为，是指经济法主体为实现一定经济目的所进行的行为。它包括经济管理行为、完成工作行为、提供劳务行为。

（三）智力成果

智力成果，是经济法主体运用知识和智力所做出的具有经济价值的创造性成果，如专利、专有技术、计算机软件、注册商标、生产经营标记等。

五、经济法律关系的保护

经济法律关系的保护，即对经济法主体的经济职权和经济权利的保护。其目的是运用国家强制力，使经济法律关系在受到损害时得以救济，损害行为受到追究。

（一）经济法律关系的保护措施

我国的经济法律关系保护措施，主要有以下几种：

1. 行政执法保护

经济法律关系的行政执法保护，是指国家行政机关通过行政执法活动对经济法主体权利的保护。行政执法的措施包括强制履行、行政处罚、行政复议等。

2. 诉讼保护

经济法律关系的诉讼保护，是指在人民法院主持下，通过诉讼活动解决经济纠纷，制裁经济犯罪，从而使经济法主体的权利得以保护，包括民事诉讼、行政诉讼、刑事诉讼三种。民事诉讼是人民法院依据民事诉讼法和经济实体法的规定，对平等主体当事人之间的经济纠纷进行审理裁判的活动；行政诉讼是人民法院依据行政诉讼法和行政法、经济法的规定，对公民、法人及其他组织不服行政经济行为而起诉的案件的审理裁判活动。刑事诉讼是审理刑事犯罪案件，制裁犯罪的诉讼活动。民事诉讼、行政诉讼和刑事诉讼以人民法院的公正审判为手段，并以国家强制力为后盾，是维护经济法主体权益的有效措施。

3. 仲裁保护

仲裁保护是指依法设立的仲裁机构对当事人通过合意自愿交由其审理的争议，做出对当事人有拘束力的裁决的活动。仲裁是保护经济法律关系、解决经济纠纷的重要形式。

4. 检察保护

经济法律关系的检察保护，是国家检察机关通过经济检察和对重大经济纠纷案件、经济行政条件提起抗诉或参与诉讼活动，保护经济法主体合法权益的活动。其中的经济检察是检察机关对涉嫌贪污、贿赂、偷税、抗税等经济犯罪条件直接侦查起诉的活动。

（二）经济法律责任

保护经济法律关系的基本手段，是追究违法行为人的经济法律责任。所谓经济法律责任，是指经济法主体因实施了违反经济法律法规的行为而应承担的消极的法律后果。根据我国法律的规定，违反经济法的法律责任种类有：

1. 行政责任

行政责任是指国家行政机关依照行政程序对违反经济法律法规的社会组织和公民个人所做的处罚。行政处罚的方法包括罚款、责令停业、加收滞纳金、没收非法所得、吊销营业执照等。

2. 民事责任

民事责任是指社会组织和公民个人因侵犯他人民事权利或违约所应承担的法律后果，其基本形式是赔偿损失，责任的性质具有补偿性。

3. 刑事责任

刑事责任是指人民法院依据刑法和经济法的规定，对经济犯罪行为人所给予的制裁。经济犯罪行为严重危害经济法律关系，因而对其行为人的制裁措施也是最为严厉的。

思考与练习题

1. 经济法的概念及调整对象是什么？
2. 经济法的特征及基本原则有哪些？
3. 简述经济法的产生及其发展阶段。
4. 经济法律关系的概念和构成要素是什么？
5. 经济法律关系的内容及保护措施有哪些？

第二章 企业法律制度

第一节 企业法概述

一、企业的概念、特征和种类

（一）企业的概念

企业是指依法设立的自主经营、自负盈亏、独立核算的，从事生产经营或服务活动的营利性经济组织。从法律角度看，凡是经合法登记注册、拥有固定地址而相对稳定的经营组织，都属于企业。

（二）企业的特征

1. 企业是社会经济组织

企业是人、物要素的集合体，有自己的机构及工作程序要求，从事生产经营活动或与之相关的服务活动。

2. 企业具有营利性

企业是以营利为目的从事生产经营活动的社会经济组织。企业要通过生产经营活动，以尽可能少的劳动耗费获得尽可能多的经济效益，以满足投资者实现自身经济利益的需要。

3. 企业实行独立核算

企业要在银行单独开设结算账户，独立建立账簿、编制财务会计报表，独立计算盈亏。

4. 企业是依法设立的社会经济组织

企业是依照一国的法律设立的，并且受到该国法律的认可和保护。

（三）企业的种类

1. 按企业组织形式和财产责任方式的不同，企业划分为个人独资企业、合伙企业和公司企业

个人独资企业是指一个自然人投资经营，并对企业债务承担无限责任的企业。合伙企业是指由两个以上的投资者共同出资、共同经营、共享收益共担风险的企业，投资者对企业债务负无限连带责任。就企业的法律地位来说，这两类企业不具有法人资格。公司企业是依公司法组建的具有法人资格的企业。

这种分类法因其财产责任形式明确，因此成为现代各国通行的企业法律形态。

2. 按生产资料所有制的不同，我国将企业划分为全民所有制企业、集体所有制企业、私营企业和外商投资企业

全民所有制企业，或者称国有企业，是指由中央或地方的一个财政主体或一个国有企事业单位设立，利用全民所有的财产从事生产经营的企业。集体所有制企业，是指企业财产归一定范围内的社会成员集体所有的企业。私营企业则是企业的财产属于私人所有，由私人投资经营的企业。此外，还有我国政府积极鼓励外国资本有条件地进入国内市场而允许设立的外商投资企业。

3. 按企业的所属行业，可将企业分为工业企业、农业企业、商业企业、建筑企业、各种服务性企业等。

4. 按企业规模不同，可将企业分为大型企业、中型企业、小型企业。

5. 按企业行政隶属的不同，可将企业分为中央企业、地方企业、乡镇企业等。

二、企业法概述

企业法是指调整企业在设立、组织形式、管理和运行过程中发生的经济关系的法律规范的总称。从法律的角度讲，企业是依法成立，具有一定的组织形式，独立从事生产经营或服务活动的经济组织。企业法是以确认企业法律地位为主旨的法律体系。广义企业法是规范各种类型企业的法律规范的总称，包括按企业财产责任形式划分的独资企业、合伙企业和公司企业；也包括按照所有制形式划分的国有企业、集体企业、私营企业和外商投资企业。

本章主要介绍个人独资企业法、合伙企业法、全民所有制工业企业法以及外商投资法。

第二节　个人独资企业法

一、个人独资企业

（一）个人独资企业的概念和特点

个人独资企业是指依照法律在中国境内设立，由一个自然人投资，资产为投资人

所有，投资人以其个人财产对企业债务承担无限责任的经营实体。独资企业是一种很古老的企业形式，至今仍广泛存在于商业经营中，其典型特征是个人出资、个人经营、个人自负盈亏和自担风险。

个人独资企业的特点：

（1）个人独资企业是由一个自然人投资的企业。投资人是具有完全民事行为能力的中国公民。

（2）个人独资企业的投资人对企业的债务承担无限责任。个人独资企业不具有法人资格，不能独立承担法律责任。

（3）个人独资企业的内部机构设置简单，经营管理方式灵活。企业主享有决定企业一切事项的权力。

（4）对投资者的出资数额、出资方式没有强制性规定。

（二）个人独资企业法

个人独资企业法是指国家在调整个人独资企业经营活动中形成的经济关系的法律规范的总称。《中华人民共和国个人独资企业法》（以下简称《个人独资企业法》）于1999年8月30日由第九届全国人民代表大会第十一次会议通过并公布，自2000年1月1日起实施。

个人独资企业法只适用于个人独资企业，不适用于国有独资企业、外商投资企业、合伙制企业及其他公司类企业。

二、个人独资企业的设立

（一）设立条件

我国对个人独资企业的设立一般采取准则主义原则，即只要符合设立条件，企业即可登记成立。如果个别独资企业拟从事法律、行政法规规定须报经有关部门审批的业务，应当在申请设立登记时提交有关部门的批准文件。设立个人独资企业应当具备以下条件：

（1）投资人为一个自然人，且只能是中国公民。

（2）有合法的企业名称。企业名称必须符合法律、行政法规的规定，应当真实表现企业的性质、组织形式等特征。比如，个人独资企业中不得使用“有限”“有限责任”或者“公司”字样，可用厂、店、中心、工作室、部等名称。

（3）有投资人申报的出资。出资可以用货币、实物、土地使用权、知识产权或者其他财产权利出资。采取货币以外的形式出资的，应将其折算成货币数额。投资人申报的出资额应当与企业的生产经营规模相适应。以家庭共有财产作为出资的，投资人应当在登记申请书上给予注明。

（4）有固定的生产经营场所和必要的生产经营条件。

（5）有必要的从业人员。

（二）设立程序

申请设立个人独资企业，应当由投资人或者其委托的代理人向企业所在地的登记机关提出设立申请。但要提交如下相关文件：设立申请书；投资人身份证明；企业住所证明和生产经营场所使用证明等文件；委托代理人申请设立登记的，应当提交投资人的委托书和代理人的身份证明或者合法证明；其他文件。

从事法律、行政法规规定须报经有关部门审批的业务的，应当提交有关部门的批准文件。

登记机关应当在收到设立申请文件之日起15日内，对符合《个人独资企业法》规定条件的予以登记，并发给营业执照；对不符合的，不予登记，并发给企业登记驳回通知书。个人独资企业的营业执照的签发日期，为个人独资企业成立日期。在领取个人独资企业营业执照前，投资人不得以个人独资企业名义从事经营活动。

个人独资企业设立分支机构，应当由投资人或者其委托的代理人向分支机构所在地的登记机关申请设立登记，领取营业执照。分支机构经核准登记后，应将登记情况报给该分支机构隶属的个人独资企业的登记机关备案。分支机构的民事责任由设立该分支机构的个人独资企业承担。

三、个人独资企业的投资人及事务管理

（一）投资人的条件、权利及责任

个人独资企业的投资人为具有中国国籍的自然人。法律、行政法规禁止从事营利性活动的自然人，包括国家公务员、人民警察、法官、检察官，不得作为投资人申请设立个人独资企业。

个人独资企业的投资人对本企业的财产依法享有所有权，其有关权利可以依法进行转让或继承。企业的财产不论是投资人的原始投入还是经营所得，均归投资人所有。个人独资企业投资人对企业的债务要承担无限责任。

个人独资企业投资人在申请企业设立登记时，明确以其家庭共有财产作为个人出资的，应当依法以家庭共有财产对企业债务承担无限责任。

（二）个人独资企业的事务管理

1. 个人独资企业事务管理的内容

（1）会计事务管理。个人独资企业应当依法设置会计账簿，进行会计核算。

（2）用工事务管理。个人独资企业招用职工，应当依法与职工签订劳动合同，保障职工的劳动安全，按时、足额发放工资。

（3）社会保险事务。个人独资企业应当按照国家规定参加社会保险，为职工缴纳社会保险费。

2. 个人独资企业事务管理的方式

个人独资企业事务管理的方式可以是自行管理企业事务，也可以委托或者聘用其他具有民事行为能力的人负责企业的事务管理。投资人委托或者聘用他人管理个人独资企业事务，应当与受托人或者被聘用的人签订书面合同，明确委托的具体内容和授予的权利范围。投资人对受托人或者被聘用的人员职权的限制不得对抗善意第三人。受托人或者被聘用人超出投资人授权范围与善意第三人的有关业务交往有效。

《个人独资企业法》的规定，投资人委托或者聘用的管理个人独资企业事务的人员不得有下列行为：利用职务上的便利，索取或收受贿赂；利用职务或工作上的便利侵占企业财产；挪用企业的资金归个人使用或者借贷给他人；擅自将企业资金以个人名义或者以他人名义开立账户储存；擅自以企业财产提供担保；未经投资人同意，从事与本企业相竞争的业务；未经投资人同意，同本企业订立合同或者进行交易；未经投资人同意，擅自将企业商标或者其他知识产权转让给他人使用；泄露本企业的商业秘密；法律、行政法规禁止的其他行为。

四、个人独资企业的权利和工商管理

（一）个人独资企业的权利

（1）依法申请贷款。

（2）依法取得土地使用权。

（3）拒绝摊派权。

（4）法律、行政法规规定的其他权利。

（二）个人独资企业的工商管理

根据《个人独资企业法》的规定，个人独资企业在存续期间登记事项发生变更的，应在做出变更决定之日起 15 日内依法向登记机关申请办理变更登记。

登记机关应当在收到按规定提交的全部文件之日起 15 日内，做出核准登记或者不予登记的决定。予以核准的，换发营业执照或者发给变更登记通知书；不予核准的，发给企业登记驳回通知书。

根据《个人独资企业登记管理办法》的规定，个人独资企业应当按照登记机关的要求，在规定的时间内接受年度检验。任何单位和个人不得伪造、涂改、出租、转让营业执照。任何单位和个人不得承租、受让营业执照。

五、个人独资企业的解散和清算

（一）个人独资企业的解散

个人独资企业的解散是指独资企业因出现某些法律事由导致其民事主体资格消灭的行为。个人独资企业有以下情形者应当解散：投资人决定解散；投资人死亡或者宣告死亡，无继承人或者继承人决定放弃继承；被依法吊销营业执照；法律、行政法规规定的其他情形。

（二）个人独资企业的清算

独资企业的清算是处理企业未了结的法律关系的程序。清算结束，进行注销登记，独资企业才最后消灭。

1. 通知和公告债权人

个人独资企业解散，可由投资人自行清算或者由债权人申请人民法院指定清算人进行清算。投资人自行清算的，应当在清算前 15 日内书面通知债权人；无法通知的，应当予以公告。债权人应当在接到通知之日起 30 日内，未接到通知的应当在公告之日起 60 日内，向投资人申报其债权。

2. 财产清偿顺序

个人独资企业解散的，财产应当按照下列顺序清偿：

（1）所欠职工工资和社会保险费用；

（2）所欠税款；

（3）其他债务。

个人独资企业财产不足以清偿债务的，投资人应当以其个人的其他财产予以清偿。

3. 清算期间对投资人的要求

清算期间，个人独资企业不得开展与清算目的无关的经营活动。在按前述财产清偿债务前，投资人不得转移、隐匿财产。

4. 投资人的持续清偿责任

个人独资企业解散后，原投资人对个人独资企业存续期间的债务仍应承担偿还责任，但债权人在五年内未向债务人提出偿债请求的，该责任消灭。

5. 注销登记

个人独资企业清算结束后，投资人或者人民法院指定的清算人应当编制清算报告，并于清算结束之日起 15 日内向原登记机关申请注销登记。

六、违反《个人独资企业法》的法律责任

（一）投资人违法行为应承担的法律责任

（1）违反《个人独资企业法》规定，提供虚假文件或采取其他欺骗手段，取得企业登记的，责令改正，处以 5 000 元以下的罚款；情节严重的，并处吊销营业执照。

（2）个人独资企业使用的名称与其在登记机关登记的名称不相符合的，责令限期改正，处以 2 000 元以下的罚款。

（3）涂改、出租、转让营业执照的，责令改正，没收违法所得，处以 3 000 元以下的罚款；情节严重的，吊销营业执照。伪造营业执照的，责令停业，没收违法所得，处以 5 000 元以下的罚款。构成犯罪的，依法追究刑事责任。

（4）个人独资企业成立后无正当理由超过 6 个月未开业的，或者开业后自行停业连续 6 个月以上的，吊销营业执照。

（5）违反《个人独资企业法》规定，未领取营业执照，以个人独资企业名义从事经营活动的，责令停止经营活动，处以 3 000 元以下的罚款。个人独资企业登记事项发生变更时，未按《个人独资企业法》规定办理有关变更登记的，责令限期办理变更登记；逾期不办理的，处以 2 000 元以下的罚款。

（6）违反《个人独资企业法》规定，侵犯职工合法权益，未保障职工劳动安全，不缴纳社会保险费用的，按照有关法律、行政法规予以处罚，并追究有关人员的责任。

（7）在清算前或清算期间隐匿或转移财产、逃避债务的，依法追回其财产，并按照有关规定予以处罚；构成犯罪的，依法追究刑事责任。

（8）违反《个人独资企业法》规定，应当承担民事赔偿责任和缴纳罚款、罚金，财产不足以支付的或者被判处没收财产的，应当先承担民事赔偿责任。

（二）投资人委托或者聘用的人员违反上述规定应承担的法律责任

侵犯个人独资企业财产权益的，责令其退还其侵占的财产；给企业造成损失的，依法承担赔偿责任；有违法所得的，没收违法所得；构成犯罪的，依法追究刑事责任。

（三）登记机关违法行为应承担的法律责任

（1）对不符合《个人独资企业法》规定条件的个人独资企业予以登记，或者对符合《个人独资企业法》规定条件的企业不予登记的，对直接责任人员依法给予行政处分；构成犯罪的，依法追究刑事责任。

（2）登记机关的上级部门的有关主管人员强令登记机关对不符合《个人独资企业法》规定条件的企业予以登记，或者对符合《个人独资企业法》规定条件的企业不予登记的，或者对登记机关的违法登记行为进行包庇的，对直接责任人员依法给予行政处分；构成犯罪的，依法追究刑事责任。

（3）对符合法定条件的申请不予登记或者超过法定时限不予答复的，当事人可依法申请行政复议或提起行政诉讼。

第三节　合伙企业法

一、合伙企业的概念和特点

合伙企业是指自然人、法人和其他组织依照《中华人民共和国合伙企业法》（以下简称《合伙企业法》）在中国境内设立的普通合伙企业和有限合伙企业。《合伙企业法》于1997年2月23日第八届全国人民代表大会常务委员会第二十四次会议通过，同年8月1日起施行；2006年8月27日经第十届全国人民代表大会常务委员会第二十三次会议修订，自2007年6月1日起施行。修订后的《合伙企业法》扩大了合伙人的范围，允许自然人、法人和其他组织设立合伙企业，并扩大了合伙企业的种类，即普通合伙企业和有限合伙企业。

普通合伙企业由普通合伙人组成，合伙人对合伙企业债务承担无限连带责任。有限合伙企业由普通合伙人和有限合伙人组成，普通合伙人对合伙企业债务承担无限连带责任，有限合伙人以其认缴的出资额为限对合伙企业债务承担责任。

合伙企业具有以下特点：

1. 合伙企业以合伙协议为法律基础

合伙协议是调整合伙关系，规范合伙人相互间的权利义务，处理合伙纠纷的基本法律依据，也是合伙企业得以成立的法律基础，又称合伙的契约性。订立合伙协议、设立合伙企业，应当遵循自愿、平等、公平、诚实信用原则。

2. 合伙人共同出资、共同经营、共享收益

出资是合伙人的基本义务，也是其取得合伙人资格的前提。合伙人必须共同从事经营活动。依据合伙企业法成立的合伙企业是一种营利性组织。

3. 合伙人共担风险

合伙人对合伙企业债务承担无限连带责任。当合伙企业财产不足以清偿合伙企业债务时，合伙人应以其在合伙企业出资以外的财产清偿债务；每一合伙人对企业债务都有清偿的义务，债权人可以就合伙企业财产不足以清偿的那部分债务，向任何一个合伙人要求全部清偿。

二、普通合伙企业的设立

（一）普通合伙企业设立的条件

1. 有两个以上合伙人

合伙人可以是自然人，也可以是法人和其他组织，并且依法承担无限责任。合伙人为自然人的，应当具有完全民事行为能力。法律、行政法规禁止从事营利性活动的人，不得成为合伙企业的合伙人，具体包括国家公务员、法官、检察官及警察。国有独资公司、国有企业、上市公司以及公益性的事业单位、社会团体不得成为普通合伙人。

2. 有书面合伙协议

合伙协议是指合伙人为设立合伙企业而签订的合同。合伙协议依法由全体合伙人协商一致，以书面形式订立，并载明下列事项：

（1）合伙企业的名称和主要经营场所的地点；

（2）合伙目的和合伙企业的经营范围；

（3）合伙人的姓名或者名称及其住所；

（4）合伙人出资的方式、数额和缴付出资的期限；

（5）利润分配和亏损分担办法；

（6）合伙企业事务的执行；

（7）入伙与退伙；

（8）争议解决办法；

（9）合伙企业的解散与清算；

（10）违约责任。

合伙协议经全体合伙人签名、盖章后生效。合伙人按照合伙协议享有权利，履行义务。修改或者补充合伙协议，应当经全体合伙人一致同意；但是合伙协议另有约定的除外。合伙协议未约定或者约定不明确的事项，由合伙人协商决定；协商不成的，按照本法和其他有关法律、行政法规的规定处理。

3. 有各合伙人认缴或者实际缴付的出资

合伙人必须向合伙企业出资，合伙人出资的形式可以是货币、实物、土地使用权、知识产权或者其他财产权利。也可以用劳务出资。合伙人以实物、知识产权、土地使用权或者其他财产权利出资，需要评估作价的，可以由全体合伙人协商确定，也可以

由全体合伙人委托法定评估机构评估。合伙人以劳务出资的，其评估办法由全体合伙人协商确定，并在合伙协议中载明。

合伙人应当按照合伙协议约定的出资方式、数额和缴付出资的期限，履行出资义务。以非货币财产出资的，依照法律、行政法规的规定需要办理财产权转移手续的，合伙人应当依法办理该手续。

4. 有合伙企业名称

合伙企业的名称中应当标明“普通合伙”字样。

5. 有营业场所和从事经营的必要条件

经营场所是指合伙企业从事生产经营活动的所在地，合伙企业一般只有一个经营场所，即在企业登记机关登记的营业地点。

（二）合伙企业的设立登记

申请设立合伙企业，应当向企业登记机关提交登记申请书、合伙协议书、合伙人身份证明等文件。

合伙企业的经营范围中有属于法律、行政法规规定在登记前须经批准的项目的，该项经营业务应当依法经过批准，并在登记时提交批准文件。

合伙企业申请人提交的登记申请材料齐全、符合法定形式，企业登记机关能够当场登记的，应予当场登记，发给营业执照。除此之外，企业登记机关应当自受理申请之日起二十日内，做出是否登记的决定。予以登记的，发给营业执照；不予登记的，应当给予书面答复，并说明理由。合伙企业的营业执照签发日期，为合伙企业成立日期。合伙企业设立分支机构，应当向分支机构所在地的企业登记机关申请登记，领取营业执照。

合伙企业登记事项发生变更的，执行合伙事务的合伙人应当自做出变更决定或者发生变更事由之日起15日内，向企业登记机关申请办理变更登记。合伙企业领取营业执照前，合伙人不得以合伙企业名义从事合伙业务。

三、普通合伙企业的财产

合伙企业的财产主要由两部分组成，即合伙人的出资和以合伙企业名义取得的收益和依法取得的其他财产。合伙人向合伙人以外的人转让其在合伙企业中的全部或者部分财产份额时，须经其他合伙人一致同意，在同等条件下，其他合伙人有优先购买权；合伙人之间转让在合伙企业中的全部或者部分财产份额时，应当通知其他合伙人。但是，合伙协议另有约定的除外。

合伙企业财产的性质属于合伙人共有，由全体合伙人共同管理和使用。

合伙人以外的人依法受让合伙人在合伙企业中的财产份额的，经修改合伙协议后即成为合伙企业的合伙人，依照合伙企业法和修改后的合伙协议享有权利，履行义务。合伙人以其在合伙企业中的财产份额出质的，须经其他合伙人一致同意；未经其他合伙人一致同意，其行为无效，由此给善意第三人造成损失的，由行为人依法承担赔偿责任。

合伙人在合伙企业清算前，一般不得请求分割合伙企业的财产，也不得私自转移或者处分合伙企业的财产。为了保护善意第三人的利益，如果合伙人在合伙企业清算前私自转移或者处分合伙企业财产的，合伙企业不得以此对抗善意第三人。

四、普通合伙企业的事务执行

（一）合伙事务执行的形式

合伙事务的执行可以采取灵活的方式，只要全体合伙人同意即可。具体方式包括四种：

（1）全体合伙人共同执行；

（2）各合伙人分别单独执行合伙事务；

（3）由一名合伙人执行合伙企业事务，即一名合伙人受托代表全体合伙人执行合伙事务；

（4）由数名合伙人共同执行合伙事务，即由全体合伙人委托数名合伙人执行合伙事务。

法人或其他组织作为合伙人的，其执行合伙事务由其委派的代表执行。

（二）合伙人在执行合伙企业事务中的权利和义务

1. 合伙人在执行合伙企业事务中的权利

（1）合伙人平等享有合伙事务执行权；

（2）执行合伙事务的合伙人对外代表合伙企业；

（3）不参加执行事务的合伙人有权监督执行事务的合伙人，检查其执行合伙企业事务的情况；

（4）各合伙人有权查阅合伙企业的账簿和其他有关文件；

（5）合伙人有提出异议权和撤销委托执行事务权。

2. 合伙人在执行合伙企业事务中的义务

合伙人不得自营或者同他人合作经营与本合伙企业相竞争的业务；合伙事务执行人需向不参加执行事务的合伙人报告事务执行情况及企业经营状况和财务状况；合伙人不得同本合伙企业进行交易；合伙人不得从事损害本合伙企业利益的活动。

（三）合伙事务的决议办法

合伙企业决议时除合伙企业法有规定或者合伙协议中另有约定外，经全体合伙人决定，可以实行一人一票并经全体合伙人过半数通过的表决办法。但除合伙协议另有约定外，合伙企业的下列事项应当经全体合伙人一致同意：

（1）改变合伙企业的名称；

（2）改变合伙企业的经营范围、主要经营场所的地点；

（3）处分合伙企业的不动产；

（4）转让或者处分合伙企业的知识产权和其他财产权利；

（5）以合伙企业名义为他人提供担保；

（6）聘任合伙人以外的人担任合伙企业的经营管理人员。

（四）合伙企业的损益分配

合伙企业的损益包括两个方面：合伙利润和合伙亏损。合伙企业损益分配的原则是依照合伙协议约定的比例分配和分担；未约定分配和分担比例的，由各合伙人平均分配和分担。合伙协议不得按照约定将全部利润分配给部分合伙人或者由部分合伙人承担全部亏损。

五、普通合伙企业的入伙与退伙

（一）入伙

入伙是指在合伙企业存续期间，合伙人以外的第三人加入合伙企业并取得合伙人资格的行为。入伙是一种民事法律行为，因此，入伙应具备一定的条件，即：

（1）经全体合伙人同意，但是，如果合伙协议对入伙的同意条件另有约定的，则从其约定。

（2）入伙人与原合伙人订立书面合伙协议。除合伙协议另有约定外，经全体合伙人一致同意，入伙人与原合伙人要依法订立书面入伙协议。原合伙人应当向新合伙人如实告知原合伙企业的经营状况和财务状况。入伙的新合伙人与原合伙人享有同等权利，承担同等责任。新合伙人对入伙前合伙企业的债务承担无限连带责任。

（二）退伙

退伙是在合伙存续期间，合伙人资格的消灭。退伙原因有两种：一是自愿退伙，二是法定退伙。自愿退伙是指合伙人基于自愿的意思表示而退伙，可以分为协议退伙和通知退伙两种情况。合伙协议约定合伙企业的经营期限的，有下列情形之一的，可以退伙：合伙协议约定的退伙事由出现；经全体合伙人一致同意退伙；发生合伙人难以继续参加合伙企业的事由；其他合伙人严重违反合伙协议约定的义务。通知退伙是指在合伙协议未约定合伙期限的情况下的退伙。合伙协议未约定合伙期限的，在不给合伙事务执行造成不利影响的前提下，合伙人可以不经其他合伙人同意而退伙，但应当提前30日通知其他合伙人。

法定退伙是指合伙人因出现法律规定的事由而退伙。法定退伙又分为当然退伙和除名退伙两种。有下列情形之一的，为当然退伙：作为合伙人的自然人死亡或者被依法宣告死亡；被依法宣告为无民事行为能力；个人丧失偿债能力；作为合伙人的法人或者其他组织依法被吊销营业执照、责令关闭、撤销，或者被宣告破产；被人民法院强制执行在合同企业中的全部财产份额。合伙人被依法认定为无民事行为能力人或者限制民事行为能力人的，经其他合伙人一致同意，可以依法转为有限合伙人，普通合伙企业依法转为有限合伙企业。其他合伙人未能一致同意的，该无民事行为能力或者限制民事行为能力的合伙人退伙。当然退伙以法定事由实际发生之日为退伙生效日。

合伙人有下列情形之一，经其他合伙人一致同意，可以决议将其除名：未履行出资义务；因故意或者重大过失给合伙企业造成损失；执行合伙企业事务时有不正当行为；合伙协议约定的其他事由。对合伙人的除名决议应当书面通知被除名人。被除名人接到除名通知之日，除名生效，被除名人退伙。被除名人对除名决议由异议的，可以自接到除名通知之日起 30 日内，向人民法院起诉。

合伙人退伙后，还要处理两方面的相关事务，一是财产继承问题；二是退伙结算问题。

关于财产继承问题，《合伙企业法》规定，合伙人死亡或者被依法宣告死亡的，对该合伙人在合伙企业中的财产份额享有合法继承权的继承人，依照合伙协议的约定或者经全体合伙人一致同意，从继承开始之日起，即取得该合伙企业的合伙人资格。合法继承人不愿成为该合伙企业的合伙人的，合伙企业应退还其依法继承的财产份额。合法继承人为未成年人的，经其他合伙人一致同意，可以在其未成年时由监护人代行其权利。合伙人的继承人为无民事行为能力人或者限制民事行为能力人的，经全体合伙人一致同意，可以依法成为有限合伙人，普通合伙企业依法转为有限合伙企业。

关于退伙结算问题，《合伙企业法》规定，合伙人退伙的，其他合伙人应当与该退伙人按照退伙时的合伙企业的财产状况进行结算，退还退伙人的财产份额。退伙人对给合伙企业造成的损失负有赔偿责任的，相应扣减其应当赔偿的数额。退伙时有未了结的合伙企业事务的，待了结后进行结算。退伙人在合伙企业中财产份额的退还办法，由合伙协议约定，或者由全体合伙人决定，可以退还货币，也可以退还实物。退伙人对基于其退货前的原因发生的合伙企业债务，承担无限连带责任。

六、有限合伙企业

有限合伙企业是指由一个以上的普通合伙人和一个以上的有限合伙人共同设立的合伙企业。普通合伙人对合伙企业债务承担无限连带责任，有限合伙人以其认缴的出资额为限对合伙企业债务承担责任。

（一）有限合伙企业的设立

有限合伙企业由 2 个以上 50 个以下合伙人设立，但法律另有规定的除外。有限合伙企业的名称中应当标明“有限合伙”字样，以区别于普通合伙企业。有限合伙人可以货币、实物、知识产权、土地使用权或者其他财产权利作价出资，但不得以劳务出资。这是有限合伙人与普通合伙人在出资方式上的唯一差别。有限合伙企业登记事项中应当载明有限合伙人的姓名或者名称及认缴的出资数额。

（二）有限合伙企业的事务执行

有限合伙企业的事务由普通合伙人执行。执行事务合伙人可以要求在合伙协议中确定执行事务的报酬及报酬提取方式。有限合伙人不执行合伙事务，也不得对外代表有限合伙企业。有限合伙人的下列行为不视为执行合伙事务：

（1）参与决定普通合伙人入伙、退伙；

（2）对企业的经营管理提出建议；

（3）参与选择承办有限合伙企业审计业务的会计师事务所；

（4）获取经审计的有限合伙企业财务会计报告；

（5）对涉及自身利益的情况，查阅有限合伙企业财务会计账簿等财务资料；

(6) 在有限合伙企业中的利益受损时，向有责任的合伙人主张权利或者提起诉讼；

(7) 执行事务合伙人怠于行使权利时，督促其行使权利或者为了本企业的利益以自己的名义提起诉讼；

(8) 依法为本企业提供担保。

(三) 有限合伙企业的特殊权利

(1) 有限合伙人仅以其认缴的出资额为限对合伙企业的债务承担责任，而普通合伙人需要对合伙企业债务承担无限连带责任。新入伙的有限合伙人对入伙前合伙企业的债务也是以其出资额为限承担责任。

(2) 除非合伙协议另有约定，有限合伙人可以同合伙企业进行交易，而普通合伙人通常是不可以的。

(3) 除非合伙协议另有约定，有限合伙人可以自营或者同他人合作经营与本合伙企业相竞争的业务，而普通合伙人是不可以的。

(4) 除非合伙协议另有约定，有限合伙人可以将其在合伙企业中的财产份额出质。而普通合伙人须经其他合伙人一致同意，方可以其在合伙企业中的财产份额出质。

(5) 有限合伙人可以按照合伙协议的约定向合伙人以外的人转让其在合伙企业中的财产份额，只需提前 30 天通知其他合伙人即可。而普通合伙人对外转让财产份额时须经其他合伙人一致同意，除非合伙协议另有约定。

(6) 作为有限合伙人的自然人在合伙企业存续期间丧失民事行为能力的，其他合伙人不得因此而要求其退伙。而普通合伙人若丧失民事行为能力，除非获得全体合伙人的一致同意，否则只能作退伙处理。

七、合伙企业的解散与清算

(一) 合伙的解散

合伙的解散是指合伙因某些法律事实的发生而使合伙归于消灭的行为。根据合伙企业法的规定，合伙解散的事由包括：

(1) 合伙期限届满，合伙人决定不再经营；

(2) 合伙协议约定的解散事由出现；

(3) 全体合伙人决定解散；

(4) 合伙人已不具备法定的人数满 30 天；

(5) 合伙协议约定的合伙目的已经实现或者无法实现；

(6) 被依法吊销营业执照、责令关闭或者被撤销；

(7) 出现法律、行政法规规定的合伙企业解散的其他原因。

(二) 合伙企业的清算

合伙解散的结果是合伙的终止，但合伙宣布解散到最后终止有一个过程，中间过程就是要对合伙的债权人、债务进行清算，解决合伙与债权人、债务人的关系及合伙人内部的关系。合伙清算结束后，应依法办理合伙企业的注销登记。

1. 通知和公告债权人

合伙企业解散后应当进行清算，并通知和公告债权人。

2. 确定清算人

清算人由全体合伙人担任；不能由全体合伙人担任清算人的，经全体合伙人过半数同意，可以自合伙企业解散后15日指定1名或者数名合伙人，或者委托第三人，担任清算人。15日内确定清算人的，合伙人或者其他利害关系人可以申请人民法院指定清算人。

3. 清算人的职责

清算人在清算期间执行的事务包括：清理合伙企业财产，分别编制资产负债表和财产清单；处理与清算有关的合伙企业未了结的事务；清缴所欠税款；清理债权、债务；处理合伙企业清偿债务后的剩余财产；代表合伙企业参加民事诉讼或者仲裁活动。

4. 财产清算顺序

合伙企业财产在支付清算费用后，应按下列顺序清偿：合伙企业所欠聘用职工工资和劳动保险费用；合伙企业所欠税款；合伙企业的债务；返还合伙人的出资；清偿后仍有剩余的，则按约定或法定的比例在原合伙人间分配。如果合伙企业的财产不足以清偿其债务，由原合伙人承担无限连带责任。

5. 清算结束

在清算期间，如果全体合伙人以个人财产承担清偿责任后，仍不足清偿合伙企业债务的，应当结束清算程序。对于未能清偿债务的，由原合伙人继续承担连带清偿责任。

清算结束后，清算人应当编制清算报告，经全体合伙人签名、盖章后，在15日内向企业登记机关报送清算报告，办理合伙企业注销登记。

八、违反合伙企业法的法律责任

（一）合伙人违法行为应承担的法律责任

（1）合伙企业申请人提交虚假文件或者采取其他欺骗手段，取得合伙企业登记的，由企业登记机关责令其改正，处以5 000元以上50 000元以下的罚款；情节严重的，撤销企业登记，并处以50 000元以上200 000元以下的罚款。

（2）合伙企业未在其名称中标明“普通合伙”“特殊普通合伙”或者“有限合伙”字样的，由企业登记机关责令限期改正，处以2 000元以上10 000元以下的罚款。

（3）未领取营业执照，而以合伙企业或者合伙企业分支机构名义从事合伙业务的，由企业登记机关责令停止，处以5 000元以上50 000元以下的罚款。

（4）合伙人执行合伙事务，或者合伙企业从业人员利用职务上的便利，将应当归合伙企业的利益据为己有的，或者采取其他手段侵占合伙企业财产的，应当将该利益和财产退还合伙企业；给合伙企业或者其他合伙人造成损失的，依法承担赔偿责任。

（5）合伙人对《合伙企业法》规定或者合伙协议约定必须经全体合伙人一致同意始得执行的事务擅自处理，给合伙企业或者其他合伙人造成损失的，依法承担赔偿责任。

（6）合伙人违反《合伙企业法》规定或者合伙协议的约定，从事与本合伙企业相竞争的业务或者与本合伙企业进行交易的，该收益归合伙企业所有；给合伙企业或者其他合伙人造成损失的，依法承担赔偿责任。

（7）合伙人违反合伙协议的，应当依法承担违约责任。合伙人履行合伙协议发生争议的，合伙人可以通过协商或者调解解决。不愿通过协商、调解解决或者协商、调解不成的，可以按照合伙协议约定的仲裁条款或者事后达成的书面仲裁协议，向仲裁机构申请仲裁。合伙协议中未订立仲裁条款，事后又没有达成书面仲裁协议的，可以向人民法院起诉。构成犯罪的，依法追究刑事责任。

应当承担民事赔偿责任和缴纳罚款、罚金，其财产不足以同时支付的，先承担民事赔偿责任。

（二）国家工作人员违法行为应承担的法律责任

有关行政管理机构的工作人员违反《合伙企业法》规定，滥用职权、徇私舞弊、收受贿赂、侵害合伙企业合法权益的，依法给予行政处分。

第四节　全民所有制工业企业法

一、全民所有制工业企业法律制度概述

全民所有制工业企业，即国有企业，是指以生产资料的全民所有制为基础，从事工业生产经营活动，依法自主经营、自负盈亏、独立核算的商品生产和经营的企业法人。

二、全民所有制工业企业的设立、变更和终止

设立全民所有制工业企业，必须依照法律和国务院规定，报请政府或者政府主管部门审核批准。经工商行政管理部门核准登记，发给营业执照，企业取得法人资格。

（一）全民所有制工业企业设立的条件

（1）产品为社会所需要。

（2）有能源、原材料、交通运输的必要条件。

（3）有自己的名称和生产经营场所。

（4）有符合国家规定的资金。我国对设立国有企业的资本没有明确规定统一的最低限额，在设立国有企业时，部门经济法有专门规定的，按规定执行；没有专门规定的，注册资本不得少于 3 万元。

（5）有自己的组织机构。投资者应在国有企业注册登记时提请政府主管部门委任或者招聘厂长（经理），在注册登记时提交厂长（经理）的身份证明和任职文件。

（6）有明确的经营范围。

（7）法律、法规规定的其他条件。

（二）全民所有制工业企业设立的程序

（1）依照法律和国务院规定，报请政府或者政府主管部门审核批准。

（2）办理工商登记。

（三）全民所有制工业企业的变更

1. 企业变更的形式

（1）合并。合并是指两个或两个以上的企业依照法律法规的规定程序变为一个企业的行为，分为吸收合并和新设合并两种。吸收合并是指接纳一个或一个以上的企业加入本企业，加入方解散并取消原法人资格，接纳方存续。新设合并是指企业与一个或一个以上的企业合并成为一个新企业，原合并各方解散，取消原法人资格。

（2）分立。分立是指一个企业依法分为两个或两个以上的企业的行为。派生分立即企业以一部分财产和业务另设一个新企业，原企业存续；新设分立即企业以全部财产和业务新设两个或两个以上的企业，原企业解散。

（3）其他事项的变更。

2. 企业变更的程序

（1）报经有关部门批准。

（2）办理变更登记手续。

（3）公告。

（四）全民所有制工业企业的终止

1. 企业终止的原因

（1）违反法律、法规被责令撤销。

（2）政府主管部门依照法律、法规的规定决定解散。

（3）依法被宣告破产。

（4）其他原因。

2. 企业终止的程序

（1）做出企业终止的正式决定或裁定。

（2）成立清算组。

（3）办理注销登记。

（4）公告。

另外，企业合并、分立或者终止时，必须保护其财产，依法清理债权、债务。企业的合并、分立、终止以及经营范围等登记事项的变更，须经工商行政管理部门核准登记。

三、全民所有制工业企业的权利和义务

（一）全民所有制工业企业的权利

（1）在国家计划指导下，企业有权自行安排生产社会需要的产品或者为社会提供

服务。

（2）企业有权要求调整缺乏应由国家计划保证的能源、主要物资供应和运输条件的指令性计划。

（3）企业有权接受或者拒绝任何部门和单位在指令性计划外安排的生产任务。

（4）企业有权自行销售本企业的产品。国务院另有规定的除外。

（5）承担指令性计划的企业，有权自行销售计划外超产的产品和计划内分成的产品。

（6）企业有权自行选择供货单位，购进生产需要的物资。

（7）除国务院规定由物价部门和有关主管部门控制价格的以外，企业有权自行确定产品价格、劳务价格。

（8）企业有权依照国务院规定与外商谈判并签订合同。

（9）企业有权依照国务院规定支配使用留用资金。

（10）企业有权依照国务院规定出租或者有偿转让国家授予其经营管理的固定资产，所得的收益必须用于设备更新和技术改造。

（11）企业有权确定适合本企业情况的工资形式和奖金分配办法。

（12）企业有权依照法律和国务院规定录用、辞退职工。

此外，企业有权决定机构设置及其人员编制。

企业有权拒绝任何机关和单位向企业摊派人力、物力、财力。除法律、法规另有规定外，任何机关和单位以任何方式要求企业提供人力、物力、财力的，都属于摊派。

企业有权依照法律和国务院规定与其他企业、事业单位联营，向其他企业、事业单位投资，持有其他企业的股份。

企业有权依照国务院规定发行债券。

（二）全民所有制工业企业的义务

企业必须完成指令性计划；企业必须履行依法订立的合同；企业必须保障固定资产的正常维修，改进和更新设备；企业必须遵守国家关于财务、劳动工资和物价管理等方面的规定，接受财政、审计、劳动工资和物价等机关的监督；企业必须保证产品质量和服务质量，对用户和消费者负责；企业必须提高劳动效率，节约能源和原材料，努力降低成本；企业必须加强保卫工作，维护生产秩序，保护国家财产；企业必须贯彻安全生产制度，改善劳动条件，做好劳动保护和环境保护工作，做到安全生产和文明生产；企业应当加强思想政治教育、法制教育、国防教育、科学文化教育和技术业务培训，提高职工队伍的素质；企业应当支持和奖励职工进行科学研究、发明创造，开展技术革新、合理化建议和社会主义劳动竞赛活动。

1. 企业对国家的义务

（1）遵守国家的法律、法规，坚持社会主义方向。

（2）完成国家下达的指令性计划。

（3）依法承担自负盈亏的责任。

（4）确保国有资产的保值增值。

（5）遵守国家关于财务、劳动工资、物价管理等方面的规定，接受财政、税务、审计、工商等部门的监督。

（6）加强保卫工作，维护生产秩序，保护国家财产。

2. 企业对社会的义务

（1）保证产品质量和服务质量，对用户和消费者负责。

（2）履行依法订立的合同。

（3）防止对环境的污染和破坏。

3. 企业对职工的义务

（1）加强职工思想政治教育、法制教育、国防教育等，提高职工队伍素质。

（2）支持和奖励职工进行科学研究等。

（3）贯彻安全生产制度，实行安全生产。

第五节　外商投资法律制度

一、外商投资法概述

（一）外商投资

外商投资，是指外国的自然人、企业或者其他组织（以下称“外国投资者”）直接或者间接在中国境内进行的投资活动，包括下列情形：

（1）外国投资者单独或者与其他投资者共同在中国境内设立外商投资企业；

（2）外国投资者取得中国境内企业的股份、股权、财产份额或者其他类似权益；

（3）外国投资者单独或者与其他投资者共同在中国境内投资新建项目，以法律、行政法规或者国务院规定的其他方式的投资。

（二）外商投资企业

外商投资企业，是指全部或者部分由外国投资者投资，依照中国法律在中国境内经登记注册设立的企业。

（三）外商投资法

2019 年 3 月，十三届全国人大二次会议表决通过了《中华人民共和国外商投资法》（以下简称《外商投资法》），自 2020 年 1 月 1 日起施行。《中华人民共和国中外合资经营企业法》《中华人民共和国外资企业法》《中华人民共和国中外合作经营企业法》同时废止。

《中华人民共和国外商投资法》施行前依照《中华人民共和国中外合资经营企业法》《中华人民共和国外资企业法》《中华人民共和国中外合作经营企业法》设立的外商投资企业，在本法施行后五年内可以继续保留原企业组织形式等。具体实施办法由国务院规定。《外商投资法》颁行之后设立的外商投资企业的组织形式、组织机构及其活动准则，均适用《中华人民共和国公司法》《中华人民共和国合伙企业法》等法律的规定。

（四）外商投资法的特点

1. 国家对外商投资实行准入前国民待遇加负面清单管理制度。

准入前国民待遇，是指在投资准入阶段给予外国投资者及其投资不低于本国投资者及其投资的待遇；负面清单，是指国家规定在特定领域对外商投资实施的准入特别管理措施。

国家对负面清单之外的外商投资，给予国民待遇。负面清单由国务院发布或者批准发布。中华人民共和国缔结或者参加的国际条约、协定对外国投资者准入待遇有更优惠规定的，可以按照相关规定执行。

2. 外商投资企业依法平等适用国家支持企业发展的各项政策。

制定与外商投资有关的法律、法规、规章，应当采取适当方式征求外商投资企业的意见和建议。与外商投资有关的规范性文件、裁判文书等，应当依法及时公布。国家建立健全外商投资服务体系，为外国投资者和外商投资企业提供法律法规、政策措施、投资项目信息等方面的咨询和服务。

3. 国家保障外商投资企业依法通过公平竞争参与政府采购活动。

政府采购依法对外商投资企业在中国境内生产的产品、提供的服务平等对待。国家保障外商投资企业依法平等参与标准制定工作，强化标准制定的信息公开和社会监督。国家制定的强制性标准平等适用于外商投资企业。

4. 外商投资企业可以依法通过公开发行股票、公司债券等证券和其他方式进行融资。

5. 县级以上地方人民政府可以根据法律、行政法规、地方性法规的规定，在法定权限内制定外商投资促进和便利化政策措施。

二、外商投资企业的投资管理

（一）外商投资企业投资管理的内容

外商投资准入负面清单规定禁止投资的领域，外国投资者不得投资；外商投资准入负面清单规定限制投资的领域，外国投资者进行投资应当符合负面清单规定的条件；外商投资准入负面清单以外的领域，按照内外资一致的原则实施管理。

外商投资需要办理投资项目核准、备案的，按照国家有关规定执行。外国投资者在依法需要取得许可的行业、领域进行投资的，应当依法办理相关许可手续。

有关主管部门应当按照与内资一致的条件和程序，审核外国投资者的许可申请，法律、行政法规另有规定的除外。

（二）外商投资企业投资管理的方式

外商投资企业的组织形式、组织机构及其活动准则，适用《中华人民共和国公司法》《中华人民共和国合伙企业法》等法律的规定。

外国投资者并购中国境内企业或者以其他方式参与经营者集中的，应当依照《中华人民共和国反垄断法》的规定接受经营者集中审查。外商投资企业开展生产经营活动，应当遵守法律、行政法规有关劳动保护、社会保险的规定，依照法律、行政法规和国家有关规定办理税收、会计、外汇等事宜，并接受相关主管部门依法实施的监督检查。

国家建立外商投资信息报告制度。外国投资者或者外商投资企业应当通过企业登记系统以及企业信用信息公示系统向商务主管部门报送投资信息。国家建立外商投资安全审查制度，对影响或者可能影响国家安全的外商投资进行安全审查。依法做出的安全审查决定为最终决定。外商投资信息报告的内容和范围按照确有必要的原则确定；通过部门信息共享能够获得的投资信息，不得再行要求报送。

三、违反《外商投资法》的法律责任

（一）外国投资者违法行为应承担的法律责任

（1）外国投资者投资外商投资准入负面清单规定禁止投资的领域的，由有关主管部门责令停止投资活动，限期处分股份、资产或者采取其他必要措施，恢复到实施投资前的状态；有违法所得的，没收违法所得。

（2）外国投资者的投资活动违反外商投资准入负面清单规定的限制性准入特别管理措施的，由有关主管部门责令限期改正，采取必要措施满足准入特别管理措施的要求；逾期不改正的，依照前款规定处理。

（3）外国投资者的投资活动违反外商投资准入负面清单规定的，除依照前两款规定处理外，还应当依法承担相应的法律责任。

（4）外国投资者、外商投资企业违反本法规定，未按照外商投资信息报告制度的要求报送投资信息的，由商务主管部门责令限期改正；逾期不改正的，处 100 000 元以上 500 000 元以下的罚款。

（5）对外国投资者、外商投资企业违反法律、法规的行为，由有关部门依法查处，并按照国家有关规定纳入信用信息系统。

（二）国家工作人员违法行为应承担的法律责任

行政机关工作人员在外商投资促进、保护和管理工作中滥用职权、玩忽职守、徇私舞弊的，或者泄露、非法向他人提供履行职责过程中知悉的商业秘密的，依法给予处分；构成犯罪的，依法追究刑事责任。

思考与练习题

1. 如何把握企业市场准入制度？
2. 个人独资企业与国有独资公司、外商独资公司有哪些区别？
3. 合伙企业事务执行应注意什么问题？
4. 合伙企业债务清偿程序是什么？
5. 比较个人独资企业、合伙企业和国有企业解散清算程序。
6. 如何理解《外商投资法》的时代特色？

第三章　公司法律制度

第一节　公司与公司法概述

一、公司的概念和法律特征

根据我国公司法的规定，公司是指依法设立的，以营利为目的，由股东投资形成的企业法人。公司是在商品经济发展到一定程度，资本主义生产关系形成之后，随着资本主义制度的发展而发展的。公司的内涵可以从社会学、经济学和法学三方面去研究。从法律上讲，我国的公司主要有以下法律特征：

1. 法定性

公司必须依法定条件和法定程序设立。一方面要求公司的章程、资本、组织机构、活动原则等必须合法；另一方面，要求公司设立经过法定程序进行工商登记。通常，公司依公司法设立，但有时还必须符合其他法律的规定，如商业银行法、保险法、证券法等行业管理法律，有时公司还可能依据特别法或行政命令设立。

2. 营利性

公司以营利为目的，是指股东即出资者设立公司的目的是营利，即从公司经营中取得利润。因此，营利目的不仅要求公司本身为营利而活动，而且要求公司有盈利时应当分配给股东。某些具有营利活动的组织，如果其利润不分配给股东，而是用于社会公益等其他目的，则不具有营利性。公司的营利活动应是具有连续性的营业，一次性的、间歇性的营利行为不属于营业活动。

3. 以股东投资行为为基础设立

公司由股东的投资行为设立。股东投资行为形成的权利是股权。股权是一种独立的特殊权利，不同于所有权，也不同于经营权等其他物权，更不同于债权。依据《中华人民共和国公司法》（以下简称《公司法》）第四条的规定，公司股东依法享有资产受益、参与重大决策和选择管理者等权利。

4. 具有法人资格

公司是企业法人，有独立的法人财产和独立承担民事责任。我国《公司法》规定的有限责任公司和股份有限公司均具有法人资格，股东以其认缴的出资额或认购的股份为限对公司承担有限责任。有限责任是指股东对公司的有限责任，公司对债权人的责任则是无限的，即公司要以其全部财产对公司的经营活动包括法定代表人、工作人员和代理人的经营活动产生的债务承担责任，而不是限定在股东出资或注册资本的数额范围内。公司作为一个经济组织，由于具有与其投资成员人格不同的独立法人人格，其存在一般不受其成员变化的影响。公司是依照公司法设立的企业法人。

我国《公司法》第二条、第三条规定：公司是指依照本法在中国境内设立的有限责任公司和股份有限公司。公司是企业法人，有独立的法人财产，享有法人财产权。公司以其全部财产对公司的债务承担责任。

二、公司的分类

关于公司包括哪些具体组织形式，各国立法有不同规定。

（一）大陆法系中的公司

大陆法系中，各国的公司首先以该公司成立时所依据的法律分为公司法中的公司与特别法中的公司。特别法中的公司不属于一般公司法规范的范围。

目前大陆法系中的国家，法律上的公司分类以公司成员的责任形式划分为以下几类：

1. 无限公司

无限公司是指全部由无限责任股东组成的公司。无限责任股东除对公司负有一定的出资义务外，对公司债权人负担直接无限的责任，而且各股东相互间是连带责任。

无限公司的成员所负责任在几种公司形态中是最重的，是建立在成员相互间信赖基础上的少数人的共同企业形态。无限公司有如下特点：原则上公司股东都执行公司业务并都代表公司，公司重大事项的决定以全体股东的同意为必要，非经其他股东全体同意，股东不得转让其股权。

2. 两合公司

由无限责任股东与有限责任股东两种成员组成的公司。无限责任股东与无限公司的股东相同。有限责任股东以其对公司的出资额为限度对公司债权人负连带责任。

两合公司是无限公司的一种变形，是有限责任股东向无限责任股东的营业提供资本而分享利益的一种公司形态。两合公司有如下特点：无限责任股东与无限公司的股东相同。有限责任股东没有业务执行权和代表权、只有一定的检查权。决定公司的重大事项以两种股东的同意为必要；有限责任股东出让其股权要经全体无限责任股东同意，而不必征得其他有限责任股东同意。

3. 股份公司

全部由股份股东组成的公司。股份股东对于公司在其所认购股份价额的限度内负出资义务，对公司债权人不负任何责任。股份公司又名股份有限公司，即通常说的股东负有限责任，有限责任是指股东对公司债务所负责任以其所认购的股份为限。

股份公司的股东责任在几种公司形态中是最轻的，是适合于大企业的公司形式。股份公司有如下特点：股东在股东大会上行使表决权；公司的重大事项由股东大会以多数表决形成公司意思决定；股东不直接负责业务的执行；业务的执行交给由股东大会选任的董事会，董事会再选任执行董事（或经理），执行董事代表公司管理日常事务，即企业所有权与经营权相分离。另外公司设置监事会，行使监督、检察权。股东可以自由转让股权。

4. 有限公司

有限公司是指由限额的股东组成，股东只对公司负一定的出资义务，对公司债权人不负任何责任的公司。有限公司的股东的责任与股份公司相同。有限公司有如下特点：企业所有权与经营权分离，股东人数有限，可不设董事会，由执行董事代表公司管理日常事务，股权不得任意转让。有限公司的组织较股份公司简易，是适合于中小企业的公司形式。

在上述公司形态中，无限公司和两合公司是比较古老的公司形式。股份公司历史较前两者短。数量上，无限公司和两合公司逐渐减少，股份公司逐渐增多。目前，各国多采用股份公司形式。两合公司在一些国家因数量少而在法律上被废除。有限公司最早于1892年在德国诞生，之后逐渐为欧洲各国采用，日本于1938年制定有限公司法（1940年实施），我国台湾地区于1946年在其所谓的“公司法”中增设了有限公司。目前，各国的有限公司数量增加很快，股份公司和有限公司在经济中的比重极大。

（二）英美法系中的公司

英美法系中的公司种类，其股东责任实质与大陆法相同，但法律上另有一种分类：

1. 特许公司

由皇家发给特许证成立的公司。这类公司历史最长，完全依照其特许证而享有权利并负担义务，不受公司法管辖。最早的如1600年成立的东印度公司、1670年成立的赫德森海湾公司和1694年成立的英格兰银行，较近的如1889年成立的不列颠南非公司，这类公司为数极少。

2. 法定公司

由国会通过专门法律成立的公司。这类公司大多是经营公用事业（运河、铁路、电力、煤气和自来水等）的公司，因实行国有化而成立的公司大多属于此类。

3. 依公司法登记成立的公司

这类公司又可分为公开招股的公司和非公开招股的公司，前者是股份可以任意转让、股东人数没有限制，可以向公众募集股份和公司债券的公司，后者是相反的公司。对于依公司法登记的公司，又可以股东责任分为有限公司、股份有限公司和保证有限公司。有限公司和股份有限公司与大陆法相同，保证有限公司是英美法中比较特殊的，其特点在于股东只在公司停业时向公司提供其所保证的资产额以供公司清偿债务之用。

（三）公司的其他分类

1. 人合公司和资合公司

这是一种理论上的分类，依公司的信用标准不同而划分。人合公司是指公司的设立和经营着重于股东的个人条件，以股东个人的信用、地位和声誉作为对外活动基础的公司。资合公司是指公司的设立和经营着重于公司的资本数额，以股东的出资为信用基础的公司。

无限公司是典型的人合公司，股份公司是典型的资合公司。其他几种公司则处于中间，其设立和经营兼具人的信用和资本信用。

2. 母公司和子公司

母公司和子公司对应而存在，两者都是独立的法人。母公司是对子公司具有控股地位的公司，子公司是受母公司控股的公司。根据《公司法》第二百一十七条对“控股股东”的解释，一个公司的出资额占有限责任公司资本总额百分之五十以上或者其持有的股份占股份有限公司股本总额百分之五十以上；其出资额或者持有股份的比例虽然不足百分之五十，但依其出资额或者持有的股份所享有的表决权已足以对股东会、股东大会的决议产生重大影响的，该公司即为母公司。

3. 总公司和分公司

总公司和分公司是同一公司在内部组织系统上的不同，并非是各具法人资格、互相独立的两个公司。总公司指领导管理整个公司事务的总机构，分公司为受总公司管理的分支机构。分公司无法人资格，仅为法人的一部分，法人的住所为总公司所在地，公司所有财产包括总公司与分公司，税法上为单一的纳税义务人。

4. 国内公司、外国公司和跨国公司

此项分类是根据公司国籍划分的。国内公司是具有本国国籍的公司，外国公司是具有他国国籍的公司。就我国而言，国内公司是依中国法律在中国境内登记成立的公司，外国公司是依外国法律在外国成立的公司。跨国公司是以本国为基地，通过对外直接投资，在他国或者地区拥有众多分公司、子公司和参股公司的公司集合，本身不是一种独立的公司形态。

三、公司法的概念与性质

（一）公司法的概念

公司法是规定公司法律地位，调整公司组织关系，规范公司在设立、变更与终止过程中的组织行为的法律规范的总称。

我国《公司法》所称公司有其特定适用范围：①依据属地主义原则，我国公司为依照《公司法》在中国境内设立的公司。②我国公司组织形式仅限于有限责任公司和股份有限公司，立法未对其他公司组织形式作规定，在实践中则不允许设立。

我国《公司法》由第八届全国人大常委会第五次会议于 1993 年 12 月 29 日通过，自 1994 年 7 月 1 日起施行。此后，《公司法》分别于 1999 年、2004 年、2005 年、2013 年、2018 年进行了五次修正或修订。修正或修订后的《公司法》立法体系与法律结构更为合理严谨，立法理念更适应市场经济的需要，体现了鼓励投资、简化程序、提高效率的精神，如：将公司注册资本实缴登记改为认缴登记、取消了公司注册资本最低限额制度、简化登记事项和登记文件等。

（二）公司法的性质

公司法是组织法与行为法的结合，在调整公司组织关系的同时，也对与公司组织活动有关的行为加以调整。组织法性质为公司法的本质特征。公司法规定公司的法律地位，规范股东之间、股东与公司之间的关系，调整公司的设立、变更与终止活动，规范公司内部组织机构的设置与运作，公司与其他企业间的控制关系以及法律责任等。

公司法的立法宗旨是规范公司的组织和行为，保护公司及其股东和债权人的合法权益，维护社会经济秩序，促进社会主义市场经济的发展。公司从事经营活动，必须遵守法律、行政法规，遵守社会公德、商业道德，诚实守信，接受政府和社会公众的监督，承担社会责任。公司的合法权益受法律保护，不受侵犯。

（三）公司法人财产权与股东权利

1. 公司法人财产权

《公司法》第三条规定，公司作为企业法人享有法人财产权。公司的财产虽然源于股东投资，但股东一旦将财产投入公司，便丧失对该财产的直接支配权利，只享有对公司的股权，由公司享有对该财产的支配权利，即法人财产权。法人财产权是指公司拥有由股东投资形成的法人财产，并依法对财产行使占有、使用、收益、处分的权利。因此，股东投资于公司的财产需要通过对资本的注册与股东的其他财产明确分开，不允许股东在公司成立后又抽逃投资，或占用、支配公司的资金和财产。

公司向其他企业投资或者为他人提供担保，按照公司章程的规定由董事会或者股东会、股东大会决议；公司章程对投资或者担保的总额及单项投资或者担保的数额有限额规定的，不得超过规定的限额。公司为公司股东或者实际控制人提供担保的，必须经股东会或者股东大会决议。接受担保的股东或者受实际控制人支配的股东不得参加表决。该项表决由出席会议的所持表决权的其他股东过半数通过。

2. 股东权利

《公司法》第四条规定，公司股东依法享有资产受益、参与重大决策和选择管理者等权利。股东是持有公司股份或出资的人，股东权是基于股东资格而享有的权利。

股东权根据股东权行使目的是为股东个人利益还是全体股东共同利益，分为共益权和自益权。共益权是股东为完成公司的任务直接或间接参与公司经营的权利，例如参加会议权、表决权、执行业务权等；自益权是为达到股东个人的目的从公司得到经济利益的权利，如利益分配请求权、剩余财产分配请求权、股票交付请求权等。有限责任公司和股份有限公司股东的权利归纳如下：

（1）参加股东会并根据出资份额享有表决权。股东会是由全体股东组成的，因此，不论股东大小都有权参加股东会，并按章程规定行使表决权。如果股东本人因故不能参加股东会议，有权委托他人代为参加并代为行使表决权。股东在股东会的职权范围内拥有了表决权，也就相应地拥有了对董事、监事的任免权以及对公司重大事项的决策权，如公司资本的增减、公司的合并与分立等。

（2）知情权。《公司法》完善了对股东知情权的规定。股东有权查阅、复制公司章程、股东会会议记录、董事会会议决议、监事会会议决议和财务会计报告。股东可以要求查阅公司会计账簿。股东要求查阅公司的会计账簿的，应当向公司提出书面请求，说明目的。公司有合理根据认为股东查阅会计账簿有不正当目的，可能损害公司合法利益的，可以拒绝提供查阅，并应当自股东提出书面请求之日起 15 日内书面答复股东并说明理由。公司拒绝提供查阅的，股东可以请求人民法院要求公司提供查阅。

（3）优先受让和认购新股权。有限责任公司经股东同意转让的出资，在同等条件下，其他股东对该出资有优先购买权。股份有限公司的股权转让不受其他股东的限制，因此股东拥有的是优先认股权。公司新增资本时，股东有权优先按照实缴的出资比例认缴出资。但是，全体股东可以约定不按照出资比例优先认缴出资。

（4）转让出资的权利。按照公司资本维持原则，股东在向公司出资获得股权后，禁止股东抽逃出资。但是，股东为了转移投资的风险或者收回本金，可以转让其出资或股份。有限责任公司的股东出资的转让受到限制，须得到其他股东的同意；而股份有限公司股份则可以比较自由地转让。

（5）红利分配权。在一般情况下，股东按照实缴的出资比例分取红利；全体股东可以约定不按照出资比例分取红利。

（6）公司剩余财产分配请求权。当公司依法终止清算后，还有剩余的财产，股东可以按照出资比例或持股比例分配剩余财产。

（7）股东诉权。《公司法》规定，公司董事、监事、高级管理人员执行公司职务时违反法律、行政法规或者公司章程的规定给公司造成损失的，应当承担赔偿责任。

公司董事、高级管理人员执行公司职务时违反法律、行政法规或者公司章程的规定，给公司造成损失的，有限责任公司的股东、股份有限公司连续 180 日以上单独或者合计持有公司 1%以上股份的股东，可以书面请求监事会或者不设监事会的有限责任公司的执行监事向人民法院提起诉讼。

监事执行公司职务时违反法律、行政法规或者公司章程的规定，给公司造成损失的，有限责任公司的股东、股份有限公司连续 180 日以上单独或者合计持有公司 1%以上股份的股东，可以书面请求董事会或者不设董事会的有限责任公司的执行董事向人民法院提起诉讼。

监事会、不设监事会的有限责任公司的执行监事，或者董事会、执行董事收到上述股东的书面请求后拒绝提起诉讼，或者自收到请求之日起 30 日内未提起诉讼，或者情况紧急、不立即提起诉讼将会使公司利益受到难以弥补的损害的，有限责任公司的股东、股份有限公司连续 180 日以上单独或者合计持有公司 1%以上股份的股东，有权为了公司的利益以自己的名义直接向人民法院提起诉讼。

公司董事、高级管理人员违反法律、行政法规或者公司章程的规定，损害股东利益的，股东可以向人民法院提起诉讼。

我国《公司法》确立了公司法人格否认原则。公司法人格否认，又称“揭开公司面纱”，是指为阻止公司独立人格的滥用和保护公司债权人利益及社会公共利益，就具体法律关系中的特定事实，否认公司与股东各自独立的人格及股东的有限责任，责令股东对公司债权人或公共利益直接负责，以实现公平、正义的法律制度。《公司法》第二十条规定：“公司股东应当遵守法律、行政法规和公司章程，依法行使股东权利，不得滥用股东权利损害公司或者其他股东的利益；不得滥用公司法人独立地位和股东有限责任损害公司债权人的利益。公司股东滥用股东权利给公司或者其他股东造成损失的，应当依法承担赔偿责任。公司股东滥用公司法人独立地位和股东有限责任，逃避债务，严重损害公司债权人利益的，应当对公司债务承担连带责任。”

第二节　有限责任公司的设立和组织机构

一、有限责任公司的设立

（一）设立条件

根据《公司法》规定，设立有限责任公司，应当具备下列条件：

1. 股东符合法定人数

《公司法》规定有限责任公司由50个以下股东出资设立，允许设立一人有限责任公司。

2. 有符合公司章程规定的全体股东认缴的出资额

有限责任公司的注册资本为在公司登记机关登记的全体股东认缴的出资额。法律、行政法规以及国务院决定对有限责任公司注册资本实缴、注册资本最低限额另有规定的，从其规定。

股东应当按期足额缴纳公司章程中规定的各自所认缴的出资额。

股东不按照规定缴纳出资的，除应当向公司足额缴纳外，还应当向已按期足额缴纳出资的股东承担违约责任。

有限责任公司成立后，发现作为设立公司出资的非货币财产的实际价额显著低于公司章程所定价额的，应当由交付该出资的股东补足其差额；公司设立时的其他股东承担连带责任。

3. 股东共同制定公司章程

章程是记载公司组织和活动基本准则的公开性法律文件。设立有限责任公司必须由股东共同依法制定公司章程。股东应当在公司章程上签名、盖章。公司章程对公司、股东、董事、监事、高级管理人员具有约束力。公司高级管理人员，是指公司的经理、副经理、财务负责人，上市公司董事会秘书和公司章程规定的其他人员。

根据公司立法的不同要求，通常将公司章程记载内容分为三类，即绝对必要记载事项、相对必要记载事项、选择性记载事项或任意记载事项。绝对必要记载事项，是公司立法规定章程必须具备的内容，如有缺少便导致章程无效。相对必要记载事项，是公司立法规定应当在章程中载明的内容，但如未加载明，可由法律规定推定其内容，不影响整个章程的效力。选择性记载事项或任意记载事项，是公司立法无强制记载规定，股东认为应当记载于章程之中的内容。

有限责任公司章程应当载明下列事项：①公司名称和住所；②公司经营范围；③公司注册资本；④股东的姓名或者名称；⑤股东的出资方式、出资额和出资时间；⑥公司的机构及其产生办法、职权、议事规则；⑦公司法定代表人；⑧股东会会议认为需要规定的其他事项。

4. 有公司名称，建立符合有限责任公司要求的组织机构（略）

5. 有公司住所（略）

（二）股东的出资

1. 出资方式

股东可以用货币出资，也可以用实物、知识产权、土地使用权等可以用货币估价并可以依法转让的非货币财产作价出资；但是，法律、行政法规规定不得作为出资的财产除外。对作为出资的非货币财产应当评估作价，核实财产，不得高估或者低估作价。法律、行政法规对评估作价有规定的，从其规定。

2. 出资要求

（1）股东以货币出资的，应当将货币出资一次足额存入准备设立的有限责任公司在银行开设的临时账户上。

（2）股东以实物、工业产权、非专利技术、土地使用权出资的，必须进行评估作价，并依法办理转移财产或者使用权的手续。

（3）股东应当足额缴纳公司章程中规定的各有所认缴的出资额。股东全部缴纳出资后，必须经过法定验资机构验证并出具证明。

（三）设立程序

公司登记是国家赋予公司法人资格与企业经营资格，并对公司设立、变更、注销加以规范、公示的行政行为。《公司法》第六条规定：设立公司，应当依法向公司登记机关申请设立登记。符合本法规定设立条件的，由公司登记机关分别登记为有限责任公司或者股份有限公司；不符合本法规定设立条件的，不得登记为有限责任公司或者股份有限公司。法律、行政法规规定设立公司必须报经批准的，应当在公司登记前依法办理批准手续。

未经公司登记机关登记，不得以公司名义从事经营活动。

设立有限责任公司，应当由全体股东指定的代表或者共同委托的代理人向公司登记机关申请设立登记。设立国有独资公司，应当由国务院或者地方人民政府授权的本级人民政府国有资产监督管理机构作为申请人，申请设立登记。法律、行政法规或者国务院规定设立有限责任公司必须报经批准的，应当自批准之日起 90 日内向公司登记机关申请设立登记；逾期申请设立登记的，申请人应当报批准机关确认原批准文件的效力或者另行报批。

（四）有限责任公司的股东

股东是持有公司股份或出资的人，股东权是基于股东资格而享有的权利。根据《公司法》的规定，公民、法人、国家授权的投资机构或部门以及外国的投资者均可成为有限责任公司的股东。

有限责任公司成立后，应当向股东签发出资证明书。出资证明书是确认股东出资的凭证，应当载明下列事项：

（1）公司名称；

（2）公司成立日期；

（3）公司注册资本；

（4）股东的姓名或者名称、缴纳的出资额和出资日期；

（5）出资证明书的编号和核发日期。出资证明书由公司盖章。

有限责任公司应当置备股东名册。股东名册是公司为记载股东情况及其出资事项而设置的簿册，应记载下列事项：

（1）股东的姓名或者名称及住所；

（2）股东的出资额；

（3）出资证明书编号。

记载于股东名册的股东，可以依股东名册主张行使股东权利公司应当将股东的姓名或者名称及其出资额向公司登记机关登记；登记事项发生变更的，应当办理变更登记。股东未经登记或者变更登记的，不得对抗第三人。

二、有限责任公司的组织机构

公司组织机构又称公司机关，是代表公司活动、行使相应职权的自然人或自然人组成的集合体。公司组织机构和公司法人治理结构相联系。公司法人治理结构是指公司作为独立的法人实体，以资本所有权与控制经营权相分离为基础，协调公司不同利益群体间的利益冲突，以保证公司决策运营有效的公司经营管理模式或制度。公司法人治理结构是现代公司制度的核心。公司法人治理结构的法律意义在于通过这一治理结构，围绕经营者建立以权利、利益和责任为内容的公司机关（股东大会、董事会、经理及监事会）之间的权利配置和相互制衡，实现公司人格与股东人格的分离，保证公司高效运营。

有限责任公司的组织机构包括股东会、董事会、监事会及高级管理人员，但其设置较股份有限公司灵活，如有限责任公司可依法以执行董事代替董事会，以 1～2 名监事代替监事会。此外，在一人有限责任公司、国有独资公司中的组织机构设置也有不同。

（一）股东会

有限责任公司股东会由全体股东组成。股东会是公司的权力机构，行使下列职权：

（1）决定公司的经营方针和投资计划；

（2）选举和更换非由职工代表担任的董事、监事，决定有关董事、监事的报酬事项；

（3）审议批准董事会或者执行董事的报告；

（4）审议批准监事会或者监事的报告；

（5）审议批准公司的年度财务预算方案、决算方案；

（6）审议批准公司的利润分配方案和弥补亏损方案；

（7）对公司增加或者减少注册资本做出决议；

（8）对发行公司债券做出决议；

（9）对公司合并、分立、变更公司形式、解散和清算等事项做出决议；

（10）修改公司章程；

（11）公司章程规定的其他职权。

对上述事项股东以书面形式一致同意的，可以不召开股东会会议，直接做出决定，并由全体股东在决定文件上签名、盖章。

股东会以会议形式行使权利，而不采取常设机构或日常办公的方式。股东会会议分为定期会议和临时会议。定期会议应当按照公司章程规定按时召开。代表 1/10 以上表决权的股东、1/3 以上的董事、监事会或者不设监事会的公司的监事提议召开临时会议的，应当召开临时会议。

首次股东会会议由出资最多的股东召集和主持，依法行使职权。以后的股东会会议，公司设立董事会的，由董事会召集，董事长主持；董事长不能或者不履行职务的，由副董事长主持；副董事长不能或者不履行职务的，由半数以上董事共同推举一名董事主持。公司不设董事会的，股东会会议由执行董事召集和主持。董事会或者执行董事不能或者不履行召集股东会会议职责的，由监事会或者不设监事会的公司的监事召集和主持；监事会或者监事不召集和主持的，代表 1/10 以上表决权的股东可以自行召集和主持。

召开股东会会议，应当于会议召开 15 日以前通知全体股东，但公司章程另有规定或者全体股东另有约定的除外。股东会应当将所议事项的决定做成会议记录，出席会议的股东应当在会议记录上签名。

股东会会议由股东按照出资比例行使表决权，但公司章程另有规定的除外。股东会的议事方式和表决程序，除《公司法》有规定的外，由公司章程规定。

股东会会议做出修改公司章程、增加或者减少注册资本的决议，以及公司合并、分立、解散或者变更公司形式的决议，必须经代表 2/3 以上表决权的股东通过。

（二）董事会和高级管理人员

有限责任公司设董事会（依法不设董事会的除外），其成员为 3~13 人。两个以上的国有企业或者其他两个以上的国有投资主体投资设立的有限责任公司，其董事会成员中应当有公司职工代表；其他有限责任公司董事会成员中也可以有公司职工代表。董事会中的职工代表由公司职工通过职工代表大会、职工大会或者其他形式民主选举产生。董事会设董事长 1 人，可以设副董事长。董事长、副董事长的产生办法由公司章程规定。

董事任期由公司章程规定，但每届任期不得超过 3 年。董事任期届满，连选可以连任。董事任期届满未及时改选，或者董事在任期内辞职导致董事会成员低于法定人数的，在改选出的董事就任前，原董事仍应当依照法律、行政法规和公司章程的规定，履行董事职务。

董事会对股东会负责，行使下列职权：

（1）召集股东会会议，并向股东会报告工作；

（2）执行股东会的决议；

（3）决定公司的经营计划和投资方案；

（4）制订公司的年度财务预算方案、决算方案；

（5）制订公司的利润分配方案和弥补亏损方案；

（6）制订公司增加或者减少注册资本以及发行公司债券的方案；

（7）制订公司合并、分立、变更公司形式、解散的方案；

（8）决定公司内部管理机构的设置；

（9）决定聘任或者解聘公司经理及其报酬事项，并根据经理的提名决定聘任或者解聘公司副经理、财务负责人及其报酬事项；

（10）制定公司的基本管理制度；

（11）公司章程规定的其他职权。

董事会会议由董事长召集和主持；董事长不能或者不履行职务的，由副董事长召集和主持；副董事长不能或者不履行职务的，由半数以上董事共同推举一名董事召集和主持。

董事会的议事方式和表决程序，除《公司法》有规定的外，由公司章程规定。董事会决议的表决，实行一人一票。董事会应当对所议事项的决定做成会议记录，出席会议的董事应当在会议记录上签名。

《公司法》第四十九条规定："有限责任公司可以设经理，由董事会决定聘任或者解聘"。据此规定，在有限责任公司中，经理不再是必设岗位而成为选设岗位。公司章程可以规定不设经理，而设总裁、首席执行官等职务，行使公司的管理职权。《公司法》规定，在公司设经理时，经理对董事会负责，行使下列职权：

（1）主持公司的生产经营管理工作，组织实施董事会决议；

（2）组织实施公司年度经营计划和投资方案；

（3）拟订公司内部管理机构设置方案；

（4）拟订公司的基本管理制度；

（5）制定公司的具体规章；

（6）提请聘任或者解聘公司副经理、财务负责人；

（7）决定聘任或者解聘除应由董事会决定聘任或者解聘以外的管理人员；

（8）董事会授予的其他职权。经理列席董事会会议。

公司章程对经理职权另有规定的，从其规定；经理列席董事会会议。

股东人数较少或者规模较小的有限责任公司，可以设一名执行董事，不设立董事会。执行董事可以兼任公司经理，执行董事的职权由公司章程规定。

（三）监事会

有限责任公司设立监事会，其成员不得少于 3 人。股东人数较少或者规模较小的有限责任公司，可以设 1~2 名监事，不设立监事会。监事会应当包括股东代表和适当比例的公司职工代表，其中职工代表的比例不得低于 1/3，具体比例由公司章程规定。监事会中的职工代表由公司职工通过职工代表大会、职工大会或者其他形式民主选举产生。监事会设主席一人，由全体监事过半数选举产生。监事会主席召集和主持监事会会议；监事会主席不能或者不履行职务的，由半数以上监事共同推举一名监事召集和主持监事会会议。董事、高级管理人员不得兼任监事。

监事的任期每届为3年。监事任期届满，连选可以连任。监事任期届满未及时改选，或者监事在任期内辞职导致监事会成员低于法定人数的，在改选出的监事就任前，原监事仍应当依照法律、行政法规和公司章程的规定，履行监事职务。

监事会、不设监事会的公司的监事行使下列职权：

（1）检查公司财务；

（2）对董事、高级管理人员执行公司职务的行为进行监督，对违反法律、行政法规、公司章程或者股东会决议的董事、高级管理人员提出罢免的建议；

（3）当董事、高级管理人员的行为损害公司的利益时，要求董事、高级管理人员予以纠正；

（4）提议召开临时股东会会议，在董事会不履行本法规定的召集和主持股东会会议职责时召集和主持股东会会议；

（5）向股东会会议提出提案；

（6）依照《公司法》第一百五十一条的规定，对董事、高级管理人员提起诉讼；

（7）公司章程规定的其他职权。

监事可以列席董事会会议，并对董事会决议事项提出质询或者建议。监事会、不设监事会的公司的监事行使职权所必需的费用，由公司承担。

监事会、不设监事会的公司的监事发现公司经营情况异常，可以进行调查；必要时，可以聘请会计师事务所等协助其工作，费用由公司承担。

监事会每年度至少召开一次会议，监事可以提议召开临时监事会会议。监事会的议事方式和表决程序，除《公司法》有规定的外，由公司章程规定。监事会决议应当经半数以上监事通过。监事会应当对所议事项的决定做成会议记录，出席会议的监事应当在会议记录上签名。

监事会、不设监事会的公司的监事行使职权所必需的费用，由公司承担。

三、一人有限责任公司的特别规定

一人有限责任公司，是指只有一个自然人股东或者一个法人股东的有限责任公司。为维护债权人等利害关系人的权益，保障社会经济秩序，《公司法》对一人有限责任公司的设立和组织机构用专门篇幅作了特殊规定，以加强对其的监管。特殊规定以外的问题，则适用对有限责任公司的一般规定。

（一）注册资本额

修正后的《公司法》取消了原《公司法》“一人有限责任公司的注册资本最低限额为人民币10万元”的规定，不再对注册资本最低限额进行约束。

（二）限制自然人投资一人有限责任公司

一个自然人只能投资设立一个一人有限责任公司，该一人有限责任公司不能投资设立新的一人有限责任公司。

（三）公示公司性质

一人有限责任公司应当在公司登记中注明自然人独资或者法人独资，并在公司营业执照中载明。

（四）公司章程的制定

一人有限责任公司章程由股东制定。

（五）严格公司人格否定

一人有限责任公司不设股东会，法律规定的股东会职权由股东行使，当股东做出公司的经营方针和投资计划决定时，应当采用书面形式，并由股东签名后置备于公司。

（六）严格公司年终财务会计报告

一人有限责任公司应当在每一会计年度终了时编制财务会计报告，并经会计师事务所审计。

为防止一人有限责任公司的股东滥用公司法人人格与有限责任制度，将公司财产混同于个人财产，抽逃资产，损害债权人的利益，《公司法》规定，一人有限责任公司的股东不能证明公司财产独立于股东自己财产的，应当对公司债务承担连带责任。

四、国有独资公司的特别规定

国有独资公司，是指国家单独出资、由国务院或者地方人民政府授权本级人民政府国有资产监督管理机构履行出资人职责的有限责任公司。《公司法》对国有独资公司的设立和组织机构也以专门篇幅作了特殊规定。特殊规定以外的问题，则适用对有限责任公司的一般规定。

国有独资公司章程由国有资产监督管理机构制定，或者由董事会制定报国有资产监督管理机构批准。

国有独资公司不设股东会，由国有资产监督管理机构行使股东会职权。国有资产监督管理机构可以授权公司董事会行使股东会的部分职权，决定公司的重大事项，但公司的合并、分立、解散、增减注册资本和发行公司债券，必须由国有资产监督管理机构决定。其中，国务院有关规定确定的重要国有独资公司的合并、分立、解散、申请破产，应当由国有资产监督管理机构审核后，报本级人民政府批准。

国有独资公司设立董事会，依照法律规定的有限责任公司董事会的职权和国有资产监督管理机构的授权行使职权。董事每届任期不得超过 3 年。董事会成员中应当有公司职工代表。董事会成员由国有资产监督管理机构委派；但是，董事会成员中的职工代表由公司职工代表大会选举产生。董事会设董事长一人，可以设副董事长。董事长、副董事长由国有资产监督管理机构从董事会成员中指定。

国有独资公司设经理，由董事会聘任或者解聘。国有独资公司经理的职权与普通有限责任公司相同。经国有资产监督管理机构同意，董事会成员可以兼任经理。

国有独资公司的董事长、副董事长、董事、高级管理人员，未经国有资产监督管理机构同意，不得在其他有限责任公司、股份有限公司或者其他经济组织兼职。

国有独资公司监事会成员不得少于5人，其中职工代表的比例不得低于1/3，具体比例由公司章程规定。监事会成员由国有资产监督管理机构委派；但是，监事会中的职工代表由公司职工代表大会选举产生。监事会主席由国有资产监督管理机构从监事会成员中指定。国有独资公司监事会的职权范围小于普通有限责任公司的监事会，包括：检查公司财务；对董事、高级管理人员执行公司职务的行为进行监督，对违反法律、行政法规、公司章程或者股东会决议的董事、高级管理人员提出罢免的建议；当董事、高级管理人员的行为损害公司的利益时，要求董事、高级管理人员予以纠正；国务院规定的其他职权。

五、有限责任公司的股权转让

有限责任公司作为资合兼人合的公司，其股东转让股权受到一定法律限制。《公司法》第七十一条规定："有限责任公司的股东之间可以相互转让其全部或者部分股权。股东向股东以外的人转让股权，应当经其他股东过半数同意。股东应就其股权转让事项书面通知其他股东征求同意，其他股东自接到书面通知之日起满30日未答复的，视为同意转让。其他股东半数以上不同意转让的，不同意的股东应当购买该转让的股权；不购买的，视为同意转让。经股东同意转让的股权，在同等条件下，其他股东有优先购买权。两个以上股东主张行使优先购买权的，协商确定各自的购买比例；协商不成的，按照转让时各自的出资比例行使优先购买权。公司章程对股权转让另有规定的，从其规定。"

《公司法》还规定了特殊情况下股权的转让问题。人民法院依照法律规定的强制执行程序转让股东的股权时，应当通知公司及全体股东。其他股东在同等条件下有优先购买权。其他股东自人民法院通知之日起满20日不行使优先购买权的，视为放弃优先购买权。自然人股东死亡后，其合法继承人可以继承股东资格，但公司章程另有规定的除外。

股东转让股权后，公司应当注销原股东的出资证明书，向新股东签发出资证明书，并相应修改公司章程和股东名册中有关股东及其出资额的记载。对公司章程的该项修改不需再由股东会表决。

为维护中、小股东合法权益，《公司法》设置了股东的股权回购请求权，规定有下列情形之一的，对股东会该项决议投反对票的股东可以请求公司按照合理的价格收购其股权：

（1）公司连续5年不向股东分配利润，而公司该5年连续盈利并且符合法律规定的分配利润条件的。

（2）公司合并、分立、转让主要财产的。

（3）公司章程规定的营业期限届满或者章程规定的其他解散事由出现，股东会会议通过决议修改章程使公司存续的。

自股东会会议决议通过之日起60日内，股东与公司不能达成股权收购协议的，股东可以自股东会会议决议通过之日起90日内向人民法院提起诉讼。

第三节　股份有限公司的设立和组织机构

一、股份有限公司的概念

股份有限公司也称股份公司，是指全部资本分为等额股份，股东以其所认购的股份为限对公司承担责任，公司以其全部资产对公司的债务承担责任的企业法人。

二、股份有限公司的设立

（一）设立条件

（1）发起人符合法定人数，即有 2 人以上 200 人以下为发起人，其中须有半数以上的发起人在中国境内有住所。股份有限公司发起人承担公司筹办事务。发起人应当签订发起人协议，明确各自在公司设立过程中的权利和义务。

（2）有符合公司章程规定的全体发起人认购的股本总额或者募集的实收股本总额。

（3）股份发行、筹办事项符合法律规定。

（4）发起人制定公司章程，采用募集方式设立的须经创立大会通过。股份有限公司章程应当载明下列事项：①公司名称和住所；②公司经营范围；③公司设立方式；④公司股份总数、每股金额和注册资本；⑤发起人的姓名或者名称、认购的股份数、出资方式和出资时间；⑥董事会的组成、职权、任期和议事规则；⑦公司法定代表人；⑧监事会的组成、职权、任期和议事规则；⑨公司利润分配办法；⑩公司的解散事由与清算办法；⑪公司的通知和公告办法；⑫股东大会会议认为需要规定的其他事项。

（5）有公司名称，建立符合股份有限公司要求的组织机构。

（6）有公司住所。

（二）设立方式

（1）发起设立，是指由发起人认购公司应发行的全部股份而设立公司。此种设立方式，由于发行股份总数由发起人自行认足，不得对外募集认股，设立程序较简单。有限责任公司采用这种设立方式。

（2）募集设立，是指由发起人认购公司应发行股份的一部分，其余部分向社会公开募集或者向特定对象募集而设立公司。此种设立方式较发起设立要复杂。

股份有限公司的设立，究竟采用哪种设立方式，由发起人相互约定，自行选择，并载明于公司章程上。

（三）设立程序

股份有限公司的设立，可以采取发起设立和募集设立两种方式。因法定设立方式不同，法律对其设立的程序也有不同的要求。

1. 发起设立的基本程序

以发起设立方式设立股份有限公司的，发起人应当书面认足公司章程规定其认购的股份，并按照公司章程规定缴纳出资。以非货币财产出资的，应当依法办理其财产权的转移手续。发起人不依照上述规定缴纳出资的，应当按照发起人协议承担违约责任。发起人认足公司章程规定的出资后，应当选举董事会和监事会，由董事会向公司登记机关报送公司章程以及法律、行政法规规定的其他文件，申请设立登记。

2. 募集设立的基本程序

（1）以募集设立方式设立股份有限公司的，发起人认购的股份不得少于公司股份总数的百分之三十五；但是，法律、行政法规另有规定的，从其规定。

（2）发起人向社会公开募集股份，必须公告招股说明书，并制作认股书。认股书应当载明《公司法》第八十六条所列事项，由认股人填写认购股数、金额、住所，并签名、盖章。认股人按照所认购股数缴纳股款。招股说明书应当附有发起人制订的公司章程，并载明下列事项：①发起人认购的股份数；②每股的票面金额和发行价格；③无记名股票的发行总数；④募集资金的用途；⑤认股人的权利、义务；⑥本次募股的起止期限及逾期未募足时认股人可以撤回所认股份的说明。

（3）发起人向社会公开募集股份，应当由依法设立的证券公司承销，签订承销协议。

（4）发起人向社会公开募集股份，应当同银行签订代收股款协议。代收股款的银行应当按照协议代收和保存股款，向缴纳股款的认股人出具收款单据，并负有向有关部门出具收款证明的义务。

（5）发行股份的股款缴足后，必须经依法设立的验资机构验资并出具证明。发起人应当自股款缴足之日起三十日内主持召开公司创立大会。创立大会由发起人、认股人组成。发行的股份超过招股说明书规定的截止期限尚未募足的，或者发行股份的股款缴足后，发起人在三十日内未召开创立大会的，认股人可以按照所缴股款并加算银行同期存款利息，要求发起人返还。

（6）召开创立大会。发行股份的股款缴足后，必须经依法设立的验资机构验资并出具证明。发起人应当自股款缴足之日起 30 日内主持召开公司创立大会。创立大会由发起人、认股人组成。发行的股份超过招股说明书规定的截止期限尚未募足的，或者发行股份的股款缴足后，发起人在 30 日内未召开创立大会的，认股人可以按照所缴股款并加算银行同期存款利息，要求发起人返还。发起人应当在创立大会召开 15 日前将会议日期通知各认股人或者予以公告。创立大会应有代表股份总数过半数的发起人、认股人出席，方可举行。创立大会行使下列职权：①审议发起人关于公司筹办情况的报告；②通过公司章程；③选举董事会成员；④选举监事会成员；⑤对公司的设立费用进行审核；⑥对发起人用于抵作股款的财产的作价进行审核；⑦发生不可抗力或者经营条件发生重大变化直接影响公司设立的，可以做出不设立公司的决议。创立大会对上述事项做出决议，必须经出席会议的认股人所持表决权过半数通过。发起人、认股人缴纳股款或者交付抵作股款的出资后，除未按期募足股份、发起人未按期召开创立大会或者创立大会决议不设立公司的情形外，不得抽回其股本。

（7）董事会应于创立大会结束后 30 日内，向公司登记机关报送下列文件，申请设立登记：①公司登记申请书；②创立大会的会议记录；③公司章程；④验资证明；⑤法定代表人、董事、监事的任职文件及其身份证明；⑥发起人的法人资格证明或者自然人身份证明；⑦公司住所证明。以募集方式设立股份有限公司公开发行股票的，还应当向公司登记机关报送国务院证券监督管理机构的核准文件。

3. 股份有限公司的发起人责任

股份有限公司成立后，发起人未按照公司章程的规定缴足出资的，应当补缴；其他发起人承担连带责任。股份有限公司成立后，发现作为设立公司出资的非货币财产的实际价额显著低于公司章程所定价额的，应当由交付该出资的发起人补足其差额；其他发起人承担连带责任。

股份有限公司的发起人应当承担下列责任：

（1）公司不能成立时，对设立行为所产生的债务和费用负连带责任；

（2）公司不能成立时，对认股人已缴纳的股款，负返还股款并加算银行同期存款利息的连带责任；

（3）在公司设立过程中，由于发起人的过失致使公司利益受到损害的，应当对公司承担赔偿责任。

（四）股本的抽回

发起人、认股人缴纳股款或者交付抵作股款的出资后，除未按期募足股份、发起人未按期召开创立大会或者创立大会决议不设立公司的情形外，不得抽回其股本。

二、组织机构

（一）股东大会

股份有限公司股东大会由全体股东组成。股东大会是公司的权力机构，依法行使职权，其职权范围与有限责任公司股东会相同。

股东大会分为年会与临时大会。股东大会年会应当每年召开一次。有下列情形之一的，应当在两个月内召开临时股东大会：

（1）董事人数不足《公司法》规定人数或者公司章程所定人数的2/3时；

（2）公司未弥补的亏损达实收股本总额1/3时；

（3）单独或者合计持有公司10%以上股份的股东请求时；

（4）董事会认为必要时；

（5）监事会提议召开时；

（6）公司章程规定的其他情形。

股东大会会议由董事会召集，董事长主持；董事长不能或者不履行职务的，由副董事长主持；副董事长不能或者不履行职务的，由半数以上董事共同推举一名董事主持。董事会不能或者不履行召集股东大会会议职责的，监事会应当及时召集和主持；监事会不召集和主持的，连续90日以上单独或者合计持有公司10%以上股份的股东可以自行召集和主持。

召开股东大会会议，应当将会议召开的时间、地点和审议的事项于会议召开20日前通知各股东；临时股东大会应当于会议召开 15 日前通知各股东；发行无记名股票的，应当于会议召开 30 日前公告会议召开的时间、地点和审议事项。

单独或者合计持有公司 3%以上股份的股东，可以在股东大会召开 10 日前提出临时提案并书面提交董事会；董事会应当在收到提案后 2 日内通知其他股东，并将该临时提案提交股东大会审议。临时提案的内容应当属于股东大会职权范围，并有明确议题和具体决议事项。股东大会不得对向股东通知中未列明的事项做出决议。无记名股票持有人出席股东大会会议的，应当于会议召开 5 日前至股东大会闭会时将股票交存于公司。

股东出席股东大会会议，所持每一股份有一表决权。股东可以委托代理人出席股东大会会议，代理人应当向公司提交股东授权委托书，并在授权范围内行使表决权。公司持有的本公司股份没有表决权。

股东大会决议的事项分为普通事项与特别事项两类。股东大会对普通事项做出决议，必须经出席会议的股东所持表决权过半数通过。股东大会对修改公司章程、增加或者减少注册资本，以及公司合并、分立、解散或者变更公司形式的特别事项做出决议，必须经出席会议的股东所持表决权的 2/3 以上通过。

《公司法》和公司章程规定公司转让、受让重大资产或者对外提供担保等事项必须经股东大会做出决议的，董事会应当及时召集股东大会会议，由股东大会就上述事项进行表决。

股东大会选举董事、监事，可以根据公司章程的规定或者股东大会的决议，实行累积投票制。累积投票制，是指股东大会选举董事或者监事时，每一股份拥有与应选董事或者监事人数相同的表决权，股东拥有的表决权可以集中使用。累积投票制的实施有利于中小股东按照其持股比例选举代表进入公司管理层，参与董事会的活动，保护其利益。

股东大会应当对所议事项的决定作成会议记录，主持人、出席会议的董事应当在会议记录上签名。会议记录应当与出席股东的签名册及代理出席的委托书一并保存。

（二）董事会、经理

股份有限公司设董事会，其成员为 5～19 人。董事会成员中可以有公司职工代表。董事会中的职工代表由公司职工通过职工代表大会、职工大会或者其他形式民主选举产生。股份有限公司董事的任期、董事会的职权与有限责任公司相同。

董事会设董事长一人，可以设副董事长。董事长和副董事长由董事会以全体董事的过半数选举产生。董事长召集和主持董事会会议，检查董事会决议的实施情况。副董事长协助董事长工作，董事长不能或者不履行职务的，由副董事长履行职务；副董事长不能或者不履行职务的，由半数以上董事共同推举一名董事履行职务。

董事会每年度至少召开两次会议，每次会议应当于会议召开 10 日前通知全体董事和监事。代表 1/10 以上表决权的股东、1/3 以上董事或者监事会，可以提议召开董事会临时会议。董事长应当自接到提议后 10 日内，召集和主持董事会会议。董事会召开临时会议，可以另定召集董事会的通知方式和通知时限。

董事会会议应有过半数的董事出席方可举行。董事会做出决议必须经全体董事的过半数通过。董事会决议的表决实行一人一票。董事会会议应由董事本人出席，董事因故不能出席，可以书面委托其他董事代为出席，委托书中应载明授权范围。

董事会应当对会议所议事项的决定作成会议记录，出席会议的董事应当在会议记录上签名。董事应当对董事会的决议承担责任。董事会的决议违反法律、行政法规或者公司章程、股东大会决议，致使公司遭受严重损失的，参与决议的董事对公司负赔偿责任。但经证明在表决时曾表明异议并记载于会议记录的，该董事可以免除责任。

股份有限公司设经理，由董事会决定聘任或者解聘，其职权与有限责任公司经理相同。公司董事会可以决定由董事会成员兼任经理。

公司应当定期向股东披露董事、监事、高级管理人员从公司获得报酬的情况。公司不得直接或者通过子公司向董事、监事、高级管理人员提供借款。

（三）监事会

股份有限公司设立监事会，其成员不得少于 3 人。监事会应当包括股东代表和适当比例的公司职工代表，其中职工代表的比例不得低于 1/3，具体比例由公司章程规定。监事会中的职工代表由公司职工通过职工代表大会、职工大会或者其他形式民主选举产生。董事、高级管理人员不得兼任监事。

监事会设主席一人，可以设副主席。监事会主席和副主席由全体监事过半数选举产生。监事会主席召集和主持监事会会议；监事会主席不能或者不履行职务的，由监事会副主席召集和主持监事会会议；监事会副主席不能或者不履行职务的，由半数以上监事共同推举一名监事召集和主持监事会会议。

股份有限公司监事的任期、监事会的职权与有限责任公司相同。监事会行使职权所必需的费用，由公司承担。

监事会至少每 6 个月召开一次会议。监事可以提议召开临时监事会会议。监事会的议事方式和表决程序，除法律有规定的外，由公司章程规定。监事会应当对所议事项的决定作成会议记录，出席会议的监事应当在会议记录上签名。

（四）上市公司组织机构的特别规定

上市公司，是指其股票在证券交易所上市交易的股份有限公司。《公司法》对上市公司组织机构与活动原则的特别规定主要有以下几项：

（1）增加股东大会特别决议事项。上市公司在一年内购买、出售重大资产或者担保金额超过公司资产总额 30%的，应当由股东大会做出决议，并经出席会议的股东所持表决权的 2/3 以上通过。

（2）上市公司设立独立董事，具体办法由国务院规定。独立董事，是指不在公司担任除董事外的其他职务，并与其所受聘的上市公司及其主要股东不存在可能妨碍其进行独立客观判断的关系的董事。独立董事除了应履行董事的一般职责外，主要职责在于对控股股东及其选任的上市公司的董事、高级管理人员，以及其与公司进行的关联交易等进行监督。

（3）上市公司设立董事会秘书，负责公司股东大会和董事会会议的筹备、文件保管以及公司股权管理，办理信息披露事务等事宜。

（4）增设关联关系董事的表决权排除制度。上市公司董事与董事会会议决议事项所涉及的企业有关联关系的，不得对该项决议行使表决权，也不得代理其他董事行使表决权。该董事会会议由过半数的无关联关系董事出席即可举行，董事会会议所作决议须经无关联关系董事过半数通过。出席董事会的无关联关系董事人数不足 3 人的，应将该事项提交上市公司股东大会审议。

第四节 公司董事、监事、高级管理人员的任职资格和义务

一、公司董事、监事、高级管理人员的任职资格

公司董事、监事、高级管理人员在公司中处于重要的地位并具有法定的职权，因此需要对其任职资格作必要的限制性规定，以保证其具有正确履行职责的能力与条件。

《公司法》规定，有下列情形之一的，不得担任公司的董事、监事、高级管理人员：

（1）无民事行为能力或者限制民事行为能力。无民事行为能力的人是指 10 周岁以下的未成年人和不能辨认自己行为的精神病人。限制民事行为能力的人是指 10 周岁以上的未成年人和不能完全辨认自己行为的精神病人。

（2）因贪污、贿赂、侵占财产、挪用财产或者破坏社会主义市场经济秩序，被判处刑罚，执行期满未逾 5 年，或者因犯罪被剥夺政治权利，执行期满未逾 5 年。

（3）担任破产清算的公司、企业的董事或者厂长、经理，对该公司、企业的破产负有个人责任的，自该公司、企业破产清算完结之日起未逾 3 年。

（4）担任因违法被吊销营业执照、责令关闭的公司、企业的法定代表人，并负有个人责任的，自该公司、企业被吊销营业执照之日起未逾 3 年。

（5）个人所负数额较大的债务到期未清偿。

公司违反《公司法》的上述规定选举、委派董事、监事或者聘任高级管理人员的，该选举、委派或者聘任无效。公司董事、监事、高级管理人员在任职期间出现上述所列情形的，公司应当解除其职务。

二、公司董事、监事、高级管理人员的义务

公司董事、监事、高级管理人员应当遵守法律、行政法规和公司章程，对公司负有忠实义务和勤勉义务。公司董事、监事、高级管理人员不得利用职权收受贿赂或者其他非法收入，不得侵占公司的财产。

《公司法》规定，公司董事、高级管理人员不得有下列行为：

（1）挪用公司资金；

（2）将公司资金以其个人名义或者以其他个人名义开立账户存储；

（3）违反公司章程的规定，未经股东会、股东大会或者董事会同意，将公司资金借贷给他人或者以公司财产为他人提供担保；

（4）违反公司章程的规定或者未经股东会、股东大会同意，与本公司订立合同或

者进行交易；

（5）未经股东会或者股东大会同意，利用职务便利为自己或者他人谋取属于公司的商业机会，自营或者为他人经营与所任职公司同类的业务；

（6）接受他人与公司交易的佣金归为己有；

（7）擅自披露公司秘密；

（8）违反对公司忠实义务的其他行为。公司董事、高级管理人员违反上述规定所得的收入应当归公司所有。

公司董事、监事、高级管理人员执行公司职务时违反法律、行政法规或者公司章程的规定，给公司造成损失的，应当承担赔偿责任。

公司股东会或者股东大会要求董事、监事、高级管理人员列席会议的，董事、监事、高级管理人员应当列席并接受股东的质询。董事、高级管理人员应当如实向公司监事会或者不设监事会的有限责任公司的监事提供有关情况和资料，不得妨碍监事会或者监事行使职权。

第五节　公司的融资

一、发行公司债券

（一）公司债券的概念和种类

1. 公司债券的概念

公司债券是指公司依照法定程序发行，约定在一定期限还本付息的有价证券。公司债券与公司股票有不同的法律特征：

（1）公司债券的持有人是公司的债权人，对于公司享有民法上规定的债权人的所有权利，而股票的持有人则是公司的股东，享有《公司法》所规定的股东权利；

（2）公司债券的持有人，无论公司是否有盈利，对公司享有按照约定给付利息的请求权，而股票持有人，则必须在公司有盈利时才能依法获得股利分配；

（3）公司债券到了约定期限，公司必须偿还债券本金，而股票持有人仅在公司解散时方可请求分配剩余财产；

（4）公司债券的持有人享有优先于股票持有人获得清偿的权利，而股票持有人必须在公司全部债务清偿之后，方可就公司剩余财产请求分配；

（5）公司债券的利率一般是固定不变的，风险较小，而股票股利分配的高低，与公司经营好坏密切相关，故常有变动，风险较大。

2. 公司债券的种类

依照不同的标准，对公司债券可作不同的分类：

（1）记名公司债券和无记名公司债券。记名公司债券是指在公司债券上记载债权人姓名或者名称的债券；无记名公司债券是指在公司债券上不记载债权人姓名或者名称的债券。区分记名公司债券和无记名公司债券的法律意义在于两者转让的要求不同。

（2）可转换公司债券和不可转换公司债券。可转换公司债券是指可以转换成公司股票的公司债券。这种公司债券在发行时规定了转换为公司股票的条件与办法，当条件具备时，债券持有人拥有将公司债券转换为公司股票的选择权。不可转换公司债券是指不能转换为公司股票的公司债券。凡在发行债券时未做出转换约定的，均为不可转换公司债券。

（二）公司债券的发行

《公司法》规定，公司发行公司债券应当符合《中华人民共和国证券法》（以下简称《证券法》）规定的发行条件与程序。

发行公司债券的申请经国务院授权的部门核准后，应当公告公司债券募集办法。公司债券募集办法中应当载明下列主要事项：

（1）公司名称；

（2）债券募集资金的用途；

（3）债券总额和债券的票面金额；

（4）债券利率的确定方式；

（5）还本付息的期限和方式；

（6）债券担保情况；

（7）债券的发行价格、发行的起止日期；

（8）公司净资产额；

（9）已发行的尚未到期的公司债券总额；

（10）公司债券的承销机构。

公司以实物券方式发行公司债券的，必须在债券上载明公司名称、债券票面金额、利率、偿还期限等事项，并由法定代表人签名，公司盖章。

公司发行公司债券应当置备公司债券存根簿。公司债券，可以为记名债券，也可以为无记名债券。发行记名公司债券的，应当在公司债券存根簿上载明下列事项：

（1）债券持有人的姓名或者名称及住所；

（2）债券持有人取得债券的日期及债券的编号；

（3）债券总额，债券的票面金额、利率、还本付息的期限和方式；

（4）债券的发行日期。

发行无记名公司债券的，应当在公司债券存根簿上载明债券总额、利率、偿还期限和方式、发行日期及债券的编号。

上市公司经股东大会决议可以发行可转换为股票的公司债券，并在公司债券募集办法中规定具体的转换办法。上市公司发行可转换为股票的公司债券，应当报国务院证券监督管理机构核准。发行可转换为股票的公司债券，应当在债券上标明可转换公司债券字样，并在公司债券存根簿上载明可转换公司债券的数额。

（三）公司债券的转让

《公司法》规定，公司债券可以转让，转让价格由转让人与受让人约定。公司债券在证券交易所上市交易的，按照证券交易所的交易规则转让。

根据公司债券种类的不同，公司债券的转让有两种不同的方式。记名公司债券，由债券持有人以背书方式或者法律、行政法规规定的其他方式转让；转让后由公司将受让人的姓名或者名称及住所记载于公司债券存根簿，以备公司存查。无记名公司债券的转让，由债券持有人将该债券交付给受让人后即发生转让的效力；受让人一经持有该债券，即成为公司的债权人。

发行可转换为股票的公司债券的，公司应当按照其转换办法向债券持有人换发股票，但债券持有人对转换股票或者不转换股票有选择权。

二、股份有限公司的股份发行和转让

（一）股份发行

股份有限公司的基本特征之一，便是注册资本划分为金额相等的股份。公司的股份采取股票的表现形式。股票是公司签发的证明股东所持股份的凭证。

股份的发行实行公平、公正的原则，同种类的每一股份应当具有同等权利。同次发行的同种类股票，每股的发行条件和价格应当相同；任何单位或者个人所认购的股份，每股应当支付相同价额。

股票发行价格可以按票面金额，也可以超过票面金额，但不得低于票面金额。因为低于票面金额发行股票，违背资本充实原则，使股票发行募集的资金低于公司相应的注册资本数额，出现资本虚增，会影响交易安全，危及债权人的利益。

股票采用纸面形式或者国务院证券监督管理机构规定的其他形式。目前我国上市公司股票的发行、交易均已通过计算机采用存储信息等无纸化方式进行。股票应当载明下列主要事项：

（1）公司名称；

（2）公司成立日期；

（3）股票种类、票面金额及代表的股份数；

（4）股票的编号。

股票由法定代表人签名，公司盖章。股份有限公司成立后，即向股东正式交付股票。公司成立前不得向股东交付股票。

公司发行的股票，可以为记名股票，也可以为无记名股票。国务院可以对公司发行《公司法》规定以外的其他种类的股份，另行做出规定。发起人的股票，应当标明发起人股票字样。公司向发起人、法人发行的股票为记名股票，应当记载该发起人、法人的名称或者姓名，不得另立户名或者以代表人姓名记名。

公司发行记名股票的，应当置备股东名册，记载下列事项：

（1）股东的姓名或者名称及住所；

（2）各股东所持股份数；

（3）各股东所持股票的编号；

（4）各股东取得股份的日期。

发行无记名股票的，公司应当记载其股票数量、编号及发行日期。

公司发行新股，依照公司章程的规定由股东大会或者董事会对下列事项做出决议：

（1）新股种类及数额；

（2）新股发行价格；

（3）新股发行的起止日期；

（4）向原有股东发行新股的种类及数额。

公司经国务院证券监督管理机构核准公开发行新股时，必须公告新股招股说明书和财务会计报告，并制作认股书。公司公开发行新股应当由依法设立的证券公司承销，签订承销协议，并同银行签订代收股款协议。公司发行新股，可以根据公司经营情况和财务状况，确定其作价方案。公司发行新股募足股款后，必须向公司登记机关办理变更登记，并公告。

（二）股份转让

根据《公司法》规定，股东持有的股份可以依法转让。股东转让其股份，应当在依法设立的证券交易场所进行或者按照国务院规定的其他方式进行。上市公司的股票，依照有关法律、行政法规及证券交易所交易规则上市交易。

记名股票，由股东以背书方式或者法律、行政法规规定的其他方式转让；转让后由公司将受让人的姓名或者名称及住所记载于股东名册。股东大会召开前20日内或者公司决定分配股利的基准日前5日内，不得进行股东名册的变更登记，但法律对上市公司股东名册变更登记另有规定的，从其规定。无记名股票的转让，由股东将该股票交付给受让人后即发生转让的效力。

发起人持有的本公司股份，自公司成立之日起1年内不得转让。公司公开发行股份前已发行的股份，自公司股票在证券交易所上市交易之日起1年内不得转让。公司董事、监事、高级管理人员应当向公司申报所持有的本公司的股份及其变动情况，在任职期间每年转让的股份不得超过其所持有本公司股份总数的25%；所持本公司股份自公司股票上市交易之日起1年内不得转让。上述人员离职后半年内，不得转让其所持有的本公司股份。公司章程可以对公司董事、监事、高级管理人员转让其所持有的本公司股份做出其他限制性规定。

公司不得收购本公司股份，但有下列情形之一的除外：

（1）减少公司注册资本；

（2）与持有本公司股份的其他公司合并；

（3）将股份用于员工持股计划或者股权激励；

（4）股东因对股东大会做出的公司合并、分立决议持异议，要求公司收购其股份的；

（5）将股份用于转换上市公司发行的可转换为股票的公司债券；

（6）上市公司为维护公司价值及股东权益所必需。

记名股票被盗、遗失或者灭失，股东可以依照《中华人民共和国民事诉讼法》规定的公示催告程序，请求人民法院宣告该股票失效。人民法院宣告该股票失效后，股东可以向公司申请补发股票。

第六节　公司的财务会计制度

一、公司的财务会计制度的作用

公司的财务会计制度具有重要意义，主要表现为：

（1）有利于保护投资者和债权人的利益。普通投资者除通过参加股东（大）会决定一些重大事项外，一般不参与公司日常的生产经营，只能通过了解公司的生产经营状况和财务会计情况，来维护自身的利益。公司资产是对债权人的担保，公司财务状况如何，直接影响其债权是否能得到清偿。公司财务会计工作的规范化，可以保证公司正确核算经营成果，合理分配利润；可以保证公司资产的完整；使债权人的利益得到保护。

（2）有利于吸收社会投资。投资者做出对公司是否投资的决定依赖于公司财务、会计信息的披露。公司财务会计制度的规范化和公开化，可以使人们方便地了解到公司的经营状况和盈利能力，有利于吸收社会投资。

（3）有利于政府的宏观管理。健全的财务会计制度有利于正确记录、反映公司的经营状况，有利于政府制定政策，实施管理。

二、公司财务会计制度的基本要求

1. 公司应当依照法律、行政法规和国务院财政部门的规定建立公司的财务会计制度

2. 公司应当依法编制财务会计报告

公司应当在每一会计年度终了时编制财务会计报告，并依法经会计师事务所审计。公司财务会计报告主要包括：①资产负债表；②利润表；③现金流量表等报表及附注。公司财务会计报告应当依照《中华人民共和国会计法》《企业财务会计报告条例》等法律、行政法规和国务院财政部门的规定制作。

3. 公司应当依法披露有关财务、会计资料

有限责任公司应当按照公司章程规定的期限将财务会计报告送交各股东。股份有限公司的财务会计报告应当在召开股东大会年会的 20 日前置备于本公司，供股东查阅；公开发行股票的股份有限公司必须公告其财务会计报告。

4. 公司除法定的会计账簿外，不得另立会计账簿

对公司资产，不得以任何个人名义开立账户存储。

5. 公司应当依法聘用会计师事务所对财务会计报告审查验证

公司聘用、解聘承办公司审计业务的会计师事务所，依照公司章程的规定，由股东会、股东大会或者董事会决定。公司股东会、股东大会或者董事会就解聘会计师事务所进行表决时，应当允许会计师事务所陈述意见。公司应当向聘用的会计师事务所提供真实、完整的会计凭证，会计账簿，财务会计报告及其他会计资料，不得拒绝、隐匿、谎报。

三、利润分配

（一）利润

公司利润是指公司在一定会计期间的经营成果。公司应当按照如下顺序进行利润分配：

（1）弥补以前年度的亏损，但不得超过税法规定的弥补期限；

（2）缴纳所得税；

（3）提取法定盈余公积金；

（4）提取任意盈余公积金；

（5）向投资者分配并支付利润。

公司弥补亏损和提取公积金后所余税后利润，有限责任公司按照股东实缴的出资比例分配，但全体股东约定不按照出资比例分配的除外；股份有限公司按照股东持有的股份比例分配，但股份有限公司章程规定不按持股比例分配的除外。

公司股东会、股东大会或者董事会违反规定，在公司弥补亏损和提取法定公积金之前向股东分配利润的，股东必须将违反规定分配的利润退还给公司。公司持有的本公司股份不得分配利润。

（二）公积金

公积金是公司在资本之外所保留的资金金额，又称为附加资本或准备金。公积金制度是各国公司法通常采用的一项强制性制度。

公积金分为盈余公积金和资本公积金两类。盈余公积金是从公司税后利润中提取的公积金，分为法定公积金和任意公积金两种。法定公积金按照公司税后利润的10%提取，当公司法定公积金累计额为公司注册资本的50%以上时可以不再提取。公司的法定公积金不足以弥补以前年度亏损的，在依照规定提取法定公积金之前，应当先用当年利润弥补亏损。任意公积金按照公司股东会或者股东大会决议，从公司税后利润中提取。资本公积金是直接由资本原因形成的公积金，股份有限公司以超过股票票面金额的发行价格发行股份所得的溢价款以及国务院财政部门规定列入资本公积金的其他收入，应当列为公司资本公积金。

公积金应当按照规定的用途使用，其用途主要如下：

（1）弥补公司亏损。公司的亏损按照国家税法规定可以用缴纳所得税前的利润弥补，超过用所得税前利润弥补期限仍未补足的亏损，可以用公司税后利润弥补；发生特大亏损，税后利润仍不足弥补的，可以用公司的公积金弥补。但是，资本公积金不得用于弥补公司的亏损。

（2）扩大公司生产经营。公司可以根据生产经营的需要，用公积金来扩大生产经营规模。

（3）转增公司资本。公司为了实现增加资本的目的，可以将公积金的一部分转为资本。对用任意公积金转增资本的，法律没有限制，但用法定公积金转增资本时，《公司法》规定，转增后所留存的该项公积金不得少于转增前公司注册资本的25%。

第七节　公司合并、分立、增资、减资

一、公司合并

（一）公司合并的形式

公司合并是指两个以上的公司依照法定程序变为一个公司的行为。其形式有两种：一是吸收合并；二是新设合并。吸收合并是指一个公司吸收其他公司加入本公司，被吸收的公司解散。新设合并是指两个以上公司合并设立一个新的公司，合并各方解散。

（二）公司合并的程序

（1）签订合并协议。公司合并，应当由合并各方签订合并协议。

（2）编制资产负债表及财产清单。

（3）做出合并决议。公司在签订合并协议并编制资产负债表及财产清单后，应当就公司合并的有关事项做出合并决议。

（4）通知债权人。公司应当自做出合并决议之日起 10 日内通知债权人．并于 30 日内在报纸上公告。债权人自接到通知书之日起 30 日内，未接到通知书的自公告之日起 45 日内，可以要求公司清偿债务或者提供相应的担保。

（5）依法进行登记。公司合并后，应当依法向公司登记机关办理相应的变更登记、注销登记、设立登记。

（三）公司合并各方的债权、债务

公司合并时，合并各方的债权、债务，应当由合并后存续的公司或者新设的公司承继。

二、公司分立

（一）公司分立的形式

公司分立是指一个公司依法分为两个以上的公司。公司分立的形式有两种：一是公司以其部分财产另设一个或数个新的公司，原公司存续；二是公司以其全部财产分别归入两个以上的新设公司，原公司解散。

（二）公司分立的程序

公司的分立，其财产作相应的分割。应当编制资产负债表及财产清单。公司应当自做出分立决议之日起 10 日内通知债权人，并于 30 日内在报纸上公告。

（三）公司分立前的债务

公司分立前的债务由分立后的公司承担连带责任，公司在分立前与债权人就债务清偿达成的书面协议另有约定的除外。

三、公司注册资本的减少和增加

（一）公司注册资本的减少

公司需要减少注册资本时，必须编制资产负债表及财产清单。

公司减少注册资本时，应当自做出减少注册资本决议之日起10日内通知债权人，并于30日内在报纸上公告。债权人自接到通知书之日起30日内，未接到通知书的自公告之日起45日内，有权要求公司清偿债务或者提供相应的担保。公司减资后的注册资本不得低于法定的最低限额。

公司减少注册资本，应当依法向公司登记机关办理变更登记。

（二）公司注册资本的增加

有限责任公司增加注册资本时，股东认缴新增资本的出资，依照《公司法》设立有限责任公司缴纳出资的有关规定执行。股份有限公司为增加注册资本发行新股时，股东认购新股，依照《公司法》设立股份有限公司缴纳股款的有关规定执行。

公司增加注册资本，应当依法向公司登记机关办理变更登记。

第八节　公司解散和清算

一、公司解散的原因

《公司法》规定，公司解散的原因有以下五种情形：

（1）公司章程规定的营业期限届满或者公司章程规定的其他解散事由出现；

（2）股东会或者股东大会决议解散；

（3）因公司合并或者分立需要解散；

（4）依法被吊销营业执照、责令关闭或者被撤销；

（5）人民法院依法予以解散。

公司有上述第（1）项情形的，可以通过修改公司章程而存续。公司依照规定修改公司章程的，有限责任公司须经持有2/3以上表决权的股东通过，股份有限公司须经出席股东大会会议的股东所持表决权的2/3以上通过。

公司经营管理发生严重困难，继续存续会使股东利益受到重大损失，通过其他途径不能解决的，持有公司全部股东表决权10%以上的股东，可以请求人民法院解散公司。

公司被依法宣告破产的，依照有关企业破产的法律实施破产清算。

二、公司解散时的清算

（一）成立清算组

根据《公司法》第一百八十条规定而解散的公司，应当在解散事由出现之日起15日内成立清算组，开始清算。有限责任公司的清算组由股东组成，股份有限公司的清算组由董事或者股东大会确定的人员组成。逾期不成立清算组进行清算的，债权人可以申请人民法院指定有关人员组成清算组进行清算。人民法院应当受理该申请，并及时组织清算组进行清算。

（二）清算组的职权

《公司法》规定，清算组在清算期间行使下列职权：

（1）清理公司财产，分别编制资产负债表和财产清单；

（2）通知、公告债权人；

（3）处理与清算有关的公司未了结的业务；

（4）清缴所欠税款以及清算过程中产生的税款；

（5）清理债权、债务；

（6）处理公司清偿债务后的剩余财产；

（7）代表公司参与民事诉讼活动。

清算组在公司清算期间代表公司进行一系列民事活动，全权处理公司经济事务和民事诉讼活动。《公司法》规定，清算组成员应当忠于职守，依法履行清算义务。清算组成员不得利用职权收受贿赂或者其他非法收入，不得侵占公司财产。清算组成员因故意或者重大过失给公司或者债权人造成损失的，应当承担赔偿责任。

（三）清算工作程序

清算工作程序一般如下：

1. 登记债权

清算组应当自成立之日起10日内通知债权人，并于60日内在报纸上公告。债权人应当自接到通知书之日起30日内，未接到通知书的自公告之日起45日内，向清算组申报其债权。债权人申报债权，应当说明债权的有关事项，并提供证明材料。清算组应当对债权进行登记。在申报债权期间，清算组不得对债权人进行清偿。

2. 清理公司财产，制订清算方案

清算组应当对公司财产进行清理，编制资产负债表和财产清单，制订清算方案。清算方案应当报股东会、股东大会或者人民法院确认。清算组在清理公司财产、编制资产负债表和财产清单后，发现公司财产不足清偿债务的，应当依法向人民法院申请宣告破产。公司经人民法院裁定宣告破产后，清算组应当将清算事务移交给人民法院。

3. 清偿债务

公司财产在分别支付清算费用、职工的工资、社会保险费用、法定补偿金、缴纳所欠税款、清偿公司债务后的剩余财产，有限责任公司按照股东的出资比例分配，股份有限公司按照股东持有的股份比例分配。清算期间，公司存续，但不得开展与清算无关的经营活动。公司财产在未按上述规定清偿前，不得分配给股东。

4. 破产申请

清算组在清理公司财产、编制资产负债表和财产清单后，发现公司财产不足清偿债务的，应当依法向人民法院申请宣告破产。公司经人民法院裁定宣告破产后，清算组应当将清算事务移交给人民法院。

5. 公告公司终止

公司清算结束后，清算组应当制作清算报告，报股东会、股东大会或者人民法院确认，并报送公司登记机关，申请注销公司登记，公告公司终止。

第九节　外国公司的分支机构

一、外国公司分支机构的法律地位

外国公司是指依照外国法律在中国境外设立的公司，属于外国法人。外国公司在中国境内设立的分支机构，是外国公司的一个组成部分，不具有中国法人资格。外国公司对其分支机构在中国境内进行经营活动承担民事责任。

二、外国公司分支机构的设立

（一）外国公司分支机构的设立条件

外国公司在中国境内设立分支机构，必须在中国境内指定负责该分支机构的代表人或者代理人，并向该分支机构拨付与其从事的经营活动相适应的资金。对外国公司分支机构的经营资金需要规定最低限额的，由国务院另行规定。

（二）外国公司分支机构的设立程序

外国公司在中国境内设立分支机构的主要程序是：

（1）提出申请。外国公司在中国境内设立分支机构，必须向中国主管机关提出申请，并提交其公司章程、所属国的公司登记证书等有关文件。

（2）进行工商登记。外国公司向中国主管机关提出在中国境内设立分支机构的申请经中国主管机关审查批准后，应当向中国的公司登记机关依法办理登记，领取营业执照。外国公司的分支机构在中国办理了工商登记并领取营业执照后，即可在中国境内从事生产经营活动。外国公司分支机构的审批办法由国务院另行规定。

三、外国公司分支机构的权利与义务

（一）外国公司分支机构的权利

外国公司分支机构的权利主要有：

（1）依法从事生产经营活动；

（2）合法权益受中国法律保护。

（二）外国公司分支机构的义务

（1）遵守中国的法律，不得损害中国的社会公共利益；

（2）应当在其名称中标明该外国公司的国籍及责任形式，在本机构中置备该外国公司章程。

（3）外国公司撤销其在中国境内的分支机构时，必须依法清偿债务，依照《公司法》有关公司清算程序的规定进行清算。未清偿债务之前，外国公司不得将其分支机构的财产转移至中国境外。

第十节　违反公司法的法律责任

一、公司发起人、股东的法律责任

（1）违反《公司法》规定，虚报注册资本、提交虚假材料或者采取其他欺诈手段隐瞒重要事实取得公司登记的，由公司登记机关责令改正，对虚报注册资本的公司，处以虚报注册资本金额5%以上15%以下的罚款；对提交虚假材料或者采取其他欺诈手段隐瞒重要事实的公司，处以5万元以上50万元以下的罚款；情节严重的，撤销公司登记或者吊销营业执照。构成犯罪的，依法追究刑事责任，处3年以下有期徒刑或者拘役，并处或者单处虚报注册资本金1%以上5%以下的罚金。单位犯此罪的，对单位处以罚金，并对其直接负责的主管人员和其他直接责任人员，处3年以下有期徒刑或者拘役。

（2）公司的发起人、股东虚假出资，未交付或者未按期交付作为出资的货币或者非货币财产的，由公司登记机关责令改正，处以虚假出资金额5%以上15%以下的罚款。构成犯罪的，依法追究刑事责任，处5年以下有期徒刑或者拘役，并处或者单处虚假出资金额2%以上10%以下的罚金。单位犯此罪的，对单位处以罚金，并对其直接负责的主管人员和其他直接责任人员，处5年以下有期徒刑或者拘役。

（3）公司的发起人、股东在公司成立后，抽逃其出资的，由公司登记机关责令改正，处以所抽逃出资金额5%以上15%以下的罚款。构成犯罪的，依法追究刑事责任，处5年以下有期徒刑或者拘役，并处或者单处抽逃出资金额2%以上10%以下的罚金。单位犯此罪的，对单位处以罚金，并对其直接负责的主管人员和其他直接责任人员，处5年以下有期徒刑或者拘役。

二、公司的法律责任

（1）公司违反《公司法》规定，在法定的会计账簿以外另立会计账簿的，由县级以上人民政府财政部门责令改正，处以5万元以上50万元以下的罚款。构成犯罪的，依法追究刑事责任。

（2）公司在依法向有关主管部门提供的财务会计报告等材料上作虚假记载或者隐瞒重要事实的，由有关主管部门对直接负责的主管人员和其他直接责任人员处以 3 万元以上 30 万元以下的罚款。

（3）公司不依照《公司法》规定提取法定公积金的，由县级以上人民政府财政部门责令如数补足应当提取的金额，可以对公司处以 20 万元以下的罚款。

（4）公司在合并、分立、减少注册资本或者进行清算时，不依照《公司法》规定通知或者公告债权人的，由公司登记机关责令改正，对公司处以 1 万元以上 10 万元以下的罚款。

（5）公司在进行清算时，隐匿财产，对资产负债表或者财产清单作虚假记载或者在未清偿债务前分配公司财产的，由公司登记机关责令改正，对公司处以隐匿财产或者未清偿债务前分配公司财产金额 5%以上 10%以下的罚款；对直接负责的主管人员和其他直接责任人员处以 1 万元以上 10 万元以下的罚款。构成犯罪的，依法追究刑事责任，对直接负责的主管人员和其他直接责任人员，处 5 年以下有期徒刑或者拘役，并处 2 万元以上 20 万元以下罚金。

（6）公司在清算期间开展与清算无关的经营活动的，由公司登记机关予以警告，没收违法所得。

（7）公司成立后无正当理由超过 6 个月未开业的，或者开业后自行停业连续 6 个月以上的，可以由公司登记机关吊销营业执照。

（8）公司登记事项发生变更时，未依照《公司法》规定办理有关变更登记的，由公司登记机关责令限期登记；逾期不登记的，处以 1 万元以上 10 万元以下的罚款。

（9）外国公司违反《公司法》规定，擅自在中国境内设立分支机构的，由公司登记机关责令改正或者关闭，可以并处 5 万元以上 20 万元以下的罚款。

公司违反《公司法》规定，应当承担民事赔偿责任和缴纳罚款、罚金的，其财产不足以支付时，先承担民事赔偿责任。

三、清算组的法律责任

清算组不依照《公司法》规定向公司登记机关报送清算报告，或者报送清算报告隐瞒重要事实或者有重大遗漏的，由公司登记机关责令改正。

清算组成员利用职权徇私舞弊、谋取非法收入或者侵占公司财产的，由公司登记机关责令退还公司财产，没收违法所得，并可以处以违法所得 1 倍以上 5 倍以下的罚款。构成犯罪的，依法追究刑事责任。

四、承担资产评估、验资或者验证的机构的法律责任

承担资产评估、验资或者验证的机构提供虚假材料的，由公司登记机关没收违法所得，处以违法所得 1 倍以上 5 倍以下的罚款，并可以由有关主管部门依法责令该机构停业、吊销直接责任人员的资格证书，吊销营业执照。构成犯罪的，依法追究刑事责任，处 5 年以下有期徒刑或者拘役，并处罚金。如果犯此罪并索取他人财物或者非法收受他人财物的，处 5 年以上 10 年以下有期徒刑，并处罚金。

承担资产评估、验资或者验证的机构因过失提供有重大遗漏的报告的，由公司登

记机关责令改正，情节较重的，处以所得收入1倍以上5倍以下的罚款，并可以由有关主管部门依法责令该机构停业、吊销直接责任人员的资格证书，吊销营业执照。严重不负责任，出具的证明文件有重大失实，造成严重后果的，处3年以下有期徒刑或者拘役，并处或者单处罚金。

承担资产评估、验资或者验证的机构因其出具的评估结果、验资或者验证证明不实，给公司债权人造成损失的，除能够证明自己没有过错的外，在其评估或者证明不实的金额范围内承担赔偿责任。

五、公司登记机关的法律责任

（1）公司登记机关对不符合《公司法》规定条件的登记申请予以登记，或者对符合《公司法》规定条件的登记申请不予登记的，对直接负责的主管人员和其他直接责任人员，依法给予行政处分。构成犯罪的，依法追究刑事责任。

（2）公司登记机关的上级部门强令公司登记机关对不符合《公司法》规定条件的登记申请予以登记，或者对符合《公司法》规定条件的登记申请不予登记的，或者对违法登记进行包庇的，对直接负责的主管人员和其他直接责任人员依法给予行政处分。构成犯罪的，依法追究刑事责任。

六、其他

（1）未依法登记为有限责任公司或者股份有限公司，而冒用有限责任公司或者股份有限公司名义的，或者未依法登记为有限责任公司或者股份有限公司的分公司，而冒用有限责任公司或者股份有限公司的分公司名义的，由公司登记机关责令改正或者予以取缔，可以并处10万元以下的罚款。

（2）利用公司名义从事危害国家安全、社会公共利益的严重违法行为的，吊销营业执照。

思考与练习题

1. 简述公司的概念及其特征。
2. 简述有限责任公司的设立条件。
3. 简述有限责任公司与合伙企业的区别。
4. 简述股份有限公司的概念及特征。
5. 简述股份有限公司的设立条件。
6. 简述股份有限公司的设立方式及程序。
7. 简述股份转让的原则及限制性规定。
8. 简述公司债与股份的区别。
9. 简述公司税后利润的分配顺序。
10. 公司变更的概念及变更后原有责任的承担方式是什么？
11. 发起人、股东违反公司法的规定应承担哪些法律责任？
12. 公司高管人员违反公司法的规定应承担哪些法律责任？

第四章 企业破产法律制度

第一节　企业破产法律制度概述

一、破产法的概念及特征

破产法是为了规范企业破产程序，公平地清理债权债务，保护债权人和债务人的合法权益，维护社会主义市场经济秩序而规定的。《中华人民共和国企业破产法》（以下简称《企业破产法》）由第十届全国人民代表大会常务委员会第23次会议于2006年8月27日通过，自2007年6月1日起施行。

破产法是在债务人不能清偿到期债务，并且资产不足以清偿全部债务或者明显缺乏清偿能力时，法院强制对其全部财产清算分配，公平清偿债权人，或通过和解、重整清偿债务的法律规范的总称。

破产法具有以下特征：

（1）破产法的调整范围仅限于债务人丧失清偿能力，不能清偿到期债务的特别情况，解决的是如何公平清偿债权人的问题。对于债务纠纷以及债务人有清偿能力而不还债等问题，则在破产程序之外通过民事诉讼与执行制度解决。

（2）破产法是实体与程序两者合一的综合性法律。

（3）破产法是一部社会涉及面甚广的法律，与其他一些法律部门具有密切的联系，其正确实施要靠相关法律、制度来保障。

（4）金融机构实施破产法的，由国务院金融监管机构向人民法院提出对该金融机构进行重整或者破产清算的申请。

（5）其他法律规定企业法人以外的组织的清算，属于破产清算的，适用本法规定的程序。

二、破产程序的适用范围

（一）破产案件的适用程序

破产案件是指通过司法程序处理的无力偿债事件。这里的司法程序包括三种：和解、重整和破产清算。破产清算是公平清理债务的一种方法，但不是唯一方法。我国企业破产法鼓励当事人积极寻求以避免企业倒闭清算的方式来公平清理债务。和解、重整和破产清算三种程序之间存在一定的可转换性，当事人有一定程度的选择自由。债务人在提出破产申请时可以选择适用重整程序、和解程序或者清算程序，债权人在提出破产申请时可以选择适用重整程序或者清算程序；债权人申请债务人破产清算的案件，在破产宣告前，债务人可以申请和解，债务人或者其出资人可以申请重整；债务人进入重整程序或者和解程序后，可以在具备破产法规定事由时，经破产宣告转入破产清算程序。债务人一旦经破产宣告进入破产清算程序，则不得转入重整或者和解程序。

（二）破产程序的适用范围

破产法的适用范围为企业法人，不仅包括国有企业法人，还包括承担有限责任的其他所有制的企业法人。此外，破产法附则中对于国有企业破产、金融机构破产和非法人组织破产还有特别规定。

三、破产原因

破产原因是适用破产程序所依据的特定法律事实，是法院据以宣告债务人破产的法律标准，又称破产界限。它是法院进行破产宣告所依据的特定事实状态，也是破产案件受理的实质条件。

根据破产法的规定，企业因经营管理不善造成严重亏损，不能清偿到期债务，并且资产不足以清偿全部债务或者明显缺乏清偿能力时，依照破产法规定宣告破产。

破产界限的实质是不能清偿到期债务，即无力偿债，其含义是“债务人已全面停止偿付到期债务，而且没有充足的现金流量偿付正常营业过程中到期的现有债务”。无力偿债的认定，不以债权人已经提出清偿要求为必要条件。“资产不足以清偿全部债务”又称资不抵债，主要是指企业法人的资产负债表上，全部资产之和小于其对外的全部债务。由于这标准依赖于受债务人控制的资料，因此，采用资产负债表标准有一定的局限性。

根据我国《破产法》的规定，能够证明企业同时存在“不能清偿到期债务”和“资产不足以清偿全部债务”的情况时，企业有充分理由适用破产程序。此时，如果企业管理层既不申请破产，又不采取积极措施对企业实施拯救，造成企业财产流失，甚至实施导致企业责任财产减少的资产处分或个别清偿的行为，致使债权人利益受损的，相关责任人员应承担法律责任。

“企业法人不能清偿到期债务，并且明显缺乏清偿能力”这一条件表明一时不能支付但仍有偿付能力的企业不适用破产程序。这是破产法起草的一个指导思想，即鼓励适用破产程序，特别是再建型的破产程序（重整、和解），以积极清理债务，避免社会中大量的债务沉淀和资产闲置，并减少企业长期困境下的道德风险以及由此造成的经济损失。

第二节　破产申请与受理

一、破产申请

（一）破产申请的含义

破产申请是破产申请人请求法院受理破产案件的意思表示。在我国，破产程序的开始不以申请为准而是以受理为准。破产申请不是破产程序开始的标志，而是破产程序开始的条件。

（二）破产申请人

根据《破产法》的规定，企业法人不能清偿到期债务，并且资产不足以清偿全部债务或者明显缺乏清偿能力时，债务人可以向人民法院提出重整、和解或者破产清算申请；债务人不能清偿到期债务，债权人可以向人民法院提出对债务人进行重整或者破产清算的申请。

破产申请人是与破产案件有利害关系、依法具有破产申请资格的民事主体。但是，并非所有与破产案件有利害关系的人都具有破产申请资格。例如，公司的股东、董事，不得以股东或董事名义申请公司破产。

根据我国法律规定，只有债权人和债务人才是合格的破产申请人。因此，破产案件的申请为两类：债权人申请和债务人申请。

（三）破产申请的形式

《破产法》第八条规定，提出破产申请，应当采用书面形式，即提交“破产申请书和有关证据”。“破产申请书”采用法院规定的统一格式。“有关证据”是指破产申请书所列事项的真实性证明。

破产申请书应载以如下事项：

（1）申请人、被申请人的基本情况；

（2）申请目的；

（3）申请的事实和理由；

（4）人民法院认为应当载明的其他事项。

（四）债权人申请

在破产法上，债权人申请不具有集体诉讼的性质；提出破产申请的债权人只能行使自己的请求权。因此，按照破产法的精神规定，提出破产申请的债权人的请求权必须具备以下条件：须为具有给付内容的请求权；须为法律上可强制执行的请求权；须为已到期的请求权。

债权人提出申请的，人民法院应当自裁定做出之日起五日内送达债务人。债务人应当自裁定送达之日起十五日内，向人民法院提交财产状况说明、债务清册、债权清册、有关财务会计报告以及职工工资的支付和社会保险费用的缴纳情况。

（五）债务人申请

《破产法》第七条第一款规定：债务人有《破产法》第二条规定的破产原因的，可以向人民法院提出重整、和解或者破产清算申请。第八条规定：债务人申请时，应当提交破产申请书和有关证据，还应当向人民法院提交财产状况说明、债务清册、债权清册、有关财务会计报告、职工安置预案以及职工工资的支付和社会保险费用的缴纳情况。

（六）清算责任人申请

企业法人已解散但未清算或者未清算完毕的，属于清算法人，即为清算目的而存在的法人。企业法人解散是指企业因发生章程规定或者法律规定的除破产以外的事由而停止业务活动，进入待清算状态或者实施清算的过程。《破产法》第七条第3款规定，企业法人已解散但未清算或者清算完毕，资产不足以清偿债务的，依法负有清算责任的人应当向人民法院申请破产清算。这是依法负有清算责任的人在破产法上的一项特别申请义务。其特点是：

（1）清算义务人无权选择不提出破产申请，也不得无故拖延申请；

（2）在提出破产申请时，破产清算程序是唯一选择，而不得选择重整或和解的程序；

（3）清算义务人提出破产申请后，人民法院应当受理并于受理时宣告债务人破产。清算义务人违反此项义务不及时申请，导致债务人财产减少，给债权人造成损失的，应当承担赔偿责任。

（七）破产申请的撤回

根据《破产法》第九条的规定，人民法院受理破产申请前，申请人可以请求撤回申请。除清算责任人外，申请人向人民法院提出破产申请是行使法律赋予的权利，其撤回申请也是行使权利。但是，申请人的撤回权是有时间限制的，即请求撤回申请只能在人民法院受理破产申请之前。在人民法院受理破产案件后，申请人请求撤回破产申请的，应予以驳回。

人民法院准许申请人撤回破产申请的，在撤回之前已经支出的费用由破产申请人承担。

二、破产案件的受理

（一）受理的意义

破产案件的受理，又称立案，是指人民法院收到申请人提出的破产申请后，认为申请符合法定条件而予以接受，并由此开始破产程序的司法行为。法院裁定受理破产申请，是破产程序开始的标志。人民法院收到破产申请后，应当在法定时限内对破产申请进行审查，包括形式审查和实质审查。

（二）破产申请的受理时限和受理裁定的送达

人民法院收到申请人提出的破产申请后，应当依照破产法的有关规定进行审查，并应自收到破产申请之日起十五日内裁定是否受理，有特殊情况的，经上一级人民法院批准，可以延长十五日。但对由债权人提出破产申请的，人民法院应当自收到申请之日起五日内通知债务人。债务人对申请有异议的，应当自收到人民法院的通知之日起七日内向人民法院提出。人民法院应当自异议期满之日起十日内裁定是否受理。

人民法院决定受理破产申请的，应当自裁定做出之日起五日内送达申请人。对由债权人提出申请的，人民法院应当自裁定之日起五日内送达债务人。债务人应当自裁定做出之日起十五日内，向人民法院提交财产状况说明，债务清册、债权清册、有关财务会计报告以及职工工资的支付和社会保险费用的缴纳情况。

人民法院裁定不受理破产申请的，应当自裁定做出之日起五日内送达申请人并说明理由。

人民法院决定受理破产申请至破产宣告前，经审查发现债务人不符合破产法律规定的，可以裁定驳回申请。申请人对裁定不服时，可以自裁定送达之日起十日内向上一级人民法院提出上诉。

（三）公告、通知债权人

为了能够使破产企业的各种利害关系人能够及时参加破产程序行使权利或者按照破产程序的要求履行义务，人民法院应该自受理破产申请的裁定做出后尽快通知债权人并以公告通知所有的利害关系人。

人民法院自裁定受理破产申请之日起二十五日内通知已知的债权人，并予以公告。通知和公告应当载明下列事项：

（1）申请人、被申请人的名称或者姓名；

（2）人民法院受理破产申请的时间；

（3）申报债权的期限、地点和注意事项；

（4）管理人的名称或者姓名及其处理事务的地址；

（5）债务人的债务人或者财产持有人应当向管理人清偿债务或者交付财产的要求；

（6）第一次债权人会议召开的时间和地点；

（7）人民法院认为应当通知和公告的其他事项。

三、债务人的有关人员的义务

破产程序开始后，管理人将接管破产企业，开展包括接管债务人财产、调查债务人财产状况、管理和处分债务人财产等一系列工作。这些工作必须得到债务人的有关人员的配合。为了保证破产程序有序高效地进行，《破产法》第十五条规定了债务人的有关人员在破产程序中应承担的义务。

自人民法院受理破产申请的裁定送达债务人之日起至破产程序终结之日，债务人的有关人员承担下列义务：

（1）妥善保管其占有和管理的财产、印章和账簿、文书等资料；

（2）根据人民法院、管理人的要求进行工作，并如实回答询问；

（3）列席债权人会议并如实回答债权人的询问；

（4）未经人民法院许可，不得离开住所地；

（5）不得新任其他企业的董事、监事、高级管理人员。

上述所称的有关人员包括两类人员：一类是由法律直接规定的人员，即企业的法定代表人；另一类是由人民法院确定的人员，其范围包括企业的财务管理人员和其他经营管理人员，如企业的董事、监事、经理、财务总监等人员。

第三节 管理人

一、管理人的概念

破产程序开始后，无论是进行重整、清算还是和解，都需要对企业法人进行持续的管理。比如必要的财产清理、营业维持、权力行使和财产处分。由于在破产清算的预期下，债务人及其管理层存在着较高的道德风险，各种当事人之间也存在着较尖锐的利益冲突，有必要设立中立的专门机构来执行破产程序管理特别是破产财产和事务的管理。这种专门机构就是国际上普遍设立的破产管理人。

二、管理人的任命和资格

人民法院裁定受理破产申请时，应同时指定管理人。这对于实现债务人财产的及时保全是十分必要的。

管理人由人民法院根据债务人实际情况，指定有关部门、机构具备相关专业知识并取得执业资格的人员组成的清算组或者依法设立的律师事务所、会计师事务所、破产清算事务所等社会中介机构担任。

对于一些规模较小、债权债务关系比较清楚的破产案件，人民法院可以根据债务人的实际情况，在征询有关社会中介机构的意见后，指定该机构具备相关专业知识并取得职业资格的人员担任管理人。为了降低管理人的职业风险，破产法规定，个人担任管理人的应当参加职业责任保险。

债权人认为管理人不能依法、公正执行职务或者有其他不能胜任职务情形的，可以申请人民法院予以更换。有下列情形之一的，不得担任管理人：

（1）因故意犯罪受过刑事处罚；

（2）曾被吊销相关专业执业资格证书；

（3）与本案有利害关系；

（4）人民法院认为不宜担任管理人的其他情形，例如，存在重大债务纠纷或因违法行为正被相关部门调查。

管理人聘用必要的工作人员和辞去职务应当经人民法院许可。管理人的报酬由人民法院确定。债权人会议对管理人的报酬有异议的，有权向人民法院提出。管理人执行职务的费用、报酬和聘用工作人员的费用，作为破产费用由债务人财产随时清偿。关于指定管理人和确定管理人报酬的具体办法，由最高人民法院规定。

三、管理人的职责和义务

管理人执行职务，向人民法院报告工作，列席债权人会议，向债权人会议报告职务执行情况，回答询问；接受债权人会议和债权人委员会的监督并具体履行下列职责：

（1）接管债务人的财产、印章和账簿、文书等资料；

（2）调查债务人财产状况，制作财产状况报告；

（3）决定债务人的内部管理事务；

（4）决定债务人的日常开支和其他必要开支；

（5）在第一次债权人会议召开之前，决定继续或者停止债务人的营业；

（6）管理和处分债务人财产；

（7）代表债务人参加诉讼，仲裁或者其他法律程序；

（8）提议召开债权人会议；

（9）人民法院认为管理人应当履行的其他职责。

此外，管理人的职责还包括：决定待履行合同的解除或者继续履行；对债务人在破产程序前的不正当财务处分行使撤销权和追回权；接受债权申报、调查职工债权和编制债权表；重整期间主持债务人营业或者对债务人自行营业进行监督；制备重整计划草案；申请人民法院批准重整计划草案；监督重整计划的执行；在破产宣告后，拟订破产变价方案；拟订和执行破产分配方案；破产程序终结时，办理破产人的注销登记。

管理人有以下义务：

（1）忠实义务和勤勉义务。忠实义务，指管理人在执行职务时，应当最大限度地维护债务人财产和全体债权人的利益，不欺瞒不谋私利。勤勉义务，指管理人在履行职务的过程中，应当以善良管理人的注意、认真、谨慎、合理、高效地处理事务，不疏忽，不懈怠。

（2）报告义务。管理人有向人民法院报告工作的义务和列席债权人会议并报告情况和回答询问的义务。此外，《破产法》规定了十种重大的财务处分行为应当及时报告债权人委员会。第一次债权人会议尚未召开，或者债权人会议未设立债权人委员会的，应当报告人民法院。

（3）不辞任义务。为了保证破产管理的稳定性和连续性，《破产法》第二十九条规定，管理人没有正当理由不得辞去职务。管理人辞去职务应当经人民法院许可。

第四节　债务人财产

一、债务人财产的概念

债务人财产是指在破产程序中被纳入破产管理的为债务人所拥有的财产。债务人财产和破产财产概念不同，后者指在破产过程中扣押的由管理人依照破产程序分配给债权人的全部财产。只有在破产宣告以后，债务人财产才成为以清算分配为目的的破产财产。

《破产法》第三十条规定，破产申请受理时属于债务人的全部财产，以及破产申请受理后至破产程序终结前债务人取得的财产，为债务人财产。

二、撤销权和追回权

根据《破产法》规定，涉及债务人财产的下列行为，管理人有权请求人民法院予以撤销和追回：

（1）人民法院受理破产申请前一年内，涉及债务人财产的下列行为：

①无偿转让财产的；

②以明显不合理的价格进行交易的；

③对没有财产担保的债务提供财产担保的；

④对未到期的债务提前清偿的；

⑤放弃债权的。

（2）为逃避债务而隐匿、转移财产的；虚构债务或者承认不真实的债务的。

（3）人民法院受理破产申请前六个月内，债务人仍对个别债权人进行清偿的。但是，个别清偿使债务人财产受益的除外。

（4）债务人的出资人尚未完全履行缴纳所认缴的出资；债务人的董事、监事和高级管理人员利用职权从企业获取的非正常收入和侵占的企业财产，管理人应当追回。

三、破产抵消权

破产抵消权，是指破产债权人在破产宣告前对破产人负有债务的人，不论债的种类和到期时间，得于清算分配前以破产债权抵消其所负债务的权利。

《破产法》第四十条规定，债权人在破产申请受理前对债务人负有债务的，可以向管理人主张抵消。

由于破产抵消权具有优先权的性质，能够使债权人得到优先于清算分配的清偿结果，如果不加以限制，则可能被滥用，从而损害破产清算的秩序和多数债权人的正当权益。因此，破产法规定了不适用破产抵消的三种情形：

（1）债务人的债务人在破产申请受理后取得他人对债务人的债权的。

（2）债权人已知债务人有不能清偿到期债务或者破产申请的事实，对债务人负担债务的；但是债权人因为法律规定或者有破产申请一年前所发生的原因而负担债务的除外。

（3）债务人的债务人已知债务人有不能清偿到期债务或者破产申请的事实，对债务人取得债权的；但是，债务人的债务因为法律规定或者有破产申请一年前所发生的原因而取得债权的除外。

根据法律规定，人民法院受理破产案件后，对债务人财产的其他民事执行程序，包括已经审结但尚未执行的，已采取冻结、扣留、查封、扣押措施的，或已开始执行但尚未执行完毕等情况，都应中止。

人民法院受理破产案件后，涉及债务人财产的其他一些行为由管理人按有关法律规定处置。

四、破产费用和共益债务

（一）破产费用和共益债务的含义

破产费用，是指破产程序开始后，为破产程序的进行以及为全体债权人的共同利益而从债务人财产中优先支付的费用。《破产法》第四十一条规定，人民法院受理破产申请后发生的下列费用，为破产费用：

（1）破产案件的诉讼费用；

（2）管理、变价和分配债务人财产的费用；

（3）管理人执行职务的费用、报酬和聘用工作人员的费用。

共益债务，又称财团债务，是指破产程序中为全体债权人的共同利益而管理、变价和分配破产财产而负担的债务，与之相对应的权利为共同债权。《破产法》第四十二条规定，人民法院受理破产申请后发生的下列费用，为共益债务：

（1）因管理人或者债务人请求对当事人履行双方均未履行完毕的合同所产生的债务；

（2）债务人财产受无因管理所产生的债务；

（3）因债务人不当得利所产生的债务；

（4）为债务人继续营业而应支付的劳动报酬和社会保险费用以及由此产生的其他债务；

（5）管理人或者相关人员执行职务致人损害所产生的债务；

（6）债务人财产致人损害所产生的债务。

（二）破产费用和共益债务的清偿

根据《破产法》第四十三条的规定，破产费用和共益债务的清偿，采用下列原则：破产费用和共益债务的清偿由债务人财产随时清偿。债务人财产不足以清偿所有破产费用和共益债务的，先行清偿破产费用；债务人财产不足以清偿所有破产费用或者共益债务的，按照比例清偿。

债务人财产不足以清偿破产费用时，管理人应当提请人民法院终结破产程序。

第五节　债权申报

一、债权申报期限

债权申报期限是允许债权人向法院申报其债权的固定期限。限定债权申报期间，对于破产程序及时、顺利进行是必要的。因为只有在债权人人数和债权数额比例业已确定的情况下，才能召开债权人会议和进行清算分配。

对债务人享有债权的债权人应当在人民法院确定的债权申报期限内向管理人申报债权。债权申报期限自人民法院发布受理破产申请公告之日起计算，最短不得少于三十日，最长不应当超过三个月。在人民法院确定的债权申报期限内，债权人未申报的，可以在破产财产最后分配前补充申报；但是，此前已进行的分配，不再对其补充分配。为审查和确认补充申报债权的费用，由补充申报人承担。

二、债权的申报要求

债权人申报债权时，应当书面说明债权的数额和有无财产担保，并提交有关证据。申报的债权是连带债权的，应当说明。债务人的保证人或者其他连带债务人已经代替债务人清偿债务的，以其对债务人的求偿权申报债权。连带债权人可以由其中一人代表全体连带债权人申报债权，也可以共同申报债权。

有关按规定应当支付给职工的费用和补偿金，不必申报，由管理人调查后列出清单并予以公示。

三、债权的确认

管理人收到债权申报材料后，应当登记造册，对申报的债权进行审查，并编制债权表。债权表和债权申报材料由管理工作人保存，供有关人员查阅。债权表，应当提交第一次债权人会议核查。债务人、债权人对债权表记载的债权有异议的，可以向受理破产案件的人民法院提起诉讼。

第六节　债权人会议

一、债权人会议的性质和召开

债权人会议是由全体债权人组成，并代表全体债权人的利益，对债务人的破产事项进行决议的机构。从性质上讲，债权人会议是债权人团体在破产程序中的意思发表机关。债权人会议是一个组织体，而不是临时的集会活动。实行债权人自治，是破产法的一项重要原则。即全体债权人通过债权人会议，对破产程序进行中涉及债权人利益的各重大事项做出决定，并监督破产财产管理和分配的一系列权利。

所有申报债权的债权人均为债权人会议成员，有权参加债权人会议并享有表决权，但是有财产担保的债权人未放弃优先受偿权利的除外。债务人的保证人，在代替债务人清偿债务后，可以作为债权人，享有表决权。债权人可以委托代理人出席会议并行使表决权。债权人会议设主席一人，由人民法院从有表决权的债权人中指定。

债权人会议应当有债务人的职工代表和工会的代表参加，对有关事项发表意见。

债权人会议是依靠召集方式活动的。第一次债权人会议由人民法院召集，应在债权申报期限届满后15日内召开。以后的债权人会议在人民法院或者会议主席认为必要时或者管理人、债权人委员会、占债权总额四分之一以上的债权人向债权人会议主席提议时召开，并提前15日由管理人通知已知的债权人。债权人会议由会议主席主持。

二、债权人会议的职权与决议

债权人会议行使下列职权：核查债权；申请人民法院更换管理人，审查管理人的费用和报酬；监督管理人；选任和更换债权人委员会成员；决定继续或者停止债务人的营业；通过重整计划；通过和解协议；通过债务人财产的管理方案；通过破产财产的变价方案；通过破产财产的分配方案；人民法院认为应当由债权人会议行使的其他职权。

债权人会议应当将所议事项的决议做成会议记录。

债权人会议的职权是以表决通过决议的方式行使的。债权人会议的决议，由出席会议的有表决权的债权人过半数通过，并且其所代表的债权额，必须占无财产担保债权总额的半数以上。债权人会议的决议，对全体债权人均有法律约束力。但是，有财产担保的债权人享有的优先受偿权，不受债权人会议的决议约束。债权人认为债权人会议的决议违反法律规定的，可以在债权人会议做出决议之日起15日内提请人民法院裁定。

三、债权人委员会

债权人会议不是一个常设机构，不能经常性地召集和做出决定。为了保证债权人充分地行使权利，特别是行使对债务人财产的管理、处分和破产财产变价、分配过程的监督权，有必要将债权人的集体决定权授予他们的代表机构。这种代表债权人会议行使监督权利的机构，就是债权人委员会。

债权人委员会由债权人会议决定设立。债权人委员会由债权人会议选任的债权人代表和一名债务人的职工代表或工会代表组成。债权人委员会成员不得超过9人。债权人委员会成员应当经人民法院书面决定认可。

债权人委员会行使下列职权：监督债务人财产的管理和处分；监督破产财产分配；提议召开债权人会议；债权人会议委托的其他职权。

债权人委员会执行职务时，有权要求管理人、债务人的有关人员对其职权范围内的事务做出说明或者提供有关文件。

管理人、债务人的有关人员违反本法规定拒绝接受监督的，债权人委员会有权将监督事项请求人民法院做出决定，人民法院应当在5天内做出决定。

管理人实施的下列行为，属于对债权人利益关系重大的处分行为，应当及时报告债权人委员会或人民法院：

（1）涉及土地、房屋等不动产权益的转让；

（2）探矿权、采矿权、知识产权等财产的转让；

（3）全部库存或者营业的转让；

（4）借款；

（5）设定财产担保；

（6）债权和有价证券的转让；

（7）履行债务人和对方当事人均未履行完毕的合同；

（8）放弃权利；

（9）担保物的取回；

（10）对债权人的利益有重大影响的其他财产处分行为。

未设立债权人委员会的，管理人实施以上行为应当及时报告人民法院。

第七节　重整程序

一、重整申请和重整期间

为减少企业破产造成的社会损失，挽救尚有可能自行解决债务清偿的企业，《破产法》专门设置了重整制度。

债务人或者债权人在人民法院受理破产申请后，宣告债务人破产前，均可直接向人民法院申请对债务人进行重整。人民法院经审查认为重整申请符合法律规定的，应当裁定债务重整，并予以公告。

重整期间为人民法院裁定债务人重整之日起至重整程序终止。

在重整期间，经债务人申请，人民法院批准，债务人可以在管理人的监督下自行管理财产和营业事务。

在重整期间，债务人的出资人不得请求投资收益分配；债务人的董事、监事、高级管理人员不得向第三人转让其持有的债务人的股权（经人民法院同意的除外）。

在重整期间，有下列情形之一的，经管理人或者利害关系人请求，人民法院应当裁定终止重整程序，并宣告债务人破产：

（1）债务人的经营状况和财产状况继续恶化，缺乏挽救的可能性；

（2）债务人有欺诈、恶意减少债务人财产或者其他显著不利于债权人的行为；

（3）由于债务人的行为致使管理人无法执行职务。

二、重整计划的制订和批准

重整计划是重整程序中最重要的法定文件。它是债务人、债权人和其他利害关系人在协商基础上就债务清偿和企业拯救做出的安排。重整计划既是当事人彼此让步寻求债务解决的和解协议，也是他们同舟共济争取企业复兴的行动纲领。

1. 重整计划的制订

债务人或者管理人应当自人民法院裁定债务人重整之日起六个月内（有正当理由的，人民法院可以裁定延期三个月），同时向人民法院和债权人会议提交重整计划草案。债务人自行管理财产和营业事务的，由债务人制订重整计划草案；管理人负责管理财产和营业事务的，由管理人制订重整计划草案。重整计划草案应当包括下列内容：

（1）债务人的经营方案；

（2）债权分类；

（3）债权调整方案；

（4）债权受偿方案；

（5）重整计划的执行期限；

（6）重整计划执行的监督期限；

（7）有利于债务人重整的其他方案。

2. 重整计划的批准

人民法院应当自收到重整计划草案之日起三十日内召开债权人会议，依照下列债权分类，各类债权的债权人参加讨论重整计划草案，并分组对重整计划草案进行表决：

（1）对债务人的特定财产享有担保权的债权；

（2）债务人所欠职工的工资和医疗、伤残补助、抚恤费用，所欠的应当划入职工个人账户的基本养老保险、基本医疗保险费用，以及法律、行政法规规定应当支付给职工的补偿金；

（3）债务人所欠税款；

（4）普通债权。

人民法院在必要时可以决定在普通债权组中设小额债权组对重整草案进行表决。

出席会议的同一表决组的债权人过半数同意重整计划草案，并且其所代表的债权数额占该组债权总额的三分之二以上的，即为该组通过重整计划草案。各表决组均通过重整计划草案时，重整计划即为通过。自重整计划通过之日起十日内，债务人或者管理人应当向人民法院提出批准重整计划的申请。人民法院经审查认为符合规定的，应当自收到申请之日起三十日内裁定批准，终止重整程序并予以公告。

部分未通过重整计划草案的表决组拒绝再次表决或者再次表决仍未通过的，但重整计划符合下列条件的，债务人或者管理人可以申请人民法院批准重整计划草案：

（1）按照重整计划草案，对债务人的特定财产享有担保权的债权就该特定财产将获得全额清偿，其因延期清偿所受的损失将得到公平补偿，并且其担保权未受到实质性损害，或者该表决组已经通过重整计划草案；

（2）按照重整计划草案，债务人所欠职工的各项费用和补偿金、债务人所欠税款将获得全额清偿，或者相应表决组已经通过重整计划草案；

（3）按照重整计划草案，普通债权所获得的清偿比例，不低于其在重整计划草案被提请批准时依照破产清算程序所能获得的清偿比例，或者该表决组已经通过重整计划草案；

（4）重整计划草案对出资人权益的调整公平、公正，或者出资人组已经通过重整计划草案；

（5）重整计划草案公平对待同意表决组的成员，不违反所规定的债权清偿顺序；

（6）债务人的经营方案具有可行性。

重整计划未获批准的，人民法院应当裁定终止重整程序，并宣告债务人破产。

三、重整计划的执行

重整计划由债务人负责执行。人民法院裁定批准重整计划后，已接管财产和营业事务的管理人应当向债务人移交财产和营业事务。在重整计划规定的监督期内，由管理人监督重整计划的执行。

债务人不能执行或者不执行重整计划的，人民法院经管理人或者利害关系人请求，应当裁定终止重整计划的执行，并宣告债务人破产。人民法院裁定终止重整计划执行的，债权人在重整计划中做出的债权调整的承诺失去效力。债权人因执行重整计划所受的清偿仍然有效，债权未受清偿的部分作为破产债权。

重整计划执行完毕后，债务人应当及时向人民法院提交执行报告。人民法院审查确认后，裁定终结破产案件。自法院裁定终结破产案件时确认的重整计划执行完毕之日起，债务人对于依照重整计划减免的债务免除清偿责任。

第八节　和解程序

一、和解申请与裁定

根据破产法规定，和解程序的申请，必须符合以下条件：

（1）和解的申请人必须是已经具备破产原因的债务人。实践中，债权人希望和解的，可以与债务人协商，由债务人提出和解申请。

（2）申请和解的债务人应当遵守有关破产申请的一般规定，向人民法院提交相关的证据和文件。

（3）债务人在申请和解是必须提交和解协议草案。人民法院经审查认为和解申请符合破产法规定的，应当裁定和解，予以公告，并召集债权人会议讨论和解协议草案。

二、和解协议的成立和生效

和解协议成立的方式，实质上是一种合同订立的方式，即债务人以提出和解协议草案的形式向债权人团体发出要约，债权人会议以通过和解协议草案的决议形式做出承诺。债权人会议通过和解协议的决议，符合“由出席会议的有表决权的债权人过半数同意，并且其所代表的债权额占无财产担保债权总额的三分之二以上”的条件时，即达成和解协议。

债权人会议通过和解协议的决议，由人民法院裁定认可方能有效。这样有利于保护债权人合法权益和维护程序公正。人民法院认可和解协议的，应当发布公告，终止破产程序。和解协议自公告之日起具有法律效力。和解协议生效后，管理人应当向债务人移交财产和营业事务，并向人民法院提交执行职务的报告。

三、和解失败的法律后果

和解协议草案经债权人会议表决未获通过，或者已经债权人会议通过但未获得人民法院认可的，或者债务人不能执行或不执行和解协议的，人民法院应当裁定终止和解程序，并宣告债务人破产。

第九节　破产清算程序

一、破产宣告

1. 破产宣告

破产宣告是人民法院对债务人具备破产原因的事实做出具有法律效力的认定。破产宣告是一种司法行为，它产生一系列法律效果，标志着破产案件无可逆转地进入清算程序，债务人无可挽回地陷入破产倒闭。《破产法》规定，在以下三种情况下，人民法院应当以书面裁定宣告债务人企业破产：

（1）企业不能清偿到期债务，又不具备法律规定的不予宣告破产条件的；

（2）企业被依法终结重整、和解的；

（3）重整期满，不能按照和解协议清偿债务的。

人民法院宣告企业破产，应自裁定做出之日起五日内通知债务人和管理人，自裁定做出之日起十日内通知债权人，并予以公告。

债务人具备破产原因，但有法律规定的特定事由的，不予宣告破产。《破产法》第一百零九条规定，破产宣告前，有下列情形之一的，人民法院应当裁定终结破产程序，并予以公告：第三人为债务人提供足额担保或者为债务人清偿全部到期债务的；债务人已清偿全部到期债务的。

2. 破产宣告的效力

人民法院宣告企业破产的裁定自宣告之日起发生法律效力，破产企业自即日起应当停止生产经营活动，但人民法院或清算组认为确有必要继续生产经营的除外。

二、别除权

别除权是大陆法系破产法上的概念，指债权人不依破产程序，而由破产财产中的特定财产单独优先受偿的权利。《破产法》第一百零九条规定，对破产人的特定财产享有担保权的权利人，对该特定财产享有优先受偿的权利。这里所说的“财产担保”，包括三种形式：抵押、质押、留置。依据《中华人民共和国民法总则》（以下简称《民法总则》）和担保法成立的抵押权、质权和留置权是别除权的基础权利。

别除权标的物不计入破产财产。别除权人就别除权标的物优先受偿，则其他破产债权人不能对别除权标的物提出清偿请求，管理人也不得擅自将别除权标的物纳入破产分配；只有当别除权人放弃优先权而自愿加入集体清偿时，其别除权标的物才转变为破产财产。

如果别除权标的物对于破产企业的继续营业或者破产财产的整体变价具有重要意义因而需要收回和列入破产财产，则管理人可以在被担保债权由该标的物所能实现的清偿范围内，提供相同数额的清偿或者替代担保，从而收回该标的物。《破产法》第一百一十条规定，有财产担保的债权人放弃优先受偿的权利的，其债权作为普通债权，依破产清算程序行使权利。《破产法》第三十七条规定，管理人可以通过清偿债务或者提供为债权人接受的担保，收回质物、留置物。

三、破产财产变价和分配

1. 破产财产的变价

破产变价是指管理人将非金钱的破产财产，通过合法方式加以出让，使之转化为金钱形态，以便于清算分配的过程。破产宣告后，管理人在接管破产财产以后，即应迅速着手进行破产变价的工作。破产清算以金钱分配为原则，实物分配为例外，此为各国之通例。我国破产法也贯彻这一原则。

债务人被宣告破产后，管理人应当及时拟定破产财产变价方案，提交债权人会议讨论。根据债权人会议通过或者人民法院裁定的变价方案，管理人应当适时变价出售破产财产。变价出售破产财产应通过拍卖进行。

2. 破产财产的分配

破产财产的分配应当以货币分配方式进行。管理人应及时拟定破产财产分配方案，提交债权人会议讨论。破产财产分配方案应当载明下列事项：参加破产财产分配的债权人名称或者姓名、住所；参加破产财产分配的债权额；可供分配的破产财产数额；破产财产分配的顺序、比例及数额；实施破产财产分配的方法。

债权人会议通过破产财产分配方案后，由管理人将该方案提请人民法院裁定认可。破产财产分配方案经人民法院裁定认可后，由管理人执行。

《破产法》第一百一十三条规定，破产财产在优先清偿破产费用和共益债务后，依照下列顺序清偿：

（1）破产人所欠职工的工资和医疗、伤残补助、抚恤费用，所欠的应当划入职工个人账户的基本养老保险、基本医疗保险费用，以及法律、行政法规规定应当支付给职工的补偿金（第一顺序）；

（2）破产人欠缴的除前项规定以外的社会保险费用和破产人所欠税款（第二顺序）；

（3）普通破产债权（第三顺序）。

破产企业的董事、监事和高级管理人员的工资按照该企业职工的平均工资计算。破产财产不足以清偿同一顺序的清偿要求的，按照比例分配。

破产法规定了破产分配额的提存制度。即指管理人在执行破产分配时因为存在某种法律上或事实上的障碍，依法将给付标的物交给提存机关或者人民法院指定的机构，以留待进一步处理的制度。破产法规定，对债权人未受领的破产财产分配额，管理人应当提存。债权人自最后分配公告之日起满两个月仍不领取的，视为放弃受领分配的权利，管理人或者人民法院应当将提存的分配额分配给其他债权人。破产财产分配时，对于诉讼或者仲裁未决的债权，管理人应当将其分配额提存。自破产程序终结之日起满两年仍不能受领分配的，人民法院应当将提存的分配额分配给其他债权人。

四、破产终结

破产程序的终结，是指破产程序不可逆转地归于结束。破产程序的终结，可能意味着破产程序预期目标的实现，也可能意味着预期目标不能实现。根据破产法的直接规定或条文本意，破产程序的终结事由有：

（1）重整计划执行完毕；

（2）人民法院裁定认可和解协议；

（3）债务人有不予宣告破产的法定事由；

（4）债务人财产不足以清偿破产费用；

（5）破产人无财产可供分配；

（6）破产财产分配完毕。

《破产法》规定，破产财产分配完毕后，由管理人提请人民法院终结破产程序。人民法院应在接到申请后 15 日内做出是否终结破产程序的裁定。裁定终结的，管理人应当自破产程序终结之日起 10 内向破产企业原登记机关办理破产企业注销登记，并将办理情况及时通告人民法院。破产企业注销登记完毕的次日，管理人终止执行任务。但是存在诉讼或者仲裁等未决情况的除外。

第十节　法律责任

对造成企业破产以及违反破产法律的行为，要追究相应的法律责任。《破产法》规定：企业董事、监事或者高级管理人员违反忠实义务、勤勉义务，致使所在企业破产的，依法承担民事责任，并自破产程序终结之日起 3 年内不得担任任何企业的董事、监事、高级管理人员。

对债务人、管理人违反破产法的行为，人民法院可以对直接责任人员依法进行处罚，构成犯罪的，依法追究刑事责任。

第十一节　特殊规定

一、职工债权的特殊清偿安排

根据《破产法》第一百三十二条的规定，《破产法》施行后，破产人在《破产法》公布之日前所欠职工的工资和医疗、伤残补助、抚恤费用，所欠的应当划入职工个人账户的基本养老保险、基本医疗保险费用，以及法律、行政法规规定应当支付给职工的补偿金，依照《破产法》第一百一十三条的规定清偿后不足以清偿的部分，以《破产法》第一百零九条规定的特定财产优先于对该特定财产享有担保权的权利人受偿。根据这一规定，2006 年 8 月 27 日以前所欠的职工债权，享有先于别除权接受清偿的特别优先权。

二、国有企业破产的特殊规定

根据《破产法》第一百三十三条的规定，在《破产法》施行前国务院规定的期限和范围内的国有企业实施破产的特殊事宜，按照国务院有关规定办理。主要指1994—1997年国务院和中央有关部门通过发布一系列文件所建立的一系列特别规定，主要包括：1994年10月《国务院关于在若干城市试行国有企业破产有关问题的通知》；1996年7月《国家经贸委、中国人民银行关于试行国有企业兼并破产中若干问题的通知》；1997年3月《国务院关于在若干城市试行国有企业兼并破产和职工再就业有关问题的补充通知》。

三、金融机构破产的特殊规定

一般来讲，商业银行、证券公司、保险公司等金融机构应该适用《破产法》所规定的程序。但由于这类金融机构的资产分为自有资产和客户资产两部分，破产时需要对其客户资金的保护做出专门规定。同时，这类机构破产时涉及人数众多，社会敏感度较高，对金融机构启动重整或破产清算程序需由国务院金融监督管理机构向人民法院提出申请。为了建立金融机构破产的法律机制，《破产法》第一百三十四条规定，对于金融机构的破产，国务院可以依据有关法律的规定制定实施办法。商业银行、证券公司、保险公司等金融机构破产，特别法律和行政法规无特别规定的事项，适用破产法的一般规定。

四、非法人组织破产的特殊规定

不具有法人资格的合伙企业、个人独资企业或者其他类似组织，其合伙人、出资人或者其他形式的创办人，应对该企业或组织的对外债务承担无限连带责任。这些企业破产，必然会连带牵涉到这些人的个人破产问题。目前，我国尚未出台有关个人破产的程序规定。所以，《破产法》第一百三十五条规定，其他法律规定企业法人以外的组织的清算，属于破产清算的，参照适用破产法规定的程序。

思考与练习题

1. 破产法的立法目的和原则是什么？
2. 简要叙述破产原因。
3. 简要叙述破产法设立的重整、和解和破产清算三种程序之间的关系。
4. 什么是管理人制度？
5. 简要说明债权人会议的性质。

第五章　竞争法律制度

第一节　市场竞争与竞争法概述

一、市场竞争与竞争法

竞争是市场的灵魂。市场经济就是市场主体追求自身利益最大化从而达到社会福祉最大化的一种社会经济模式。竞争的优胜劣汰功能对经营者所造成的内在动力和外在压力，促使经营者加强管理、崇尚科技、改进工艺、降低成本、完善服务、增加效益，成为市场的佼佼者；而竞争的失败者终将被淘汰。竞争实现了市场的吐故纳新，优化了资源配置，促进市场繁荣。

市场经济的理念和逻辑是：竞争、信用和法治。一方面市场经济允许和鼓励市场主体采用正当手段追求自身利益最大化；另一方面不择手段的不正当竞争最终会导致每个市场主体都难以实现盈利。因此要在竞争的博弈当中建立信用体系，同时，用法治来规范市场主体的竞争手段和保障促进信用体系的形成和完善，竞争法律制度由此应运而生。

竞争包括两个方面：一方面，正当的经营者积极进取，努力以质量、价格、服务为竞争手段，以人为本，讲究生产效率，提高产品质量，节约生产成本，提高服务意识，为消费者提供物美价廉的商品；另一方面，不正当的经营者因为恐惧竞争而扭曲竞争，采用违背市场交易原则的不正当竞争手段，占据竞争优势。

这种不正当行为主要表现为：首先，竞争会使生产和资本趋于集中，这种集中既可能带来规模经济效益，也会形成垄断市场、垄断价格，损害了市场经济的精髓即每一个主体独立自主地决策以追求利益最大化，毁坏了竞争。其次，不正当竞争者采用与商业道德相违背的不正当竞争手段，侵害正当经营者的利益，损害消费者的正当权益。这就破坏了市场经济的第二个要素，即信用。

竞争的负面作用是竞争自身具有的，是市场自身无法克服的，依赖经营者的自律难以奏效。市场要求通过法律的形式，以国家强制力来规制扰乱市场竞争的行为。市场虽然具有配置社会资源的机制，但总有失灵的时候；追逐私利的竞争虽然也能激起市场的活跃，但是不可避免地造成市场经济的盲目性、垄断性。以个人利益为本位的民商法无论就其传统理念还是其现代法上对个人主义的有限约束，对于解除市场与竞争的缺陷也显得无能为力。因此，国家从社会整体利益出发，维护社会经济秩序，保障正当经营者和消费者的利益，对市场进行适度管理，对竞争实施协调就显得十分必要。

针对不竞争、损害竞争主体独立决策这种现象的立法就是反垄断法；针对不择手段地过度竞争、胡乱竞争，破坏信用、不讲商业道德的竞争的立法就是反不正当竞争法。一般认为，反垄断法和反不正当竞争法构成了现代竞争法的两大支柱。

二、竞争法的产生和发展

现代竞争法是资本主义商品经济高度发展、竞争不断激化的产物。

自由资本主义发展的晚期，绝对的契约自由和过度的自由竞争带来了不可避免的消极后果。在欧洲国家，与公认的商业道德相悖的不正当竞争行为，诸如假冒仿冒行为、诋毁商誉行为、窃取商业秘密行为……愈发猖獗。欧洲国家的法院在对这类案件的查处和判例中逐渐形成了新的法律理念和处置原则，逐渐出现了“不正当竞争”概念。对不正当竞争行为的处置既不涉及侵犯工业产权也有别于民商法的民事侵权。欧洲国家制定专门由国家协调竞争关系的法律对不正当竞争行为加以规制，这就是世界历史上最早出现的反不正当竞争法。

19 世纪末 20 世纪初，资本主义完成了从自由竞争向垄断的转化。在西方各国，资本和生产迅速积聚和集中，社会生产达到了十分巨大的规模，垄断成为经济生活的突出特征。

伴随着垄断的形成和确立，竞争也发生了极大的变化。其表现在生产和资本的集中，企业的数量有所减少，但规模巨大、资本雄厚的垄断组织之间的竞争更加激烈；中小企业受到的排斥和不正当限制愈发严重；中小企业之间以及它们与垄断组织之间的竞争日益激化。当时市场秩序的混乱、技术进步的停滞、社会的动荡，表明了要以国家强制力来进行干预，否则资本主义经济无法正常高效地运转。在这种经济社会现实的要求下，现代竞争法的产生成为必然。

现代竞争法首先在美国产生并得以迅速地发展。在美国，南北战争后资本主义经济的迅猛发展远远超过欧洲各国，造成了生产和资本的急剧集中。到 19 世纪 80 年代，全国各产业部门都出现了托拉斯组织。托拉斯组织的行为远比一般的不正当竞争行为更具危害性，它不仅破坏市场的公平竞争秩序，还从整体上破坏了合理的市场结构，抑制了竞争机制作用的正常发挥，从根本上威胁到资本主义市场经济的生存。在这样的背景下，由国家出面制定反垄断法就成为必然选择。美国于 1890 年颁布了第一部限制垄断性质的反托拉斯法，名为《保护贸易和商业不受非法限制与垄断之害法》。由于该法由参议员约翰·谢尔曼在参议院提出，因此，后人通常将其简称为《谢尔曼法》。《谢尔曼法》虽然内容很简单，仅有八个条款，但它确立了以契约、联合或共谋等形式对州际间、与外国之间的贸易和商业进行限制或垄断等行为是违法的重要原则。

1914 年，美国国会在总结《谢尔曼法》实施经验的基础上，制定了《克莱顿法》和《联邦贸易委员会法》。《克莱顿法》细化并强化了《谢尔曼法》中反托拉斯的有关规定。《联邦贸易委员会法》则规定设置专门的反托拉斯法行政执法机关——联邦贸易委员会。至此，以美国反托拉斯法为典型代表的现代竞争法基本形成。

垄断是一种经济现象，资本和生产的集中是社会化大生产发展的趋势，一定程度的集中具有经济的合理性和有助于效率的提升。现代竞争法并不绝对的反对竞争，现代反垄断法的价值目标在于“在合理的集中和过分的集中之间确立界限，限制非法的垄断”，确切地说是要禁止那些滥用经济权力和行政权力所造成的限制竞争的垄断。如何在合理的集中与过分集中之间实施法律界定；如何规制经济生活中的非法垄断；如何维护市场竞争秩序，保障正当经营者和消费者的合法权益，实现社会公共利益，这都需要国家对市场交易活动实施管理，对竞争经济关系进行协调。以社会责任为本位的经济法在这种经济物质生活的需求下应运而生，并发挥着越来越重要的作用。《谢尔曼法》的颁布具有划时代的意义，它以法律的形式明确宣布“一切旨在限制竞争或进行垄断市场、垄断价格的行为为非法”。它突破了传统公法和私法的界限，凸显了国家以公权力介入传统私法领域的经济生活，体现了国家对经济关系的协调。《谢尔曼法》对世界各国的影响深远，既被学者普遍认为开反垄断法之先河，并被誉为是现代经济法产生的标志。

德国在反不正当竞争立法领域，走在了各国的前面，并形成不同于美国的立法体例。1896 年，德国制定了《反不正当竞争法》。这是世界上第一部专门的反不正当竞争法。1909 年，德国在此基础上制定了新的《反不正当竞争法》并废止了前法。这部法律虽在后来经过几次局部修改，但基本制度上并没有重大改变，一直沿用至今。德国对不正当竞争行为专门立法的这一做法，是反不正当竞争法和反垄断法这两项专门立法独立并行，从而决定了德国未来竞争法立法体例必然明显地不同于美国体例。德国这种立法体例对日本、韩国等国的竞争法律制度产生了重要的影响。战后，德国数次对《反不正当竞争法》和《反对限制竞争法》加以修改，使德国现代竞争法律制度不断得到发展和完善。

经过数十年的发展，现代竞争法基本达到成熟。从立法上看，美国、英国、日本等国都只对各自的竞争法做了微调，竞争法方面的基本制度没有大的变动。亚洲、非洲、南美洲一些发展中国家也制定了各自的竞争法。多数原计划经济体制国家，在完成向市场经济体制转变的过程中，也都把进行竞争立法当成其实现转制这一目标的重要组成部分，并将它作为经济健康、有序发展的重要手段。从实践上看，现代竞争法确实在保持国家合理的市场结构，维护正常的竞争秩序，保证消费者权益和社会公共利益等方面起到了有效的作用。

三、竞争法的概念

竞争法是指国家在协调经济运行中调整市场竞争关系和市场竞争管理关系的法律规范的总称。为确立和维护竞争秩序，竞争法以效率优先、兼顾公平作为政策目标，旨在形成有效竞争、有序竞争，以维护合法竞争者的利益，维护消费者的利益和社会公共利益。竞争法的调整对象是国家在协调经济运行的市场竞争活动中所形成的经济关系。具体包括以下几种：

1. 竞争关系

竞争关系是指经营者之间在交易过程中形成的以利害关系方为对手，相互争夺资金、技术、劳动力以及市场占有额的经济关系。竞争关系具有以下一些特征：第一，竞争关系形成于具有利害关系的平等经营者之间，任何一个经营者所面临的是同一市场范围内并且经营方向相同的竞争对手；由于市场是一个开放的系统，只要是具备一定资格的主体都可以参与竞争，所以竞争关系一般具有多个当事人。在竞争关系中某一个经营者的竞争对手既有特定的，也有众多不特定的竞争对手。第二，竞争关系以竞争为手段以追求利益最大化为目的，而竞争对手之间的利益又是对立的，相互排斥的，这就意味着争夺同一范围的市场及资源，此长彼消、此消彼长，结果是优胜劣汰。

竞争法对竞争关系的调整主要通过法律规制创设平等、公平的竞争环境，保证公平竞争；同时法律保护正当竞争，制止非法垄断与不正当竞争，维护合法竞争者的利益。

2. 竞争管理关系

竞争管理关系是指根据国家经济管理机关在依照经济职权实施监督、管理市场竞争活动的过程中所形成的经济关系。

竞争管理关系有以下一些特征：第一，竞争管理关系的一方当事人是具有竞争管理职权的国家授权主管竞争关系的国家机关；其他当事人则是参与竞争关系的经营者。第二，在竞争管理关系中享有管理职权的主体与其他主体的地位是不平等的，双方是管理与被管理的关系。

竞争法对竞争管理关系的调整主要是确立监督管理体制，明确管理职责，规定监督管理的程序，确认违法的法律责任。

第二节　反垄断法

一、垄断和反垄断法

（一）垄断的含义及其分类

“垄断”一词，在经济学中和法学中的含义是不同的。经济学中的垄断，是指少数大公司、企业或者若干企业的联合独占生产和市场。法学中的垄断，是指违反国家法律、法规、政策和社会公共利益，通过合谋性协议、安排和协同行动，或者通过滥用经济优势地位，排斥或者控制其他经营者正当的经济活动，在某一领域内实质上限制竞争的行为。垄断行为有两个特征。一个是危害性，即这种行为和状态将会导致某一生产和流通领域的竞争受到实质性的限制和损害。二是违法性，即这种行为和状态是违反法律条文的明确规定的。

垄断可以分为经济垄断、自然垄断、国家垄断和行政垄断。

1. 经济垄断

经济垄断是指在市场竞争过程中经营者为了实现经济利益最大化而实施的具有经济属性的垄断状态与垄断行为，且这种垄断状态与垄断行为的实质在于排除或限制竞争。比如石油和电信行业。

2. 行政垄断

行政垄断是指政府及其所属部门滥用行政权力，而导致行业垄断，损害竞争秩序的行为，比如地产、矿产等。

3. 自然垄断

自然垄断是指个别经营者在某些为社会提供公共产品或服务的网络性行业中具有独占地位，并利用规模经济和范围经济优势而形成的垄断，比如电力、煤气、铁路等。

4. 国家垄断

国家垄断是国家以立法的形式对某些行业、某些领域实施的垄断，比如金融、债券等。

通常情况下，经济垄断和行政垄断多为非法垄断，是反垄断法打击的主要对象；而自然垄断和国家垄断多为合法垄断。合法的垄断是因政府的支持、法律的认可而出现于特殊行业的垄断。一般存在于公用事业中，如电力、煤气、铁路等。反垄断法对这些事业特别规定了适用除外制度。但是，反垄断法虽然不适用于这些公用事业，但法律对这些事业允许垄断有严格的规定，并且有其他相关的制度保证消费者不受垄断者的侵害。

（二）反垄断法的概念及其作用

反垄断法是指通过规范垄断和限制竞争行为来调整企业和企业联合组织相互间竞争关系的法律规范的总和。

反垄断法的精神在于维护公平竞争，保证市场机制最优化的作用。它保障企业公正的竞争能力和竞争机会的获得与行使，保障企业平等地进入市场的自由权利；它谴责、打击所有分裂市场、取消、扭曲市场的行为。反垄断法具有以下积极作用：

1. 保障企业自由

在市场经济中，企业有自主经营权。企业为了追求利润，可以依法进入和退出某一产业部门，自由从事商事活动。

2. 打击行政性垄断

目前存在于我国的行政性垄断主要有行业壁垒、地区壁垒。

（1）行业壁垒

行业壁垒是由国家通过政策手段设置一些特殊行业的进入壁垒，阻碍企业自由开业参与竞争。在我国存在着行业壁垒的典型行业是金融业和通信业。行业壁垒属于典型的国家垄断政策的体现，受歧视的是市场众多主体中的一部分，主要是私营和集体企业。

（2）地区壁垒

地区壁垒的实质为地方保护主义，是一道由地方政府设置的、用以保护本地区企业免遭外来企业冲击的屏障，严重影响国内统一市场的形成。

3. 消灭企业差别待遇制

行政性垄断是政府给企业进入市场附加不同的权利义务，阻碍企业自由进入市场，并实质上导致企业间竞争能力的差别，是排斥企业自由进入市场的间接手段，又称企业差别待遇制。

企业差别待遇制的制度形式可以是行政措施，也可以是法律法规。我国现有企业在性质上分为国有企业、集体企业、私营企业和三资企业。在进入市场时因企业性质的不同各自享有不同的权利，承担不同的义务。因此，各类型企业在市场竞争中便拥有了不同的竞争能力。

二、我国反垄断法概述

为了适应我国经济发展新形势的战略需要，与国际竞争规则接轨，《中华人民共和国反垄断法》（以下简称《反垄断法》）由中华人民共和国第十届全国人民代表大会常务委员会第二十九次会议于2007年8月30日通过，自2008年8月1日起施行。反垄断立法在内容上通常都有共性条款和特性条款之分。共性条款包括禁止垄断协议、禁止滥用市场支配地位、限制经济力过度集中等；特性条款指豁免条款，早期的自然垄断行业属于豁免对象。该反垄断法只反垄断行为，不反垄断状态，明确了垄断行为的界定及其罚则，其核心是维护公平竞争制度。

（一）反垄断法的立法目的

《反垄断法》的立法目的是为了预防和制止垄断行为，保护市场公平竞争，提高经济运行效率，维护消费者利益和社会的公共利益，促进社会主义市场经济健康发展。

竞争是市场经济的核心机制，但竞争又是一把“双刃剑”。一方面，市场主体在经济利益最大化的驱使下，通过竞争不断提高自己的科技、经营管理、经济规模等方面的竞争力创造了效益，促进了经济繁荣。同时，也会驱使经营者为追逐经济利益最大化而不择手段地采用不正当竞争、限制竞争或垄断的方法，从而损害市场经济的正常运行。这种损害是多方面的：一是侵犯了其他经营者的合法权益；二是侵犯了消费者的利益；三是侵犯了社会公共利益。

（二）反垄断法的调整对象和范围

反垄断法调整的主要是具有竞争关系的经营者之间的法律关系。经营者是指从事商品生产、经营或者服务的自然人、法人和其他组织。

《反垄断法》第二条规定：“中华人民共和国境内经济活动中的垄断行为，适用本法；中华人民共和国境外的垄断行为，对市场竞争产生排除、限制影响的适用本法。”这是《反垄断法》的空间效力即地域上的适用范围。包括两层含义：

（1）一切发生在我国境以内（含领海、船泊、航空器）的垄断行为均适用本法；

（2）垄断行为发生在境外，但对我国境内市场竞争产生排除、限制影响的也适用本法。这里涉及域外效力条款的问题，域外效力的运用始于美国的司法判例，而后扩大到欧盟。目前，这种域外效力问题的解决途径往往是通过国与国之间的双边或多边条约、协议予以协调，关贸总协定也有这项职能，但很难达成目的。国力强大者好解决，综合国力弱小的就很难做到。

垄断行为包括经营者达成垄断协议，经营者滥用市场支配地位，具有或者可能具有排除、限制竞争效果的经营者集中。

（三）反垄断法的基本原则

1. 健全统一、开放、竞争、有序的市场体系的原则

反垄断法的出台，使其与反不正当竞争法一同构筑起经营者参与竞争的我国竞争法体系的骨架，形成了与社会主义市场经济相适应的竞争规则。

2. 保护经济自由权与监督和调控相结合的原则

反垄断法抑制垄断并不消灭垄断。它承认并保护经营者的经济自由权，允许经营者通过公平竞争、自愿联合，依法实施集中，扩大经营规模，提高市场竞争能力；同时为建立健全统一、开放、竞争、有序的市场体系而监管和调控经营者的反竞争，如垄断协议、恶意并购、限制竞争等。

三、垄断行为

（一）垄断协议

国际竞争法学理论上把垄断协议称之为卡特尔，是指两个或两个以上经营者组成的排除、限制竞争的联合。我国《反垄断法》对垄断协议的定义是经营者达成或者采取的旨在排除或者限制竞争的协议、决定或者协同行为。

1. 经营者达成的垄断协议

经营者达成垄断协议是经济生活中一种最常见、最典型的垄断行为，往往造成固定价格、划分市场及阻碍、限制其他经营者进入市场等排除、限制竞争的后果，对市场危害非常大。

禁止具有竞争关系的经营者达成下列垄断协议：

（1）固定或者变更商品价格；

（2）限制商品的生产数量或者销售数量；

（3）分割销售市场或者原材料采购市场；

（4）限制购买新技术、新设备或者限制开发新技术、新产品；

（5）联合抵制交易；

（6）国务院反垄断执法机构认定的其他垄断协议。

2. 经营者与交易相对人达成的垄断协议

禁止经营者与交易相对人达成下列垄断协议：

（1）固定向第三人转售商品的价格；

（2）限定向第三人转售商品的最低价格；

（3）国务院反垄断执法机构认定的其他垄断协议。

3. 垄断协议的除外条件

经营者能够证明所达成的协议属于下列情形之一的，不适用以上规定：

（1）为改进技术、研究开发新产品的；

（2）为提高产品质量、降低成本、增进效率，统一产品规格、标准或者实行专业化分工的；

（3）为提高中小经营者经营效率，增强中小经营者竞争力的；

（4）为实现节约能源、保护环境、救灾救助等社会公共利益的；

（5）因经济不景气，为缓解销售量严重下降或者生产明显过剩的；

（6）为保障对外贸易和对外经济合作中的正当利益的；

（7）法律和国务院规定的其他情形。

（二）滥用市场支配地位

市场支配地位是指经营者在相关市场内具有能够控制商品价格、数量或者其他交易条件，或者能够阻碍、影响其他经营者进入相关市场能力的市场地位。我国的《反垄断法》只规范滥用市场支配地位的行为，而不禁止市场支配地位本身。

1. 滥用市场支配地位行为的特征

《反垄断法》规定，禁止具有市场支配地位的经营者从事下列滥用市场支配地位的行为：

（1）以不公平的高价销售商品或者以不公平的低价购买商品；

（2）没有正当理由，以低于成本的价格销售商品；

（3）没有正当理由，拒绝与交易相对人进行交易；

（4）没有正当理由，限定交易相对人只能与其进行交易或者只能与其指定的经营者进行交易；

（5）没有正当理由搭售商品，或者在交易时附加其他不合理的交易条件；

（6）没有正当理由，对条件相同的交易相对人在交易价格等交易条件上实行差别待遇；

（7）国务院反垄断执法机构认定的其他滥用市场支配地位的行为。

2. 滥用市场支配地位行为的认定

我国《反垄断法》规定，认定经营者具有市场支配地位，应当依据下列因素：

（1）该经营者在相关市场的市场份额，以及相关市场的竞争状况；

（2）该经营者控制销售市场或者原材料采购市场的能力；

（3）该经营者的财力和技术条件；

（4）其他经营者对该经营者在交易上的依赖程度；

（5）其他经营者进入相关市场的难易程度；

（6）与认定该经营者市场支配地位有关的其他因素。

为了体现法律在技术上的可操作性，《反垄断法》列举了市场支配地位推定的三项具体的标准。第十九条规定，有下列情形之一的，可以推定经营者具有市场支配地位：

（1）一个经营者在相关市场的市场份额达到二分之一的；

（2）两个经营者在相关市场的市场份额合计达到三分之二的；

（3）三个经营者在相关市场的市场份额合计达到四分之三的。

有以上第二项、第三项规定的情形，其中有的经营者市场份额不足十分之一的，不应当推定该经营者具有市场支配地位。

被推定具有市场支配地位的经营者，有证据证明不具有市场支配地位的，不应当认定其具有市场支配地位。

（三）经营者集中

经营者集中是指经营者合并、股份转让、资产重组，以及通过合同等方式取得对其他经营者的控制权，或者能够对其他经营者施加影响的情形。不论通过何种方式集中，都具有两面性：一方面有利于形成规模经济，提高竞争力；另一方面又可能形成垄断，不利于市场竞争。

1. 经营者集中的表现形式

《反垄断法》把可能形成经营者集中的情形归纳为三种：

（1）经营者合并；

（2）经营者通过取得股权或者资产的方式取得对其他经营者的控制权；

（3）经营者通过合同等方式取得对其他经营者的控制权或者能够对其他经营者施加决定性影响。

2. 经营者集中的申报制度

经营者集中申报制度是指经营者准备实施集中行为时，为了确保反垄断法执法机构能够准确判断是否将产生限制市场竞争的效果，而要求参与集中的经营者事先提供有关材料的制度，目的是保障市场竞争秩序和国家经济运行安全。《反垄断法》规定：经营者集中达到国务院规定的申报标准的，经营者应当事先向国务院反垄断执法机构申报，未申报的不得实施集中。经营者集中有下列情形之一的，可以不向国务院反垄断执法机构申报：①参与集中的一个经营者拥有其他每个经营者百分之五十以上有表决权的股份或者资产的；②参与集中的每个经营者百分之五十以上有表决权的股份或者资产被同一个未参与集中的经营者拥有的。

该规定使得参与集中的各方更近似于母子公司，或者是内部控制权的集中，因而不需申报。

审查经营者集中，应当考虑下列因素：

（1）参与集中的经营者在相关市场的市场份额及其对市场的控制力；

（2）相关市场的市场集中度；

（3）经营者集中对市场进入、技术进步的影响；

（4）经营者集中对消费者和其他有关经营者的影响；

（5）经营者集中对国民经济发展的影响；

（6）国务院反垄断执法机构认为应当考虑的影响市场竞争的其他因素。

3. 经营者集中的附加制约

《反垄断法》规定，对不予禁止的经营者集中，国务院反垄断执法机构可以决定附加减少集中对竞争产生不利影响的限制性条件，并及时向社会公布。

附加制约是指《反垄断法》赋予执法机构对经营者集中附加限制性条件的职权。此项规定主要是借鉴了欧盟的做法，欧盟委员会受理企业集中申报中，为了确保企业集中与市场共同体相适应，往往会要求申报人对集中的计划作部分修改，以排除重大的垄断嫌疑。实践证明，这种做法既保护了自由经济中企业自主权的行使，又防范了集中行为对市场竞争关系的破坏。

4. 外资并购的特别规定

对外资并购境内企业或者以其他方式参与经营者集中，涉及国家安全的，除依照本法规定进行经营者集中审查外，还应当按照国家有关规定进行国家安全审查。

对外资并购进行国家安全审查是世界各国立法的通例。例如，美国《1950 年国防产品法》中“埃克森—佛罗里奥法案”、《2007 年外国投资和国家安全法》都有对外资并购进行审查的规定；2005 年 7 月中海油收购美国的优尼科石油公司案中，就遭遇美国的国家安全审查，美方的理由就是可能威胁国家安全。

根据《反垄断法》的规定，外资并购除了接受本法规定的审查外，还应按国家安全法律法规审查，主要是能源、尖端科技、军工等行业。

(四) 滥用行政权力排除、限制竞争

滥用行政权力排除、限制竞争是指拥有行政权力的政府机关及其他依法具有管理公共事务职能的组织滥用行政权力，排除、限制竞争的各种行为。《反垄断法》规定，行政机关和法律、法规授权的具有管理公共事务职能的组织不得滥用行政权力，排除、限制竞争。滥用行政权力排除、限制竞争的行为方式多种多样，反垄断法重点约束以下几类行为：

1. 地区封锁

地区封锁是指地方政府以及其他依法具有管理公共事务职能的组织为了本地区利益，利用行政权力排除、限制竞争的行为。其目的是封锁市场，保护地方利益。我国《反垄断法》规定了三种地区封锁的表现形式：

第一，禁止或妨碍商品自由流通。行政机关和法律、法规授权的具有管理公共事务职能的组织不得滥用行政权力，实施下列行为，妨碍商品在地区之间的自由流通：

(1) 对外地商品设定歧视性收费项目、实行歧视性收费标准，或者规定歧视性价格；

(2) 对外地商品规定与本地同类商品不同的技术要求、检验标准，或者对外地商品采取重复检验、重复认证等歧视性技术措施，限制外地商品进入本地市场；

(3) 采取专门针对外地商品的行政许可，限制外地商品进入本地市场；

(4) 设置关卡或者采取其他手段，阻碍外地商品进入或者本地商品运出；

(5) 妨碍商品在地区之间自由流通的其他行为。

这里禁止的是基于地方保护主义而利用行政权力限制或阻碍商品流通，妨碍全国统一、竞争有序的社会主义市场体系建设的行为。

第二，排斥或限制招标投标行为。行政机关和法律、法规授权的具有管理公共事务职能的组织不得滥用行政权力，以设定歧视性资质要求、评审标准或者不依法发布信息等方式，排斥或者限制外地经营者参加本地的招标投标活动。

这里禁止的是行政机关或公共组织采取差别要求或资质评审，或者通过不公开、不透明、暗箱操作的方式，排斥外地企业或个人参与本地招投标活动。

第三，排斥或限制外地投资者或设立分支机构。《反垄断法》针对外地和本地经营者市场准入条件的差别待遇规定，行政机关和法律、法规授权的具有管理公共事务职能

能的组织不得滥用行政权力，采取与本地经营者不平等待遇等方式，排斥或者限制外地经营者在本地投资或者设立分支机构。

公平、公正、公开的准入制度，目的是打破市场分割、打破行业垄断、打破地区封锁，建立统一的非歧视性的准入制度。

2. 强制垄断行为

强制垄断行为，是指行政机关和具有管理公共事务职能的组织滥用行政权力，强制安排市场交易活动，违背市场规律，干涉企业自主经营权、决策权的行为。通常表现为：强制生产同一产品的本地企业固定或共同提高、降低该产品的销售价格；强制企业采取统一行动联合抵制外地产品；强制企业进行合并、重组；行政管理者为了本地区或本部门的利益，强制经营者从事本法规定的垄断行为。

此外，政府通过制定行政规章或规范性文件排除、限制竞争也是属于变相强制垄断的一种表现形式。我国《反垄断法》规定，行政机关不得滥用行政权力，制定含有排除、限制竞争内容的规定。

3. 滥用行政权力排除、限制竞争的危害

滥用行政权力排除、限制竞争，一是妨碍了自由竞争的市场机制的形成和发展，扰乱了市场竞争秩序；二是妨碍了竞争有序、统一开放的市场体系的建立；三是损害了经营者和消费者的合法权益；四是不利于提高企业的竞争力；五是为腐败的滋生提供了温床，损害政府形象。

4. 滥用行政权力排除、限制竞争的构成要件

判断是否构成滥用行政权力排除、限制竞争，一般应从以下要件入手：

（1）主体即行为实施者，必须是行政机关或者法律、法规授权的具有管理公共事务职能的其他组织，如证监会、电信公司、民航等，这两类主体均拥有一定的行政权力。

（2）该上述主体实施了“滥用行政权力”的行为。

（3）该行为产生了破坏市场机制、损害公平竞争秩序，排除或限制竞争的严重后果。

四、反垄断调查机制

我国《反垄断法》规定由国务院设立反垄断委员会，负责组织、协调、指导反垄断调查工作，其主要职责是：

（1）研究拟定有关竞争政策；

（2）组织调查、评估市场总体竞争状况，发布评估报告；

（3）制定、发布反垄断指南；

（4）协调反垄断行政执法工作；

（5）国务院规定的其他职责。

该委员会的组成和工作规则由国务院规定。因此，反垄断委员会应该是属于调研智囊型宏观协调机构而非直接执法机构。

《反垄断法》第十条规定，国务院反垄断执法机构根据工作需要，可以授权省 、自治区、直辖市人民政府相应的机构，依法负责有关反垄断执法工作。即我国的反垄

断执法是分散又有所交叉的执法管理模式，由各机关部门各司其职，共同负责反垄断执法。

反垄断的调查程序包括调查启动、调查措施，以及调查中当事人的权利和义务、调查的中止、终止和恢复等内容。

五、违反《反垄断法》的法律责任

《反垄断法》第四十六条至五十四条规定了违反《反垄断法》的法律责任，包括行政责任、民事责任和刑事责任。具体规定如下：

（一）违法经营者的法律责任

反垄断执法机构对违法经营者的处罚类型主要有：责令停止违法行为、没收违法所得以及罚款。

经营者违反本法规定，达成并实施垄断协议的，由反垄断执法机构责令停止违法行为，没收违法所得，并处上一年度销售额百分之一以上百分之十以下的罚款；尚未实施所达成的垄断协议的，可以处五十万元以下的罚款。

经营者违反本法规定，滥用市场支配地位的，由反垄断执法机构责令停止违法行为，没收违法所得，并处上一年度销售额百分之一以上百分之十以下的罚款。

经营者违反本法规定实施集中的，由国务院反垄断执法机构责令停止实施集中、限期处分股份或者资产、限期转让营业以及采取其他必要措施恢复到集中前的状态，可以处五十万元以下的罚款。

经营者主动向反垄断执法机构报告达成垄断协议的有关情况并提供重要证据的，反垄断执法机构可以酌情减轻或者免除对该经营者的处罚。

（二）行业协会的法律责任

行业协会违反本法规定，组织本行业的经营者达成垄断协议的，反垄断执法机构可以处五十万元以下的罚款；情节严重的，社会团体登记管理机关可以依法撤销登记。

（三）对滥用行政权力的行政主体的处罚

我国《反垄断法》第五十一条规定：行政机关和法律、法规授权的具有管理公共事务职能的组织滥用行政权力，实施排除、限制竞争行为的，由上级机关责令改正；对直接负责的主管人员和其他直接责任人员依法给予处分。反垄断执法机构可以向有关上级机关提出依法处理的建议。法律、行政法规对行政机关和法律、法规授权的具有管理公共事务职能的组织滥用行政权力实施排除、限制竞争行为的处理另有规定的，依照其规定。

此外，我国反垄断法还规定，反垄断执法机构工作人员滥用职权、玩忽职守、徇私舞弊或者泄露执法过程中知悉的商业秘密，构成犯罪的，依法追究刑事责任；尚不构成犯罪的，依法给予处分。

对拒绝调查、或者是提供虚假信息，或者转移、毁灭、隐匿证据的行为依法承担刑事责任。

第三节 反不正当竞争法

一、反不正当竞争法律制度概述

（一）反不正当竞争法的概念

反不正当竞争法是调整市场竞争过程中，因规制不正当竞争行为而产生的社会关系的法律规范的总称。

《中华人民共和国反不正当竞争法》（以下简称《反不正当竞争法》）于1993年9月2日第八届全国人民代表大会常务委员会第三次会议通过，1993年12月1日起实施；此后，分别于2017年11月4日第十二届全国人民代表大会常务委员会第三十次会议修订，2019年4月23日第十三届全国人民代表大会常务委员会第十次会议修正。该法对不正当竞争行为的界定及规制采用了世界各国的通常做法，即：在内容上对公认的商业道德加以确认，在体例上采用概括加列举的方式。

（二）反不正当竞争法的立法目的

我国的反不正当竞争法的立法目的可以分为三个层次：

（1）制止不正当竞争行为，这是该法的直接目的；

（2）保护经营者和消费者的合法权益，这是该法直接目的的必然延伸；

（3）鼓励和保护公平竞争、促进社会主义市场经济的健康发展是该法的根本目的。

（三）反不正当竞争法的基本原则

1. 自愿、平等、公平原则

自愿主要指竞争者不得强迫、胁迫或利诱交易对方同自己进行交易或不与竞争对手进行交易。平等指竞争者应相互尊重对方的独立地位，不得为自己利益损害竞争对手的利益。公平原则一方面要求市场应当是自由开放的，竞争者参加竞争的机会应是均等的；另一方面要求竞争者不得以大欺小、以强凌弱，不当利用自己的竞争优势。公平原则还要求竞争者只能以公开合法的手段进行竞争，不得进行幕后交易。

2. 诚实信用，遵守法律和商业道德的原则

要求经营者无论进行任何经济活动均应出于正当的商业动机，以合法的、正当的、符合商业道德的手段实现其经济目的。

二、不正当竞争行为

（一）不正当竞争行为的概念和特征

不正当竞争行为是指经营者在生产经营活动中，违反《反不正当竞争法》规定，扰乱市场竞争秩序，损害其他经营者或者消费者的合法权益的行为。

不正当竞争行为的基本特征：

1. 不正当竞争行为的主体是经营者

根据《反不正当竞争法》的规定，构成不正当竞争行为主体的经营者，是指从事商品生产、经营或者提供服务的自然人、法人和非法人组织。这里的经营者，一是指其在行为的性质上必须是商品的生产、经营者或者服务的提供者；二是指其在范围上包括了自然人、法人和非法人组织。

2. 不正当竞争行为以市场竞争为目的

不正当竞争行为只有在市场竞争关系中才可能得以产生。现实生活中，不正当竞争行为五花八门、形形色色、举不胜举，但其主观要件都在于以不正当方式获取市场竞争优势为主观目的，这是区别不正当竞争行为与其他违法行为，尤其是与一般侵权行为的重要标志。从这个意义上讲，《反不正当竞争法》首先是保护正当竞争者和保护公平竞争的法律。

3. 不正当竞争行为直接违反《反不正当竞争法》的规定

不正当竞争行为的违法性，既是对《反不正当竞争法》第二章列举的 7 类不正当竞争行为具体规定的直接违反，也是对《反不正当竞争法》第一章总则规定的基本原则和概念的违反，即：对法律和公认的商业道德的违反。

4. 不正当竞争行为的社会危害性

现实生活中，不正当竞争行为的社会危害性大都表现为对其他经营者或者消费者的合法权益直接损害，但对市场竞争秩序的损害是其根本。

（二）不正当竞争行为及其主要表现

我国《反不正当竞争法》第二章列举了 7 类不正当竞争行为并做了具体规定：

1. 混淆行为

混淆行为又称欺骗性交易行为、商业假冒行为，是指经营者在市场交易中擅自使用与他人有一定影响的商品名称、包装、装潢等商业标识，引人误认为是他人商品或者与他人存在特定联系，扰乱市场竞争秩序、损害其他经营者和消费者合法权益的行为。

其主要表现为：

（1）擅自使用与他人有一定影响的商品名称、包装、装潢等相同或者近似的标识；

（2）擅自使用他人有一定影响的企业名称（包括简称、字号等）、社会组织名称（包括简称等）、姓名（包括笔名、艺名、译名等）；

（3）擅自使用他人有一定影响的域名主体部分、网站名称、网页等；

（4）其他足以引人误认为是他人商品或者与他人存在特定联系的混淆行为。

2. 商业贿赂行为

商业贿赂行为是指经营者为了谋取交易机会或者竞争优势而采用财物或者其他手段贿赂交易相对方或者可能影响交易的第三方的行为。

商业贿赂行为的基本特征：

（1）主体的特定性：行贿主体必须是经营者，经营者的工作人员利用贿赂为经营者争取交易机会或竞争优势的，应当认定为经营者的行为。但是，经营者有证据证明该工作人员的行为与为经营者谋取交易机会或者竞争优势无关的除外。

（2）对象的特定性：行贿的对象是交易相对方或者可能影响交易的第三方；既可以是单位也可以是个人。具体包括：①交易相对方的工作人员；②受交易相对方委托办理相关事务的单位或者个人；③利用职权或者影响力影响交易的单位或者个人——“第三方”。

（3）主观方面：必须具有故意，且目的是为了谋取交易机会或者竞争优势，以排斥其他经营者的正当竞争。

（4）客观方面：是以财物或其他手段不正当方式，即不正当方式进行的行为。其中，“财物”是指假借各种名义或者以各种方式给付的现金和实物；“其他手段”是指给付财物以外的其他利益的手段。

商业贿赂行为与经营者在交易活动中以明示方式向交易相对方支付折扣，或者向中间人支付佣金，有本质区别。

3. 虚假宣传行为

虚假宣传行为是指经营者利用广告或其他方法，对其商品的性能、功能、质量、销售状况、用户评价、曾获荣誉等作虚假或者引人误解的商业宣传，欺骗、误导消费者的行为。

（1）根据宣传的内容本身是否真实，可以将虚假宣传行为划分为虚假宣传和引人误解的宣传：

虚假宣传是指经营者利用广告或者其他方法对商品或者服务情况作与客观实际不相符合的宣传；

引人误解的宣传是指经营者利用广告或者其他方法对商品或者服务情况作容易误导他人产生错误理解的宣传行为。主要表现为宣传用语上的含混不清、隐晦暗示、断章取义等方法，对购买者进行误导。

（2）根据宣传的手段不同，可以将虚假宣传行为划分为虚假广告宣传和其他虚假宣传：

虚假广告宣传是指广告所宣传的产品和服务本身并不存在或者产品和服务的主要内容与事实不符；

其他虚假宣传是指经营者通过组织虚假交易等方式，帮助其他经营者进行虚假或者引人误解的商业宣传。

4. 侵犯商业秘密行为

（1）商业秘密的概念和特征

商业秘密是指是指不为公众所知悉、具有商业价值并经权利人采取相应保密措施的技术信息、经营信息等商业信息。其基本特征是：

①秘密性：该商业信息不为公众所知悉，一般人不易通过正当途径获得或探明；

②商业价值性：商业信息的使用可以为权利人带来实在或潜在经济利益；

③保密性：权利人对该商业信息采取了相应的保密措施。

（2）侵犯商业秘密行为的概念及其主要表现

侵犯商业秘密行为是指以不正当手段获取、披露、使用他人商业秘密的行为。其主要表现为：

①以盗窃、贿赂、欺诈、胁迫、电子侵入或者其他不正当手段获取权利人的商业秘密；

②披露、使用或者允许他人使用以前项手段获取的权利人的商业秘密；

③违反保密义务或者违反权利人有关保守商业秘密的要求，披露、使用或者允许他人使用其所掌握的商业秘密；

④教唆、引诱、帮助他人违反保密义务或者违反权利人有关保守商业秘密的要求，获取、披露、使用或者允许他人使用权利人的商业秘密。

⑤经营者以外的其他自然人、法人和非法人组织实施以上所列违法行为的，视为侵犯商业秘密。

⑥第三人明知或者应知商业秘密权利人的员工、前员工或者其他单位、个人实施以盗窃、贿赂、欺诈、胁迫、电子侵入或者其他不正当手段获取权利人的商业秘密，仍获取、披露、使用或者允许他人使用该商业秘密的，视为侵犯商业秘密。

5. 不正当有奖销售行为

有奖销售是一种有效的促销手段。其方式大致可分为两种：一种是奖励给所有购买者的附赠式有奖销售；另一种是奖励部分购买者的抽奖式有奖销售。法律并不禁止所有的有奖销售行为。

不正当有奖销售是指经营者在销售商品或提供服务时，以提供奖励（包括金钱、实物、附加服务等）为名，实际上采取欺骗或者其他不当手段损害用户、消费者的利益，或者损害其他经营者合法权益的行为。其主要表现为：

（1）所设奖的种类、兑奖条件、奖金金额或者奖品等有奖销售信息不明确，影响兑奖；

（2）采用谎称有奖或者故意让内定人员中奖的欺骗方式进行有奖销售；

（3）抽奖式的有奖销售，最高奖的金额超过五万元。

6. 诋毁商誉行为

商誉是社会公众对市场经营主体名誉的综合性积极评价。评价的高低往往影响企业的经济活动，甚至影响企业的生存和发展。

诋毁商誉行为亦称商业诽谤行为，是指经营者在市场交易中，编造、传播虚假信息或者误导性信息，损害竞争对手的商业信誉、商品声誉的行为。

诋毁商誉行为的主体必须是市场经营活动中的经营者，其他经营者如果受其指使从事诋毁商誉行为的，可构成共同侵权人。

7. 妨碍、破坏网络产品或服务正常运行行为

妨碍、破坏网络产品或服务正常运行行为是指经营者利用技术手段，通过影响用户选择或者其他方式所实施的妨碍、破坏其他经营者的网络产品或者服务正常运行的行为。主要表现为：

（1）未经其他经营者同意，在其合法提供的网络产品或者服务中，插入链接、强制进行目标跳转；

（2）误导、欺骗、强迫用户修改、关闭、卸载其他经营者合法提供的网络产品或者服务；

（3）恶意对其他经营者合法提供的网络产品或者服务实施不兼容；

（4）其他妨碍、破坏其他经营者合法提供的网络产品或者服务正常运行的行为。

三、违反反不正当竞争法的法律责任

《反不正当竞争法》第十七条至三十二条主要针对经营者违反《反不正当竞争法》的法律责任作了明确规定，包括民事责任、行政责任和刑事责任，主要规定如下：

（1）因不正当竞争行为受到损害的经营者的赔偿数额，按照其因被侵权所受到的实际损失确定；实际损失难以计算的，按照侵权人因侵权所获得的利益确定。经营者恶意实施侵犯商业秘密行为，情节严重的，可以在按照上述方法以数额的一倍以上五倍以下确定赔偿数额。赔偿数额还应当包括经营者为制止侵权行为所支付的合理开支。

（2）经营者违反《反不正当竞争法》规定实施混淆行为和侵犯商业秘密行为的，权利人因被侵权所受到的实际损失、侵权人因侵权所获得的利益难以确定的，由人民法院根据侵权行为的情节判决给予权利人五百万元以下的赔偿。

（3）经营者违反《反不正当竞争法》规定实施混淆行为的，由监督检查部门责令停止违法行为，没收违法商品。违法经营额五万元以上的，可以并处违法经营额五倍以下的罚款；没有违法经营额或者违法经营额不足五万元的，可以并处二十五万元以下的罚款。情节严重的，吊销营业执照。

（4）经营者违反《反不正当竞争法》规定贿赂他人的，由监督检查部门没收违法所得，处十万元以上三百万元以下的罚款。情节严重的，吊销营业执照。

（5）经营者违反《反不正当竞争法》规定对其商品作虚假或者引人误解的商业宣传，或者通过组织虚假交易等方式帮助其他经营者进行虚假或者引人误解的商业宣传的，由监督检查部门责令停止违法行为，处二十万元以上一百万元以下的罚款；情节严重的，处一百万元以上二百万元以下的罚款，可以吊销营业执照。

（6）经营者以及其他自然人、法人和非法人组织违反《反不正当竞争法》规定侵犯商业秘密的，由监督检查部门责令停止违法行为，没收违法所得，处十万元以上一百万元以下的罚款；情节严重的，处五十万元以上五百万元以下的罚款。

（7）经营者违反《反不正当竞争法》规定进行有奖销售的，由监督检查部门责令停止违法行为，处五万元以上五十万元以下的罚款。

（8）经营者违反《反不正当竞争法》规定损害竞争对手商业信誉、商品声誉的，由监督检查部门责令停止违法行为、消除影响，处十万元以上五十万元以下的罚款；情节严重的，处五十万元以上三百万元以下的罚款。

（9）经营者违反《反不正当竞争法》规定妨碍、破坏其他经营者合法提供的网络产品或者服务正常运行的，由监督检查部门责令停止违法行为，处十万元以上五十万元以下的罚款；情节严重的，处五十万元以上三百万元以下的罚款。

（10）违反《反不正当竞争法》规定，构成犯罪的，依法追究刑事责任。

思考与练习题

1. 现代竞争法律制度的调整对象是什么？
2. 现代竞争法律制度的作用是什么？
3. 我国反垄断法的立法目的是什么？

4. 我国反垄断法规制的垄断行为有哪些?
5. 简述滥用行政权力排除、限制竞争的行为方式。
6. 我国法律规定的不正当竞争行为的表现有哪几种类型?
7. 什么是商业贿赂行为?如何认定?
8. 什么是商业秘密?简述侵犯商业秘密行为的行为要点。

第六章 合同法律制度

第一节　合同与合同法概述

一、合同的定义和特征

合同是平等主体的自然人、法人及其他组织之间设立、变更、终止民事权利义务的意思表示一致的协议，是反映交易的法律形式。

婚姻、收养、监护等有关身份关系的协议，适用其他法律的规定。

合同具有以下法律特点：

1. 合同在本质上是一种协议

它是具有两个以上的主体并且是主体间关于债权、债务关系的合意。合同是当事人协商一致的产物或意思表示一致的协议。

2. 合同的主体是平等主体，包括自然人、法人和其他组织

合同是平等主体的自然人、法人和其他组织所实施的一种民事法律行为。

3. 合同的内容或目的是设立、变更、终止民事权利与义务关系

合同以设立、变更或终止民事权利义务关系为目的和宗旨的。所谓产生民事权利义务关系，是指当事人订立合同旨在形成某种法律关系，从而具体地享受民事权利、承担民事义务。所谓变更民事权利义务关系，是指当事人通过订立合同使原有的合同关系在内容上发生变化。变更合同关系通常是在继续保持原合同关系效力的前提下变更合同内容。如果因为变更使原合同关系消灭并产生一个新的合同关系，则不属于变更的范畴。所谓终止民事权利义务关系，是指当事人通过订立合同，旨在消灭原合同关系。无论当事人订立合同旨在达到何种目的，只要当事人达成的协议依法成立并生效，就会对当事人产生法律效力，当事人也必须依照合同的规定享有权利和履行义务。

二、合同的分类

合同可以按照不同的标准进行分类。作为商品交换的法律形式，合同的类型因交

易方式的多样化而各不相同。尤其是随着交易关系的发展和内容的复杂化，合同的形态也在不断地发展和变化。

一般来说，对合同可以做出如下分类：

（一）有名合同与无名合同

根据法律上是否规定了合同的名称，可以将合同分为有名合同与无名合同。

所谓有名合同，又称为典型合同，是指法律上已经确定了一定的名称及规则的合同。如我国《合同法》所规定的15类合同，都属于有名合同。

所谓无名合同，又称非典型合同，是指法律上尚未确定一定的名称与规则的合同。根据合同自由原则，合同当事人可以自由决定合同的内容，因此即使当事人订立的合同不属于有名合同的范围，只要不违背法律的禁止性规定和社会公共利益，也仍然是有效的。

此类合同的区分意义，主要在于两者适用的法律规则不同。有名合同直接适用合同法的规定。无名合同适用法律时，首先，适用合同法的一般规则；其次，比照类似的有名合同的规则，参照合同的经济目的及当事人的意思等进行处理。

（二）要式合同与不要式合同

根据合同是否应采取一定的形式，可将合同分为要式合同与不要式合同。

所谓要式合同，是指根据法律规定应当采取特定方式订立的合同。所谓不要式合同，是指当事人订立的合同依法并不需要采取特定的形式，当事人可以采取口头方式，也可以采取书面形式 。根据合同自由原则当事人有权选择合同形式，但对于法律有特别的形式要件规定的，当事人应当遵循法律规定。

要式合同与不要式合同的区别在于某些法律和行政法规对合同的形式要求会影响合同的生效。

（三）诺成合同与实践合同

所谓诺成合同，是指当事人一方的意思表示一旦经对方同意即产生法律效果的合同，即“一诺即成”的合同。此种合同的特点在于当事人双方意思表示一致，合同即告成立。

所谓实践合同，是指除当事人双方意思表示一致以外尚需交付标的物才能成立的合同。在这种合同中，仅凭双方当事人的意思表示一致，还不能产生一定的权利义务关系，还必须有一方实际交付标的物的行为，才能产生法律效果。

由于绝大多数合同都从双方形成合意时成立，因此它们都是诺成合同；而实践合同则必须有法律特别规定，可见实践合同是特殊合同。诺成合同与实践合同的主要区别在于，二者成立与生效的时间不同。诺成合同自双方当事人意思表示一致（即达成合意）时起即告成立；而实践合同则在当事人达成合意之后，还必须由当事人交付标的物以后，合同才能成立。

（四）双务合同和单务合同

所谓双务合同是指当事人双方互负对待给付义务的合同，即一方当事人愿意负担履行义务，旨在使他方当事人因此负有对待给付的义务。或者说，一方当事人所享有的权利，即为他方当事人所负有的义务。

所谓单务合同，是指合同当事人仅有一方负担给付义务的合同。换言之，是指合同当事人双方并不互相享有权利和义务，而主要由一方负担义务，另一方并不负有相对义务的合同。

在法律上区分单务合同和双务合同的意义在于：

1. 在是否适用同时履行抗辩权上不同

双务合同成立以后，当事人各基于合同负有履行义务，一方负担的义务是以他方负担义务为前提的。只有在双方均同时履行了自己的义务之后，才能达到当事人订约的目的。

2. 在风险负担上是不同的

由于双务合同中，双方的权利义务互相依存、互为条件，如果非因一方当事人的过错（如因不可抗力的发生）导致其不能履行合同义务，其合同债务应被免除，其享有的合同权利也应归于消灭。

3. 因一方的过错所致合同不履行的后果不同

在双务合同中，如果非违约方已履行合同的，可以要求违约方履行合同或承担其他违约责任；如果违约方要求解除合同，则对其已经履行的部分有权要求未履行给付义务的一方返还其已取得的财产。但在单务合同中，则一般不存在上述情况。

（五）有偿合同与无偿合同

根据当事人是否可以从合同中获取某种利益，可以将合同分为有偿合同和无偿合同。

所谓有偿合同，是指一方通过履行合同规定的义务而给对方某种利益，对方要得到该利益必须为此支付相应代价的合同。有偿合同是商品交换最典型的法律形式。在实践中，绝大多数反映交易关系的合同都是有偿的。

所谓无偿合同，是指一方给付某种利益，对方取得该利益时并不支付任何报酬的合同。无偿合同并不是反映交易关系的典型形式，但由于一方无偿地为另一方履行某种义务，或者另一方取得某种财产利益都是根据双方的合意而产生的。因此，无偿合同也是一种合同类型，并应受到合同法调整。当然，无偿合同是等价有偿原则在适用中的例外现象，在实践中很少被采用。在无偿合同中，一方当事人也要承担义务。

有偿合同与无偿合同区分的意义：首先在于确定某些合同的性质。在债权合同中许多合同只能是有偿的，不可能是无偿的。如果变有偿为无偿，或者相反，则合同关系在性质上就要发生根本的变化。当然，也有一些合同既可以是有偿，也可以为无偿，如自然人之间的保管合同大多为无偿，而法人之间的保管则多为有偿。其次，义务的内容不同。由于合同是对交易关系的反映，合同的义务内容常常受到当事人之间利益关系的影响。在无偿合同中，利益的受让人原则上只应承担较低的注意义务，而在有偿合同中，当事人所承担的注意义务显然要较无偿合同中之注意义务为重。最后，主体要求不同。订立有偿合同的当事人原则上应具备完全行为能力，而限制行为能力人非经其法定代表人的同意，不能订立一些较为重大的有偿合同。但对于一些纯获利益的无偿合同，如接受赠予等，限制行为能力人和无行为能力人即使未取得法定代表人的同意也可以订立该合同。

（六）主合同与从合同

根据合同相互间的主从关系，可以将合同分为主合同与从合同。

所谓主合同，是指不需要其他合同的存在即可独立存在的合同。所谓从合同，就是以其他合同的存在为前提的合同，又称为“附属合同”。从合同的主要特点在于其附属性，即它不能独立存在，必须以主合同的存在并生效为前提。主合同不能成立，从合同就不能有效成立；主合同转让，从合同也不能单独存在；主合同被宣告无效或被撤销，从合同也将失去效力；主合同终止，从合同亦随之终止。主、从合同是相对而言的，没有主合同就没有从合同。

三、合同法的定义和特征

合同法是调整平等主体之间基于合同而发生的财产流转社会关系的法律规范的总称，是规制交易行为的基本法。

合同法的基本特征是：

（1）合同法是一种交易法，它直接调整平等主体之间发生的转让物品或权利、完成工作和提供劳务的交易关系。

（2）合同法是一种财产法。合同主体之间发生的交易关系都是可以用货币来衡量和评价的，有财产价值的属性。

（3）合同法是一种任意法。合同交易关系由当事人自主、自愿设立、变更或终止，是当事人之间达成的合意。

（4）合同法是市场经济的基本法律，它直接界定市场要素，全面规划市场交易活动，是市场经济的核心交易规则。

第二节　合同的订立

一、合同订立的概念

合同的订立，是指两个或两个以上的当事人，依法就合同的主要条款经过协商一致，达成协议的法律行为。合同当事人可以是自然人，也可以是法人或者其他组织，但都应当具有与订立合同相应的民事权利能力和民事行为能力。当事人也可以依法委托代理人订立合同。

二、合同订立的形式

合同的形式，又称合同的方式，是当事人合意的表现形式，是合同内容的外部表现，是合同内容的载体。合同法规定，当事人订立合同，有书面形式、口头形式和其他形式。法律、行政法规规定采用书面形式的，应当采用书面形式；当事人约定采用书面形式的，应当采用书面形式。

1. 口头形式

口头形式，是指当事人只用语言为意思表示订立合同，而不用文字表达协议内容的形式。口头形式简便易行，在日常生活中经常被采用，其缺点是发生合同纠纷时难以取证，不易分清责任。

2. 书面形式

书面形式，是指以文字表现当事人所订合同的形式。合同书以及任何记载当事人要约、承诺和权利义务内容的文件，都是合同书面形式的具体表现。合同法规定，书面形式是指合同书、信件以及数据电文（包括电报、电传、电子数据交换和电子邮件）等可以有形地表现所载内容的形式。书面形式的最大优点是合同有据可查，发生纠纷时容易举证，便于分清责任。因此，对于关系复杂的合同、重要的合同，最好采取书面形式。

3. 推定形式

当事人未用语言、文字表达其意思表示，仅用行为向对方发出要约，对方接受该要约，以做出一定或指定的行为作为承诺，合同成立。

三、合同的主要条款

合同的条款是合同中经双方当事人协商一致，规定双方当事人权利义务的具体条文。合同当事人的权利义务，除法律规定的以外，主要由合同的条款确定。合同的条款是否齐备、准确，决定了合同能否成立、生效以及能否顺利地履行、实现。由于合同的类型和性质不同，合同的主要条款可能有所不同。

根据《合同法》规定，合同的内容由当事人约定，一般应当包括以下条款：

（1）当事人的名称或者姓名和住所；

（2）标的；

（3）数量；

（4）质量；

（5）价款或者报酬；

（6）履行期限、地点和方式；

（7）违约责任；

（8）解决争议的方法。

四、合同订立的方式

（一）要约

1. 要约的概念和要件

要约又称为发盘、出盘、发价或报价等，是希望和他人订立合同的意思表示。发出要约的人称为要约人，接受要约的人则称为受要约人、相对人和承诺人。

要约的构成要件如下：

（1）要约是由具有订约能力的特定人做出的意思表示。要约的提出旨在与他人订立合同，并唤起相对人的承诺，所以要约人必须是订立合同的一方当事人。由于要约人欲以订立某种合同为目的而发出某项要约，因此他应当具有订立合同的行为能力。

（2）要约必须具有订立合同的意图。要约是希望和他人订立合同的意思表示，要约中必须表明要约经受要约人承诺，要约人即受该意思表示约束。

（3）要约必须向要约人希望与之订立合同的受要约人发出。要约只有向要约人希望与其缔结合同的受要约人发出才能够唤起受要约人的承诺。在特定条件下，要约人也可以向非特定人发出要约。

（4）要约的内容必须具体、确定。所谓具体，是指要约的内容必须具有足以使合同成立的主要条款，如果不能包含合同的主要条款，承诺人即难以做出承诺，即使作了承诺，也会因为这种合意不具备合同的主要条款而使合同不能成立。当然，合同的主要条款应当根据合同的性质和内容来加以判断。合同的性质不同，它所要求的主要条款是不同的；所谓确定，是指要约的内容必须明确，而不能含糊不清，使受要约人不能理解要约人的真实意图，否则无法承诺。

2. 要约邀请的概念及与要约的区别

要约邀请又称为引诱要约，是指希望他人向自己发出要约的意思表示。要约邀请是一种意思表示，故应具备意思表示的一般成立要件；要约邀请只是引诱他人发出要约，既不能因相对人的承诺而成立合同，也不能因自己做出某种承诺而约束要约人，在发出要约邀请以后，行为人撤回其要约邀请，只要没有给善意相对人造成信赖利益的损失，要约邀请人一般不承担法律责任。

（1）要约的内容应当具体明确，如果缺少某一主要条款，则属于要约邀请。

（2）要约具有法律约束力，而要约邀请没有法律约束力。

实践中要约与要约邀请往往很难区别，合同法规定，寄送的价目表、拍卖公告、招标公告、招股说明书等都属于要约邀请，商业广告的内容符合要约规定的，视为要约。

3. 要约的法律效力

（1）要约开始生效的时间。

要约的生效时间首先涉及要约从什么时间开始生效。这既关系到要约从什么时间对要约人产生拘束力，也涉及承诺期限问题。《中华人民共和国合同法》（以下简称《合同法》）规定，“要约到达受要约人时生效。”

要约的生效时间应注意如下三个问题：①送达并不一定实际送达到受要约人及其代理人手中，只要要约送达到受要约人所能够控制的地方即为到达。②在要约人发出要约但未到达受要约人之前，要约人可以撤回或修改要约的内容。③采用数据电文形式订立合同，收件人指定特定系统接收数据电文的，该数据电文进入该特定系统的时间，视为到达时间；未指定特定系统的，该数据电文进入收件人的任何系统的首次时间，视为到达时间。

（2）要约的存续期限。

要约的存续期限，是指要约可以在多长时间内发生法律效力。关于要约的期限问题完全由要约人决定，如果要约人没有确定，则只能以要约的具体情况来确定合理期限。具体来说，如果要约没有明确规定该要约的存续期限，则应区分如下两种情况：

①以口头形式发出的要约，如果要约中没有规定承诺期限，那么在受要约人立即做出承诺的时候，才能对要约人产生拘束力；如果受要约人没有立即做出承诺，则要约就失去了效力。②以书面形式发出的要约，如果要约人在要约中具体规定了存续期限，则该期限为要约的有效存续期限；如果要约中没有规定存续期限，则应当确定一段合理时间作为要约存续的期限。

（3）要约法律效力的内容。要约在发出以后即对要约人和受要约人产生一定的拘束力。要约拘束力的内容具体表现如下：

首先，要约对要约人的拘束力，是指要约一经生效，要约人即受到要约的拘束，不得随意撤销或对受要约人随意加以限制、变更和扩张。

其次，要约对受要约人的拘束力，即受要约人在要约生效时即取得依其承诺而成立合同的法律地位。

具体表现在：①要约生效以后，只有受要约人才享有对要约人做出承诺的权利，因为受要约人是要约人选择的，要约人才是要约的主人，要约人确定了受要约人以后，受要约人才是有资格对要约人做出承诺的人。如果第三人代替受要约人做出承诺，此种承诺只能视为对要约人发出的要约，而不具有承诺的效力。②承诺的权利也是一种资格，它不能作为承诺的标的，也不能由受要约人随意转让，否则承诺对要约人不产生效力。当然，如果要约人在要约中明确允许受要约人具有转让的资格，或者受要约人在转让承诺时征得了要约人的同意，则此种转让是有效的。③承诺权是受要约人享有的权利，但是否行使这项权利应由受要约人自己决定。这就是说受要约人可以行使也可以放弃该项权利，在收到要约以后并不负有必须承诺的义务，即使要约人在要约中明确规定承诺人不做出承诺通知即为承诺，此种规定对受要约人也不产生效力。

最后，要约的撤回和撤销。

所谓要约的撤回是指要约人在发出要约以后，未达到受要约人之前，有权宣告取消要约。根据要约的形式拘束力，任何一项要约都是可以撤回的，只要撤回的通知先于或同时与要约到达受要约人，便能产生撤回的效力。

所谓要约的撤销，是指要约人在要约到达受要约人并生效以后，将该项要约取消，从而使要约的效力归于消灭。

撤销与撤回都旨在使要约作废，或取消要约，并且都只能在承诺做出之前实施。但两者存在一定的区别，即：撤回发生在要约并未到达受要约人并生效之前，而撤销则发生在要约已经到达并生效，但受要约人尚未做出承诺的期限内。由于撤销要约时要约已经生效，因此对要约的撤销必须有严格的限定，如因撤销要约而给受要约人造成损害的，要约人应负赔偿责任。而对要约的撤回并没有这些限制。我国《合同法》规定，如果要约中规定了承诺期限或者以其他形式明示要约是不可撤销的，或者尽管没有明示要约不可撤销，但受要约人有理由信赖要约是不可撤销的，并且已经为履行合同做了准备工作，则不可撤销要约。如果受要约人在收到要约以后，基于对要约的信赖，已为准备承诺支付了一定的费用，在要约撤销以后应有权要求要约人给予适当补偿。

（4）要约失效。

所谓要约失效，是指要约丧失了法律拘束力，即不再对要约人和受要约人产生拘束。要约失效以后，受要约人也丧失了其承诺的能力，即使其向要约人表示了承诺，也不能导致合同的成立。根据合同法的规定，要约失效的原因主要有以下几种：

第一，拒绝要约的通知到达要约人。拒绝要约是指受要约人没有接受要约所规定的条件 。拒绝的方式有多种，既可以是明确表示拒绝要约的条件，也可以在规定的时间内不作答复而拒绝。一旦拒绝，则要约失效。不过，受要约人在拒绝要约以后，也可以撤回拒绝的通知，但必须在撤回拒绝的通知先于或同时于拒绝要约的通知到达要约人处，撤回通知才能产生效力。

第二，要约人依法撤销要约。要约在受要约人发出承诺通知之前，可由要约人撤销要约，一旦撤销，要约将失效。

第三，承诺期限届满，受要约人未做出承诺。凡是在要约中明确规定了承诺期限的，则承诺必须在该期限内做出，超过了该期限，则要约自动失效。

第四，受要约人对要约的内容做出实质性变更。受要约人对要约的实质内容做出限制、更改或扩张从而形成反要约，既表明受要约人已拒绝了要约，同时也向要约人提出了一项反要约。如果在受要约人做出的承诺通知中，并没有更改要约的实质内容，只是对要约的非实质性内容予以变更，而要约人又没有及时表示反对，则此种承诺不应视为对要约的拒绝。但如果要约人事先声明要约的任何内容都不得改变，则受要约人更改要约的非实质性内容，也会产生拒绝要约的效果。

（二）承诺

1. 承诺的概念和要件

所谓承诺，是指受要约人同意要约的意思表示。换言之，承诺是指受要约人同意接受要约的条件以缔结合同的意思表示。承诺的法律效力在于一经承诺并送达于要约人，合同便告成立。然而受要约人必须完全同意要约人提出的主要条件，如果对要约人提出的主要条件没有表示接受，则意味着拒绝了要约人的要约，并形成了一项反要约或新的要约。由于承诺一旦生效，将导致合同的成立，因此承诺必须符合一定的条件。承诺必须具备如下条件，才能产生法律效力：

（1）承诺必须由受要约人向要约人做出。由于要约原则上是向特定人发出的，因此只有接受要约的特定人即受要约人才有权做出承诺，第三人因不是受要约人，当然无资格向要约人做出承诺，否则视为发出要约。

（2）承诺必须在规定的期限内到达要约人。承诺只有到达于要约人时才能生效，而到达也必须具有一定的期限限制。我国合同法规定："承诺应当在要约确定的期限内到达要约人。"只有在规定的期限内到达的承诺才是有效的。承诺的期限通常都是在要约人发出的要约中规定的，如果要约规定了承诺期限，则应当在规定的承诺期限内到达；在没有规定期限时，如果要约是以对话方式做出的，承诺人应当即时做出承诺；如果要约是以非对话方式做出的，应当在合理的期限内做出并到达要约人。合理的期限的长短应当根据具体情况来确定，一般应当包括，根据交易惯例，受要约人在收到要约以后需要考虑和做出决定的时间，以及发出承诺并到达要约人的时间。

未能在合理期限内做出承诺并到达要约人，不能成为有效承诺。①要约以信件做出的，承诺期限自信件载明的日期开始计算；信件未载明日期的，自投寄该信件的邮戳日期开始计算。要约以电话、传真做出的，承诺期限自要约到达受要约人时开始计算。②受要约人超过承诺期限发出承诺的（除要约人及时通知受要约人该承诺有效），为新要约。③承诺迟延：受要约人在承诺期限内发出承诺，按照通常情况能够及时到达要约人，但因其他原因致使承诺到达要约人时超过承诺期限的，除要约人及时通知受要约人因承诺超过期限不接受该承诺的以外，该承诺有效。

（3）承诺的内容必须与要约的内容一致。承诺的内容与要约的内容一致是指受要约人必须同意要约的实质内容，而不得对要约的内容做出实质性更改；否则，不构成承诺，应视为对原要约的拒绝并做出一项新的要约，或称为反要约。所谓实质性内容实际上是指未来合同的重要条款，如果缺少这些条款则未来的合同便不能成立或者存在着重大缺陷。

承诺不能更改要约的实质内容，并非不能对要约的非实质性内容做出更改。对非实质内容做出更改，不应影响合同成立。

（4）承诺的方式符合要约的要求。承诺应当以通知的方式做出。如果要约规定承诺必须以一定的方式做出，否则承诺无效，那么承诺人做出承诺时，必须符合要约人规定的承诺方式，在此情况下，承诺的方式成为承诺生效的特殊要件。

2. 承诺撤回

要约可以依法撤销和撤回，但是承诺只能撤回不能撤销，因为承诺生效合同即告成立。所谓承诺撤回，是指受要约人在发出承诺通知以后，在承诺正式生效之前撤回其承诺。合同法规定，“承诺可以撤回。撤回承诺的通知应当在承诺通知到达要约人之前或者与承诺通知同时到达要约人。”因此撤回的通知必须在承诺生效之前到达要约人，或与承诺通知同时到达要约人，撤回才能生效。如果承诺通知已经生效，合同已经成立，则受要约人当然不能再撤回承诺。

五、合同的成立

1. 合同的成立

所谓合同的成立，是指订约当事人就合同的主要条款达成合意。合同的成立必须具备如下条件：

第一，存在双方或多方订约当事人。

所谓订约当事人是指实际订约合同的人，在合同成立以后，这些人将成为合同的主体。订约当事人既可以是公民，也可以是法人和其他组织。无论订约当事人的形态如何，合同必须存在着两个利益不同的订约主体。

第二，订约当事人对主要条款达成合意。

合同成立的根本标志在于，合同当事人就合同的主要条款达成合意。

第三，合同的成立应具备要约和承诺阶段。

合同的成立应经过要约、承诺阶段，同时也意味着当事人应具有明确的订立合同的目的。因为要约和承诺是就订立合同问题提出建议和接受建议，如果没有明确的订约目的就不可能形成要约和承诺。

以上只是合同的一般成立要件。实际上由于合同的性质和内容不同，因此许多合同还可能具有其特定的成立要件。

2. 合同的实际成立

对于要式合同，必须履行特定的形式，合同才能成立。然而，在实践中，当事人虽未履行特定的形式，但已经实际履行了合同，那么可以从当事人实际履行合同义务的行为中，推定当事人已经形成了合意和合同关系。我国合同法规定：法律、行政法规规定或者当事人约定采用书面形式订立合同，当事人未采用书面形式但一方已经履行主要义务，对方接受的，该合同成立。采用合同书形式订立合同，在签字或者盖章之前，当事人一方不得以未采取书面形式或未签字盖章为由，否认合同关系的实际存在。

3. 合同成立的时间和地点

（1）合同成立的时间。合同成立的时间是由承诺实际生效的时间所决定的。我国合同法采取到达主义，承诺生效的时间以承诺到达要约人的时间为准，即承诺何时到达要约人，则承诺便在何时生效。然而，在确定承诺生效时间时，有如下几点情况值得注意：

第一，受要约人在承诺期限内发出了承诺，但因其他原因导致承诺到达迟延。合同法规定，“受要约人在承诺期限内发出承诺，按照通常情形能够及时到达要约人，但因其他原因承诺到达要约人时超过承诺期限的，除要约人及时通知受要约人因承诺超过期限不接受该承诺的以外，该承诺有效”。

第二，采用数据电文形式订立合同的，如果要约人指定了特定系统接受数据电文的，则受要约人的承诺的数据电文进入该特定系统的时间，视为到达时间；未指定特定系统工程，该数据电文进入要约人的任何系统的首次时间，视为到达时间。

第三，以直接方式做出承诺，应以收到承诺通知的时间为承诺生效时间，如果承诺不需要通知的，则受要约人可根据交易习惯或者要约的要求以行为的方式做出承诺，一旦实施承诺的行为，则应为承诺的生效时间。如果合同必须以书面形式订立，则应以双方在合同书上签字或盖章的时间为承诺生效时间。如果合同必须经批准或登记才能成立，则应以批准或登记的时间为承诺生效的时间。

（2）合同成立的地点。合同成立的地点和时间常常是密切联系在一起的。根据《合同法》第三十四条规定“承诺生效的地点为合同成立的地点”。当事人采用合同书形式订立合同的，双方当事人签字或者盖章的地点为合同成立的地点。而采用数据电文形式订立合同的，收件人的主营业地为合同成立的地点；没有主营业地的，其经常居住地为合同成立的地点。当事人另有约定的，按照其约定。

4. 合同成立的效力

合同成立与合同生效或有效不同。合同有效是已成立的合同符合法律规定的有效条件，能够发生当事人预期的法律后果，是对合同的价值评价。即没有合同成立的事实，就没有合同的法律后果。合同生效是有效合同发生当事人预期的法律后果。合同成立不一定有效，合同有效不一定同时就生效。

合同成立的效力表现在：

第一，当事人单方不得随意撤销或变更合同；

第二，当事人应依约定采取相应行为，使合同生效；

第三，因一方过错致使合同不能生效的，应承担缔约过失责任。

六、缔约过失责任

1. 缔约过失责任的概念及构成要件

缔约过失责任是一种合同前的责任，即缔约人由于过错违反先合同义务而依法应当承担的民事责任。所谓先合同义务，是指缔约人双方为签订合同而相互磋商，依诚实信用原则逐渐产生的注意义务，而非合同有效成立后所产生的给付义务，它包括互相协助、互相照顾、互相保护、互相通知、互相忠诚等义务。

缔约过失责任的构成要件：

（1）缔约人一方违反先合同义务；

（2）相对方受到损失；

（3）违反先合同义务与损失之间有因果关系；

（4）违反先合同义务者有过错。

2. 缔约过失责任的表现形式

（1）假借订立合同，恶意进行磋商。

当事人为了谋取不正当的利益，以订立合同为名，进行磋商，或者以拖延时间的方式使对方失去订约机会，损害了对方的利益，给对方当事人造成损失的，应当承担损害赔偿责任。至于损害赔偿责任的范围，应当以对方当事人因此所遭受的损失为限。

（2）故意隐瞒与订立合同有关的重要事实或者提供虚假情况。

双方当事人在订立合同阶段应当如实地向对方当事人陈述商品的性能、质量，不隐瞒商品的瑕疵，并对有关重要事项做出必要的提醒，以便缔约另一方免遭不必要的经济损失。

（3）违反保密义务，泄露或不正当使用订立合同中知悉的对方的商业秘密。

（4）有其他违背诚信原则的行为。

双方当事人在订立合同期间，应以诚相待，以善意的方式履行其义务，不得违背诚实信用的原则。如果一方当事人不履行诚信原则，存在欺诈行为，将承担由此而产生的一切责任，并赔偿对方的经济损失。违背诚实信用原则，造成对方当事人损失的，则应承担损害赔偿责任。

第三节　合同的效力

合同的效力是指依法成立的合同所具有的法律赋予的拘束力。有效合同对当事人具有法律约束力，国家法律予以保护，无效合同不具有法律约束力。合同法就合同的效力问题规定了有效合同、无效合同、可撤销合同、效力待定合同等四种情况。

一、合同的生效

1. 合同的生效要件

（1）合同当事人具有相应的民事权利能力和民事行为能力。

（2）意思表示真实。

（3）不违反法律的强制性规定及社会公共利益。

2. 合同生效的时间

（1）依法成立的合同，自成立时生效。

（2）需要登记或审批的合同，自登记审批后生效。

（3）附期限的合同，自期限届满时生效。

所谓附期限的合同是指附有将来确定到来的期限作为合同的条款，并在该期限到来时合同的效力发生或终止。附生效期限的合同，自期限届至时生效。附终止期限的合同，自期限届满时失效。

（4）附条件合同，自条件成就时生效。

所谓附条件的合同，指合同的双方当事人在合同中约定某种事实状态，并以其将来发生或不发生作为合同生效或不生效的限制条件。附生效条件的合同，自条件成就时生效。附解除条件的合同，自条件成就时失效。当事人为自己的利益不正当地阻止条件成就的，视为条件已成就；不正当地促成条件成就的，视为条件不成就。所附的条件必须是由双方当事人约定的，并且作为合同的一个条款列入合同中。条件应当是将来可能发生的事实。过去的、现存的、将来必定发生的或必定不能发生的事实都不能作为所附条件，法律规定的事实也不能作为所附条件；所附条件是当事人用来限制合同法律效力的附属意思表示，是合同的附属内容；所附条件必须是合法的事实。

二、无效合同

无效合同是不具有法律约束力和不发生履行效力的合同。无效合同自始没有法律约束力，国家不予承认和保护。

根据《合同法》规定，有下列情形之一的合同无效：

1. 一方以欺诈、胁迫的手段订立合同，损害国家利益

所谓欺诈就是故意隐瞒真实情况或故意告知对方虚假的情况，欺骗对方，诱使对方做出错误的意思表示而与之订立合同。

所谓胁迫是指行为人以将要发生的损害或者以直接实施损害相威胁，使对方当事人产生恐惧而与之订立合同。

2. 恶意串通，损害国家、集体或者第三人利益

所谓恶意串通的合同，就是合同的双方当事人非法勾结，为牟取私利而共同订立的损害国家、集体、或者第三人利益的合同。

3. 以合法形式掩盖非法目的

即行为人为达到非法目的以迂回的方法避开了法律或行政法规的强制性规定，所以又称伪装合同。

4. 损害社会公共利益

5. 违反法律、行政法规的强制性规定

合同无效后，因该合同取得的财产，应当予以返还；不能返还或者没有必要返还的，应当折价补偿。有过错的一方应当赔偿对方因此所受到的损失；双方都有过错的，应当各自承担相应的责任。当事人恶意串通，损害国家、集体或者第三人利益的，因此取得的财产收归国家所有或者返还集体、第三人。

另外，合同法还就免责条款做了规定。免责条款是指合同中的双方当事人在合同中约定的，为免除或限制一方或双方当事人未来责任的条款。在现代合同发展中，免责条款大量出现，对免责条款的效力，法律视不同情况采取了不同的作法。一般来说，当事人经过充分协商确定的免责条款，只要是完全建立在当事人自愿的基础上，又不违反公共利益，法律对其效力给予承认。但是对严重违反诚实信用原则和社会公共利益的免责条款，法律予以禁止。

三、可撤销合同

1. 可撤销合同的概念及特征

可撤销合同是指因合同当事人订立合同时意思表示不真实，经有撤销权的当事人行使撤销权，使已经生效的意思表示归于无效的合同。

可撤销合同一般具有如下特征：可撤销合同在未被撤销前是有效的合同；可撤销合同一般是意思表示不真实的合同；可撤销合同的变更或撤销要由有撤销权的当事人通过行使撤销权来实现；可撤销合同的变更或撤销须由人民法院或仲裁机构做出。

2. 可撤销合同的形式

合同法规定了三种可撤销的合同：

（1）因重大误解订立的合同。重大误解是指误解者做出意思表示时，对涉及合同法律效果的重要事项存在着认识上的显著缺陷，其后果是使误解者的利益受到较大损失，或者达不到误解者订立合同的目的。重大误解直接影响到当事人所应享有的权利和承担的义务，所以经一方当事人请求，可以变更或撤销。

（2）显失公平的合同。显失公平的合同，是指一方当事人在紧迫或者缺乏经验的情况下订立的使当事人之间的权利与义务严重不对等的合同。这种合同使当事人在经济利益上严重失衡，违反了公平合理的原则。

以上两种合同，当事人任何一方均有权请求变更或者撤销，主要是误解方或受害方行使请求权。

（3）一方以欺诈、胁迫的手段或者乘人之危，使对方在违背真实意思的情况下订立的合同。一方以欺诈、胁迫的手段或者乘人之危，使对方在违背真实意思的情况下订立的合同的受害方，有权请求人民法院或者仲裁机构变更或者撤销。当事人请求变更的，人民法院或仲裁机构不得撤销。

被撤销的合同，同无效合同一样，自始没有法律约束力。合同被撤销的，不影响合同中独立存在的有关解决争议方法的条款的效力。

对因该合同取得的财产，应当予以返还。有过错的一方应当赔偿对方因此所受到的损失。双方都有过错的，应当各自承担相应的责任。

有下列情形之一的，撤销权消灭：①具有撤销权的当事人自知道或者应当知道撤销事由之日起一年内没有行使撤销权；②具有撤销权的当事人知道撤销事由后明确表示或者以自己的行为放弃撤销权。

四、效力待定合同

效力待定合同是指合同虽然已经成立，但因其不完全符合有关生效要件的规定，因此其效力能否发生尚未确定，一般需经有权人承认才能生效。

效力待定合同有以下三类：

(1) 限制民事行为能力人订立的合同，经法定代理人追认后，该合同有效。但如果是纯获利益的合同或者是与其年龄、智力、精神健康状况相适应而订立的合同，不必经法定代理人追认，合同当然有效。相对人也可以催告法定代理人在一个月内予以追认。法定代理人未作表示的，视为拒绝追认。合同被追认之前，善意相对人有撤销的权利。撤销应当以通知的方式做出。

(2) 行为人没有代理权、超越代理权或者代理权终止后以被代理人名义订立的合同，未经被代理人追认，对被代理人不发生效力，由行为人承担责任。相对人可以催告被代理人在一个月内予以追认。被代理人未作表示的，视为拒绝追认。合同被追认之前，善意相对人有撤销的权利。撤销应当以通知的方式做出。行为人没有代理权、超越代理权或者代理权终止后以被代理人名义订立合同，相对人有理由相信行为人有代理权的，该代理行为有效。法人或者其他组织的法定代表人、负责人超越权限订立的合同，除相对人知道或者应当知道其超越权限的以外，该代表行为有效。

(3) 无处分权的人处分他人财产，经权利人追认或者无处分权的人订立合同后取得处分权的，该合同有效。

第四节　合同的履行

一、合同履行的概念和特征

合同的履行是指合同生效后，双方当事人按照合同规定的各项条款，完成各自承担的义务和实现各自享受的权利，使双方当事人的合同目的得以实现的行为。

合同的履行是合同法律约束力的首要表现。当事人应当按照约定全面履行自己的义务。正确履行合同的结果，是使双方的权利得以实现，合同关系归于消灭。

合同的履行具有以下法律特征：

(1) 履行是当事人的履约行为。履约行为可以是作为，也可以是不作为。合同的内容不同，履行的表现形式也不同，但任何合同的履行都必须有当事人的履约行为，这是合同权利得以实现的条件。

(2) 履行是当事人全面、正确完成合同义务的行为。只有当事人双方按照合同的约定或法律的规定，全面正确地完成各自承担的义务，才能使合同权利得以实现，也才能使合同法律关系归于消灭。

(3) 履行是当事人全面完成合同义务的行为过程。包括当事人的最终履行行为以及为完成最终履行行为所实施的一系列准备行为。

二、合同履行的规则

1. 当事人就有关合同内容约定不明确时的履行规则

合同生效后，当事人就质量、价款或者报酬、履行地点等内容没有约定或者约定不明确的，可以协议补充；不能达成补充协议的，按照合同有关条款或者交易习惯确定。仍不能确定的，适用下列规定：

（1）质量要求不明确的，按照国家标准、行业标准履行；没有国家标准、行业标准的，按照通常标准或者符合合同目的的特定标准履行。

（2）价款或者报酬不明确的，按照订立合同时履行地的市场价格履行；依法应当执行政府定价或者政府指导价的，按照规定履行。

（3）履行地点不明确，给付货币的，在接受货币一方所在地履行；交付不动产的，在不动产所在地履行；其他标的的，在履行义务一方所在地履行。

（4）履行期限不明确的，债务人可以随时履行，债权人也可以随时要求履行，但应当给对方必要的准备时间。

（5）履行方式不明确的，按照有利于实现合同目的的方式履行。

（6）履行费用的负担不明确的，由履行义务一方负担。

（7）执行政府定价或者政府指导价的合同的履行规则。执行政府定价或者政府指导价的，在合同约定的交付期限内政府价格调整时，按照交付时的价格计价。逾期交付标的物的，遇价格上涨时，按照原价格执行；价格下降时，按照新价格执行。逾期提取标的物或者逾期付款的，遇价格上涨时，按照新价格执行；价格下降时，按照原价格执行。

2. 涉及第三人的合同履行

（1）向第三人履行的合同。

向第三人履行的合同，又称利他合同，指双方当事人约定，由债务人向第三人履行债务，第三人直接取得请求权的合同。债权人与债务人订立向第三人履行的合同，债权人可以事先征得第三人的同意，也可以不告知第三人，但债务人按照合同向第三人履行时，应当通知第三人。当事人约定由债务人向第三人履行债务的，债务人未向第三人履行债务或者履行债务不符合约定，应当向债权人承担违约责任。

（2）由第三人履行的合同。

由第三人履行的合同，又称第三人负担的合同，指双方当事人约定债务由第三人履行的合同。该合同以债权人、债务人为合同双方当事人，第三人不是合同的当事人。第三人只负担向债权人履行，不承担合同责任。第三人同意履行后又反悔的，或者债务人事后征询第三人意见，第三人不同意向债权人履行的，或者第三人向债权人瑕疵履行的，违约责任均由债务人承担；第三人不履行的，债务人可以代第三人履行，债务人不代为履行，应当赔偿损失。

三、合同抗辩权及行使

合同抗辩权是指在双务合同中，一方当事人在对方不履行或履行不符合约定时，依法对抗对方要求或否认对方权利主张的权利。合同法规定了以下三种合同抗辩权：

1. 同时履行抗辩权

同时履行抗辩权是指在双务合同中应当同时履行的，一方当事人有证据证明另一方当事人在同时履行的时间不能履行或不能适当履行，到履行期对其享有不履行或部分履行的权利。

《合同法》规定：当事人互负债务，没有先后履行顺序的，应当同时履行。一方在对方履行之前有权拒绝其履行要求。一方在对方履行债务不符合约定时，有权拒绝其相应的履行要求。

同时履行抗辩权的行使，需具备以下条件：

（1）需基于同一双务合同。双方当事人因同一合同互负债务，在履行上存在关联性，形成对价关系。这是同时履行抗辩权成立的前提条件。单务合同因只有一方有履行义务，无法发生抗辩权。

（2）根据合同约定或合同性质要求当事人同时履行合同义务。

（3）双方债务已届清偿期。当事人行使抗辩权必须双方债务都已到清偿期，否则不存在同时履行抗辩的问题。

（4）一方当事人有证据证明应同时履行义务的对方当事人未履行或未适当履行合同。

（5）对方有履行的可能性。

同时履行抗辩权的适用有以下两种情形：

（1）当一方不能履行或拒绝履行时。即应当同时履行合同的一方当事人不履行时，另一方当事人就享有也不履行合同的权利。

（2）当一方部分履行或履行不符合约定时。当事人一方部分履行合同的，对方当事人有权就未履行部分提出抗辩，拒绝相应的给付，只履行对应的部分；当事人一方履行合同不符合约定时，另一方有权拒绝其相应的履行请求。

同时履行抗辩权只是暂时阻止对方当事人请求权的行使，而不是永久地终止合同。当对方当事人完全履行了合同义务，同时履行抗辩权即告消灭，主张抗辩权的当事人就应当履行自己的义务。当事人因行使同时履行抗辩权致使合同迟延履行的，迟延履行责任由对方当事人承担后履行抗辩权。

2. 后履行抗辩权

后履行抗辩权是指合同当事人互负债务，有先后履行顺序，先履行一方未履行的，后履行一方有权拒绝其履行要求。先履行一方履行债务不符合约定的，后履行一方有权拒绝其相应的履行要求。

后履行抗辩权行使的条件：

（1）当事人基于同一双务合同，互负债务。

（2）当事人的履行有先后顺序。

（3）应当先履行的当事人不履行合同或不适当履行合同。

（4）后履行抗辩权的行使人是履行义务顺序之后的一方当事人。

后履行抗辩权的适用有以下两种情形：

（1）当应当先履行的一方当事人不履行到期债务时，先履行的一方当事人如果不履行已到期债务，那么后履行的当事人有权不履行义务。

（2）当应当先履行的一方当事人履行债务不符合约定时，如果先履行的一方当事人履行有瑕疵或部分履行的，后履行当事人有权不履行相应的合同义务。

后履行抗辩权不是永久性的，它的行使只是暂时阻止了当事人请求权的行使。先履行一方的当事人如果完全履行了合同义务，则后履行抗辩权消灭，后履行当事人就应当按照合同约定履行自己的义务。

3. 不安抗辩权

不安抗辩权又称先履行抗辩权，是指当事人互负债务，有先后履行顺序的，先履行的一方有确切证据证明另一方丧失履行债务能力时，在对方没有履行或者没有提供担保之前，有权中止合同履行的权利。规定不安抗辩权是为了切实保护当事人的合法权益，防止借合同进行欺诈，促使对方履行义务。

《合同法》规定，应当先履行债务的当事人，有确切证据证明对方有下列情形之一的，可以中止履行：

（1）经营状况严重恶化；

（2）转移财产、抽逃资金，以逃避债务；

（3）丧失商业信誉；

（4）有丧失或者可能丧失履行债务能力的其他情形。

不安抗辩权的适用有以下两种情形：

（1）当事人基于同一双务合同，由应先履行债务的一方当事人行使；

（2）后履行合同的一方当事人有丧失或可能丧失履行债务能力的情形。先履行合同义务的当事人应当有证据证明对方不能履行合同或者有不能履行合同的可能性。行使不安抗辩权造成对方损失的，应当承担违约责任。

不安抗辩权在效力上可以引起合同中止和解除：

（1）中止合同，即先履行合同的当事人停止履行或延期履行合同。先履行合同的当事人行使中止权时，应当及时通知对方，以免给对方造成损害，也便于对方在接到通知后，提供相应的担保，使合同得以履行。如果对方当事人恢复了履行能力或提供了相应的担保后，先履行一方当事人“不安”的原因消除，应当恢复合同的履行。

（2）解除合同，中止履行合同后，如果对方在合理期限内未恢复履行能力并且未提供适当担保的，中止履行合同的一方可以解除合同。

四、合同保全措施

为防止因债务人的财产不当减少而给债权人的债权带来危害，法律允许债权人为保全其债权的实现而采取的法律措施。这些允许采取的措施，称作合同的保全措施。保全措施包括代位权和撤销权两种。

1. 代位权

《合同法》规定：因债务人怠于行使其到期债权，对债权人造成损害的，债权人可以向人民法院请求以自己的名义代位行使债务人的债权，但该债权专属于债务人自身的除外。

代位权的行使有以下条件：

（1）债务人对第三人享有到期债权，并且是非专属于债务人自身的权利，如果债务人没有对外的债权，就无所谓代位权；

（2）债务人怠于行使其债权，如果债务人已经行使了权利，即使不尽如人意，债权人也不能行使代位权；

（3）因债务人怠于行使权力已害及债权人的债权；

（4）债务人与债权人的合同关系已到期，债务人已陷于迟延履行，如果债务人的债务未到履行期或履行期限未届满的，债权人不能行使代位权。

债权人行使代位权且通知债务人后，债务人的权利并未丧失，只是债务人处分权的行使应受到限制，债务人只能在不损害债权人利益的情况下行使其权利。

债权人有数人，一人行使代位权能够保全其他债权人的债权的，其他债权人不能再就同一债权重复行使代位权。但行使代位权的债权人不能因此获得优先受偿债权，应与其他债权人处于同等地位受偿。代位权的行使范围以债权人的债权为限。债权人行使代位权的必要费用，由债务人负担。

2. 撤销权

《合同法》规定，因债务人放弃其到期债权或者无偿转让财产，对债权人造成损害的，债权人可以请求人民法院撤销债务人的行为。债务人以明显不合理的低价转让财产，对债权人造成损害，并且受让人知道该情形的，债权人也可以请求人民法院撤销债务人的行为。

引起撤销权发生的要件是债务人有损害债权人债权的行为发生，主要指债务人以赠与、免除等无偿行为处分债权，包括放弃到期债权、无偿转让财产或以明显不合理的低价转让财产。

无偿行为不论第三人善意、恶意取得，均可撤销；有偿转让行为，以第三人的恶意取得为要件，若第三人主观上无恶意，则不能撤销其善意取得的行为。债务人、第三人的行为被撤销的，其行为自始无效。

撤销权自债权人知道或者应当知道撤销事由之日起 1 年内行使。自债务人的行为发生之日起 1 年内没有行使撤销权的，该撤销权消灭。撤销权的行使范围以债权人的债权为限。债权人行使撤销权的必要费用，由债务人负担。

第五节　合同的变更、转让和终止

一、合同的变更

合同变更是指有效成立的合同在尚未履行或尚未履行完毕之前，当事人协商一致而使合同内容发生改变。

1. 合同变更应具备的条件

（1）原合同关系有效存在；

（2）应在合同有效成立后，履行完毕之前进行；

（3）当事人双方协商一致，不损害国家及社会公共利益；

（4）合同非要素内容发生变更；

（5）遵守合同变更的程序。

2. 合同变更的效力

（1）就合同变更的部分发生债权债务关系消灭的后果，合同依变更后的内容执行；

（2）仅对合同未履行部分发生法律效力，即合同变更没有溯及力；

（3）不影响当事人请求赔偿的权利；

（4）当事人对合同变更的内容约定不明确的，推定为未变更。

二、合同的转让

合同的转让，是指合同当事人一方将其合同的权利和义务全部或部分转让给第三人。合同的转让，一般由当事人自主决定。

1. 合同权利转让

合同权利转让是指不改变合同权利的内容，由债权人将合同权利的全部或者部分转让给第三人。转让权利的人称之为让与人，受让权利的人称之为受让人。

合同权利全部转让的，原合同关系消灭，受让人取代原债权人的地位，成为新的债权人，原债权人脱离合同关系。合同权利部分转让的，受让人作为第三人加入到合同关系中，与原债权人共同享有债权。债权人转让主权利时，附属于主权利的从权利也一并转让，受让人在取得债权时，也取得与债权有关的从权利，但该从权利专属于债权人自身的除外。

合同权利转让的构成条件：

（1）须合同债权有效存在。

（2）该合同权利须具有可转让性。下列三种情形时，债权人不得转让合同权利：①根据合同性质不得转让。当事人基于信任关系订立的委托合同、赠与合同都属于合同权利不得转让的合同。②根据当事人约定不得转让。当事人在订立合同时，可以对权利的转让做出特别的约定，禁止债权人将权利转让给第三人。这种约定只要是当事人真实的意思表示，并且不违反法律规定，那么对当事人就有法律约束力。③依照法律规定不得转让。我国一些法律中对某些权利的转让做出了禁止性规定，对于这些规定，当事人应严格遵守，不得违反法律规定，擅自转让法律禁止转让的权利。

（3）债权人与受让人就合同权利达成合意。

（4）合同权利转让须通知债务人，否则，对债务人不发生效力。债务人接到债权转让通知后，债权让与行为就生效，如果债务人对让与人享有债权，并且债务人的债权先于转让的债权到期或同时到期的，债务人可以向受让人主张抵消；债务人对让与人的抗辩，可以向受让人主张；债权人转让权利的通知不得撤销，但经受让人同意的除外。

（5）履行法定批准、登记手续。

2. 合同义务转让

合同义务转让，是指经债权人同意，债务人将合同的义务全部或者部分转让给第三人。其构成条件为：

（1）须债务有效存在。

（2）债务具有可转让性。'

（3）债权人与第三人订约转让债务的，应通知债务人；债务人与第三人订约转让债务的，应经债权人同意，否则债务人转让合同义务的行为对债权人不发生效力，债权人有权拒绝第三人向其履行，同时有权要求债务人履行义务并承担不履行或迟延履行合同的法律责任。

（4）履行法定批准、登记手续。债务人全部转让合同义务时，新的债务人完全取代了旧的债务人的地位，承担全面履行合同义务的责任，享有债务人所应享有的抗辩权，可以主张原债务人对债权人的抗辩。同时，与所转让的主债务有关的从债务，也应当由新债务人承担，但该从债务专属于原债务人自身的除外。债务人部分转让合同义务时，新的债务人加入到原债务中，和原债务人一起向债权人履行义务。

3. 合同权利义务的一并转让

合同权利义务的一并转让是指当事人一方经对方同意，将自己在合同中的权利和义务一并转让给第三人。其构成条件为：

（1）须合同债权有效存在；

（2）合同为双务合同；

（3）合同一方与第三人达成合同承受协议；

（4）经合同对方当事人同意；

（5）履行法定批准、登记手续。

对于当事人订立合同后发生合并、分立的情况，法律规定，当事人订立合同后合并的，由合并后的法人或者其他组织行使合同权利，履行合同义务；当事人订立合同后分立的，除债权人和债务人另有约定的以外，由分立的法人或者其他组织对合同的权利和义务享有连带债权，承担连带债务。

三、合同的权利义务终止

1. 合同的权利义务终止的概念

合同的权利义务终止是指依法生效的合同，因具备法定情形和当事人约定的情形，合同债权、债务归于消灭，债权人不再享有合同权利，债务人也不必再履行合同义务，合同当事人双方终止合同关系，合同确立的权利、义务关系随之消灭。

合同终止的条件是：

（1）债务已按照约定履行；

（2）合同解除；

（3）债务相互抵消；

（4）债务人依法将标的物提存；

（5）债权人免除债务；

（6）债权债务同归于一人；

（7）其他法定或约定情形。

合同终止的法律后果：

（1）合同权利、义务关系消灭，合同从权利、从义务一并消灭；

（2）不影响合同中结算和清理条款的效力；

（3）合同权利义务关系终止之后，当事人还应遵循诚信原则，根据交易习惯履行通知、协助、保密等义务；

（4）合同终止不影响当事人请求赔偿损失的权利；

（5）负债字据的返还。

2. 清偿

清偿是债务人按约定或法定完成其义务的行为，是合同终止的主要原因。

清偿有以下五种情形：

（1）清偿人依约定或合同性质应由债务人本人为之的，不得由他人代为清偿；

（2）清偿应向清偿受领人为之，通常是债权人，但亦有例外；

（3）债务人部分履行合同标的的，债权人可拒绝，该履行不发生部分清偿的效力。但部分履行不损害债权人利益的，债权人不得拒绝；

（4）经当事人协商同意，以其他标的代替原合同标的履行的，发生清偿效力；

（5）债务人在约定清偿期前，提前清偿的，债权人有权拒绝受领，但提前履行不损害债权人利益的除外。

3. 合同解除

合同解除是指合同有效成立后，履行完备前，当具备法律规定的合同解除条件时，因当事人一方或双方的意思表示而使合同关系归于消灭的行为。

合同解除的构成要件是：

（1）须合同有效成立；

（2）须合同尚未履行完备；

（3）须有法定或约定解除事由，或双方的解除合意；

（4）须有解除行为，单方解除的，应通知对方，合同自通知到达对方时解除。对方有异议的，可以请求人民法院或者仲裁机构确认解除合同的效力；

（5）法律有规定的，应按其规定办理批准、登记等手续。

合同解除有合意解除和法定解除两种情况。

（1）合意解除。合意解除是根据合同自愿原则，当事人在法律规定范围内享有自愿解除合同的权利。

（2）法定解除。法定解除是指在合同成立后，没有履行或没有完全履行完毕之前，当事人在法律规定的解除条件出现时，行使解除权而使合同关系消灭。

有下列情形之一的，当事人可以解除合同：①因不可抗力致使不能实现合同目的；不可抗力是指不能预见、不能避免、并不能克服的客观情况。属于不可抗力的情况有：自然灾害、战争、社会异常事件、政府行为。只有不可抗力致使合同目的不能实现时，当事人才可以解除合。②预期违约。指在履行期限届满之前，当事人一方明确表示或者以自己的行为表明不履行主要债务。③当事人一方迟延履行主要债务，经催告后在合理期限内仍未履行。④当事人一方迟延履行债务或者有其他违约行为致使不能实现合同目的。⑤法律规定的其他情形。

合同解除后，尚未履行的，终止履行；已经履行的，根据履行情况和合同性质，当事人可以要求恢复原状、采取其他补救措施，并有权要求赔偿损失。合同的权利义务终止，不影响合同中结算和清理条款的效力。

4. 债务抵消

债务相互抵消是指当事人互负到期债务，又互享债权，以自己的债权冲抵对方的债权，使自己的债务与对方的债务在等额内消灭。当事人主张抵消的，应当通知对方。通知自到达对方时生效。抵消不得附条件或者附期限。

5. 提存

提存指由于债权人的原因，债务人无法向其交付合同标的物而将该标的物交给提存机关（公证机关），从而消灭合同的制度。

有下列情形之一，难以履行债务的，债务人可以将标的物提存：

（1）债权人无正当理由拒绝受领；

（2）债权人下落不明；

（3）债权人死亡未确定继承人或者丧失民事行为能力未确定监护人；

（4）法律规定的其他情形。

提存自公证机关审查准予提存，债务人据此交付标的物时发生效力：

（1）提存之债自提存之日即告清偿；

（2）标的物提存后，除债权人下落不明的以外，债务人应当及时通知债权人或者债权人的继承人、监护人；

（3）标的物提存后，毁损、灭失的风险由债权人承担；

（4）提存期间，标的物的孳息归债权人所有，提存费用由债权人负担；

（5）标的物不适于提存或者提存费用过高的，债务人依法可以拍卖或者变卖标的物；

（6）标的物提存后，债权人可以随时领取提存物，但债权人对债务人负有到期债务的，在债权人未履行债务或者提供担保之前，提存部门根据债务人的要求应当拒绝其领取提存物；

（7）债权人领取提存物的权利，自提存之日起 5 年内不行使而消灭，提存物扣除提存物费用后归国家所有。

6. 免除和混同

债权人免除债务，即债权人自愿放弃了债权，债务人的债务即被解除。债权人免除债务人部分或者全部债务的，合同的权利义务部分或者全部终止。免除债权，债权的从权利如从属于债权的担保权利、利息权利、违约金请求权等也随之消灭。

混同是指债权人与债务人同归一人，致使合同关系及其他债的关系消灭的事实。

第六节 违约责任

一、违约责任的概念和特征

违约责任即违反合同的民事责任，是指合同当事人一方不履行合同义务或者履行合同义务不符合约定时，依照法律规定或者合同约定所承担的法律责任。

违约责任的法律特征：

（1）违约责任是以合同有效为前提，是违反合同义务而承担的法律责任；

（2）在法律允许范围内，违约责任可以由当事人约定；

（3）违约责任以补偿性为主，以惩罚性为辅；

（4）违约责任是一种纯财产责任；

（5）原则上具有相对性，即是违约方自己承担且是向合同对方承担的民事责任。

二、承担违约责任的主要形式

合同法规定，当事人一方明确表示或者以自己的行为表明不履行合同义务的，对方可以在履行期限届满之前要求其承担违约责任。

当事人一方不履行合同义务或者履行合同义务不符合约定的，应当承担继续履行、采取补救措施或者赔偿损失等违约责任。违约的当事人承担违约责任的主要形式有继续履行、采取补救措施、赔偿损失、约定违约金和定金等。

（一）继续履行

继续履行即强制履行，是指违约方不履行合同时，由法院强制其继续履行合同债务的违约责任方式。在内容上是原合同债务的继续，不能与解除合同并存，但可以与违约金、损害赔偿和定金责任并存。如当事人一方未支付价款或者报酬的，对方可以要求其支付价款或者报酬。

当事人一方不履行非金钱债务或者履行非金钱债务不符合约定的，对方可以要求履行，但有下列情形之一的除外：

（1）法律上或者事实上不能履行，债务的标的不适合于强制履行或者履行费用过高；

（2）债权人在合理期限内未要求履行。

（二）采取补救措施

履行质量不符合约定的，应当按照当事人的约定承担违约责任。受损害方可以根据标的的性质以及损失的大小，合理选择要求对方采取修理、更换、重作、退货、减少价款或者报酬等补救措施。

（三）赔偿损失

当事人一方不履行合同义务或者履行合同义务不符合约定的，在履行义务或者采取补救措施后，对方还有其他损失的，应当赔偿损失。损失赔偿额应当相当于因违约所造成的损失，包括合同履行后可以获得的利益，但不得超过违反合同一方订立合同时预见到或者应当预见到的因违反合同可能造成的损失。

当事人一方违约后，对方应当采取适当措施防止损失的扩大；没有采取适当措施致使损失扩大的，不得就扩大的损失要求赔偿。当事人因防止损失扩大而支出的合理费用，由违约方承担。

（四）支付违约金

违约金是指合同当事人一方由于不履行合同或者履行合同不符合约定时，按照合同的约定或法定，向对方支付的一定数额的货币。

违约金是对不能履行或者不能完全履行合同行为的一种带有惩罚性质的经济补偿手段，不论违约的当事人一方是否已给对方造成损失，都应当支付。约定的违约金低于造成的损失的，当事人可以请求人民法院或者仲裁机构予以增加；约定的违约金过分高于造成的损失的，当事人可以请求人民法院或者仲裁机构予以适当减少。当事人就迟延履行约定违约金的，违约方支付违约金后，还应当履行债务。

（五）定金

定金是违约方依定金罚则，双倍返还或丧失已付定金的违约责任方式。合同当事人可以依照担保法约定一方向对方给付定金作为债权的担保。债务人履行债务后，定金应当抵作价款或者收回。给付定金的一方不履行约定的债务的，无权要求返还定金；收受定金的一方不履行约定的债务的，应当双倍返还定金。

当事人既约定违约金，又约定定金的，一方违约时，对方可以选择适用违约金或者定金条款。但由于二者在目的、性质、功能等方面具有共性而不能并用。当事人执行定金条款后不足以弥补所受损害的，仍可以请求赔偿损失。

思考与练习题

1. 试述合同的概念与特征。
2. 试述合同的形式。
3. 试述合同的成立条件。
4. 试述要约与要约邀请的区别。
5. 试述要约与承诺的效力。
6. 试述缔约过失责任的概念及构成要件。
7. 试述无效合同与可撤销合同的区别。
8. 试述可撤销合同与效力待定合同的区别。
9. 试述合同解除的概念及构成要件。
10. 试述不安抗辩权的概念及构成要件。
11. 试述合同提存的原因及条件。
12. 试述合同定金罚则。

第七章 证券法律制度

第一节 证券与证券法概述

一、证券及证券法的概念

（一）证券的概念和范围

证券是证明特定经济权利的凭证。证券必须依法设置，依照法律或行政法规规定的形式、内容、格式与程序制作、签发。

证券有广义和狭义之分。广义的证券一般指货物证券（如货运单、提单等）、货币证券（如支票、汇票、本票等）和资本证券（如股票、公司债券、投资基金份额等）。狭义的证券仅指资本证券。我国证券法上所规范的证券仅为资本证券。目前，我国证券市场上发行和流通的资本证券主要包括股票、债券、证券投资基金券以及国务院依法认定的其他证券。

（二）证券交易

（1）进入证券交易所参与集中交易的，必须是证券交易所的会员。

（2）投资者应委托证券公司买卖证券：投资者应当与证券公司签订证券交易委托协议，并在证券公司开立证券交易账户，以书面、电话以及其他方式，委托该证券公司代其买卖证券，不能自己到证券交易所进行证券交易。

（3）证券公司根据投资者的委托，按照证券交易规则提出交易申报，参与证券交易所场内的集中交易，并根据成交结果承担相应的清算交收责任；证券登记结算机构根据成交结果，按照清算交收规则，与证券公司进行证券和资金的清算交收，并为证券公司客户办理证券的登记过户手续。

（4）按照依法制定的交易规则进行的交易，不得改变其交易结果。对交易中违规交易者应负的民事责任不得免除；在违规交易中所获利益，依照有关规定处理。

（5）证券交易所的负责人和其他从业人员在执行与证券交易有关的职务时，与其本人或者其亲属有利害关系的，应当回避。

在证券交易所内从事证券交易的人员，违反证券交易所有关交易规则的，由证券交易所给予纪律处分；对情节严重的，撤销其资格，禁止其入场进行证券交易。

（三）我国证券立法概况

证券法是规范证券发行与交易的法律。证券法的概念有狭义和广义之分。狭义的证券法指《中华人民共和国证券法》（以下简称《证券法》）。广义的证券法除《证券法》外，还包括其他法律中有关证券管理的规定、国务院颁发的有关证券管理的行政法规、证券管理部门发布的部门规章、地方立法部门颁布的有关证券管理的地方性法规和规章等。证券交易所等有关证券自律性组织依法制定的业务规则和行业活动准则等对我国证券市场的规范运作也起到重要调整作用。

我国《证券法》由第九届全国人大常委会第6次会议于1998年12月29日通过，自1999年7月1日起施行。此后，《证券法》分别于2004年、2005年、2013年、2014年、2019年进行了五次修正或修订。修正或修订后的《证券法》，进一步完善了证券市场基础制度，体现了市场化、法治化、国际化方向，为证券市场全面深化改革落实落地，有效防控市场风险，提高上市公司质量，切实维护投资者合法权益，促进证券市场服务实体经济功能发挥，打造一个规范、透明、开放、有活力、有韧性的资本市场，提供了坚强的法治保障，具有非常重要而深远的意义。《证券法》以及其他法律中有关证券管理的规定、国务院和政府有关部门发布的有关证券方面的法规、规章以及规范性文件，构成了我国的证券法律体系。

二、证券法的基本原则

证券法的基本原则是证券法的立法精神的体现，是证券发行、证券交易和证券管理活动必须遵循的最基本的准则，它贯穿证券立法、执法和司法活动的始终。

（一）公开原则

公开原则是证券法的核心和精髓所在。公开原则不仅是证券发行和交易活动应遵循的基本原则之一，也是对证券市场进行监管的有效手段。美国法官布兰迪斯有句名言："阳光是最好的防腐剂，街灯是最好的夜警"，形象地说明了公开原则对于证券市场的重要性。由于证券市场是一个信息不对称的市场，大多数投资者只能依靠从公开渠道所获取的与证券有关的信息做出投资决策判断，只有依法将与证券有关的一切真实信息向公众公开，投资者在从事证券投资时，才能做出准确的判断。因此，信息公开既是投资者做出科学投资决策的前提，也是对证券发行人进行监管的有效方式。

证券法的公开原则所包含的内容是多方面的，凡是与证券和证券市场有关的一切活动与信息都应当公开；既包括与证券发行、交易行为有关的各种信息公开，也包括与证券发行、交易有关的规则公开；既包括证券发行人及其有关的信息公开，也包括市场其他参与者的信息要公开，如大股东持股信息，中介机构的承销信息，监管机构的监管行为与信息等。就主体而言，所有证券市场的参与者，包括发行人、中介机构、投资者、监管者都应当遵循公开原则，但主要对象则是上市公司和监管机构。

根据证券法的公开原则，公司和有关单位所披露的信息必须做到真实、准确、完整、充分、及时和可利用，不得有任何虚假记载、误导性陈述或重大遗漏。从公开的过程来看，信息披露包括发行公开、上市公开、上市后其信息持续公开。从公开的内容看，信息披露的主要是公司招股说明书、公司债券募集办法、财务会计报告及经营状况和其他影响证券交易的重大事件。

（二）公平原则

公平原则，是指在证券发行和证券交易中双方当事人的法律地位平等、法律待遇平等、法律保护平等，以及所有市场参与者的机会平等。首先在证券发行和交易活动中，机会平等更为重要，它体现为公平的市场准入和市场规则，每个当事人的机会和条件都应当是相同的。如证券发行人有公平的筹资机会，证券经营机构有公平的经营机会，证券投资者有公平的交易机会。对所有的证券市场参与者实行公平的市场规则，如证券交易中的竞价规则，实行价格优先和时间优先。其次，平等的主体地位与平等待遇。即在法律上平等地享有权利，平等地承担义务，权利与义务应当一致。不论是投资者还是证券商，不论是个人投资者还是机构投资者，不论是小户、散户还是大户，一律在平等、自愿的基础上按照等价有偿的原则进行交易，任何一方不得凌驾于另一方之上。最后，市场主体同等地受法律保护。任何市场主体的权利都要平等地受法律保护，不论谁的权利受到侵害，都要采取相应的法律救济措施。平等的保护不仅是形式的，也是实质上的。对于证券市场的中小投资者而言，实质上的公平，则意味着重点保护。

（三）公正原则

公正原则，是指在证券发行和交易中，应制定和遵守公正的规则，证券监管机关和司法机关应公正地适用法律法规，对当事人应公正平等地对待，不偏袒任何一方。公正原则是实现公开、公平原则的保障，与公平原则所不同的是，公正原则主要是针对证券市场的立法者、司法者和管理者而言的，强调对其行为进行约束。公正原则的实质在于使不同的证券主体获得公正的对待，禁止任何人在证券发行和交易中以其特权或优势获得不正当的利益，使对方当事人蒙受不公正的损失。此外，公平原则强调实体正义和实质正义，而公正原则则强调程序正义和形式正义。公平的核心是平等，公正的核心则是无私、中立。因此，根据公正原则，首先要求立法者制定公正的规则，以实现市场各主体之间的利益平衡。其次要求执法者与司法者在法律范围内，公正地执行法律，解决利益冲突与纠纷。

（四）诚信原则

诚信原则也称诚实信用原则，是指民事主体在从事民事活动时，应讲诚实、守信用，以善意的方式履行其义务，不得滥用权利及规避法律或合同规定的义务。它是民商法的基本原则，也是证券法应当遵循的最基本原则之一。我国《证券法》第四条规定："证券发行、交易活动的当事人具有平等的法律地位，应当遵守自愿、有偿、诚实信用的原则。"这一规定确立了诚信原则在我国证券法上的基本原则地位。这一原则在证券法中的具体体现，就是要求证券当事人在证券发行和交易活动中不欺不诈，以最大的善意从事证券活动，任何人不得滥用权利，禁止欺诈行为、禁止内幕交易、禁止操纵市场、禁止一切误导与损害他人利益的行为。

诚信原则与公开、公平、公正原则，相互补充，共同构成证券法的基本原则。公开、公平和公正原则强调证券市场行为评价标准的客观性，诚信原则则更多地强调证券市场参与者的主观态度，只有两者的有机结合，才能保障证券市场的健康发展。

（五）效率与安全兼顾原则

效率原则是商法的基本原则，也是市场经济的必然要求，市场经济的效率体现为社会资源的有效配置和优胜劣汰。证券法上的效率则体现为社会资本资源的有效配置，以及证券发行与交易的顺畅与便捷。效率原则首先体现为市场的效率，因此，应遵循市场经济的规律，发挥市场自身的力量，减少过度的政府干预；其次体现为证券发行与交易程序的简便，控制并减少制度成本；再次体现为效率是证券市场的生命，没有效率，证券市场就失去了存在的价值。在全球经济一体化进程中，证券市场日益全球化，竞争更加激烈，证券市场一旦失去了效率，就难以生存和发展。从法律制度的架构看，应当为证券市场提供能够体现市场效率或保障市场活力的规则体系。最后，当然，效率始终是相对的概念，这不仅因为效率的内涵和外延难以界定，还因为效率与公平、效率与秩序、效率与安全的关系上，始终有一个平衡的问题。在证券市场上，最突出的就是安全问题。

对现代证券市场来说，交易安全以及整个证券市场的安全仍然是重要目标。没有交易安全，不仅投资者利益得不到保障，而且容易产生证券市场的系统风险。证券市场具有很强的投机性和风险性，保障交易安全显得尤为重要。因此，各国证券法律制度愈来愈重视证券交易中的登记结算制度，以及风险控制制度，以防范证券交易的风险。

此外，我国证券法还规定了政府监管与自律管理相结合的原则，以及分业经营、分业管理的原则等。严格来说，这些原则属于具体的证券管理原则，与证券法的基本原则不能相提并论。

三、证券投资风险

证券投资是一种风险投资。一般而言，风险是指对投资者预期收益的背离，或者说是证券收益的不确定性。与证券投资相关的所有风险称为总风险。总风险可分为系统风险和非系统风险两大类。

（一）系统风险

系统风险是指由于某种全局性的共同因素引起的投资收益的可能变动，这种因素以同样的方式对所有证券的收益产生影响。系统风险包括政策风险、经济周期性波动风险、利率风险和购买力风险。

（二）非系统风险

非系统风险是指只对某个行业或个别公司的证券产生影响的风险，它通常是由某一特殊的因素引起，与整个证券市场的价格不存在系统、全面的联系，而只对个别或少数证券的收益产生影响。非系统风险可以抵消或回避，因此，又称为可分散风险或可回避风险。非系统风险包括信用风险、经营风险和财务风险等。

第二节　证券发行与证券交易制度

一、证券的发行

《证券法》将原《中华人民共和国公司法》（下称《公司法》）有关证券发行的规定全部移至《证券法》中，并对证券发行的规定做出重大修订，完善了证券发行的条件与程序，设置了保荐人制度，将证券的发行分为公开发行与非公开发行，并对公开发行做出了定义。

《证券法》规定：公开发行证券，必须符合法律、行政法规规定的条件，并依法报经国务院证券监督管理机构或者国务院授权的部门注册。

有下列情形之一的，为公开发行：

（1）向不特定对象发行证券；

（2）向累计超过 200 人的特定对象发行证券；

（3）法律、行政法规规定的其他发行行为。

非公开发行证券，不得采用广告、公开劝诱和变相公开方式。

发行人申请公开发行股票、可转换为股票的公司债券，依法采取承销方式的，或者公开发行法律、行政法规规定实行保荐制度的其他证券的，应当聘请具有保荐资格的机构担任保荐人。保荐人应当遵守业务规则和行业规范，诚实守信，勤勉尽责，对发行人的申请文件和信息披露资料进行审慎核查，督导发行人规范运作。

二、证券发行的基本条件

公司债券是指公司依照法定程序发行的，约定在一定期限还本付息的有价证券。股份有限公司、国有独资公司和两个以上的国有企业或者其他两个国有投资主体投资设立的有限责任公司，为筹集生产经营资金，可以依照证券法规定的条件发行公司债券。这些条件如下：

（1）股份有限公司的净资产不低于人民币三千万元，有限责任公司的净资产不低于人民币六千万元；

（2）累计债券余额不超过公司净资产的百分之四十；

（3）最近三年平均可分配利润足以支付公司债券一年的利息；

（4）筹集的资金投向符合国家产业政策；

（5）债券的利率不超过国务院限定的利率水平；

（6）国务院规定的其他条件。

公开发行公司债券筹集的资金，必须用于核准的用途，不得用于弥补亏损和非生产性支出。

上市公司发行可转换为股票的公司债券，除应当符合上述规定的条件外，还应当符合证券法关于公开发行股票的条件，并报国务院证券监督管理机构核准。

申请公开发行公司债券，应当向国务院授权的部门或者国务院证券监督管理机构报送下列文件：

（1）公司营业执照；

（2）公司章程；

（3）公司债券募集办法；

（4）资产评估报告和验资报告；

（5）国务院授权的部门或者国务院证券监督管理机构规定的其他文件。

依照证券法规定聘请保荐人的，还应当报送保荐人出具的发行保荐书。

《证券法》规定，有下列情形之一的，不得再次公开发行公司债券：

（1）前一次公开发行的公司债券尚未募足；

（2）对已公开发行的公司债券或者其他债务有违约或者延迟支付本息的事实，仍处于继续状态；

（3）违反本法规定，改变公开发行公司债券所募资金的用途。

三、首次公开发行股票

首次发行，又称设立发行，是指发起人通过发行公司股票来募集经营资本，成立股份有限公司的行为。

设立股份有限公司公开发行股票，应当符合《公司法》规定的条件和经国务院批准的国务院证券监督管理机构规定的其他条件，向国务院证券监督管理机构报送募股申请和下列文件：

（1）公司章程；

（2）发起人协议；

（3）发起人姓名或者名称，发起人认购的股份数、出资种类及验资证明；

（4）招股说明书；

（5）代收股款银行的名称及地址；

（6）承销机构名称及有关的协议。

依照证券法规定聘请保荐人的，还应当报送保荐人出具的发行保荐书。法律、行政法规规定设立公司必须报经批准的，还应当提交相应的批准文件。

四、发行新股的条件

股份有限公司成立后，基于增资目的而再次申请公开发行股票，在公司法中称为发行新股。公司公开发行新股，应当符合下列条件：

（1）具备健全且运行良好的组织机构；

（2）具有持续经营能力；

（3）最近三年财务会计报告被出具无保留意见审计报告；

（4）发行人及其控股股东、实际控制人最近三年不存在贪污、贿赂、侵占财产、挪用财产或者破坏社会主义市场经济秩序的刑事犯罪；

（5）经国务院批准的国务院证券监督管理机构规定的其他条件。

上市公司非公开发行新股，应当符合经国务院批准的国务院证券监督管理机构规定的条件，并报国务院证券监督管理机构核准。

公司公开发行新股，应当向国务院证券监督管理机构报送募股申请和下列文件：

（1）公司营业执照；

（2）公司章程；

（3）股东大会决议；

（4）招股说明书；

（5）财务会计报告；

（6）代收股款银行的名称及地址；

（7）承销机构名称及有关的协议。

依照证券法规定聘请保荐人的，还应当报送保荐人出具的发行保荐书。

公司对公开发行股票所募集资金，必须按照招股说明书所列资金用途使用。改变招股说明书所列资金用途，必须经股东大会做出决议。擅自改变用途而未作纠正的，或者未经股东大会认可的，不得公开发行新股。

五、上市公司发行可转换公司债券

可转换公司债券是指上市公司依法发行、在一定期间内依据约定的条件可以转换成股份的公司债券。《证券法》《公司法》和《上市公司证券发行管理办法》对上市公司发行可转换债券作了相应规定。具体内容如下：

（一）公开发行可转换债券的条件

根据《上市公司证券发行管理办法》的规定，上市公司发行可转换债券，除了应当符合增发股票的一般条件之外，还应当符合以下条件：

（1）最近 3 个会计年度加权平均净资产收益率平均不低于 6%。扣除非经常性损益后的净利润与扣除前的净利润相比，以低者作为加权平均净资产收益率的计算依据。

（2）本次发行后累计公司债券余额不超过最近一期末净资产额的 40%。

（3）最近 3 个会计年度实现的年均可分配利润不少于公司债券 1 年的利息。

上市公司可以公开发行认股权和债券分离交易的可转换公司债券（简称“分离交易的可转换公司债券”）。发行分离交易的可转换公司债券，除符合公开增发股票的一般条件外，还应当符合下列条件：

（1）公司最近一期末经审计的净资产不低于人民币 15 亿元。

（2）最近 3 个会计年度实现的年均可分配利润不少于公司债券 1 年的利息。

（3）最近 3 个会计年度经营活动产生的现金流量净额平均不少于公司债券 1 年的利息，但最近 3 个会计年度加权平均净资产收益率平均不低于 6%（扣除非经常性损益后的净利润与扣除前的净利润相比，以低者作为加权平均净资产收益率的计算依据）

除外。

（4）本次发行后累计公司债券余额不超过最近一期末净资产额的40%，预计所附认股权全部行权后募集的资金总量不超过拟发行公司债券金额。

（二）可转换债券的期限、面值和利率

可转换公司债券的期限最短为1年，最长为6年。可转换公司债券每张面值100元。可转换公司债券的利率由发行公司与主承销商协商确定，但必须符合国家的有关规定。

（三）可转换债券持有人的权利保护

公开发行可转换公司债券应当委托具有资格的资信评级机构进行信用评级和跟踪评级。资信评级机构每年至少公告一次跟踪评级报告。

公开发行可转换公司债券应当约定保护债券持有人权利的办法，以及债券持有人会议的权利、程序和决议生效条件。有下列事项之一的，应当召开债券持有人会议：

（1）拟变更募集说明书的约定；

（2）发行人不能按期支付本息；

（3）发行人减资、合并、分立、解散或者申请破产；

（4）保证人或者担保物发生重大变化；

（5）其他影响债券持有人重大权益的事项。

公开发行可转换公司债券，应当提供担保，但最近一期末经审计的净资产不低于人民币15亿元的公司除外。提供担保的，应当为全额担保，担保范围包括债券的本金及利息、违约金、损害赔偿金和实现债权的费用。以保证方式提供担保的，应当为连带责任担保，且保证人最近一期经审计的净资产额应不低于其累计对外担保的金额。证券公司或上市公司不得作为发行可转债的担保人，但上市商业银行除外。设定抵押或质押的，抵押或质押财产的估值应不低于担保金额。估值应经有资格的资产评估机构评估。

（四）可转换公司债券转为股份

可转换公司债券自发行结束之日起6个月后方可转换为公司股票，转股期限由公司根据可转换公司债券的存续期限及公司财务状况确定。债券持有人对转换股票或者不转换股票有选择权，转换股票的于转股的次日成为发行公司的股东。转股价格应不低于募集说明书公告日前20个交易日该公司股票交易均价和前一交易日的均价。这里所说的转股价格，是指募集说明书事先约定的可转换公司债券转换为每股股份所支付的价格。

可转换债券持有人不转换为股票的，上市公司应当在可转换公司债券期满后5个工作日内办理完毕偿还债券余额本息的事项。

第三节　上市公司收购制度

一、上市公司收购概述

上市公司收购，是指收购人通过在证券交易所的股份转让活动持有一个上市公司的股份达到一定比例，或通过证券交易所股份转让活动以外的其他合法方式控制一个上市公司的股份达到一定程度，导致其获得或者可能获得对该公司的实际控制权的行为。

上市公司收购活动应当遵循公开、公平、公正的原则，相关当事人应当诚实守信，自觉维护证券市场秩序。上市公司的控股股东和其他实际控制人对其所控制的上市公司及该公司其他股东负有诚信义务。收购人对其所收购的上市公司及其股东负有诚信义务，并应当就其承诺的具体事项提供充分有效的履行保证。收购人不得利用上市公司收购损害被收购公司及其股东的合法权益。上市公司的董事、监事和高级管理人员对其所任职的上市公司及其股东负有诚信义务。

收购上市公司中由国家授权投资的机构持有的股份，应当按照国务院的规定，经有关主管部门批准。

中国证监会于 2006 年 7 月修订并发布了新的《上市公司收购管理办法》（以下简称《收购管理办法》），对上市公司收购的方式、权益披露、要约收购、协议收购、间接收购、豁免申请、财务顾问、监管措施与法律责任等做出了新的规定。

二、权益披露

投资者在一个上市公司中拥有的权益，包括登记在其名下的股份和虽未登记在其名下但该投资者可以实际支配表决权的股份。投资者及其一致行动人在一个上市公司中拥有的权益应当合并计算。根据《证券法》和《收购管理办法》的有关规定，投资者通过证券交易行为，权益达到一定限度时，应当及时对拥有上市公司的权益进行披露。

三、要约收购

投资者自愿选择以要约方式收购上市公司股份的，可以向被收购公司所有股东发出收购其所持有的全部股份的要约（简称全面要约），也可以向被收购公司所有股东发出收购其所持有的部分股份的要约（简称部分要约）。通过证券交易所的证券交易，收购人持有一个上市公司的股份达到该公司已发行股份的 30%时，继续增持股份的，应当采取要约方式进行，发出全面要约或者部分要约。根据《证券法》和《收购管理办法》的有关规定，要约收购应当遵守下述规定：

（1）以要约方式收购一个上市公司股份的，其预定收购的股份比例均不得低于该上市公司已发行股份的 5%。以要约方式进行上市公司收购的，收购人应当公平对待被收购公司的所有股东。持有同一种类股份的股东应当得到同等对待。

收购人为终止上市公司的上市地位而发出全面要约的，或者向中国证监会提出申请但未取得豁免而发出全面要约的，应当以现金支付收购价款；以依法可以转让的证券支付收购价款的，应当同时提供现金方式供被收购公司股东选择。

以要约方式收购上市公司股份的，收购人应当编制要约收购报告书，并应当聘请财务顾问向中国证监会、证券交易所提交书面报告，抄报派出机构，通知被收购公司，同时对要约收购报告书摘要做出提示性公告。并于15日后，公告其要约收购报告书、财务顾问专业意见和律师出具的法律意见书。在15日内，中国证监会对要约收购报告书披露的内容表示无异议的，收购人可以进行公告；中国证监会发现要约收购报告书不符合法律、行政法规及相关规定的，及时告知收购人，收购人不得公告其收购要约。

收购人发出全面要约的，应当在要约收购报告书中充分披露终止上市的风险、终止上市后收购行为完成的时间及仍持有上市公司股份的剩余股东出售其股票的其他后续安排。

收购人拟收购上市公司股份超过30%，须改变以要约方式进行收购的，收购人应当在达成收购协议或者做出类似安排后的3日内对要约收购报告书摘要做出提示性公告，并按照《收购管理办法》有关规定履行报告和公告义务，同时免于编制、报告和公告上市公司收购报告书；依法应当取得批准的，应当在公告中特别提示本次要约须取得相关批准方可进行。未取得批准的于收购人应当在收到通知之日起两个工作日内，向中国证监会提交取消收购计划的报告，抄送证券交易所，通知被收购公司，并予公告。

收购人向中国证监会报送要约收购报告书后，在公告要约收购报告书之前，拟自行取消收购计划的，应当向中国证监会提出取消收购计划的申请及原因说明，并予公告；自公告之日起12个月内，该收购人不得再次对同一上市公司进行收购。

（2）被收购公司董事会应当对收购人的主体资格、资信情况及收购意图进行调查，对要约条件进行分析，对股东是否接受要约提出建议，并聘请独立财务顾问提出专业意见。在收购人公告要约收购报告书后20日内，被收购公司董事会应当将被收购公司董事会报告书与独立财务顾问的专业意见报送中国证监会，抄送证券交易所，并予公告。

收购人对收购要约条件做出重大变更的，被收购公司董事会应当在3个工作日内提交董事会及独立财务顾问就要约条件的变更情况所出具的补充意见，并予以报告、公告。

收购人做出提示性公告后至要约收购完成前，被收购公司除继续从事正常的经营活动或者执行股东大会已经做出的决议外，未经股东大会批准，被收购公司董事会不得通过处置公司资产、对外投资、调整公司主要业务、担保、贷款等方式，对公司的资产、负债、权益或者经营成果造成重大影响。

在要约收购期间，被收购公司董事不得辞职。

（3）收购人按照本办法规定进行要约收购的，对同一种类股票的要约价格，不得低于要约收购提示性公告日前6个月内收购人取得该种股票所支付的最高价格。

要约价格低于提示性公告日前30个交易日该种股票的每日加权平均价格的算术平均值的，收购人聘请的财务顾问应当就该种股票前6个月的交易情况进行分析，说明是否存在股价被操纵、收购人是否有未披露的一致行动人、收购人前6个月取得公司股份是否存在其他支付安排、要约价格的合理性等。收购人可以采用现金、证券、现金与证券相结合等合法方式支付收购上市公司的价款。

收购人聘请的财务顾问应当说明收购人具备要约收购的能力。以现金支付收购价款的，应当在做出要约收购提示性公告的同时，将不少于收购价款总额的20%作为履约保证金存入证券登记结算机构指定的银行。收购人以证券支付收购价款的，应当提供该证券的发行人最近3年经审计的财务会计报告、证券估值报告，并配合被收购公司聘请的独立财务顾问的尽职调查工作。收购人以在证券交易所上市交易的证券支付收购价款的，应当在做出要约收购提示性公告的同时，将用于支付的全部证券交由证券登记结算机构保管，但上市公司发行新股的除外；收购人以在证券交易所上市的债券支付收购价款的，该债券的可上市交易时间应当不少于1个月；收购人以未在证券交易所上市交易的证券支付收购价款的，必须同时提供现金方式供被收购公司的股东选择，并详细披露相关证券的保管、送达被收购公司股东的方式和程序安排。

（4）收购要约约定的收购期限不得少于30日，并不得超过60日，但是出现竞争要约的除外。在收购要约约定的承诺期限内，收购人不得撤销其收购要约。采取要约收购方式的，收购人做出公告后至收购期限届满前，不得卖出被收购公司的股票，也不得采取要约规定以外的形式和超出要约的条件买入被收购公司的股票。

收购要约期限届满前15日内，收购人不得变更收购要约，但是出现竞争要约的除外。

出现竞争要约时，发出初始要约的收购人变更收购要约距初始要约收购期限届满不足15日的，应当延长收购期限，延长后的要约期应当不少于15日，不得超过最后一个竞争要约的期满日，并按规定比例追加履约保证金；以证券支付收购价款的，应当追加相应数量的证券，交由证券登记结算机构保管。发出竞争要约的收购人最迟不得晚于初始要约收购期限届满前15日发出要约收购的提示性公告，并应当根据《收购管理办法》有关规定履行报告、公告义务。要约收购报告书所披露的基本事实发生重大变化的，收购人应当在该重大变化发生之日起两个工作日内，向中国证监会做出书面报告，抄送证券交易所，通知被收购公司，并予公告。

收购人需要变更收购要约的，必须事先向中国证监会提出书面报告，同时抄报派出机构，抄送证券交易所和证券登记结算机构，通知被收购公司；经中国证监会批准后，予以公告。

（5）同意接受收购要约的股东（以下简称预受股东），应当委托证券公司办理预受要约的相关手续。收购人应当委托证券公司向证券登记结算机构申请办理预受要约股票的临时保管。证券登记结算机构临时保管的预受要约的股票，在要约收购期间不得转让。这里所说的预受，是指被收购公司股东同意接受要约的初步意思表示，在要约收购期限内不可撤回之前不构成承诺。在要约收购期限届满3个交易日前，预受股东可以委托证券公司办理撤回预受要约的手续，证券登记结算机构根据预受要约股东的撤回申请解除对预受要约股票的临时保管。在要约收购期限届满前3个交易日内，预受股东不得撤回其对要约的接受。在要约收购期限内，收购人应当每日在证券交易所网站上公告已预受收购要约的股份数量。出现竞争要约时，接受初始要约的预受股东撤回全部或者部分预受的股份，并将撤回的股份售予竞争要约人的，应当委托证券公司办理撤回预受初始要约的手续和预受竞争要约的相关手续。

（6）收购期限届满，发出部分要约的收购人应当按照收购要约约定的条件购买被收购公司股东预受的股份，预受要约股份的数量超过预定收购数量时，收购人应当按照同等比例收购预受要约的股份；以终止被收购公司上市地位为目的的，收购人应当按照收购要约约定的条件购买被收购公司股东预受的全部股份；未取得中国证监会豁免而发出全面要约的收购人应当购买被收购公司股东预受的全部股份。收购期限届满后 3 个交易日内，接受委托的证券公司应当向证券登记结算机构申请办理股份转让结算、过户登记手续，解除对超过预定收购比例的股票的临时保管；收购人应当公告本次要约收购的结果。

收购期限届满，被收购公司股权分布不符合上市条件，该上市公司的股票由证券交易所依法终止上市交易。在收购行为完成前，其余仍持有被收购公司股票的股东，有权在收购报告书规定的合理期限内向收购人以收购要约的同等条件出售其股票，收购人应当收购。

收购期限届满后 15 日内，收购人应当向中国证监会报送关于收购情况的书面报告，抄送证券交易所，通知被收购公司。

除要约方式外，投资者不得在证券交易所外公开求购上市公司的股份。

四、协议收购

协议收购采取协议方式收购上市公司的，收购人可以依照法律、行政法规的规定同被收购公司的股东协议转让股份。收购协议达成后，收购人必须在 3 日内将该收购协议向国务院证券监督管理机构及证券交易所做出书面报告，并予以公告。在公告前不得履行收购协议。

协议收购的双方可以临时委托证券登记结算机构保管协议转让的股票，并将资金存放于指定的银行。

采取协议收购方式的，收购人收购或者通过协议、其他安排与他人共同收购一个上市公司已发行的股份达到 30%时，继续进行收购的，应当向该上市公司所有股东发出收购上市公司全部或者部分股份的要约。但是，经国务院证券监督管理机构免除发出要约的除外。

收购人应当依照上述规定以要约方式收购上市公司股份。

五、豁免申请

收购人收购上市公司一定股份时，并不必然履行收购要约的义务，中国证监会可以针对实际情况行使豁免权，免除收购人发出收购要约的义务。当出现规定的特殊情形时，投资者及其一致行动人可以向中国证监会申请豁免。未取得豁免的，投资者及其一致行动人应当在收到中国证监会通知之日起 30 日内将其或者其控制的股东所持有的被收购公司股份减持到 30%或者 30%以下；拟以要约以外的方式继续增持股份的，应当发出全面要约。根据《收购管理办法》的有关规定，可申请的豁免事项为：

（1）免于以要约收购方式增持股份的事项。

（2）存在主体资格、股份种类限制或者法律、行政法规、中国证监会规定的特殊情形的事项。

出现上述事项时，当事人可以向中国证监会申请以简易程序免除发出要约。中国证监会自收到符合规定的申请文件之日起5个工作日内未提出异议的，相关投资者可以向证券交易所和证券登记结算机构申请办理股份转让和过户登记手续。中国证监会不同意其以简易程序申请的，相关投资者应当按照前述规定申请。

六、财务顾问

根据有关规定，收购人进行上市公司的收购，应当聘请在中国注册的具有从事财务顾问业务资格的专业机构担任财务顾问。收购人未按照规定聘请财务顾问的，不得收购上市公司。财务顾问应当勤勉尽责，遵守行业规范和职业道德，保持独立性，保证其所制作、出具文件的真实性、准确性和完整性。财务顾问认为收购人利用上市公司的收购损害被收购公司及其股东合法权益的，应当拒绝为收购人提供财务顾问服务。财务顾问为履行职责，可以聘请其他专业机构协助其对收购人进行核查，但应当对收购人提供的资料和披露的信息进行独立判断。

第四节　证券监督管理体制

一、证券市场参与者

1. 证券发行人

证券发行人是指为筹措资金而发行债券、股票等证券的政府及其机构、金融机构、公司和企业。证券发行人是证券发行的主体。证券发行是把证券向投资者销售的行为。证券发行可以由发行人直接办理，这种证券发行称之为自办发行或直接发行。自办发行是比较特殊的发行行为，也比较少见。20世纪末以来，由于网络技术在发行中的应用，自办发行开始增多。证券发行一般由证券发行人委托证券公司进行又称承销，或间接发行。按照发行风险的承担、所筹资金的划拨及手续费高低等因素划分，承销方式有包销和代销两种，包销又可分为全额包销和余额包销。

2. 证券投资者

证券投资者是证券市场的资金供给者，也是金融工具的购买者。证券投资者类型甚多，投资的目的也各不相同。证券投资者可分为机构投资者和个人投资者两大类。

（1）机构投资者。机构投资者是指相对于中小投资者而言拥有资金、信息、人力等优势，能影响某个证券价格波动的投资者，包括企业、商业银行、非银行金融机构（如养老基金、保险基金、证券投资基金）等。各类机构投资者的资金来源、投资目的、投资方向虽各不相同，但一般都具有投资的资金量大、收集和分析信息的能力强、注重投资的安全性、可通过有效的资产组合以分散投资风险、对市场影响大等特点。

（2）个人投资者。个人投资者是指从事证券投资的居民，他们是证券市场最广泛的投资者。个人投资者的主要投资目的是追求盈利，谋求资本的保值和增值，所以十分重视本金的安全和资产的流动性。

3. 证券市场中介机构

证券市场中介机构是指为证券的发行与交易提供服务的各类机构，包括证券公司和其他证券服务机构，通常把两者合称为证券中介机构。中介机构是连接证券投资者与筹资人的桥梁，证券市场功能的发挥，很大程度上取决于证券中介机构的活动。通过它们的经营服务活动，沟通了证券需求者与证券供应者之间的联系，不仅保证了各种证券的发行和交易，还起到维持证券市场秩序的作用。

（1）证券公司。证券公司，是指依法设立可经营证券业务的、具有法人资格的金融机构。证券公司的主要业务有承销、经纪，自营、投资咨询、并购、受托资产管理、基金管理等。证券公司一般分为综合类证券公司和经纪类证券公司。

（2）证券服务机构。证券服务机构是指依法设立的从事证券服务业务的法人机构，主要包括证券登记结算公司、证券投资咨询公司、会计师事务所、资产评估机构、律师事务所、证券信用评级机构等。

4. 自律性组织

自律性组织包括证券交易所和证券行业协会。

（1）证券交易所。根据《证券法》的规定，证券交易所是提供证券集中竞价交易场所的不以营利为目的的法人。其主要职责有：提供交易场所与设施；制定交易规则；监管在该交易所上市的证券以及会员交易行为的合规性、合法性，确保市场的公开、公平和公正。

（2）证券行业协会。证券行业协会是证券行业的自律性组织，是社会团体法人。证券行业协会的权力机构为由全体会员组成的会员大会。根据《证券法》规定，证券公司应当加入证券行业协会。证券行业协会应当履行协助证券监督管理机构组织会员执行有关法律，维护会员的合法权益，为会员提供信息服务，制定规则，组织培训和开展业务交流，调解纠纷，就证券业的发展开展研究，监督检查会员行为，以及证券监督管理机构赋予的其他职责。

5. 证券监管机构

在中国，证券监管机构是指中国证券监督管理委员会及其派出机构。它是国务院直属的证券管理监督机构，依法对证券市场进行集中统一监管。它的主要职责是：负责行业性法规的起草，负责监督有关法律法规的执行，负责保护投资者的合法权益，对全国的证券发行、证券交易，中介机构的行为等依法实施全面监管，维持公平而有秩序的证券市场。

二、我国当前的证券市场监管体制的类型

我国当前的证券市场监管体制是属于集中立法型。我国证券市场监管体制经历了一个从地方监管到中央监管、由分散监管到集中监管的过程，大致可以分为两个阶段。

第一阶段从 20 世纪 80 年代中期到 90 年代初期，证券市场处于区域性试点阶段，这是我国证券市场的起步阶段，股票发行仅限于少数地区的试点企业。1990 年，国务院决定分别成立上海、深圳证券交易所，两地的一些股份公司开始进行股票的公开发行和上市交易的试点。1992 年，又开始选择少数上海、深圳以外的股份公司到上海、深圳两家证券交易所上市。这一时期证券市场的监管主要由地方政府负责。

第二阶段从 1992 年开始，国务院总结了区域性证券市场试点的经验教训，决定成立国务院证券委员会和中国证券监督管理委员会，负责对全国证券市场进行统一监管，同时，开始在全国范围内进行股票发行和上市试点。从此，证券市场开始成为全国性市场，证券市场的监管也由地方监管为主改为中央集中监管，并通过不断调整国务院各有关部门的监管职责，逐步走向证券市场集中统一的监管体制。

1998 年，国务院决定撤销国务院证券委员会，工作改由中国证券监督管理委员会承担，并决定中国证券监督管理委员会对地方证管部门实行垂直领导，从而形成了集中统一的监管体系。

三、中国证券监督管理委员会主要职责

（1）研究和拟定证券期货市场的方针政策、发展规划；起草证券期货市场的有关法律、法规；制定证券期货市场的有关规章。

（2）统一管理证券期货市场，按规定对证券期货监督机构实行垂直领导。

（3）监督股票、可转换债券、证券投资基金的发行、交易、托管和清算；批准企业债券的上市；监管上市国债和企业债券的交易活动。

（4）监管境内期货合约上市、交易和清算；按规定监督境内机构从事境外期货业务。

（5）监管上市公司及其有信息披露义务股东的证券市场行为。

（6）管理证券期货交易所；按规定管理证券期货交易所的高级管理人员；归口管理证券业协会。

（7）监管证券期货经营机构、证券投资基金管理公司、证券登记清算公司、期货清算机构、证券期货投资咨询机构；与中国人民银行共同审批基金托管机构的资格并监管其基金托管业务；制定上述机构高级管理人员任职资格的管理办法并组织实施；负责证券期货从业人员的资格管理。

（8）监管境内企业直接或间接到境外发行股票、上市；监管境内机构到境外设立证券机构；监督境外机构到境内设立证券机构、从事证券业务。

（9）监管证券期货信息传播活动，负责证券期货市场的统计与信息资源管理。

（10）会同有关部门审批律师事务所、会计师事务所、资产评估机构及其成员从事证券期货中介业务的资格并监管其相关的业务活动。

（11）依法对证券期货违法行为进行调查、处罚。

（12）归口管理证券期货行业的对外交往和国际合作事务。

（13）国务院交办的其他事项。

思考与练习题

1. 简述证券的概念和种类。
2. 证券法的基本原则是什么？
3. 证券发行的基本条件是什么？
4. 简述证券交易的条件及方式。
5. 证券发行与交易的市场流程和各种制度之间的相互关系是什么？

第八章　保险法律制度

第一节　保险与保险法概述

一、保险法的定义

保险是指投保人根据合同约定，向保险人支付保险费，保险人对于合同约定的可能发生的事故因其发生所造成的财产损失承担赔偿保险金责任，或者当被保险人死亡、伤残、疾病或者达到合同约定的年龄、期限等条件时承担给付保险金责任的商业保险行为。

保险法是指调整保险关系的一切法律规范的总称。凡有关保险的组织、保险对象以及当事人的权利义务等法律规范均属保险法。

保险法有广义和狭义之分。广义保险法包括专门的保险立法和其他法律中有关保险的法律规定。狭义保险法指保险法典或在民法商法中专门的保险立法，通常包括保险企业法、保险合同法和保险特别法等内容，另外国家将标准保险条款也视为保险法的一部分内容。我们通常说的保险法指狭义的定义，它一方面通过保险业法调整政府与保险人、保险中介人之间的关系；另一方面通过保险合同法调整各保险主体之间的关系。

在我国，保险法还有形式意义和实质意义之分。形式意义指以保险法命名的法律法规，即专指保险的法律和法规。实质意义指一切调整保险关系的法律法规。

二、我国的保险立法进程

新中国成立前，我国曾进行过一些保险的立法工作，由于政局不稳，没有相应的执行措施，所以大部分没有得到真正的实施。

新中国成立后，保险立法工作很曲折。十一届三中全会后，保险立法工作才有了很大进展，我国先后颁布了一些单项的保险法规。这些法规有些属于保险合同法的范畴，有些属于保险业法的范畴，有些属于保险特别法的范畴。

1992 年 11 月 7 日，第七届全国人民代表大会常务委员会第二十次会议通过了《中华人民共和国海商法》（以下简称《海商法》），第一次以法律的形式对海上保险做了明确规定。

1995 年 6 月 30 日，第七届全国人民代表大会常务委员会第四次会议通过了《中华人民共和国保险法》（以下简称《保险法》），这是新中国成立以来我国的第一次保险基本法，该法采用了国际上一些国家和地区集保险业法和保险合同法为一体的立法体例，是一部较为完整、系统的保险法律。此后，《保险法》分别于 2002 年、2009 年、2014 年、2015 年、2018 年进行了五次修正或修订，其立法宗旨是为了规范保险活动，保护保险活动当事人的合法权益，加强对保险业的监督管理，维护社会经济秩序和社会公共利益，促进保险事业的健康发展。

三、保险法的主要内容

（一）保险业法

保险业法又称保险事业法、保险事业监督法，是国家对保险业进行管理和监督的法律法规。其主要内容包括保险组织的建立、经营、管理、解散和监督。中华人民共和国国务院于 1985 年 3 月 3 日发布的《保险企业管理暂行条例》，对保险企业的设立、中国人民保险公司等做了具体规定，即属于保险业法规性质。

（二）保险合同法

保险合同法又称保险契约法，是关于保险双方当事人的权利义务关系的法律，是保险法的主要内容，包括财产保险合同和人身保险合同。1981 年 12 月第五届全国人民代表大会第 4 次会议通过的《中华人民共和国经济合同法》关于保险合同的规定、1983 年 9 月 1 日国务院发布的《中华人民共和国财产保险合同条例》，即属于保险合同法。

（三）保险特别法

保险特别法是相对于保险合同法而存在的，是规范某一险种的保险关系或规范保险活动某一方面的保险关系的法律和法规，是各种具体保险经营活动的直接依据。如《海商法》中的海上保险等。

第二节　保险合同法

一、保险合同的分类

（一）根据保险合同的标的不同可分为财产保险合同和人身保险合同

1. 财产保险合同

财产保险合同是以财产及其有关利益为保险标的的保险合同。财产保险合同所涉及的标的包括有形财产和无形财产，故而以有形的物质财产为合同标的的是有形财产保险合同，如企业财产保险合同等；以无形的财产为合同标的的是无形财产保险合同，如责任保险合同、信用保险合同等。

2. 人身保险合同

人身保险合同是以人的寿命和身体为保险标的的保险合同。由于人身保险合同所保障的危险不同，又可以具体分为人寿保险合同、意外伤害保险合同和健康保险合同。

（二）根据保险合同订立时是否确定保险价值可分为定值保险合同和不定值保险合同

1. 定值保险合同

定值保险合同是指保险合同当事人将保险标的的保险价值事先约定并在合同中给予载明作为保险金额的保险合同。

2. 不定值保险合同

不定值保险合同是指只载明保险标的保险金额而未载明其保险价值的合同。在不定值保险合同中，仅载明保险金额，并依此作为赔偿的最高限额，至于保险标的的保险价值则处于不确定的状态。财产保险多采用不定值保险合同。一般而言，财产损失是以赔偿实际损失为原则，因此，不定值保险合同通常以保险标的的实际价值作为判定损失额的依据。

（三）根据保险人支付保险金的行为性质不同可分为补偿性保险合同和给付性保险合同

1. 补偿性保险合同

补偿性保险合同是指当保险事故发生时，保险人根据被保险人的要求并对保险标的的实际损失进行核定后支付保险金的合同。大多数的财产保险合同都是补偿性保险合同，尤其是不定值保险合同。

2. 给付性保险合同

给付性保险合同是指保险人与投保人协商一定的保险金额，待保险事故发生时，保险人负有支付全部保险金义务的合同。该类保险合同多为人身保险所采用。

（四）按保险责任范围不同可分为特定风险合同和综合风险合同

1. 特定风险保险合同

特定风险保险合同是指承保一种或某几种风险责任的保险合同，该合同通常以列举的方式进行，如地震险或战争险。

2. 综合风险合同

综合风险合同是指保险人对“责任免除”以外的任何危险造成的损害负承保责任的合同。该合同订立的特点是以列举“责任免除”的形式约定保险合同适用的险情。

（五）根据保险合同保障标的的不同可分为特定式合同、总括式合同、流动式合同和预约合同

1. 特定式合同

特定式合同是指保险人只对事先商定的具体保险标的进行承保的保险合同。

2. 总括式合同

总括式合同是指只规定保险人可以承保某种类别的保险标的，而对该类别保险标的不再分类的保险合同。

3. 流动式合同

流动式合同是指一种适合财产变化比较频繁的保险合同。

4. 预约合同

预约合同又称开口合同，是保险人和投保人双方预先约定保险责任范围的长期性协议。保险人自动承保。

（六）根据订立合同的主体不同可分为原保险合同和再保险合同

1. 原保险合同

原保险合同是指投保人与保险人之间就保险标的约定保险权利与义务的协议。

2. 再保险合同

再保险合同是指保险合同的分出人与分入人就保险责任的分担约定保险权利义务关系的协议

二、保险合同的主体

保险合同的主体分为保险合同当事人、保险合同关系人和保险合同辅助人三类。

（一）保险合同当事人

1. 保险人

保险人也称承保人，是与投保人订立保险合同，并按照合同约定承担赔偿或者给付保险金责任的保险公司。保险人经营保险业务除必须取得国家有关管理部门授予的资格外，还必须在规定的业务范围内，开展经营活动。

2. 投保人

投保人又称要保人、保单持有人，是指与保险人订立保险合同，并按照合同约定负有交付保险费义务的人。投保人应具备下列两个要件：

（1）具备民事权利能力和民事行为能力。保险合同与一般合同一样，当事人应具有权利能力和行为能力。

（2）对保险标的须具有保险利益。投保人对保险标的须有保险利益，即投保人对保险标的具有利害关系。投保人对于保险标的如不具有利害关系，订立保险合同无效。保险合同中的投保人可以是一方，也可以是多方，在再保险合同中的投保人必须由原保险人充当。

（二）保险合同的关系人

1. 被保险人

被保险人是指其财产或者人身受保险合同保障，享有保险金请求权的人。投保人可以为被保险人。被保险人可以是自然人、法人，也可以是其他社会组织，但须具备下列条件：

（1）被保险人是保险事故发生时遭受损失的人。一旦发生保险事故，被保险人将遭受损害。但在财产保险与人身保险中，被保险人遭受损害的形式是不尽相同的。在财产保险中，因保险事故直接遭受损失的是保险标的，被保险人则因保险标的的损害而遭受经济上的损失。在人身保险中，因保险事故直接遭受损害的是保险人本人的身体、生命或健康。

（2）被保险人是享有保险金请求权的人。由于保险合同可以为他人的利益而订立，因而投保人没有保险赔偿金的请求权，只有请求保险人向被保险人或受益人给付保险赔偿金的权利。

2. 受益人

受益人又称保险金领受人，是指在人身保险合同中由被保险人或投保人指定的享有保险金请求权的人。投保人、被保险人可以为受益人。

受益人的要件为：

（1）受益人是由被保险人或投保人所指定的人。被保险人或投保人应在保险合同中明确受益人。

（2）受益人是独立地享有保险金请求权的人。受益人在保险合同中，不负交付保费的义务，也不必具有保险利益，保险人不得向受益人追索保险费。

（3）受益人的保险金请求权并非自保险合同生效时开始，而只有在被保险人死亡时才产生。在被保险人生存期间，受益人的保险金请求权只是一种期待权。

受益人的受益权是直接根据保险合同产生的，可因下列原因而消灭：①受益人先于被保险人死亡或破产或解散；②受益人放弃受益权；③受益人有故意危害被保险人生命安全的行为，则其受益权依法取消。

在保险合同期间，受益人可以变更，但必须经被保险人的同意。受益人的变更无需保险人的同意，但应当将受益人的变更事宜及时通知保险人；否则，变更受益人的法律效力不得对抗保险人。

（三）保险合同的辅助人

1. 保险代理人

保险代理人即保险人的代理人，是指根据保险人的委托，向保险人收取佣金，并在保险人授权的范围内代为办理保险业务的机构或者个人。保险代理机构包括专门从事保险代理业务的保险专业代理机构和兼营保险代理业务的保险兼业代理机构。保险代理是一种特殊的代理制度，表现在：

（1）保险代理人与保险人在法律上视为一人。

（2）保险代理人所知道的事情，都假定为保险人所知的。

（3）保险代理必须采用书面形式。保险代理人既可以是单位也可以是个人，但须经国家主管机关核准具有代理人资格。

2. 保险经纪人

保险经纪人是基于投保人的利益，为投保人和保险人订立合同提供中介服务，并依法收取佣金的机构。

我国《保险法》明确规定：保险代理机构、保险经纪人应当具备国务院保险监督管理机构规定的条件，取得保险监督管理机构颁发的经营保险代理业务许可证、保险经纪业务许可证；以公司形式设立保险专业代理机构、保险经纪人，其注册资本最低限额适用《公司法》的规定；国务院保险监督管理机构根据保险专业代理机构、保险经纪人的业务范围和经营规模，可以调整其注册资本的最低限额，但不得低于《公司法》规定的限额；保险专业代理机构、保险经纪人的注册资本或者出资额必须为实缴货币资本。

三、保险合同生效

（一）保险合同生效的含义

保险合同中的"保险合同生效"与"保险合同成立"是两个不同的概念。保险合同成立，是指合同当事人就保险合同的主要条款达成一致协议；保险合同生效，指合同条款对当事人双方已发生法律上的效力，要求当事人双方恪守合同，全面履行合同规定的义务。保险合同的成立与生效的关系有两种：一是合同一经成立即生效，双方便开始享有权利，承担义务；二是合同成立后不立即生效，而是等到保险合同生效的附条件成立或附期限到达后才生效。

（二）保险合同生效的要件

《中华人民共和国民法总则》第一百四十三条规定："民事法律行为应当具备下列条件：①行为人具有相应的民事行为能力；②意思表示真实；③不违反法律或者社会公共利益。"《中华人民共和国合同法》第九条规定："当事人订立合同，应当具有相应的民事权利能力和民事行为能力"。因而，保险合同若要有效订立，当事人必须具备相应的缔约能力，并在保险合同内容不违背法律和社会公共利益的基础上意思表示真实。

四、保险合同的主要内容

（1）保险人名称和住所；

（2）投保人、被保险人的姓名或者名称、住所，以及人身保险的受益人的姓名或者名称、住所；

（3）保险标的；

（4）保险责任和责任免除；

（5）保险期间和保险责任开始时间；

（6）保险金额；

（7）保险费以及支付办法；
（8）保险金赔偿或者给付办法；
（9）违约责任和争议处理；
（10）订立合同的年、月、日。

第三节　保险业法

一、保险业法的概念及调整对象

保险业法，又称保险组织法、保险业监督法，是指对保险业进行监督管理的法律。它是保险法的重要组成部分。

保险业法通常分为广义和狭义两种。狭义的保险业法，指国家对保险业的组织、经营进行监督和管理的专门法律；广义的保险业法指除保险业的专门法律外，还包括国家对保险业进行监督和管理的其他规定。

保险业属于社会公用事业，它涉及各行各业、千家万户，而且专业性强，对保障人民生活安定和维护社会稳定具有一定的影响，其经营好坏和效益高低与社会公众的利益紧密相连。同时，保险业从事的也是一种经营活动，它承担着补偿因意外灾害事故造成损失的社会责任，并与银行、信托共同行使经济领域的金融职能。因此，即使在"自由"的市场经济国家，对保险业也均实行严格的监督和管理。从各国立法的规定来看，对保险业的监督和管理一直朝着强化的方向发展。

对于保险业法的性质的认识，不同国家由于法律传统的不同而有不同的认识。在有公法、私法之分的国家，一般将保险业法视为公法。在大陆法系国家，保险业法属于民法和商法的特别法；在英美法系，保险业法则是单独的法律部门。在我国，保险业法是属于民法范畴的特殊法律规范，传统法学理论将它归入商法体系。

保险业法的调整对象一般包括：
（1）国家在监督和管理保险企业过程中所发生的关系；
（2）保险企业相互间因合作、竞争而发生的关系；
（3）保险企业在内部管理过程中所发生的关系；
（4）国家与保险中介人之间的监督管理关系。

二、保险业组织形式

保险机构是指依法设立，并以经营保险为主业的机构。在不同的国家，保险机构组织形式各不相同。就其经营主体而言，可以分为公营保险机构和民营保险机构；就其经营目的而言，可以分为营利保险机构和非营利保险机构。公营保险机构，一般由政府或其他公共团体所设立，通常是非营利性的，其成立主要是为了增加财政收入或实施某项政策。而民营保险机构则由私人或私法上的团体（国家机关、企事业单位以外的法人组织）所设立，一般以营利为目的。在实践中，保险组织的形式主要表现为国有保险公司、股份保险公司、合作保险组织、个人保险组织等。

（一）国有保险公司

国有保险公司，即国有独资保险公司，是指国家授权投资的机构或者国家授权的部门单独投资设立的保险有限责任公司。我国《保险法》规定，保险公司应当采取下列组织形式：①股份有限公司；②国有独资公司。因此，国有保险公司是我国保险组织的主要形式之一。中国人民保险公司就属于国有保险公司。在西方国家，国有保险公司也广泛存在，如政府投资设立的专门经营出口信贷保险或海外投资风险的保险组织，通常均是采取国有独资公司的形式。

国有独资保险公司与保险股份有限公司相比，具有相对的特点：

（1）出资人为独资。国有独资保险公司无论其资本金是由国家授权的部门投资，还是由国家授权的机构投资，其资本都属于国家这一主体所有，投资主体具有单一性的特点。

（2）国有独资保险公司不设股东会，只设董事会、总经理、监事会。董事会成员由国家授权投资的机构或部门委派、更换。同时，还应有职工选举的代表参加董事会。

（3）公司的财产权利具有特殊性，国有独资保险公司的财产，是国家的财产，国有独资保险公司转让资产，应当由国家授权投资的机构或国家授权的部门审批或办理财产移交手续。

国有保险公司由于资金雄厚，经营规模大，风险得以广泛分散，业务经营较为稳定。国有保险公司一般承担国家指定的政策性保险业务，在公平经营的基础上追求经济效益的同时，较为注重社会效益。

（二）股份保险公司

股份保险公司，又称保险股份有限公司，是指其全部资本分为等额股份，股东以其所认购的股份对公司债务负责，公司以其全部资产对公司的债务承担责任的企业法人。股东以领取股息的办法分配保险公司所取得的利润。股份有限公司因其众多的股东持股而具有充足的资本，规模较大，各国保险业法均将其规定为保险业组织的主要形式。在我国，股份保险公司也是保险业的形式之一。

保险组织采取股份公司形式具有以下优点：

（1）股份保险公司，以股票的形式集资，容易募集巨额资本，使保险公司拥有雄厚的财力。保险公司的财力越雄厚，赔付能力就越强，被保险人的利益就越有充分的保障。

（2）股份保险公司采取资本与经营分离的制度，股份公司股东对公司的责任仅以出资额为限，由于责任较轻，股东所担风险较小。

（3）股份保险公司一般经营规模较大，业务效率较高，能应投保人的不同需要而设立不同的险种。但是，由于股份保险公司以营利为目的，公司控股权操纵在股东手中，因而被保险人的利益往往被忽略，在保险金赔付时，常附有较多的限制性条款。而且对于某些风险大，利润不高的险种，如农业保险等，股份保险公司往往不愿经营，只能由国有保险公司来经营。

（三）相互保险组织

相互保险是一种由社会上需要保险的人或单位共同组织起来采取相互合作的方式办理保险。相互保险组织主要有三种形式，即相互保险公司、相互保险社和交互保险社，其共同点为非营利性保险组织。

1. 相互保险公司

相互保险公司是保险业特有的公司组织形态，是指所有参加保险的人为自己办理保险而合作成立的法人组织。相互保险公司只为自己公司的成员提供保险服务，其成员就是被保险人，即保单持有人。但是，相互保险公司没有股金投资，其经营方式多由成员事先缴纳相当资金，用以支付创立费用以及作为事业资金与担保资金。成员缴纳的该种资金，并不称为股本而称为基金。股份公司的股本为公司所有；而相互保险公司的基金，则为公司债务。

相互保险公司采用摊收保费利、预收保费利和永久保险费等经营方式。相互保险公司的收入在支付各种保险赔款和经营费用之后，如有盈余，一部分可以“保单红利”名义分配给保单持有人，一部分充实公司财政；如有亏损，用摊缴保险费的方式由保单持有人予以弥补，或动用以前的盈余金。

从各国实践看，相互保险公司较为适合那些保险契约长、投保人变动不大的人身保险。

2. 相互保险社

相互保险社是指由一些对某种危险有同一保障要求的人组成一个团体，如果其中某个成员遭受保险危险时，由全体保险成员来分摊费用。这种保险经营的特殊性在于：各社员在投保时仅需付极小部分的保险费，在保险事故发生时，再依实际需要由各社员分担缴纳。保险费的计算并无数理基础，而是采用赋课方式，依保险金给付多少由各社员分担。如赔付额大于保险费收入，各社员还要补缴，如保险费有剩余，则在社员间分配。相互保险社是保险组织的原始形态，尽管其经营方式有欠健全，但至今在英国、美国等国家仍较为普遍。

3. 交互保险社

交互保险社是指若干商人共同组成互相约定交换保险的组织，它是仅存在于美国的合作保险的组织形式。交互保险社的投保人仅以社员为限，互相交换保险也限于社员之间，因而具有相互保险组织的性质。但交互保险社各社员以个人名义在一定金额限度内承担责任，而不是分担，因而它又与一般的相互保险组织有所不同。

交互保险社虽然为合作保险的一种组织形式，但并非法人或合伙组织。其社员除个人外，还可以是公司或合伙组织。交互保险社的业务通常由各社员以委托方式委托代理人经营。交互保险社社员的保险费的缴纳，也采用赋课制。

对于相互保险组织，我国《保险法》未作任何规定，对于相互保险与合作保险的关系，学者间看法也不尽一致。

（四）个人保险组织

个人保险组织是指以个人为主体作为保险人承保保险业务的一种方式。保险业最初都是由个人经营的，随着经济的发展和保险金额的日益巨大，个人保险组织的形式逐渐被淘汰。目前，世界上个人保险组织唯有伦敦劳合社保险商尚具有较强的实力。

劳合社是一个由许多个人承保人组成的有法人资格的团体。其成员各自独立、自负盈亏进行单独承保，并以个人财力对其承保风险承担无限责任。因此，对于劳合社成员的资格有非常严格的限制。除个人名誉必须可靠外，还要具备下列条件：

（1）经1名成员推荐，5名成员附议。

（2）个人财产不少于7.5万英镑。

（3）经劳合社委员会审查、批准。

（4）还应向劳合社管理公司提供不少于1万英镑的保证金，具体数额随业务量而定。

劳合社承保人虽然以个人名义接受保险业务，但并不直接同投保人打交道，其所有业务均通过劳合社保险经纪人介绍，并通过承保组合方式进行。

三、保险经营规则

（一）保险公司业务范围限制规则

各国保险业法对保险组织的业务范围都有限制性规定，保险业组织不得从事保险业法规定范围之外的经营活动。大多数国家的保险法都以财产保险业务和人身保险业务性质不同，经营技术有别，为切实保护广大被保险人的利益，而做出禁止兼营的规定。所谓禁止兼营，就是指申请开业的保险组织只能专营某类保险业务，不能同时兼营财产保险业务和人身保险业务。

（二）偿付能力管理规则

偿付能力，是指保险组织履行赔偿或给付责任的能力。保险组织必须具有最基本的偿付能力，不仅是保护被保险人利益的需要，也是保险组织自身稳定经营的需要。

保险公司应当具有与其业务规模相适应的最低偿付能力。保险公司的实际资产减去实际负债的差额不得低于保险监管部门规定的数额；低于规定数额的，应当增加资本金，补足差额。

（三）保险公司的风险管理规则

经济补偿是保险制度特有的功能，为了保障被保险人的利益，使保险公司安全经营，各国保险业法均规定了保险公司的风险管理的若干规则。我国保险法也不例外，保险公司的风险管理主要体现在对保险保证金、各种准备金、保险保障基金和保险公积金的提存及保险资金的运用等方面。

1. 保险保证金

保险公司成立后应当按照其注册资本总额的20%提取保证金，存入保险监管部门指定的银行，除保险公司清算时用于清偿债务外，不得动用。经中国保监会批准，保险公司可以以中国保监会认可的有价证券缴存保证金。

2. 保险准备金

（1）未到期责任准备金。未到期责任准备金又称未满期保险准备金，是在会计年度决算时对未满期保单提存的一种资金准备。由于会计年度与保险业务年度不一致，在会计年度决算时，对来年仍有效的保单，在当年保险费收入中提存一部分作为下一年度的保险费收入，这部分保险费即称为未到期责任准备金。未到期责任准备金应等于当年开出的保险单在下一年度仍然有效的保险单的保险费之和。根据我国《保险法》的规定，除人寿保险业务外，经营其他保险业务，应当从当年自留保险费中提取未到期责任准备金；提取和结转的数额，应当相当于当年自留保险费的50%。经营人寿保险业务的保险公司，应当按照有效的人寿保险单的全部净值提取未到期责任准备金。

（2）未决赔款准备金。未决赔款准备金是保险人在会计年度决算以前发生保险责任应付而未付赔款，在当年收入的保险费中提存的资金。对于未决赔款准备金，我国《保险公司管理规定》第七十七条规定：保险公司应当按照已经提出的保险赔偿或者给付金额提取未决赔款准备金，对已发生保险事故但尚未提出的保险赔偿或给付应当提取已发生未报告赔款准备金，其提取的金额按不超过当年实际赔款支出额的4%计提。

四、保险公司的设立、变更和清算

（一）保险公司的设立

设立保险公司应当经国务院保险监督管理机构批准并应当具备下列条件：

（1）主要股东具有持续盈利能力，信誉良好，最近三年内无重大违法违规记录，净资产不低于人民币二亿元。

（2）有符合《保险法》和《公司法》规定的章程。

（3）有符合《保险法》规定的注册资本：其注册资本的最低限额为人民币二亿元且必须为实缴货币资本；国务院保险监督管理机构根据保险公司的业务范围、经营规模，可以调整其注册资本的最低限额，但不得低于人民币二亿元的限额。

（4）有具备任职专业知识和业务工作经验的董事、监事和高级管理人员：

《保险法》规定：保险公司的董事、监事和高级管理人员，应当品行良好，熟悉与保险相关的法律、行政法规，具有履行职责所需的经营管理能力，并在任职前取得保险监督管理机构核准的任职资格；保险公司高级管理人员的范围由国务院保险监督管理机构规定。

《保险法》规定：有《公司法》第一百四十六条规定的情形或者下列情形之一的，不得担任保险公司的董事、监事、高级管理人员：

①因违法行为或者违纪行为被金融监督管理机构取消任职资格的金融机构的董事、监事、高级管理人员，自被取消任职资格之日起未逾五年的；

②因违法行为或者违纪行为被吊销执业资格的律师、注册会计师或者资产评估机构、验证机构等机构的专业人员，自被吊销执业资格之日起未逾五年的。

保险公司的董事、监事、高级管理人员执行公司职务时违反法律、行政法规或者公司章程的规定，给公司造成损失的，应当承担赔偿责任。

（5）有健全的组织机构和管理制度。

（6）有符合要求的营业场所和与经营业务有关的其他设施。

（7）法律、行政法规和国务院保险监督管理机构规定的其他条件。

申请设立保险公司，应当向国务院保险监督管理机构提出书面申请，并提交下列材料：

①设立申请书，申请书应当载明拟设立的保险公司的名称、注册资本、业务范围等；

②可行性研究报告；

③筹建方案；

④投资人的营业执照或者其他背景资料，经会计师事务所审计的上一年度财务会计报告；

⑤投资人认可的筹备组负责人和拟任董事长、经理名单及本人认可证明；

⑥国务院保险监督管理机构规定的其他材料。

国务院保险监督管理机构应当对设立保险公司的申请进行审查，自受理之日起六个月内做出批准或者不批准筹建的决定，并书面通知申请人。决定不批准的，应当书面说明理由。

申请人应当自收到批准筹建通知之日起一年内完成筹建工作；筹建期间不得从事保险经营活动。筹建工作完成后，申请人具备《保险法》第68条规定的设立条件的，可以向国务院保险监督管理机构提出开业申请。

国务院保险监督管理机构应当自受理开业申请之日起六十日内，做出批准或者不批准开业的决定。决定批准的，颁发经营保险业务许可证；决定不批准的，应当书面通知申请人并说明理由。

（二）保险公司的变更

（1）保险有限责任公司变更为保险股份有限公司的，应当向公司登记机关提交有关符合股份有限公司登记的各种法律文件，包括公司发起人的各种资质证书，满足公司章程规定的注册资本或者保险法规定的最低注册资本的验资证明。股份有限公司变更为有限责任公司的，应当有公司股东会的决议，公司变更类型应当说明变更的主要内容，例如股份有限公司变更为有限责任公司的主要原因是公司的注册资本不能达到保险法规定的最低注册资本的条件，或者持股1 000股以上的股东不满1 000人的，该股份有限公司就不再符合股份有限公司存续的条件，或者变更为有限责任公司，或者对该公司进行清算，然后解散该公司。

（2）保险公司变更名称首先由股东会做出决议，不设股东会的有限责任公司要由董事会做出决议，并附保监会批准变更的文件，然后到公司登记机关登记。公司的名称需要注明有限责任公司或者股份有限公司的字样，不能与其他公司的名称相同或者字同音不同。

（3）保险公司增减注册资本，首先要由股东会做出决议，不设股东会的有限责任公司应当由董事会做出决议，然后报中国保险监督管理委员会审批。增加注册资本的应当提交已经注入公司的验资证明、资产评估报告；减少注册资本的应当依照保险法的规定在有关报刊上至少发布公告3次，公告社会本公司即将减少注册资本，通知债权人主张自己的债权。如果没有通知债权人或者没有按照保险法的规定公告社会的，减少注册资本没有法律效力，原股东须在登记的注册资本范围内承担民事责任。

（4）调整业务范围。保险公司的业务范围由中国保监会审定，然后由公司的章程记载，公司须在章程的范围内进行各种业务活动，如果有必要超出法定的业务范围经营的，首先由公司股东会做出决议，不设股东会的有限责任公司由董事会做出决议，报保监会审批后到公司登记机关办理登记。在得到保监会的批准之前不得进行股东会或者董事会决议通过增加的业务。

（5）修改公司章程。公司的章程是公司权利能力和行为能力的法定记载文件，也是个股东的权利义务关系的法定关系文件。对公司章程的任何一个修改都可能影响部分股东的利益或者对有关公司监管机构的机关发生负面影响，所以公司章程的变更要依照保险法的规定进行，首先由公司股东会做出决议，不设股东会的有限责任公司由董事会做出决议，报保监会审批后，到公司登记机关办理登记。

五、保险公司的组织

（一）保险公司的组织形式

《保险法》规定保险公司应当采取股份有限公司或者国有独资公司形式。股份有限公司的股东众多、规模较大，社会筹集资金能力较强，国有独资公司事关国计民生，资产多、规模较大，这两种组织形式所具有的资产能力和偿付能力较强，能够适应保险公司资产运营的需要，所以《保险法》规定保险公司的组织形式只能选择股份有限公司和国有独资公司，不包括普通的有限责任公司形式和合伙形式的企业。股份保险公司依照保险法的规定组成股东会、董事会、监事会和经理部门，以及其他各种必要的组织机构。

（二）保险公司的分支机构

保险公司在我国境内外设立分支机构，须经保监会批准，取得分支机构经营保险业务许可证，分支机构不具有法人资格，其民事责任由保险（总）公司承担。保险公司下拨给分公司的营运资金总额不得超过其资本金加公积金总额的60%。《保险暂行规定》第三条规定，保险公司的分支机构是指保险公司的分公司、支公司、办事处、营业部和代表处，除国家另有规定外，保险公司的分支机构不得采用其他形式的组织结构。其分支机构名称的规范形式：分公司名称为：保险公司+所在地名+分公司；支公司名称为：保险公司+所在地名+支公司；办事处名称为：保险公司+所在地名+支公司+办事处（营业部）。

六、监督管理

（一）保监会的检查

保监会有权检查保险公司的业务状况、财务状况及资金运用状况，有权要求保险公司在规定的期限内提供有关的书面报告和资料。我国对保险业实行行业管理，保监会是保险业的行业管理机关，保险业一切主体的经营活动情况和与之相关的活动情况都在保监会的监管之下。保险公司的业务状况、财务状况和资金运营状况关系到公司的命运和社会责任，关系到千家万户的利益，因此保监会有权利也有义务对之进行检查，以外部的力量约束保险公司依法经营和按章经营。

（二）整顿

1. 整顿的概念

整顿是指保监会对经营管理不善，已经发生赔付风险或者可能发生赔付风险的保险公司采取的一种行政措施。当保险公司因经营管理不善，资产负债比例失调，丧失赔付能力或者即将丧失赔付能力时，保监会可以对之做出限期改正的决定。保险公司未在期限内改正的，由保监会决定选派保险专业人员和指定该保险公司的有关人员，组成整顿组织，在一定程度上约束或取代该保险公司的民事行为能力，对该公司进行整顿。保监会做出的整顿决定应当载明被整顿保险公司的名称、整顿理由、整顿组织和整顿期限，并予公告。

2. 整顿的基本内容

整顿组织在整顿过程中，有权监督该保险公司的日常业务。该保险公司的负责人及有关管理人员应当在整顿组织的监督下行使自己的职权，公司重大的事情及资金运用和投资情况应及时告之整顿组织。在整顿过程中，保险公司的原有业务继续进行，但是保监会有权停止开展新的业务或者停止部分业务，调整资金的运用。

3. 整顿的终止

被整顿的保险公司经整顿已纠正其违反《保险法》规定的行为，恢复正常经营状况的，由整顿组织提出报告，经保监会批准，整顿结束，恢复该保险公司正常的民事行为能力。

（三）接管

1. 接管条件

保险公司违反《保险法》的规定，损害社会公共利益，可能严重危及或者已经危及保险公司的偿付能力的，保监会可以对该保险公司实行接管，成立接管组织和制定接管的实施办法，并向社会予以公告。保险公司对保险资金使用不当或者由其他不适合的做法，导致公司损失或者即将损失赔付能力，对投保人已经或者即将构成损害，甚至可能引发金融危机。为了避免保险公司经营不善给社会造成损失，保险监督管理机构因此决定对该公司实行接管，以减少或者化解保险行业风险。

2. 接管目的和期限

接管的目的是对被接管的保险公司采取必要措施，以保护被保险人的利益，恢复保险公司的正常经营。被接管的保险公司的债权债务关系不因接管而变化，以利于社会经济关系的稳定。接管是指由接管组织取代该保险公司的民事行为能力，原公司的领导层需要离开原来的管理岗位，公司的业务和其他管理活动由接管组行使，或者由接管组授权保险公司原来的人员行使。接管的期限由保监会决定，期限届满，但未达到接管目的的，可以适当延期，但接管期限最长不得超过 2 年。

3. 接管终止

接管期限届满，被接管的保险公司已恢复正常经营能力的，保监会可以决定接管终止，解散接管组，将民事行为能力交还给该保险公司行使。这种情况一般是由其他经营业绩良好的保险公司代为经营管理，在输入良好的管理理念和有效的管理制度之后，有可能使被接管的公司恢复正常的赔付能力，所以就可以终止或者提前终止接管。

在接管期间，接管组织认为被接管的保险公司的财产已不足以清偿所负债务，没有能力并且也没有希望依靠自己的力量恢复赔付能力和清偿能力的，由保监会终止接管，债务人经保监会批准，依法向人民法院申请宣告该保险公司破产。

第四节　网络保险的法律问题

一、网络保险概念

网络保险是新兴的一种以计算机网络为媒介的保险营销模式，有别于传统的保险代理人营销模式。网络保险是指保险公司或新型网上保险中介机构以因特网和电子商务技术为工具来支持保险的经营管理活动的经济行为。

网络保险的优势有：

在网络保险与投保人方面。由于网络所固有的快速、便捷的特点，网络能将各大保险公司的各种保险产品集合起来，投保人可以反复比较，看看哪一个保险品种更适合更有保障，再轻松地做出自己的选择。而且，通过网络技术，投保人还可以享受到各种便捷的服务，如信息咨询、保单变更等。更重要的是，网络保险能给保民带来传统投保方式所不能带来的优势，轻点鼠标，一切都那么清晰容易。

在网络保险与保险公司方面。与传统保险相比，保险公司同样能从网络保险中获益多多。通过网络可以推进传统保险业的加速发展，使险种的选择、保险计划的设计和销售等方面的费用减少，有利于提高保险公司的经营效益。

二、发展网络保险的必要性

（一）发展网络保险是顺应世界保险业发展潮流的需要

随着信息社会的到来，电子商务在美国、西欧等发达国家和地区的发展极为迅速。据统计，美国网上保险费早在 1997 年就高达 3.9 亿美元，而 2001 年，约有 11 亿美元的保险费是通过网络保险获得。2005 年，英国约有 20%的保险将在互联网上销售。日本已出现首家完全通过互联网推销保险业务的保险公司。作为全球最大的保险及资产管理集团之一的法国安盛集团，早在 1996 年就试行了网上直销。目前，这个集团约有 8%的新单业务是通过互联网来完成的。可以说，网络保险正以其完备的信息，简便的购买方式和快捷的速度成为保险销售的发展方向。我国如不顺应世界保险业的这一发展潮流，在网络保险方面必将面临国外保险公司的强烈挑战。

（二）发展网络保险是提高市场占有率的需要

加入 WTO 后，外国保险公司必然会抢占我国保险市场，造成我国保险业务流失，市场份额下降。为了避免外资保险公司过多地挤占我国保险市场，我国保险公司应马上进行策略投资和系统投资，实行交互式的顾客投保服务，有效运用企业间的电子商务，开发多种附加服务，扩大销售渠道，通过互联网树立名牌形象，同时注意保证网站安全，保护顾客资料数据，做好与外资保险公司抗衡的准备。

（三）发展网络保险是完善我国保险推销体系的需要

多年来，我国一直以保险代理人作为保险推销体系的主体重点发展，在寿险推销方面形成了以寿险营销员为主体的寿险营销体系。实践证明，这种营销机制对推动我国保险业的发展起到了十分重要的作用，但也存在比较突出的问题。因缺乏与保险公司的直接交流，就会导致营销人员为急于获取保单而一味夸大投保的益处，隐瞒不足之处，给保险公司带来极大的道德风险，为保险业的长远发展埋下隐患。而且，保险营销人员素质良莠不齐，又给保险公司带来极大的业务风险。此外，现有营销机制还存在效率低下的弊端。据调查，为整理繁多的客户信息，保险销售员经常雇佣私人秘书，但即便如此，还是常有照顾不到的地方，影响保险公司的信誉。发展网络保险，则可以以快速方便的信息传递、周到细致的客户服务，为公众提供低成本、高效率的保险购买渠道，弥补现有销售渠道的缺点。

（四）发展网络保险是提高保险企业管理水平和经营效率的需要

先进的企业管理方法和手段是保险业持续、快速和高质量发展的“法宝”。随着网络的发展，现代信息技术必将对保险企业管理方式产生深远的影响。第一，网络信息技术的运用，导致保险企业管理跨度加大，基层公司与决策层的联系更加紧密，中间管理层的作用逐步减弱，决策指挥链尽可能缩短，有利于克服层次重叠、冗员多、运转慢、决策效率低下等弊端。第二，内部文档、数据处理电子化，使文件发送、存储查询速度加快，效率提高。第三，利用网络方便、迅速、全面地收集各种资料，利用远程通信技术和各区域人员保持联系，共同进行分析、预测、决策和控制。第四，利用网络，保险公司可以在培训员工、发布公司内部信息，与保险中介人、商业伙伴、保险监管机构进行联络等诸多方面节省大量的费用和时间。第五，在偿付能力方面，国家可借助于现代网络技术加强对保险企业的有效监管，保险企业也可以保持对自身偿付能力的管理。因此，发展网络保险，不仅可以实现保险营销方式的创新，也是实现管理创新的重要保证。

三、网上保险的简单销售流程

客户在网上填写投保单，通过网络传给保险公司；保险公司实时或延时核保后，以电子邮件或电话形式向客户确认，客户正式签名后，合同成立；客户通过电子银行转账或信用卡支付，保单正式生效。我们从以上流程中发现，至少有三方面的不成熟：

（1）在线核保。保险公司对保险标的有较为详细的核保标准和核保要求，包括核保标的金额、核保标的范围和核保险种等有关内容。对风险较大、技术含量较高、保险金额较大的标的要求做到现场查勘，而这些都是在线核保所不具备的；

（2）电子签名。由于我国还没有电子签名的相关立法，通过数字签名在线签订的保险公司并不具有法律效力。

（3）网上支付。由于信用卡使用不普及，且只有牡丹卡、龙卡、长城卡等少数几种卡可以选择，所以网上支付也是保险上网的瓶颈之一。

四、我国互联网业务配套法律法规尚待进一步健全

2000 年 10 月 1 日起实施的《中华人民共和国合同法》首次涉及了电子文件定义和相关内容。但若干实务环节仍有待相关法律、法规予以明确的规范、定义和解释。例如如何认定电子保险合同的效力、如何将电子保险合同作为证据进行保全、如何确定电子保险合同的地域管辖等。可以说，互联网立法滞后，是保险网站业务拓展的重大障碍。

思考与练习题

1. 简述保险合同的分类。
2. 简述保险合同的主体和客体。
3. 简述保险业法的概念及调整对象。
4. 简述保险公司的设立、变更和清算制度。
5. 保险的监督管理包括哪些制度？

第九章 票据法律制度

第一节 票据和票据法概述

一、票据概述

（一）票据的概念

票据是出票人签发的，约定自己或者委托他人在见票时或在指定的日期，向收款人或持票人无条件支付一定金额的有价证券。我国票据法规定的票据包括汇票、本票和支票。

（二）票据的特征

作为有价证券的一种，票据除具备有价证券的基本特征外，还具有以下特征：

1. 票据是债权证券

票据所表示的权利是票据权利人请求票据义务人支付一定金钱的请求权。

2. 票据是无因证券

票据权利与票据原因严格分离，持票人行使权利时，无需证明取得票据的原因。只要权利人持有票据，就享有票据权利，并可以依票据行使权利。

3. 票据是文义证券

票据所创设的权利义务以及与票据有关的一切事项必须以票据上所记载的文字为准。即使票据上记载的文义存在错误，也要以该文义为准。

4. 票据是设权证券

票据上所表明的权利是因出票人依法签发而创设的。

5. 票据是要式证券

票据的格式、记载内容以及一切在票据上所进行的活动必须符合法律规定的程序和方式。

6. 票据是流通证券

流通是票据的基本功能之一，在票据到期前，票据权利可以因背书和交付而转让给他人。

二、票据法概述

（一）票据法的概念及特征

1. 票据法的概念

票据法是指调整票据关系以及与票据关系有关的其他社会关系的法律规范。其中票据关系是基于票据行为而在票据当事人之间形成的票据权利义务关系；与票据关系有关的其他社会关系则是为保证票据的流通和使用，基于票据法的特别规定而产生的社会关系。票据法有广义和狭义之分。

2. 票据法的特征

票据法作为民法的特别法，具有自身的特征，具体表现为：

（1）强制性。票据法具有强制性，票据法中关于票据的种类、票据的格式、票据行为的构成等规定均属于强制性规范。

（2）技术性。为了保证票据的流通和使用安全，票据法的许多制度都是立法技术的产物，主要规定当事人的行为程式和行为技术，很少涉及当事人行为时的价值选择和价值判断。

（3）国际统一性。随着商品交易活动区域的扩大，为了促进本国及世界经济发展，各国票据法应尽可能地与国际票据规则接轨。

（二）票据关系及票据基础关系

1. 票据关系

票据关系是票据法律关系的简称，指票据当事人之间基于票据行为而发生的以票据记载的权利义务为内容的法律关系。票据关系主要包括票据发行关系、票据背书关系、票据承兑关系、票据保证关系和票据付款关系。

2. 票据基础关系

票据关系当事人之间之所以发生授受票据的行为，是基于一定的原因或前提，这种授受票据的原因或前提关系即票据基础关系。票据基础关系包括票据原因关系、票据资金关系和票据预约关系。

票据关系一旦形成就和票据基础关系相分离，票据基础关系是否存在和有效都不会对票据关系产生影响。

（三）票据法律关系的主体

票据法律关系的主体是指参与票据法律关系享有票据权利和承担票据义务的当事人。票据法律关系的主体可分为：

1. 票据债权人和票据债务人

持有票据并据此享有票据权利的人为票据债权人，实施一定的票据行为而在票据上签名对票据承担付款责任的人为票据债务人。

2. 基本当事人和非基本当事人

根据是否以出票行为产生可将票据当事人分为基本当事人和非基本当事人。基本当事人是签发票据时就已存在的当事人，如汇票和支票的出票人、付款人、收款人等；非基本当事人是签发票据后通过各种票据行为加入到票据关系中的当事人，如背书人、被背书人、票据保证人等。

3. 前手和后手

票据的流通性使票据的多数当事人处于相互联系的位置，这种位置关系可分为前手和后手。前手是指在票据签章人或者持票人之前签章的其他票据债务人。后手是指在票据签章人之后签章的其他票据债务人。

区分前手和后手的意义在于当票据上的当事人行使追索权时，只能由后手向前手追索，前手不能向后手追索。

（四）票据法律关系的内容

票据关系的内容是指票据当事人因票据行为依法享有的票据权利和承担的票据义务。

（五）票据法律关系的客体

票据法律关系的客体是票据当事人权利义务共同指向的对象，即一定数额的货币。

第二节　票据一般规则

一、票据行为

（一）票据行为的概念

票据行为有广义和狭义之分。广义的票据行为是指票据关系当事人之间以发生、变更或终止票据关系为目的而进行的法律行为。狭义的票据行为仅指承担票据债务的要式法律行为。票据行为包括出票、背书、承兑、保证、付款。

1. 出票

出票是指出票人签发票据并将其交付给收款人的票据行为。出票包括出票人签发票据的行为和交付票据的行为。票据上的权利义务都是通过出票行为设定的，出票行为为基本票据行为。汇票、本票、支票都必须有出票行为。

2. 背书

背书是指在票据背面或者粘单上记载有关事项并签章的票据行为。票据为流通证券，票据的转让流通主要是通过背书行为实现的。因背书行为，背书人产生对票据债务人的担保责任和连带责任，被背书人代替背书人成为新的持票人，取得票据债权。汇票、本票和支票等都可以有背书行为。

3. 承兑

承兑是指汇票付款人承诺在汇票到期日支付汇票金额的票据行为。承兑是汇票特有的制度。汇票关系中，付款人完成承兑行为即为承兑人，承兑人即成为票据债务的主债务人。

4. 保证

指票据债务人以外的第三人以担保特定的票据债务人履行债务为目的，在票据上所为的附属票据行为。保证人本来不是票据授受的当事人，与票据债务没有当然联系，但由于保证行为的做出，保证人成为票据债务人之一。票据的保证是单方行为，只要保证人在票据上记载保证事项并签章，即可产生票据法上和担保法上的双重效力。保证，可以发生于汇票、本票关系之中。

（二）票据行为的特征

票据行为具有以下特征：

1. 要式性

票据行为为要式行为。对于票据的签章、形式以及格式票据法均做了严格规定，排除了当事人的意思自治和任意选择。当事人只有严格按照票据法的规定在票据上记载法定事项并签章才能产生其预期的法律效果。票据行为的要式性有利于票据的安全流通。

2. 无因性

票据关系一旦依法成立，其效力可以摆脱其基础关系的牵连。只要票据行为的形式符合票据法的规定，就是有效的票据行为。票据行为的无因性有利于票据的流通，有利于保护持票人的利益。

3. 文义性

票据行为的内容必须以票据所记载的文义为准，即使记载内容与实际不符，也不能否定票据记载的法律效力，只能根据票据记载文义确定票据行为的内容。

4. 独立性

独立性是指同一票据上的各个票据行为互不影响，各自独立地发生法律效力。《中华人民共和国票据法》（以下简称《票据法》）第五条规定："没有代理权而以代理人名义在票据上签章的，应当由签章人承担票据责任；代理人超越代理权限的，应当就其超越权限的部分承担票据责任。"《票据法》第六条规定"无民事行为能力人或者限制民事行为能力人在票据上签章的，其签章无效，但是不影响其他签章的效力。"《票据法》第十四条规定："票据上有伪造、变造签章的，不影响票据上其他真实签章的效力。"《票据法》第四十九条还规定："保证人对合法取得汇票的持票人所享有的汇票权利，承担保证责任。但是，被保证人的债务因汇票记载事项欠缺而无效的除外。"换言之，除被保证人的债务因汇票记载事项欠缺无效外，保证人均应对持票人所享有的汇票权利承担保证责任。这与一般民法意义上主债务与从债务的关系存在着显著区别。

5. 连带性

连带性是指同一票据上的各种票据行为人均对持票人承担连带责任。作为票据债权人的持票人在其票据权利无法实现时，可将其所有前手列为互负连带责任的共同债务人，对其承担连带票据责任。《票据法》第六十八条即规定："汇票的出票人、背书人、承兑人和保证人对持票人承担连带责任。持票人可以不按照汇票债务人的先后顺序，对其中任何一人、数人或者全体行使追索权。"

（三）票据行为的有效要件

票据行为的有效要件分为实质要件和形式要件两类。

1. 票据行为的实质要件

票据行为的实质要件包括以下几个方面：

（1）票据当事人的民事行为能力。法人的行为能力受其权利能力的限制，法人在其票据权利能力范围内享有票据行为能力。根据《票据法》第六条的规定，"无民事行为能力人或者限制民事行为能力人在票据上签章的，其签章无效，但是不影响其他签章的效力。"这表明在票据法律关系中，只有完全民事行为能力的自然人才有票据行为能力。

（2）意思表示。意思表示真实是民事法律行为的一般生效要件，票据行为也必须由真实的意思表示构成。但票据具有无因性和文义性的特征，为了促进票据流通，保护善意第三人利益，仅要求意思表示的相对人对意思表示的外表进行判断，只要票据行为的形式符合规定，就是有效的票据行为。《票据法》第十二条规定，"以欺诈、偷盗或者胁迫等手段取得票据的，或者明知有前列情形，出于恶意取得票据的，不得享有票据权利。"此规定表明，在票据行为的形式符合规定的情况下，以欺诈、偷盗、胁迫以及出于恶意取得票据的，持票人也不得享有票据权利。

2. 票据行为形式要件

票据行为的形式要件包括书面形式、记载事项、签章和交付。

（1）书面形式。出票、背书、承兑、保证等票据行为必须采用书面形式。

（2）签章。在票据上，签章是票据行为生效的一个重要条件。

我国《票据法》规定："票据上的签章，为签名、盖章或者签名加盖章。""在票据上的签名，应当为该当事人的本名。"《票据管理实施办法》第十六条规定："该本名是指符合法律、行政法规以及国家有关规定的身份证件上的姓名。"《票据法》第七条第二款规定："法人和其他使用票据的单位在票据上的签章，为该法人或者该单位的盖章加其法定代表人或者其授权的代理人的签章。"根据该规定，法人和其他单位的签章必须同时采用签名加盖章方式；否则，该票据行为不具有票据法上的效力。

《最高人民法院关于审理票据纠纷案件若干问题的规定》第四十一条和中国人民银行发布的支付结算办法第二十三条，就票据的签章要求做出了详尽的规定。

（3）记载事项。根据票据记载事项效力的不同，记载事项可分为必要记载事项、任意记载事项、禁止记载事项。

必要记载事项，指依票据法规定必须记载的事项。根据记载事项的效力上的差异，必要记载事项又分为绝对必要记载事项和相对必要记载事项。

任意记载事项，指票据法规定的当事人任意记载，一旦记载即具有法律效力的事项。

禁止记载事项，指若记载于票据上，将使记载或票据归于无效的事项。

由于票据种类不同，记载事项也有所不同，下列四项为各种票据共同的绝对必要记载事项：①表明票据种类的文句，如汇票、本票、支票的记载。②确定的金额。如《票据法》第八条规定："票据金额以中文大写和数码同时记载，二者必须一致，二者不一致的，票据无效"。③收款人的记载。收款人是票据的主债权人，因此必须记载这一内容。④出票日期的记载。出票日期是判定票据权利义务的发生、变更和终止的重要标准，因此必须记载这一内容。

《票据法》第九条规定："票据上的记载事项必须符合本法的规定。票据金额、日期、收款人名称不得更改，更改的票据无效。对票据的其他记载事项，原始记载人可以更改，更改时应当由原记载人签章证明。"

（4）交付。交付是指票据行为人将票据交给相对人持有的行为。无论是出票还是背书、承兑、保证、付款等均须将票据交付到相对人手中，才算完成票据行为，相对人也才能根据其占有的票据行使票据权利或承担票据义务。

（四）票据行为的代理

《票据法》第五条规定："票据当事人可以委托其代理人在票据上签章，并应当在票据上表明其代理关系。"票据行为的代理是指代理人基于被代理人的授权，在票据上载明被代理人的姓名或名称，表明代理关系，并在票据上签章的行为。票据代理的成立要件包括：

（1）票据当事人有委托代理的意思表示；

（2）在票据上载明被代理人的姓名或名称；

（3）在票据上表明代理关系，如注明"代理"或类似字样；

（4）代理人签章。

没有代理权而以代理人名义在票据上签章的，应当由签章人承担票据责任；代理人超越代理权限的，应当就其超越权限的部分承担票据责任。

二、票据权利

（一）票据权利的概念及分类

票据权利，是指持票人凭票据向票据债务人请求支付票据金额的权利。票据权利包括付款请求权和追索权。

1. 付款请求权

付款请求权是指票据债权人依法要求票据主债务人或其他付款人按票据上记载的金额付款的权利。付款请求权是第一请求权。票据的主债务人是汇票的付款人或承兑人及其保证人、本票的出票人及其保证人、支票的付款人。

2. 追索权

追索权是指持票人行使付款请求权遭到拒绝或有其他法定原因发生时，向其前手请求偿还票据金额及其他费用的权利。在票据法上，持票人应首先行使付款请求权，只有在付款请求权不能实现时才能行使追索权。故追索权又被称为第二请求权。

（二）票据权利的取得

根据票据权利的取得方式，票据权利的取得分为原始取得和继受取得。原始取得是指出票人制成票据并交付给收款人后，收款人即从出票人处得到票据权利。继受取得是指持票人通过背书转让或者交付程序从有处分权人处取得票据权利。

根据当事人票据取得的主观状态可将票据取得分为善意取得、恶意取得。持票人在善意和无重大过失的情况下，依照票据法规定的方式支付对价后取得的票据，为善意取得。持票人善意取得的票据，应当享有票据权利。明知让与人以欺诈、偷盗或者胁迫等手段取得票据仍受让的为恶意取得。出于恶意取得票据的不得享有票据权利。持票人因重大过失取得不符合票据法规定的票据的，不得享有票据权利。

（三）票据权利的行使

票据权利的行使是指票据权利人向票据债务人提示票据，请求实现票据权利的行为。

1. 票据权利的行使对象

汇票和支票的付款请求权行使对象为付款人；本票付款请求权行使对象为出票人。追索权的行使对象是付款请求权行使对象以外的所有签章于票据的人，如背书人、汇票的出票人、保证人等。

2. 票据权利的行使程序

票据权利的行使以持有票据为条件，持票人首先应行使付款请求权，付款请求权不能实现时才能行使追索权。

持票人应在提示付款期限内提示票据行使付款请求权。《票据法》第五十三、七十八、九十一条规定了票据提示付款期限。见票即付的汇票，自出票日起 1 个月内向付款人提示付款；定日付款、出票后定期付款或者见票后定期付款的汇票，自到期日起 10 日内向承兑人提示付款；本票的出票人在持票人提示见票时，必须承担付款的责任；本票自出票日起，付款期限最长不得超过 2 个月。支票自出票日起 10 日内提示付款。

如果超越提示付款期限，持票人依然可以提示付款，汇票付款人、承兑人、本票出票人依然可以付款。如果付款请求遭到拒绝，本票的持票人会因此丧失对出票人以外的前手的追索权，但汇票与支票的持票人并不会因此而丧失追索权。

3. 票据权利的行使处所

《票据法》第十六条规定：“持票人对票据债务人行使票据权利，或者保全票据权利，应当在票据当事人的营业场所和营业时间内进行，票据当事人无营业场所的，应当在其住所进行。”

（四）票据权利的保全

票据权利的保全是票据权利人为防止票据权利的丧失而实施的行为。具体方法包括为防止付款请求权因届满丧失而采取的向人民法院提起诉讼使时效中断的方法，为防止追索权失效而要求付款人提供拒绝承兑或拒绝付款的证明，在付款人或者承兑人被宣告破产、被责令终止业务时请求有关机关给付司法文书副本的方法等。

（五）票据权利的消灭

票据权利和其他民事权利一样，会因一定的法律事实而消灭。票据权利消灭后，票据上的债权、债务关系随之消灭。除一般债权的消灭事由（如混同、免除等）可以导致票据权利消灭外，发生下列情况时，票据权利也归于消灭：

1. 付款人履行了付款义务

付款人对持票人履行了付款义务后，持票人的付款请求权消灭，票据上其他债务人的责任同时解除。

2. 票据时效期间届满

票据时效是指票据权利人在法定的期限内不行使权利即引起票据权利消灭的法律制度。

根据《票据法》第十七条的规定，票据权利在下列期限内不行使而消灭：

（1）持票人对票据的出票人和承兑人的权利，自票据到期日起满 2 年。见票即付的汇票、本票，自出票日起满 2 年。

（2）持票人对支票出票人的权利，自出票日起满六个月。

（3）持票人对前手的追索权，自被拒绝承兑或者被拒绝付款之日起满六个月。

（4）持票人对前手的再追索权，自清偿日或者被提起诉讼之日起满三个月。

票据的出票日、到期日由票据当事人依法确定。

《最高人民法院关于审理票据纠纷案件若干问题的规定》第十八条规定："《票据法》第十七条第 1 款第三、四项规定的持票人对前手的追索权，不包括对票据出票人的追索权。"第二十条规定："《票据法》第 17 条规定的票据权利时效发生中断的，只对发生时效中断事由的当事人有效。"持票人因超过票据权利时效而丧失票据权利的，仍享有民事权利，可以请求出票人或者承兑人返还其与未支付的票据金额相当的利益。

3. 票据记载事项欠缺

根据票据法的规定，持票人因票据记载事项欠缺而丧失票据权利的，仍享有民事权利，可以请求出票人或者承兑人返还其与未支付的票据金额相当的利益。

4. 追索义务人清偿票据债务及追索费用

持票人行使追索权，被追索人按规定清偿票据债务和追索费用后，票据权利归于消灭。《票据法》第七十一条规定："被追索人按规定清偿后，可以向其他汇票债务人行使再追索权，请求支付已清偿的全部金额、利息和有关追索的费用。"

（六）票据权利的补救

票据权利与票据是紧密相连的，票据丧失会影响票据权利的实现。为此，《票据法》第十五条第 2 款规定的票据丧失后的补救措施包括：挂失止付、公示催告、普通诉讼。

1. 挂失止付

挂失止付是指失票人将丧失票据的情况通知付款人，由接受通知的付款人暂停支付的一种方法。《票据法》第十五条规定："票据丧失，失票人可以及时通知票据的付款人挂失止付。但是，未记载付款人或者无法确定付款人及其代理付款人的票据除外。""收到挂失止付通知的付款人，应当暂停支付。"

挂失止付并不是票据丧失后票据权利补救的必经程序，它仅仅是失票人防止票据被冒领或骗取而采取的一种暂时的预防措施。因此失票人也可以不采取挂失止付，直接向人民法院申请公示催告，由法院在受理后发出停止支付通知，或向法院直接起诉。

2. 公示催告

公示催告是指在票据丧失后，由失票人向人民法院提出申请，请求人民法院以公告方法通知不确定的利害关系人限期申报权利，逾期未申报者，则权利失效，而由人民法院通过除权判决宣告所丧失的票据无效的一种制度和程序。《中华人民共和国民事诉讼法》第一百九十三条规定："按照规定可以背书转让的票据持有人，票据被盗、遗失或者灭失，可以向票据支付地的基层人民法院申请公示催告。"我国《票据法》第十五条规定："失票人应当在通知挂失止付后 3 日内，也可以在票据丧失后，依法向人民法院申请公示催告。"

3. 普通诉讼

普通诉讼是指丧失票据的失票人向人民法院提起民事诉讼，要求法院判定付款人向其支付票据金额的活动。《票据法》第十五条规定："失票人应当在通知挂失止付后三日内，也可以在票据丧失后，依法向人民法院申请公示催告，或者向人民法院提起诉讼。"

（七）票据抗辩

1. 票据抗辩的概念

《票据法》第十三条规定："抗辩是指票据债务人根据本法的规定对票据债权人拒绝履行义务的行为。"可见，票据抗辩是指票据债务人对票据债权人的请求，提出合法事实和理由予以对抗，并拒绝履行义务的行为。票据债务人依法享有的这项权利与票据权利人的请求权相对立，是票据债务人保护自己合法权益的重要手段。

2. 票据抗辩的种类

根据抗辩事由及效力的不同，可以将票据抗辩分为两类：

（1）对物抗辩，又称绝对抗辩或客观抗辩，是指票据债务人以票据本身存在的事由而向一切票据债权人行使的抗辩。具体包括：①因票据行为不成立而为的抗辩；②依票据记载不能提出请求而为的抗辩；③因票据记载的权利已消灭或失效而为的抗辩；④因票据权利保全手续欠缺而为的抗辩；⑤因票据存在伪造、变造情形而为的抗辩。

（2）对人抗辩，又称为相对抗辩或主观抗辩，是指基于持票人自身或票据债务人与特定的持票人之间的关系而产生的抗辩。《票据法》第十三条规定："票据债务人可以对不履行约定义务的与自己有直接债权债务关系的持票人，进行抗辩。"对人的抗辩只能向特定的持票人主张。

《票据法》第十三条规定："票据债务人不得以自己与出票人或者与持票人的前手之间的抗辩事由，对抗持票人。但是，持票人明知存在抗辩事由而取得票据的除外。"

（八）票据的伪造和变造

《票据法》第十四条规定："票据上的记载事项应当真实，不得伪造、变造。伪造、变造票据上的签章和其他记载事项的，应当承担法律责任。"

1. 伪造票据

伪造票据是指行为人以行使票据权利为目的，假冒他人或虚构他人的名义在票据上为一定的票据行为，包括票据本身的伪造和票据上签章的伪造。假冒他人名义对已经存在的票据实施伪造签章的行为为票据上签章的伪造，如伪造背书签章、承兑签章、保证签章等。假冒他人或者是虚构人的名义进行出票行为为票据本身的伪造（即发票的伪造），如在空白票据上伪造出票人签章或盗盖出票人的印章而进行出票，这种票据是无效的票据。伪造票据不属于票据行为。

2. 变造票据

变造票据是指无权改变票据内容而擅自变更票据文义的行为，即改变签名以外的票据上的其他记载事项的行为。票据变造的前提是该票据在变造前须为形式上有效的票据，而在变造后仍须为形式上有效的票据。

我国票据法规定，票据上有伪造、变造的签章的，不影响票据上其他真实签章的效力。票据上其他记载事项被变造的，在变造之前签章的人，对原记载事项负责；在变造之后签章的人，对变造之后的记载事项负责；不能辨别是在票据被变造之前或者之后签章的，视同在变造之前签章。

第三节　汇票规则

一、汇票概述

（一）汇票的概念

汇票是出票人签发的，委托付款人在见票时或者在指定日期无条件支付确定金额给收款人或者持票人的票据。汇票最集中地体现了票据的信用、支付和融资等功能，是票据的典型代表。

汇票具有以下特征：

（1）汇票是由出票人委托他人支付的票据，是一种委付票据；

（2）汇票是在指定到期日付款的票据；

（3）汇票是付款人无条件支付票据金额给收款人或持票人的票据；

（4）汇票在出票时即存在的基本当事人为出票人、付款人和收款人。

（二）汇票的种类

根据我国《票据法》的规定，汇票分为银行汇票和商业汇票。

1. 银行汇票

银行汇票是由汇款人将款项交存当地银行，由出票银行签发给汇款人持往异地办理转账结算或支取现金的票据。单位、个体经济户和个人需要使用各种款项，均可使用银行汇票。只有参加“全国联行往来”的银行才能签发汇票，充当出票人。由于银行汇票的出票人和付款人都是银行，银行汇票的可兑换性非常强，且风险较低。银行汇票上记载的“汇款人”不是汇票上的当事人。

2. 商业汇票

商业汇票是出票人签发的，委托付款人在指定日期无条件支付确定的金额给收款人或者持票人的票据。在银行开立存款账户的法人以及其他组织之间，必须具有真实的交易关系或债权债务关系，才能使用商业汇票。

根据承兑人的不同，商业汇票分为商业承兑汇票和银行承兑汇票。银行承兑汇票由银行承兑，是利用银行的资金信用；商业承兑汇票由银行以外的付款人承兑，是付款人利用自己的资金信用。由于银行的资金信用较高，银行承兑汇票的安全性也较高，在票据实务中被人们广泛接受。

二、出票

（一）出票的概念

出票是指出票人签发票据并将其交付给收款人的票据行为。出票包括作成票据和交付票据两项行为。汇票的出票人必须与付款人具有真实的委托付款关系，并且具有支付汇票金额的可靠资金来源。不得签发无对价的汇票用以骗取银行或者其他票据当事人的资金。

票据是一种无因证券，即使出票人签发了没有对价的汇票，出票人等债务人仍应按照汇票上记载的事项承担票据责任。

（二）汇票的格式

汇票的格式是指作成汇票后记载于汇票上的内容，具体包括：

1. 绝对必要记载事项

绝对必要记载事项，是指票据法规定的汇票必须记载的事项，缺少其中任何一项或任何一项记载不合法，将导致汇票无效。《票据法》第二十二条规定，汇票必须记载下列事项：

（1）表明“汇票”的字样；

（2）无条件支付的委托；

（3）确定的金额；

（4）付款人名称；

（5）收款人名称；

（6）出票日期；

（7）出票人签章。

2. 相对必要记载事项

所谓相对必要记载事项，是指由票据法列举，但汇票上可以选择是否记载的事项。如不予记载，也不影响汇票的效力。

汇票上记载付款日期、付款地、出票地等事项的，应当清楚、明确。

付款日期按照见票即付、定日付款、出票后定期付款、见票后定期付款四种形式之一记载，汇票上未记载付款日期的，为见票即付。汇票上未记载付款地的，付款人的营业场所、住所或者经常居住地为付款地。汇票上未记载出票地的，出票人的营业场所、住所或者经常居住地为出票地。

3. 任意记载事项

任意记载事项，是指除绝对必要记载事项和相对必要记载事项外，在不违反法律的前提下记载于汇票上的事项。

汇票上可以记载票据法规定事项以外的其他出票事项，但是这些记载事项不具有汇票上的效力。

（三）出票的效力

1. 对出票人的效力

出票人签发汇票后，即承担保证该汇票承兑和付款的责任。出票人在汇票得不到承兑或者付款时，应当向持票人清偿《票据法》第七十条、第七十一条规定的金额和费用。

2. 对收款人的效力

收款人取得汇票权利。

3. 对付款人的效力

付款人在承兑后即成为汇票主债务人。

三、背书

（一）汇票转让与背书

除出票人在汇票上记载“不得转让”字样的汇票外，持票人可以将汇票权利转让给他人或者将一定的汇票权利授予他人行使。持票人将汇票权利转让给他人或者将一定的汇票权利授予他人行使时，应当采用背书转让方式。以背书转让的汇票，后手应当对其直接前手背书的真实性负责。

（二）背书的形式

背书为要式行为，必须满足票据法的规定才能成立。背书应注意以下事项：

1. 被背书人名称和背书签章

被背书人名称和背书签章为绝对必要记载事项。汇票以背书转让或者以背书将一定的汇票权利授予他人行使时，必须记载被背书人名称。未记载被背书人名称的，背书行为无效。背书人背书时，必须在票据上签章，否则背书行为无效。

2. 背书日期

背书未记载日期的，视为在汇票到期日前背书。

3. 关于禁止背书的记载

背书人的禁止背书是背书行为的一项任意记载事项。背书人在汇票上记载“不得转让”字样，其后手再背书转让的，原背书人对后手的被背书人不承担保证责任。

4. 不得记载的内容

背书不得附有条件。背书时附有条件的，所附条件不具有汇票上的效力。将汇票金额的一部分转让的背书或者将汇票金额分别转让给二人以上的背书无效。

5. 背书时粘单的使用

票据凭证不能满足背书人记载事项的需要，可以加附粘单，粘附于票据凭证上。粘单上的第一记载人，应当在汇票和粘单的粘接处签章，否则该粘单记载的内容无效。

（三）背书连续

背书连续是指在票据转让中，转让汇票的背书人与受让汇票的被背书人在汇票上的签章依次前后衔接。以背书转让的汇票，背书应当连续。持票人以背书的连续，证明其汇票权利；非经背书转让，而以其他合法方式取得汇票的，依法举证，证明其汇票权利。

对于非经背书转让，而以其他合法方式取得汇票的，不涉及背书连续问题。

（四）委托收款背书和质押背书

委托收款背书和质押背书均属非转让背书。

1. 委托收款背书

委托收款背书又称委任背书，是指持票人以行使票据上的权利为目的，而授予被背书人以代理权的背书。委托收款背书不是票据权利的转让，而是一种以背书形式进行的委托，背书人是委托人，被背书人是受托人。委托关系形成后，被背书人可以代理行使票据上的权利，但是，被背书人不得再以背书转让汇票权利。

2. 质押背书

质押背书又称设质背书、质权背书，是指持票人以票据权利设定质权，提供质押担保为目的在票据上做成的背书。背书人是原持票人，也是出质人，被背书人则是质权人。被背书人取得质权人地位后，在背书人不履行其债务的情况下，可以行使票据权利，并从票据金额中按所担保债权的数额优先得到清偿。质押时应当以背书记载“质押”字样。

（五）法定禁止背书

汇票被拒绝承兑、被拒绝付款或者超过付款提示期限的，不得背书转让；背书转让的，背书人应当承担汇票责任。

四、承兑

（一）承兑的概念及特征

承兑是指汇票付款人承诺在汇票到期日支付汇票金额的票据行为。承兑具有以下特征：

（1）承兑是附属票据行为；

（2）承兑是承诺支付票据金额的票据行为；

（3）承兑是汇票付款人所为的票据行为；

（4）承兑是要式法律行为。

（二）承兑的程序

承兑的程序包括提示承兑、承兑或拒绝承兑以及汇票交还三个过程。

1. 提示承兑

提示承兑是指持票人向付款人出示汇票，并要求付款人承诺付款的行为。定日付款或者出票后定期付款的汇票，持票人应当在汇票到期日前向付款人提示承兑；见票后定期付款的汇票，持票人应当自出票日起 1 个月内向付款人提示承兑；汇票未按照规定期限提示承兑的，持票人丧失对其前手的追索权。

见票即付的汇票无需提示承兑。

2. 承兑或拒绝承兑

付款人对向其提示承兑的汇票，应当自收到提示承兑的汇票之日起 3 日内承兑或者拒绝承兑。如果付款人拒绝承兑，应制成拒绝承兑证书并交持票人。付款人收到持票人提示承兑的汇票时应当向持票人签发收到汇票的回单，回单上应当记明汇票提示承兑日期并签章。

付款人承兑汇票的，应当在汇票正面记载“承兑”字样和承兑日期并签章。付款人承兑汇票，不得附有条件；承兑附有条件的，视为拒绝承兑。见票后定期付款的汇票，应当在承兑时记载付款日期，汇票上未记载承兑日期的，以自收到提示承兑的汇票第三日为承兑日期。

3. 汇票交还

付款人收到提示承兑的汇票后即占有汇票，在其决定承兑或拒绝承兑后应将汇票交还持票人。

（三）承兑的效力

付款人做出承兑的记载，并将汇票交还持票人后，承兑即发生效力。《票据法》第四十四条规定：“付款人承兑汇票后，应当承担到期付款的责任。”

五、保证

票据保证是指票据债务人以外的第三人，以担保特定债务人履行票据债务为目的，而在票据上所为的一种附属票据行为。票据保证兼有保证行为与票据行为的特征。

（一）保证的当事人

关于票据保证的当事人是双方还是三方的问题学术界仍存在着争论。有学者认为票据保证的当事人仅为保证人与被保证人，也有学者认为票据保证的当事人除保证人与被保证人外，还包括被保证票据债务的权利人。笔者认为票据保证的当事人包括：保证人即由汇票债务人以外的他人担当。已成为票据债务人的，不得再充当保证人。保证人应是具有代为清偿票据债务能力的法人、其他组织或者个人；国家机关、以公益为目的的事业单位、社会团体、企业法人的分支机构和职能部门不得为保证人；但是法律另有规定的除外。

被保证人是指票据关系中已有的票据债务人，包括出票人、背书人、承兑人。票据债务人一旦由他人为其提供保证，其在保证关系中就被称为被保证人。

（二）保证的格式

保证是要式行为，根据《票据法》第四十六条的规定，保证人必须在汇票或粘单上记载下列事项：

（1）表明“保证”的字样；

（2）保证人名称和住所；

（3）被保证人的名称；

（4）保证日期；

（5）保证人签章。

在《票据法》第四十六条规定的记载事项中，绝对必要记载事项包括保证文句和保证人签章两项。保证人在汇票或者粘单上未记载被保证人名称的，已承兑的汇票，承兑人为被保证人；未承兑的汇票，出票人为被保证人。保证人在汇票或者粘单上未记载保证日期的，出票日期为保证日期。保证不得附有条件；附有条件的，不影响对汇票的保证责任。

（三）保证的效力

被保证的汇票，保证人应当与被保证人对持票人承担连带责任。但是，被保证人的债务因汇票记载事项欠缺而无效的除外。汇票到期后得不到付款的，持票人有权向保证人请求付款，保证人应当足额付款。保证人在向持票人清偿债务后，依照法律规定取得持票人对被保证人及被保证人之前手的偿还请求权。保证人为二人以上的，保证人之间承担连带责任。

六、付款

付款是指付款人依据票据文义支付票据金额，以消灭票据关系的行为。付款的程序包括付款提示与付款两个阶段。

（一）提示付款

根据《票据法》第五十三条的规定，持票人应当按照下列期限提示付款。

见票即付的汇票，自出票日起一个月内向付款人提示付款；定日付款、出票后定期付款或者见票后定期付款的汇票，自到期日起十日内向承兑人提示付款。

持票人未按照上述规定期限提示付款的，在做出说明后，承兑人或者付款人仍应当继续对持票人承担付款责任。

通过委托收款银行或者通过票据交换系统向付款人提示付款的，视同持票人提示付款。

（二）付款

持票人依照规定提示付款的，付款人必须在当日足额付款。付款人及其代理付款人付款时，应当审查汇票背书的连续，并审查提示付款人的合法身份证明或者有效证件。付款人及其代理付款人以恶意或者有重大过失付款的，应当自行承担责任。

持票人获得付款的，应当在汇票上签收，并将汇票交给付款人。持票人委托银行收款的，受委托的银行将代收的汇票金额转账收入持票人账户，视同签收。

对定日付款、出票后定期付款或者见票后定期付款的汇票，付款人在到期日前付款的，由付款人自行承担所产生的责任。

汇票金额为外币的，按照付款日的市场汇价，以人民币支付。汇票当事人对汇票支付的货币种类另有约定的，从其约定。

付款人依法足额付款后，全体汇票债务人的责任解除。

七、追索权

（一）追索权的发生原因

追索权是指持票人行使付款请求权遭到拒绝或有其他法定原因发生时，向其前手请求偿还票据金额及其他费用的权利。追索权的发生应具备的条件包括实质条件和形式条件两部分。

1. 追索权发生的实质要件

《票据法》规定的追索权发生的实质要件包括：

（1）汇票到期被拒绝付款；

（2）汇票在到期日前被拒绝承兑；

（3）在汇票到期日前，承兑人或付款人死亡、逃匿的；

（4）在汇票到期日前，承兑人或付款人被依法宣告破产或因违法被责令终止业务活动。

2. 追索权发生的形式要件

持票人行使追索权必须履行一定的保全手续而不致使追索权丧失。保全手续包括：

（1）在法定提示期限提示承兑或提示付款；

（2）在不获承兑或不获付款时，在法定期限内作拒绝证明。根据《支付结算办法》第四十一条的规定，拒绝证明应当包括下列事项：①被拒绝承兑、付款的票据种类及其主要记载事项；②拒绝承兑、付款的事实依据和法律依据；③拒绝承兑、付款的时间；④拒绝承兑人、拒绝付款人的签章。

承兑人或者付款人被人民法院依法宣告破产的，人民法院的有关司法文书具有拒绝证明的效力。承兑人或者付款人因违法被责令终止业务活动的，有关行政主管部门的处罚决定具有拒绝证明的效力。

持票人因承兑人或者付款人死亡、逃匿或者其他原因，不能取得拒绝证明的，可以依法取得其他有关证明。

持票人不能出示拒绝证明、退票理由书或者未按照规定期限提供其他合法证明的，丧失对其前手的追索权。但是，承兑人或者付款人仍应当对持票人承担责任。

（二）追索权的行使

行使追索权的程序包括：

1. 发出追索通知

（1）通知的期限。持票人应当自收到被拒绝承兑或者被拒绝付款的有关证明之日起3日内，将被拒绝事由书面通知其前手；其前手应当自收到通知之日起3日内书面通知其再前手。持票人也可以同时向各汇票债务人发出书面通知。未按照规定期限通知的，持票人仍可以行使追索权。因延期通知给其前手或者出票人造成损失的，由没有按照规定期限通知的汇票当事人，承担对该损失的赔偿责任，但是所赔偿的金额以汇票金额为限。在规定期限内将通知按照法定地址或者约定的地址邮寄的，视为已发出通知。

（2）通知应记载的内容。追索通知必须采用书面形式。书面通知应记明汇票的主要记载事项，并说明该汇票已被退票。汇票退票的情况主要是指汇票不获承兑或者不获付款的事由。

2. 确定追索对象

汇票的出票人、背书人、承兑人和保证人对持票人承担连带责任，持票人可以不按照汇票债务人的先后顺序，对其中任何一人、数人或者全体行使追索权。

持票人对汇票债务人中的一人或者数人已经进行追索的，对其他汇票债务人仍可以行使追索权。被追索人清偿债务后，与持票人享有同一权利。

持票人为出票人的，对其前手无追索权。持票人为背书人的，对其后手无追索权。

3. 清偿与受领

持票人行使追索权，可以请求被追索人支付下列金额和费用：

（1）被拒绝付款的汇票金额；

（2）汇票金额自到期日或者提示付款日起至清偿日止，按照中国人民银行规定的利率计算的利息；

（3）取得有关拒绝证明和发出通知书的费用。

被追索人清偿债务时，持票人应当交出汇票和有关拒绝证明，并出具收到利息和费用的收据。

（三）再追索权

被追索人依照规定清偿后，可以向其他汇票债务人行使再追索权，请求其他汇票债务人支付下列金额和费用：

（1）已清偿的全部金额。

（2）前项金额自清偿日起至再追索清偿日止，按照中国人民银行规定的利率计算的利息。

（3）发出通知书的费用。

被追索人依照规定清偿债务后，其责任解除。

第四节　本票与支票规则

一、本票

（一）本票概述

本票是出票人签发的，承诺自己在见票时无条件支付确定的金额给收款人或者持票人的票据。本票是由出票人约定自己付款的一种自付票据，只有出票人和收款人两个基本当事人，出票人在完成出票行为之后，即承担了到期日无条件支付票据金额的责任，不需要在到期日前进行承兑。

根据我国《票据法》的规定，本票仅限于银行本票，且为记名式本票和即期本票。银行本票是银行签发的，承诺自己在见票时无条件支付确定的金额给收款人或者持票人的票据。

（二）出票

本票的出票行为是以自己负担支付本票金额的债务为目的的票据行为。本票出票人出票，必须按一定的格式记载相关内容。本票的记载事项包括绝对必要记载事项和相对必要记载事项。

1. 本票的绝对必要记载事项

本票的绝对必要记载事项包括：

（1）表明“本票”字样；

（2）无条件支付的承诺；

（3）确定的金额；

（4）收款人名称；

（5）出票日期；

（6）出票人签章。

2. 本票的相对必要记载事项

本票的相对必要记载事项包括：

（1）付款地。本票上未记载付款地的，出票人的营业场所为付款地。

（2）出票地。本票上未记载出票地的，出票人的营业场所为出票地。

（三）见票付款

银行本票是见票付款的票据，收款人或持票人在取得银行本票后，随时可以向出票人请求付款。本票自出票日起，付款期限最长不得超过 2 个月。本票的出票人是票据上的主债务人，负有向持票人绝对付款的责任。如果本票的持票人未按照规定期限提示本票的，则丧失对出票人以外的前手的追索权。而出票人除票据时效届满而使票据权利消灭或者要式欠缺而使票据无效外，并不因持票人未在规定期限内向其行使付款请求权而使其责任得以解除。因此，持票人仍对出票人享有付款请求权和追索权，只是丧失对背书人及其保证人的追索权。

（四）相关汇票制度的准用

本票的背书、保证、付款行为和追索权的行使，除《票据法》第三章的规定外，适用有关汇票的规定。本票的出票行为，除《票据法》第三章的规定外，适用《票据法》第二十四条关于汇票的规定。

二、支票

（一）支票概述

支票是出票人签发的，委托办理支票存款业务的银行或者其他金融机构在见票时无条件支付确定的金额给收款人或者持票人的票据。支票为付款人仅为银行及其他法定金融机构的见票即付的票据，是付款提示日期法定且较短的票据。与称为信用证券的汇票和本票不同，支票的主要职能为替代现金使用。

支票分为普通支票、现金支票和转账支票。普通支票票面上未印制特定的付款方式，可以支取现金，也可以转账，用于转账时，应当在支票正面注明；现金支票票面上印刷有“现金”字样，只能用于支取现金；转账支票票面上印刷有“转账”字样，只能用于转账。

（二）出票

出票是出票人签发支票并交付的行为。支票的出票为严格的要式行为。

1. 支票的格式

支票的记载事项分为绝对必要记载事项和相对必要记载事项。

（1）支票的绝对必要记载事项。支票的绝对必要记载事项包括：①表明“支票”字样；②无条件支付的委托；③确定的金额；④付款人名称；⑤出票人名称；⑥出票人签章。

我国《票据法》规定了两项记载事项可以通过授权补记的方式记载：支票上的金额可以由出票人授权补记，未补记前的支票，不得使用。支票上未记载收款人名称的，经出票人授权，可以补记。

（2）支票的相对必要记载事项。支票的相对必要记载事项包括：①付款地。支票上未记载付款地的，付款人的营业场所为付款地；②出票地。支票上未记载出票地的，出票人的营业场所、住所或者经常居住地为出票地。

2. 其他法定条件

支票的出票行为除应满足格式上的要求外，还应符合以下条件：

第一，支票的出票人所签发的支票金额不得超过其付款时在付款人处实有的存款金额。出票人签发的支票金额超过其付款时在付款人处实有的存款金额的，为空头支票。签发空头支票是一种违法行为，对其责任人要给予严厉的处罚和制裁，构成犯罪的，要依法追究其刑事责任。

第二，支票的出票人不得签发与其预留本名的签名式样或者印鉴不符的支票。

3. 出票效力

出票人作成支票并交付之后，即产生相应的法律效力。

出票人必须按照签发的支票金额承担保证向持票人付款的责任。这一责任包括两项：一是出票人必须在付款人处存有足够可处分的资金，以保证支票票款的支付；二是当付款人对支票拒绝付款或者超过支票付款提示期限的，出票人应向持票人承担付款责任。

（三）付款

支票限于见票即付，不得另行记载付款日期。出票人在付款人处的存款足以支付支票金额时，付款人应当在见票当日足额付款。但应当注意以下问题：

1. 提示期间

支票的持票人应当自出票日起10日内提示付款；异地使用支票的，其提示付款的期限由中国人民银行另行规定。超过提示付款期限的，付款人可以不予付款。付款人不予付款的，出票人仍应当对持票人承担票据责任。

2. 付款

出票人在提示期间内向付款人提示票据，付款人在对支票进行审查之后，如未发现有不符合规定之处，即应向持票人付款。

3. 付款责任的解除

付款人依法支付支票金额的，对出票人不再承担受委托付款的责任，对持票人不再承担付款的责任。但是，付款人以恶意或者有重大过失付款的除外。

（四）相关汇票制度的准用

支票的背书、付款行为和追索权的行使，除《票据法》第四章规定外，适用有关汇票的规定。支票的出票行为，除《票据法》第四章规定外，适用票据法第24条、第26条关于汇票的规定。

第五节　涉外票据的法律适用

一、涉外票据的概念

《票据法》第九十四条规定："涉外票据是指出票、背书、承兑、保证、付款等行为中，既有发生在中华人民共和国境内又有发生在中华人民共和国境外的票据。"可见，依我国《票据法》的规定，判断票据是否具有涉外因素的标准仅为属地原则。

二、《票据法》与有关国际条约、国际惯例的关系

国际条约是指国家之间缔结的，确定其相互关系中权利和义务的一种国际书面协议。中华人民共和国缔结或者参加的国际条约同《票据法》有不同规定的，适用国际条约的规定。但是，中华人民共和国声明保留的条款除外。

《票据法》和中华人民共和国缔结或者参加的国际条约没有规定的，可以适用国际惯例。

三、涉外票据的法律适用

票据债务人的民事行为能力，适用其本国法律。票据债务人的民事行为能力，依照其本国法律为无民事行为能力或者为限制民事行为能力，而依照行为地法律为完全民事行为能力的，适用行为地法律。

汇票、本票出票时的记载事项，适用出票地法律。支票出票时的记载事项，适用出票地法律，经当事人协议，也可以适用付款地法律。

票据的背书、承兑、付款和保证行为，适用行为地法律。

票据追索权的行使期限，适用出票地法律。

票据的提示期限、有关拒绝证明的方式、出具拒绝证明的期限，适用付款地法律。

票据丧失时，失票人请求保全票据权利的程序，适用付款地法律。

第六节 电子支票的法律问题

一、电子支票概述

随着计算机与网络技术的发展，银行交易逐渐进入电子化时代，并衍生出许多新的支付工具，电子支票就是其中一种。1998 年 6 月 30 日，由美国财政部开立的第一张电子支票在 Internet（因特网）上实现了支付。

电子支票有两层含义：一是以电子计算机及其网络为手段，即以电子通讯取代传统的纸面文件进行资金流程的信息传递；二是以某种形式的电子信息取代传统支票，信息的传递就是资金的传递。两者分别称为电子支票的信息层面和货币层面，这两个层面同时也反映了电子支票发展的两个阶段。

信息层面的电子支票以传统纸质支票为基础，基于“支票截留”实现支票结算的电子化。20 世纪 80 年代，美国票据自动清算所采用“支票截留”的方式来实现支票清算的电子化。在“支票截留”下，支票代收行把支票上所记载的内容转化成电子信息，并通过自动清算所提示付款银行，付款银行根据电子信息付款，而原纸质支票由代收银行保留。目前美国“纽约清算所银行同业支付系统”及“联邦储备通信系统”中大规模的支票清算就是采用这种方式。我国于 2007 年 6 月开始运行的“全国支票影像交换系统”也采用了这种方式，实现了支票全国范围内的异地跨行结算。

货币层面的电子支票以智能卡为载体，通过电子签名和认证机构来保证支票信息

的保密、真实性、完整性和不可否认性，用数字信息彻底取代传统纸质支票。1998 年 6 月 30 日由美国财政部开立的第一张电子支票即属于该层面的电子支票。目前这种电子支票在美国金融服务技术协会的会员银行中得到使用。

在我国，从纸质支票支付体系过渡到完全的电子支票支付体系还需要经过一个较长的纸质支票与电子支票共存的时期。

二、关于电子支票的立法现状

国外发达国家支付结算体系建设和发展较早，配套的法律比较完善。美国涉及支付系统及其安全的法律规范有：《防范支付系统风险法案》《资金可用性和支票代收法规》《联邦储备银行法案》《电子资金划拨法》《网上电子安全法案》《21 世纪支票清算法案》《E 条例》和《国际国内电子签名法》。其中：《21 世纪支票清算法案》从法律上授予支票影像文件与传统支票同等的法律地位，《联邦储备银行法案》赋予了美联储运行支付系统的权利。欧盟、加拿大、日本等许多国家和地区也正在加强、完善各自的法律体系，以明确电子支票的法律地位及电子支付系统的运行者、监管者及客户的权利与义务。

我国涉及支付结算方面的法律和法规主要包括《票据法》《支付结算管理办法》和《票据实施管理办法》。这些法规制定于 2000 年之前，适用于当时的手工联行、手工交换和电子联行等结算方式，法律法规中的普遍性规定很难适应现代电子结算的需要。虽然人民银行总行陆续出台了一些管理办法，但其层次相对较低，效力也比较弱。

三、电子支票引起的法律问题

（一）书面形式问题

基于票据流通和转让的需要，各国票据法对票据的格式均作了极为严格的规定。我国《票据法》亦对支票的形式及记载内容做出了严格规定。在此情形下，电子支票是否符合法律规定的形式将直接影响其效力。

解决这一问题的方法不应是取消法律关于书面形式的要求，而应是如何使数据电子被视为书面形式。我国《合同法》第十一条规定："书面形式是指合同书、信件和数据电文（包括电报、电传、传真、电子数据交换和电子邮件）等可以有形地表现所载内容的形式。"《中华人民共和国电子签名法》（以下简称《电子签名法》）第四条规定："能够有形地表现所载内容，并可以随时调取查用的数据电文，视为符合法律、法规要求的书面形式。"联合国《电子商务示范法》第六条第 1 款认为："如法律要求信息须采用书面形式，则假如一项数据电文所含信息可以调取以备日后查用，即满足了该项要求。"可见，我国《合同法》与《电子签名法》与《电子商务示范法》一样，均采用"功能等同原则"，只要能实现书面形式所需要的功能，即满足了书面形式的要求。《电子签名法》第三条规定："民事活动中的合同或者其他文件、单证等文书，当事人可以约定使用或者不使用电子签名、数据电文。当事人约定使用电子签名、数据电文的文书，不得仅因为其采用电子签名、数据电文的形式而否定其法律效力。"但我国《票据法》并没有做相应变更。由于数据电文自身的局限性，并不能替代传统纸质文件的全部功能，以数据电文为支撑的电子票据并不完全符合《票据法》“书面形式”形式的要求。因此，如何对《票据法》“书面形式”进行界定，使其能将符合条件的数据电文纳入《票据法》“书面形式”范畴，是我国电子票据制度建设急需解决的问题之一。

（二）签名问题

各国票据法均规定票据必须具备出票人的签章或其授权人的签章方能生效。签章除了具备使票据生效和转移票据权利的必要条件的意义外，还具有使签名者承担票据责任的意义。我国《票据法》第八十四条规定，“出票人签章”是支票的绝对必要记载事项；否则，支票无效。签名的实质为使文件、信息具有独特性，不仅具有防欺诈和防否认的功能，而且便于确定票据的权利主体和义务主体。因此，只要能实现签名的上述功能，并不一定要求签名者亲笔签署。《电子签名法》第二条规定：“电子签名，是指数据电文中以电子形式所含、所附用于识别签名人身份并表明签名人认可其中内容的数据。”电子签名作为能在计算机通信中起到证明当事人身份及其对文件内容的认可的电子技术手段，日益被国际社会接受。近年来，各国纷纷颁布了有关电子签名的法律，正式承认了电子签名的法律效力。《电子签名法》第十四条也有“可靠的电子签名与手写签名或者盖章具有同等的法律效力”之规定。但根据我国《票据法》第四条和第七条，经电子签名的支票极有可能因不符合法律规定的形式要件而导致票据行为无效。

（三）证据问题

无论《中华人民共和国民事诉讼法》第六十三条、《中华人民共和国行政诉讼法》第三十一条，还是《中华人民共和国刑事诉讼法》第四十二条所列举的证据中均无数据电文。有学者主张将数据电文纳入“视听资料”范畴，也有学者认为应将其纳入“书证”范畴。数据电文是否为“书证”的问题其实就是“书面形式”的解释的问题。我国《电子签名法》第七条“数据电文不得仅因为其是以电子、光学、磁或者类似手段生成、发送、接收或者储存的而被拒绝作为证据使用”之规定明确了数据电文的证据力，《合同法》《电子签名法》的有关规定已经对数据电文的书面形式问题做出了明确规定。

将数据电文纳入“书证”范畴，又产生了“原件”与“副本”的问题。数据电文都记录在计算机内，“原件”与“副本”并无不同。联合国《电子商务示范法》对“原件”做了扩大解释。如果法律要求信息必须使用原始形式呈现，那么根据我国《电子签名法》的规定，“符合下列条件的数据电文，视为满足法律、法规规定的原件形式要求：①能够有效地表现所载内容并可供随时调取查用；②能够可靠地保证自最终形成时起，内容保持完整、未被更改。但是，在数据电文上增加背书以及数据交换、储存和显示过程中发生的形式变化不影响数据电文的完整性。”但《票据法》也并未做相应修改。

第七节　票据法上的法律责任

一、票据欺诈行为的法律责任

根据《票据法》第一百零二条的规定，有下列票据欺诈行为之一的，依法追究刑事责任：

（1）伪造、变造票据的；

（2）故意使用伪造、变造的票据的；

（3）签发空头支票或者故意签发与其预留的本名签名式样或者印鉴不符的支票，骗取财物的；

（4）签发无可靠资金来源的汇票、本票，骗取资金的；

（5）汇票、本票的出票人在出票时作虚假记载，骗取财物的；

（6）冒用他人的票据，或者故意使用过期或者作废的票据，骗取财物的；

（7）付款人同出票人、持票人恶意串通，实施前六项所列行为之一的。

有上述行为之一，情节轻微，不构成犯罪的，依照国家有关规定给予行政处罚。

二、金融机构工作人员的法律责任

金融机构工作人员在票据业务中玩忽职守，对违反票据法规定的票据予以承兑、付款或者保证的，给予处分；造成重大损失，构成犯罪的，依法追究刑事责任。由于金融机构工作人员因上述行为给当事人造成损失的，由该金融机构和直接责任人员依法承担赔偿责任。

三、付款人故意压票、拖延支付的法律责任

票据的付款人对见票即付或者到期的票据，故意压票，拖延支付的，由金融行政管理部门处以罚款，对直接责任人员给予处分。票据的付款人故意压票，拖延支付，给持票人造成损失的，依法承担赔偿责任。

思考与练习题

1. 票据的特点和功能是什么？
2. 什么是汇票、本票和支票？
3. 票据行为有哪些特点？
4. 票据的绝对记载事项有哪些？
5. 背书连续的有效要件有哪些？
6. 行使票据追索权的条件有哪些？

第十章 产品质量与消费者权益保护法律制度

第一节 产品质量法律制度

一、产品质量法概述

（一）产品与产品质量

1. 产品的概念和基本特征

广义的产品，指凡与自然物相对的一切劳动生产物。法律上所讲的产品，其范围则给以具体的规定。我国《产品质量法》所讲的产品，是指“经过加工、制作，用于销售的产品”。建设工程、初级农产品和不动产不适用《产品质量法》的规定，但建筑工程使用的建筑材料、建筑构配件和设备，属于加工、制作并用于销售的产品，则适用《产品质量法》。

构成产品的基本条件：一是经过加工、制作，未经加工、制作的天然物品，如矿产品、农产品不是《产品质量法》意义上的产品；二是以销售为目的，只要产品是以销售为目的生产、制作的，不论它是经过销售渠道还是其它渠道到达消费者或用户手上，都属于《产品质量法》所规定的产品。

产品的基本特征：

（1）适用性：由于产品的生产、交换的目的是为了满足人们的需要，就要求每一件合格的产品能够满足人们的这种愿望。所以，产品的适用性是评价产品质量的一项重要指标。

（2）安全性：产品实现其适用性，必然是通过产品的使用这一途径来体现的。这就要求产品在使用环节上安全可靠，不会给使用者和其他人带来人身、财产上的危险。

（3）经济性：在市场经济条件下，产品的使用价值主要通过市场交换来实现的，在市场交换中，要求产品价格公道，正确反映供求关系和价值规律，不要造成不应有的资源浪费。

2. 产品质量

产品质量是指国家有关法规、质量标准，以及合同规定的对产品适用性、安全性和其他特征的要求。国际标准化组织将产品质量定义为“产品或服务满足规定或潜在需要的特征的总和”。

产品质量由下列要素构成：①产品外观，包括产品的包装；②产品的原材料品质；③产品的适用性能、适用范围；④产品的安全性能；⑤产品的经济性能。

（二）产品质量法

1. 产品质量法的概念

产品质量法有广义和狭义之分。广义的产品质量法是调整产品在生产、流通、交换、消费领域中因产品质量而产生的社会关系的法律规范总称，狭义的产品质量法所指的就是《中华人民共和国产品质量法》。

《中华人民共和国产品质量法》（以下简称《产品质量法》）于 1993 年 2 月由第七届全国人大常委会第三十次会议通过，自 1993 年 9 月 1 日起施行。此后，该法分别于 2000 年 7 月 8 日第九届全国人民代表大会常务委员会第 16 次会议、2009 年 8 月 27 日第十一届全国人民代表大会常务委员会第 10 次会议、2018 年 12 月 29 日第十三届全国人民代表大会常务委员会第 7 次会议进行了 3 次修正。

2.《产品质量法》的立法宗旨和适用范围

（1）立法宗旨：为了加强对产品质量的监督管理，提高产品质量水平，明确产品质量责任，保护消费者的合法权益，维护社会经济秩序。

（2）适用范围：凡在我国境内从事产品的生产、销售活动，包括进口产品在我国国内的销售，都必须遵守《产品质量法》的规定，既要遵守《产品质量法》有关对产品质量行政监督的规定，同时对因产品存在缺陷造成他人人身、财产损害的，也要依照《产品质量法》关于产品责任的规定承担赔偿责任。

（三）《产品质量法》的基本原则

1. “质量第一”的原则

严格保证产品质量，保证产品的安全性、可靠性和适用性。国家采取各种措施贯彻这一原则：其一，加强对产品质量的行政监督管理；其二，推行先进的企业质量体系认证制度和产品质量认证制度；其三，全面具体地规定生产者、销售者在保证产品质量方面所承担的义务；其四，对不履行产品质量义务的责任人员予以法律制裁。

2. 保护消费者合法权益的原则

在我国，生产的目的是最大限度地满足人们日益增长的物质和文化生活的需要，即要不断满足广大消费者的要求。要实现这一目的，首先必须使消费者的合法权益得以保障。对此，我国《产品质量法》也有明确的规定。

3. 过错责任与严格责任并行原则

过错责任与严格责任是指法律的归责原则，即依据什么要求主体来承担法律责任。我国《产品质量法》对生产者采用严格责任原则，即缺陷产品如果造成了他人人身、财产损害，生产者即使没有过错，也要承担民事侵权赔偿责任。而对销售者，则采用过错责任原则。

4. 全额赔偿原则

因产品缺陷造成消费者损失的，损失多少就应赔偿多少。

二、产品质量的监督管理

（一）产品质量管理体系

国务院市场监督管理部门主管全国的产品质量监督工作。县级以上地方市场监督管理部门主管本行政区域内的产品质量监督工作。国务院和县级以上地方人民政府设置的有关行业主管部门，其主要职责是按照同级人民政府赋予的职权，负责本行政区、本行业关于产品质量的行政监督工作。

产品质量检验机构必须具备相应的检测条件和能力，经省级以上人民政府市场监督管理部门或者其授权的部门考核合格后，方可承担产品质量检验工作：法律、行政法规对产品质量检验机构另有规定的，依照有关法律、行政法规的规定执行。从事产品质量检验、认证的社会中介机构必须依法设立，不得与行政机关和其他国家机关存在隶属关系或者其他利益关系；产品质量检验机构、认证机构必须依法按照有关标准，客观、公正地出具检验结果或者认证证明；产品质量认证机构应当依照国家规定对准许使用认证标志的产品进行认证后的跟踪检查；对不符合认证标准而使用认证标志的，要求其改正；情节严重的，取消其使用认证标志的资格。

消费者有权就产品质量问题，向产品的生产者、销售者查询；向市场监督管理部门及有关部门申诉，接受申诉的部门应当负责处理。

保护消费者权益的社会组织可以就消费者反映的产品质量问题建议有关部门负责处理，支持消费者对因产品质量造成的损害向人民法院起诉。

国务院和省、自治区、直辖市人民政府的市场监督管理部门应当定期发布其监督抽查的产品的质量状况公告。

市场监督管理部门或者其他国家机关以及产品质量检验机构不得向社会推荐生产者的产品；不得以对产品进行监制、监销等方式参与产品经营活动。

（二）我国产品质量监督检查制度

1. 企业质量体系认证制度

企业质量体系认证制度是指国务院市场监督管理部门或者由它授权的部门认可的认证机构，依据国际通用的“质量管理和质量保证”系列标准，以企业的质量体系和质量保证能力进行审核，经认证合格，颁发企业质量体系认证证书，以兹证明的制度。

企业质量体系认证的对象是企业，企业根据自愿原则可以向国务院产品质量监督部门认可的或者国务院产品质量监督部门授权的部门认可的认证机构申请认证。

企业质量体系认证的目的是：对企业内部，可以加强企业内部的质量管理，实现质量方针和质量目标；对外可以提高企业的质量信誉，向需方提供质量担保，增强企业在市场上的竞争能力。

2. 产品质量认证制度

产品质量认证制度是指由国务院市场监督管理部门认可的或者授权的部门认可的认证机构依据产品标准和技术要求，对企业申请的产品进行审核、评定，并对符合标准和要求的产品颁发质量认证证书的制度。

产品质量认证标准的种类包括安全认证和合格认证。按照层级不同可以分为：国际标准、区域性或国家集团标准、国家标准、行业标准、地方标准和企业标准。按照实施强制的程度不同可以分为：强制性标准和推荐性标准。对于涉及人体健康和人身、财产安全的工业产品，以及重要的工业产品实行强制认证，未经认证的产品不能销售。

3. 工业产品许可证制度

国家对于具备生产条件并且产品检验合格的工业企业，发给其许可生产该项产品的凭证。其适用范围是重要的工业产品，特别是可能危及人体健康、人身、财产安全和公共利益的工业产品。

4. 产品质量监督检查制度

产品质量监督检查制度是指由国务院和县级以上地方市场监督管理部门在各自职权范围内依法对市场生产、流通中的产品质量实施监督检查的制度。

产品质量监督检查制度以抽查为主要方式。对可能危及人体健康和人身、财产安全的产品，影响国计民生的重要工业产品以及消费者、有关组织反映有质量问题的产品进行抽查。

监督抽查工作由市场监督管理部门规划和组织，抽查的结果应当公布，接受社会监督。国家监督抽查的产品，地方不得另行重复抽查；上级监督抽查的产品，下级不得另行重复抽查。

抽查的样品应当在市场上或企业成品仓库内的待销产品中随机抽取。

根据监督抽查的需要，可以对产品进行检验。检验抽取样品的数量不得超过检验的合理需要，并不得向被检查人收取检验费用。监督抽查所需检验费用按照国务院规定列支。

生产者、销售者对抽查检验的结果有异议的，可以自收到检验结果之日起十五日内向实施监督抽查的市场监督管理部门或者其上级市场监督管理部门申请复检，由受理复检的市场监督管理部门做出复检结论。

对依法进行的产品质量监督检查，生产者、销售者不得拒绝。

依照《产品质量法》规定进行监督抽查的产品质量不合格的，由实施监督抽查的市场监督管理部门责令其生产者、销售者限期改正；逾期不改正的，由省级以上人民政府市场监督管理部门予以公告；公告后经复查仍不合格的，责令停业、限期整顿；整顿期满后经复查产品质量仍不合格的，吊销营业执照。

三、生产者、销售者的产品质量责任和义务

（一）生产者的产品质量责任和义务

生产者必须建立严格、全面的质量管理制度，从产品的设计、试制、生产到售后服务都要实行质量管理，明确规定各个环节的质量责任。

1. 生产者应当对其生产的产品质量负责，其生产的产品应符合下列要求：

（1）不存在危及人身、财产安全的不合理的危险，有保障人体健康和人身、财产安全的国家标准、行业标准的，应当符合该标准；

（2）具备产品应当具备的使用性能，但是，对产品存在使用性能的瑕疵做出说明的除外；

（3）符合在产品或者其包装上注明采用的产品标准，符合以产品说明、实物样品等方式表明的质量状况。

2. 产品或者其包装上的标识必须真实，并符合下列要求

（1）有产品质量检验合格证明；

（2）有中文标明的产品名称、生产厂厂名和厂址；

（3）根据产品的特点和使用要求，需要标明产品规格、等级、所含主要成分的名称和含量的，用中文相应予以标明；需要事先让消费者知晓的，应当在外包装上标明，或者预先向消费者提供有关资料；

（4）限期使用的产品，应当在显著位置清晰地标明生产日期和安全使用期或者失效日期；

（5）使用不当，容易造成产品本身损坏或者可能危及人身、财产安全的产品，应当有警示标志或者中文警示说明。裸装的食品和其他根据产品的特点难以附加标识的裸装产品，可以不附加产品标识。易碎、易燃、易爆、有毒、有腐蚀性、有放射性等危险物品以及储运中不能倒置和其他有特殊要求的产品，其包装质量必须符合相应要求，依照国家有关规定做出警示标志或者中文警示说明，标明储运注意事项。

3. 生产者不得生产国家明令淘汰的产品；

4. 生产者不得伪造产地，不得伪造或者冒用他人的厂名、厂址；

5. 生产者不得伪造或者冒用认证标志等质量标志；

6. 生产者生产产品，不得掺杂、掺假，不得以假充真、以次充好，不得以不合格产品冒充合格产品。

（二）销售者的产品质量责任和义务

销售者对其销售的产品应当采取措施，保证质量，并承担下列产品质量责任和义务：

（1）销售者应当建立并执行进货检查验收制度，验明产品合格证明和其他标识；

（2）销售者应当采取措施，保持销售产品的质量；

（3）销售者不得销售国家明令淘汰并停止销售的产品和失效、变质的产品；

（4）销售者销售的产品的标识应当符合《产品质量法》第二十七条的规定；

（5）销售者不得伪造产地，不得伪造或者冒用他人的厂名、厂址；

（6）销售者不得伪造或者冒用认证标志等质量标志；

（7）销售者销售产品，不得掺杂、掺假，不得以假充真、以次充好，不得以不合格产品冒充合格产品。

四、损害赔偿

（一）销售者应当承担的损害赔偿责任

1. 售出的产品有下列情形之一的，销售者应当负责修理、更换、退货；给购买产品的消费者造成损失的，销售者应当赔偿损失：

（1）不具备产品应当具备的使用性能而事先未作说明的；

（2）不符合在产品或者其包装上注明采用的产品标准的；

（3）不符合以产品说明、实物样品等方式表明的质量状况的。

销售者依照以上规定负责修理、更换、退货、赔偿损失后，属于生产者的责任或者属于向销售者提供产品的其他销售者（以下简称供货者）的责任的，销售者有权向生产者、供货者追偿。

销售者未按照以上规定给予修理、更换、退货或者赔偿损失的，由市场监督管理部门责令改正。生产者之间、销售者之间、生产者与销售者之间订立的买卖合同、承揽合同有不同约定的，合同当事人按照合同约定执行。

2. 由于销售者的过错使产品存在缺陷，造成人身伤害、他人财产损失的，销售者应当承担赔偿责任。销售者不能指明缺陷产品的生产者也不能指明缺陷产品的供货者的，销售者应当承担赔偿责任。

《产品质量法》所称之产品缺陷，是指产品存在危及人身、他人财产安全的不合理的危险；产品有保障人体健康和人身、财产安全的国家标准、行业标准的，是指不符合该标准。

（二）生产者应当承担的损害赔偿责任

因产品存在缺陷造成人身、缺陷产品以外的其他财产（以下简称他人财产）损害的，生产者应当承担赔偿责任。如果生产者能够证明有下列情形之一的，不承担赔偿责任：

（1）未将产品投入流通的；

（2）产品投入流通时，引起损害的缺陷尚不存在的；

（3）将产品投入流通时的科学技术水平尚不能发现缺陷的存在的。

（三）受害人要求赔偿的对象、范围和程序

1. 受害人要求赔偿的对象

因产品存在缺陷造成人身伤害、他人财产损失的，受害人可以向产品的生产者要求赔偿，也可以向产品的销售者要求赔偿。属于产品的生产者的责任，产品的销售者先予赔偿的，产品的销售者有权向产品的生产者追偿。属于产品的销售者的责任，产品的生产者先予赔偿的，产品的生产者有权向产品的销售者追偿。

2. 受害人要求赔偿的范围

因产品存在缺陷造成受害人人身伤害的，侵害人应当赔偿医疗费、治疗期间的护理费、因误工减少的收入等费用；造成残疾的，还应当支付残疾者生活自助用具费、

生活补助费、残疾赔偿金以及由其扶养的人所必需的生活费等费用；造成受害人死亡的，应当支付丧葬费、死亡赔偿金以及由死者生前扶养的人所必需的生活费等费用。

因产品存在缺陷造成受害人财产损失的，侵害人应当恢复原状或者折价赔偿。受害人因此遭受其他重大损失的，侵害人应当赔偿损失。

3. 受害人要求赔偿的程序

因产品质量发生民事纠纷时，当事人可以通过协商或者调解解决。当事人不愿通过协商、调解解决或者协商、调解不成的，可以根据当事人各方的协议向仲裁机构申请仲裁；当事人各方没有达成仲裁协议或者仲裁协议无效的，可以直接向人民法院起诉。

4. 受害人要求赔偿的时效

我国《产品质量法》规定如下：

（1）因产品存在缺陷造成损害要求赔偿的诉讼时效期间为两年，自当事人知道或者应当知道其权益受到损害时起计算。

（2）因产品存在缺陷造成损害要求赔偿的请求权，在造成损害的缺陷产品交付最初消费者满十年丧失；但是，尚未超过明示的安全使用期的除外。

五、对违反产品质量行为的处罚

（一）对生产者、销售者违反产品质量行为的处罚

（1）生产、销售不符合保障人体健康和人身、财产安全的国家标准、行业标准的产品的，责令停止生产、销售，没收违法生产、销售的产品，并处违法生产、销售产品（包括已售出和未售出的产品，下同）货值金额等值以上三倍以下的罚款；有违法所得的，并处没收违法所得；情节严重的，吊销营业执照；构成犯罪的，依法追究刑事责任。

（2）生产者、销售者在产品中掺杂、掺假，以假充真，以次充好，或者以不合格产品冒充合格产品的，责令停止生产、销售，没收违法生产、销售的产品，并处违法生产、销售产品货值金额百分之五十以上三倍以下的罚款；有违法所得的，并处没收违法所得；情节严重的，吊销营业执照；构成犯罪的，依法追究刑事责任。

（3）生产国家明令淘汰的产品的，销售国家明令淘汰并停止销售的产品的，责令停止生产、销售，没收违法生产、销售的产品，并处违法生产、销售产品货值金额等值以下的罚款；有违法所得的，并处没收违法所得；情节严重的，吊销营业执照。

（4）销售失效、变质的产品的，责令停止销售，没收违法销售的产品，并处违法销售产品货值金额两倍以下的罚款；有违法所得的，并处没收违法所得；情节严重的，吊销营业执照；构成犯罪的，依法追究刑事责任。

（5）伪造产品产地的，伪造或者冒用他人厂名、厂址的，伪造或者冒用认证标志等质量标志的，责令改正，没收违法生产、销售的产品，并处违法生产、销售产品货值金额等值以下的罚款；有违法所得的，并处没收违法所得；情节严重的，吊销营业执照。

（6）产品标识不符合《产品质量法》第二十七条规定的，责令改正；有包装的产

品标识不符合《产品质量法》第二十七条第（4）项、第（5）项规定，情节严重的，责令停止生产、销售，并处违法生产、销售产品货值金额百分之三十以下的罚款；有违法所得的，并处没收违法所得。

（7）销售者销售《产品质量法》规定禁止销售的产品，有充分证据证明其不知道该产品为禁止销售的产品并如实说明其进货来源的，可以从轻或者减轻处罚。

（8）拒绝接受依法进行的产品质量监督检查的，给予警告，责令改正；拒不改正的，责令停业整顿；情节特别严重的，吊销营业执照。

（9）隐匿、转移、变卖、损毁被市场监督管理部门查封、扣押的物品的，处被隐匿、转移、变卖、损毁物品货值金额等值以上三倍以下的罚款；有违法所得的，并处没收违法所得。

（10）社会团体、社会中介机构对产品质量做出承诺、保证，而该产品又不符合其承诺、保证的质量要求，给消费者造成损失的，与产品的生产者、销售者承担连带责任。

在广告中对产品质量作虚假宣传，欺骗和误导消费者的，依照《中华人民共和国广告法》的规定追究法律责任。

（11）对生产者专门用于生产不符合《产品质量法》所列的产品或者以假充真的产品的原辅材料、包装物、生产工具，应当予以没收。

（12）知道或者应当知道属于《产品质量法》规定禁止生产、销售的产品而为其提供运输、保管、仓储等便利条件的，或者为以假充真的产品提供制假生产技术的，没收全部运输、保管、仓储或者提供制假生产技术的收入，并处违法收入百分之五十以上三倍以下的罚款；构成犯罪的，依法追究刑事责任。

（13）服务业的经营者将《产品质量法》规定禁止销售的产品用于经营性服务的，责令停止使用；对知道或者应当知道所使用的产品属于《产品质量法》规定禁止销售的产品的，按照违法使用的产品（包括已使用和尚未使用的产品）的货值金额，依照《产品质量法》对销售者的处罚规定予以处罚。

违反《产品质量法》规定，应当承担民事赔偿责任和缴纳罚款、罚金，其财产不足以同时支付时，先承担民事赔偿责任。

（二）对市场监督管理部门或者其他国家机关以及国家工作人员违法行为的处罚

（1）产品质量检验机构、认证机构伪造检验结果或者出具虚假证明的，责令改正，对单位处五万元以上十万元以下的罚款，对直接负责的主管人员和其他直接责任人员处一万元以上五万元以下的罚款；有违法所得的，并处没收违法所得；情节严重的，取消其检验资格、认证资格；构成犯罪的，依法追究刑事责任。

（2）产品质量检验机构、认证机构出具的检验结果或者证明不实，造成损失的，应当承担相应的赔偿责任；造成重大损失的，撤销其检验资格、认证资格。

（3）产品质量认证机构违反《产品质量法》的规定，对不符合认证标准而使用认证标志的产品，未依法要求其改正或者取消其使用认证标志资格的，对因产品不符合认证标准给消费者造成的损失，与产品的生产者、销售者承担连带责任；情节严重的，撤销其认证资格。

（4）各级人民政府工作人员和其他国家机关工作人员有下列情形之一的，依法给予行政处分；构成犯罪的，依法追究刑事责任：①包庇、放纵产品生产、销售中违反本法规定行为的；②向从事违反《产品质量法》规定的生产、销售活动的当事人通风报信，帮助其逃避查处的；③阻挠、干预市场监督管理部门依法对产品生产、销售中违反《产品质量法》规定的行为进行查处，造成严重后果的。

（5）市场监督管理部门在产品质量监督抽查中索取样品超过规定的数量或者向被抽查人收取检验费用的，由上级市场监督管理部门或者监察机关责令退还；情节严重的，对直接负责的主管人员和其他直接责任人员依法给予行政处分。

（6）市场监督管理部门或者其他国家机关违反《产品质量法》的规定，向社会推荐生产者的产品或者以监制、监销等方式参与产品经营活动的，由其上级机关或者监察机关责令改正，消除影响，有违法收入的予以没收；情节严重的，对直接负责的主管人员和其他直接责任人员依法给予行政处分。

（三）处罚的决定

（1）产品质量检验机构有前款所列违法行为的，由市场监督管理部门责令改正，消除影响，有违法收入的予以没收，可以并处违法收入一倍以下的罚款；情节严重的，撤销其质量检验资格。市场监督管理部门的工作人员滥用职权、玩忽职守、徇私舞弊，构成犯罪的，依法追究刑事责任；尚不构成犯罪的，依法给予行政处分。以暴力、威胁方法阻碍市场监督管理部门的工作人员依法执行职务的，依法追究刑事责任；拒绝、阻碍未使用暴力、威胁方法的，由公安机关依照治安管理处罚条例的规定处罚。

（2）《产品质量法》规定的吊销营业执照的行政处罚由市场监督管理部门决定，其他行政处罚由市场监督管理部门按照国务院规定的职权范围决定。法律、行政法规对行使行政处罚权的机关另有规定的，依照有关法律、行政法规的规定执行。

第二节　消费者权益保护法律制度

一、消费者权益保护法概述

（一）消费者的概念和特征

消费者是社会消费的主体，包括生产性消费和生活性消费两种。消费者权益保护法中所涉及的“消费者”，主要是指生活资料的消费者，农民购买、使用直接用于农业生产的生产资料时参照适用。

国际标准化组织把“消费者”定义为“为个人目的购买或者使用商品和接受服务的个体社会成员”。《中华人民共和国消费者权益保护法》（以下简称《消费者权益保护法》）规定：“消费者为生活消费需要购买、使用商品或者接受服务，其权益受本法保护”。

消费者有以下特征：

（1）消费的性质和目的：消费的性质是生活消费，不是生产消费（农民购买、使用直接用于农业生产的生产资料除外）；消费的目的是以个人或家庭生活需要而进行，而不是以生产经营为目的进行消费。

（2）消费的对象：既可以是商品也可以是服务。这里的商品指经营者有偿提供的与生活消费有关的商品，包括经过加工、制作的商品和未经过加工、制作的商品；这里的服务指经营者有偿提供的各种服务，包括金融、保险、交通运输、加工、食、宿、娱乐、提供信息等。但是，这里所指的商品和服务不包括法律、行政法规禁止消费的商品和服务，如毒品、枪支弹药、色情服务等，它们的共同特点是可以满足人们物质文化生活的需要。

（3）消费的方式是多元的，包括购买、使用和接受等。人们通过支付一定货币的方式有偿获得商品或者接受服务固然属于消费，而使用由他人支付价款的商品或者接受由他人支付费用的服务也属于消费，其合法权益也受到法律的保护。

（4）消费者仅限于个体社会成员即自然人，不包括单位等社会组织。

（二）消费者权益保护法的概念

消费者权益保护法是调整在保护消费者权益过程中发生的经济关系的法律规范的总称。该法适用于为生活消费需要购买、使用商品或者接受服务的消费者，农民购买、使用直接用于农业生产的生产资料时参照《消费者权益保护法》执行。

我国《消费者权益保护法》于 1993 年 10 月 31 日八届全国人大常委会第 4 次会议通过，自 1994 年 1 月 1 日起施行。此后，该法分别于 2009 年 8 月 27 日第十一届全国人民代表大会常务委员会第 10 次会议、2013 年 10 月 25 日第十二届全国人民代表大会常务委员会第 5 次会议进行了 2 次修正。

（三）消费者权益保护法的基本原则

（1）消费者为生活消费需要购买、使用商品或者接受服务，其权益受《消费者权益保护法》保护；《消费者权益保护法》未做规定的，受其他有关法律、法规保护。

（2）经营者为消费者提供其生产、销售的商品或者提供服务应当遵守本法；本法未作规定的，应当遵守其他有关法律、法规。

（3）经营者与消费者进行交易，应当遵循自愿、平等、公平、诚实信用的原则。

（4）国家保护消费者的合法权益不受侵害，国家采取措施，保障消费者依法行使权利，维护消费者的合法权益，国家倡导文明、健康、节约资源和保护环境的消费方式，反对浪费。

（5）保护消费者的合法权益是全社会的共同责任，国家鼓励、支持一切组织和个人对损害消费者合法权益的行为进行社会监督，大众传播媒介应当做好维护消费者合法权益的宣传，对损害消费者合法权益的行为进行舆论监督。

二、消费者的权利和经营者的义务

（一）消费者的权利

在消费者权益保护制度中，消费者的权利作为消费者权益在法律上的体现，是各国消费者权益保护法的核心。我国《消费者权益保护法》第二章专门规定了消费者的权利。

1. 安全保障权

安全保障权是消费者最基本的权利，指消费者在购买、使用商品和接受服务时享有人身、财产安全不受损害的权利。消费者有权要求经营者提供的商品和服务，符合保障人身、财产安全的要求。

2. 知悉真情权

知悉真情权是指消费者享有知悉其购买、使用的商品或者接受的服务的真实情况的权利。具体地说，消费者有权根据商品或者服务的不同情况，要求经营者提供商品的价格、产地、生产者 、用途、性能、规格、等级、主要成分、生产日期、有效期限、检验合格证明、使用方法说明书、售后服务，或者服务的内容、规格、费用等有关情况。

3. 自主选择权

自主选择权是指消费者享有自主选择商品或者服务的权利。该权利包括以下几个方面：自主选择提供商品或者服务的经营者；自主选择商品品种或者服务方式；自主决定购买或者不购买任何一种商品、接受或者不接受任何一项服务；自主选择商品或者服务时，有权进行比较、鉴别和挑选。

4. 公平交易权

公平交易权指消费者在购买商品或者接受服务时，有权获得质量保障、价格合理、计量正确等公平交易条件，有权拒绝经营者的强制交易行为。

5. 求偿权

求偿权指消费者因购买、使用商品或者接受服务受到人身、财产损害的，享有依法获得赔偿的权利。求偿权是弥补消费者所受损害的必不可少的救济性权利。

6. 结社权

结社权指消费者享有依法成立维护自身合法权益的社会组织的权利。政府及其职能部门对合法的消费者组织应给予支持，接受消费者组织的合理化建议，在制定有关消费者方面的法律、法规时，要考虑消费者组织的意见和要求，以便更好地保护消费者的权益。

7. 求教获知权

求教获知权指消费者享有获得有关消费和消费者权益保护方面的知识的权利。消费者应当努力掌握所需商品或者服务的知识和使用技能，正确使用商品，提高自我保护意识。

8. 受尊重权和个人信息保护权

受尊重权指消费者在购买、使用商品和接受服务时，享有其人格尊严、民族风俗习惯得到尊重的权利，享有个人信息依法得到保护的权利。

（1）人格尊严，指人的自尊、自重和自爱不允许别人侮辱、诽谤。名誉权是消费者重要的人格权，名誉和尊严是名誉权的客体。名誉是社会对公民的思想品德、信誉、才干等方面的评价；尊严指个人根据社会所给予的评价对自己在社会中的地位和个人品质等方面的自我评价；侮辱指用暴力或其他方式欺负他人，贬损他人人格的行为，比如经营者强迫消费者当众脱光衣服以查其被盗商品等。诽谤指捏造事实、造谣污蔑，恶意中伤他人的行为。

（2）民族风俗习惯。各民族在饮食、服饰、居住、婚丧、娱乐、礼节等方面都有不同的风俗习惯，这就要求经营者在制售商品、提供服务时要充分考虑这些风俗习惯。

（3）经营者的以下情形，均属侵害消费者个人信息依法受保护权的行为：①未经消费者同意，收集、使用消费者个人信息；②收集、使用消费者个人信息时，未公开其收集、使用规则，未明示其收集、使用信息的目的、方式和范围；③采取强制手段、欺骗手段，收集、使用消费者个人信息；④收集、使用消费者个人信息的范围、目的和方式，明显不符合正当、必要原则，但经营者采取格式条款并借助技术手段，或者采取有意将相关格式条款夹杂在众多条款之间等手段，诱导消费者签署或者点击同意；⑤超出当初明示并经消费者同意的范围、目的和方式，使用消费者个人信息；⑥对收集的消费者个人信息未依法严格保密，或者信息安全措施不完善，造成消费者个人信息被泄露、丢失；⑦在发生或者可能发生信息泄露、丢失的情况时，未立即采取补救措施，造成消费者个人信息被泄露、丢失或者造成损害扩大；⑧泄露、出售或者非法向他人提供消费者个人信息；⑨未经消费者同意或者请求，向消费者发送商业性信息；⑩在消费者明确表示拒绝的情况下，仍向消费者发送商业性信息。

9. 监督权

监督权指消费者享有对商品和服务以及保护消费者权益工作进行监督的权利。消费者有权检举、控告侵害消费者权益的行为和国家机关及其工作人员在保护消费者权益工作中的违法失职行为，有权对保护消费者权益工作提出批评、建议。

（二）经营者的义务

1. 遵守法律，履行约定，诚信经营的义务

经营者向消费者提供商品或者服务，应当依照《消费者权益保护法》和其他有关法律、法规的规定履行义务；经营者和消费者有约定的，应当按照约定履行义务，但双方的约定不得违背法律、法规的规定；经营者向消费者提供商品或者服务，应当恪守社会公德，诚信经营，保障消费者的合法权益；不得设定不公平、不合理的交易条件，不得强制交易。

2. 听取意见和接受监督的义务

经营者应当听取消费者对其提供的商品或者服务的意见，接受消费者的监督。

3. 保障安全的义务

经营者应当保证其提供的商品或者服务符合保障人身、财产安全的要求。对可能危及人身、财产安全的商品和服务，应当向消费者做出真实的说明和明确的警示，并说明和标明正确使用商品或者接受服务的方法以及防止危害发生的方法；宾馆、商场、

餐馆、银行、机场、车站、港口、影剧院等经营场所的经营者，应当对消费者尽到安全保障义务；经营者发现其提供的商品或者服务存在缺陷，有危及人身、财产安全危险的，应当立即向有关行政部门报告和告知消费者，并采取停止销售、警示、召回、无害化处理、销毁、停止生产或者服务等措施；采取召回措施的，经营者应当承担消费者因商品被召回支出的必要费用。

4. 提供真实信息的义务

经营者向消费者提供有关商品或者服务的质量、性能、用途、有效期限等信息，应当真实、全面，不得作虚假或者引人误解的宣传。经营者对消费者就其提供的商品或者服务的质量和使用方法等问题提出的询问，应当做出真实、明确的答复；经营者提供商品或者服务应当明码标价。

5. 标明真实名称和标记的义务

经营者应当标明其真实名称和标记；租赁他人柜台或者场地的经营者，应当标明其真实名称和标记。采用网络、电视、电话、邮购等方式提供商品或者服务的经营者，以及提供证券、保险、银行等金融服务的经营者，应当向消费者提供经营地址、联系方式、商品或者服务的数量和质量、价款或者费用、履行期限和方式、安全注意事项和风险警示、售后服务、民事责任等信息。

6. 出具购货凭证或服务单据的义务

经营者提供商品或者服务，应当按照国家有关规定或者商业惯例向消费者出具发票等购货凭证或者服务单据；消费者索要购货凭证或者服务单据的，经营者必须出具。

7. 提供符合要求的商品或服务的义务

经营者应当保证在正常使用商品或者接受服务的情况下其提供的商品或者服务应当具有的质量、性能、用途和有效期限；但消费者在购买该商品或者接受该服务前已经知道其存在瑕疵，且存在该瑕疵不违反法律强制性规定的除外；经营者以广告、产品说明、实物样品或者其他方式表明商品或者服务的质量状况的，应当保证其提供的商品或者服务的实际质量与表明的质量状况相符；经营者提供的机动车、计算机、电视机、电冰箱、空调器、洗衣机等耐用商品或者装饰装修等服务，消费者自接受商品或者服务之日起六个月内发现瑕疵，发生争议的，由经营者承担有关瑕疵的举证责任。

经营者提供的商品或者服务不符合质量要求的，消费者可以依照国家规定、当事人约定退货，或者要求经营者履行更换、修理等义务。没有国家规定和当事人约定的，消费者可以自收到商品之日起七日内退货；七日后符合法定解除合同条件的，消费者可以及时退货，不符合法定解除合同条件的，可以要求经营者履行更换、修理等义务。依照上述规定进行退货、更换、修理的，经营者应当承担运输等必要费用。

经营者采用网络、电视、电话、邮购等方式销售商品，消费者有权自收到商品之日起七日内退货，且无需说明理由，但下列商品除外：

（1）消费者定做的；

（2）鲜活易腐的；

（3）在线下载或者消费者拆封的音像制品、计算机软件等数字化商品；

（4）交付的报纸、期刊。

除以上所列商品外，其他根据商品性质并经消费者在购买时确认不宜退货的商品，不适用无理由退货。

消费者退货的商品应当完好。经营者应当自收到退回商品之日起七日内返还消费者支付的商品价款。退回商品的运费由消费者承担；经营者和消费者另有约定的，按照约定。

8. 保证交易公平性的义务

经营者在经营活动中使用格式条款的，应当以显著方式提请消费者注意商品或者服务的数量和质量、价款或者费用、履行期限和方式、安全注意事项和风险警示、售后服务、民事责任等与消费者有重大利害关系的内容，并按照消费者的要求予以说明。

经营者不得以格式条款、通知、声明、店堂告示等方式，做出排除或者限制消费者权利、减轻或者免除经营者责任、加重消费者责任等对消费者不公平、不合理的规定，不得利用格式条款并借助技术手段强制交易。格式条款、通知、声明、店堂告示等含有上述所列内容的，其内容无效。

9. 尊重消费者的人格权和自由权的义务

经营者不得对消费者进行侮辱、诽谤，不得搜查消费者的身体及其携带的物品，不得侵犯消费者的人身自由。

10. 依法收集、使用消费者个人信息的义务

经营者收集、使用消费者个人信息，应当遵循合法、正当、必要的原则，明示收集、使用信息的目的、方式和范围，并经消费者同意；经营者收集、使用消费者个人信息，应当公开其收集、使用规则，不得违反法律、法规的规定和双方的约定收集、使用信息。

经营者及其工作人员对收集的消费者个人信息必须严格保密，不得泄露、出售或者非法向他人提供；经营者应当采取技术措施和其他必要措施，确保信息安全，防止消费者个人信息泄露、丢失；在发生或者可能发生信息泄露、丢失的情况时，应当立即采取补救措施。

经营者未经消费者同意或者请求，或者消费者明确表示拒绝的，不得向其发送商业性信息。

三、消费者合法权益的保护

对消费者的合法权益进行保护不仅是维护社会正常经济秩序、促进生产发展的需要，而且是提高人民生活质量、满足人民日益增长的物质文化生活的需要，而这一目标的实现是一个系统工程，需要通过国家、社会团体和消费者个人的共同努力。

（一）消费者权益的国家保护

消费者权益的国家保护是消费者权益保护最重要的形式，它主要表现为国家综合运用立法、行政、司法等手段实现对消费者权益的保护。

1. 国家通过立法保护消费者的合法权益

通过立法手段实现对消费者权益的保护是当今世界各国使用的方法，也是最重要的方法。目前，国外消费者权益保护立法大致分为两类：一类是以美国为代表，这些国家未制定消费者权益保护的基本法，而是通过众多的单行法规，共同构筑起消费者

权益保护的法律体系；另一类是以日本、韩国、英国为代表，这些国家不仅制定了消费者权益保护的基本法，还颁布了许多相关的单行法规。我国消费者权益保护立法采用了后一种模式。在现行法律中，《消费者权益保护法》属于这方面的基本法，而其他法律，如《中华人民共和国食品卫生法》《中华人民共和国产品质量法》《中华人民共和国标准化法》《中华人民共和国药品管理法》等法规，同样发挥着规范生产经营、打击违法犯罪、保护消费者权益的作用。另外，国务院还颁布了一系列相关的行政法规。应该说，我国已经建立了一个比较完善的保护消费者权益的法律、法规体系。

2. 国家通过行政手段保护消费者合法权益

目前，世界各国一般都设有消费者权益保护机构。这些机构是政府为管理国民经济而设立的，它们在各自的管辖范围内承担着保护消费者权益的工作。

我国《消费者权益保护法》规定，各级人民政府应当加强领导，组织、协调、督促有关行政部门做好保护消费者合法权益的工作，落实保护消费者合法权益的职责。各级人民政府应当加强监督，预防危害消费者人身、财产安全行为的发生，及时制止危害消费者人身、财产安全的行为。各级人民政府市场监督管理部门和其他有关行政部门应当依照法律、法规的规定，在各自的职责范围内，采取措施，保护消费者的合法权益。有关行政部门应当听取消费者和消费者协会等组织对经营者交易行为、商品和服务质量问题的意见，及时调查处理。有关行政部门在各自的职责范围内，应当定期或者不定期对经营者提供的商品和服务进行抽查检验，并及时向社会公布抽查检验结果。有关行政部门发现并认定经营者提供的商品或者服务存在缺陷，有危及人身、财产安全危险的，应当立即责令经营者采取停止销售、警示、召回、无害化处理、销毁、停止生产或者服务等措施。有关国家机关应当依照法律、法规的规定，惩处经营者在提供商品和服务中侵害消费者合法权益的违法犯罪行为。

3. 国家通过司法手段保护消费者的合法权益

我国《消费者权益保护法》第三十五条规定："人民法院应当采取措施，方便消费者提起诉讼。对符合《民事诉讼法》起诉条件的消费者权益争议，必须受理，及时审理。"只有加强司法工作，才能使已经制定的法律、法规得到切实的执行，否则消费者的合法权益难以得到切实的保护。

（二）消费者权益的社会保护

消费者权益的社会保护主要是指社会监督。所谓社会监督，一般是指社会组织和公民通过各种渠道和方式对经营者和政府执法部门损害消费者合法权益的行为的监督。主要有两个方面：

1. 社会舆论监督

社会舆论监督是指通过报刊、广播和电视等新闻媒体，依照国家的有关规定，对产品质量或服务进行报道，表扬质量上乘产品的生产者或经营者，披露质量低劣产品的生产者或经营者，以维护消费者的合法权益。

2. 消费者协会的监督

消费者协会和其他消费者组织是依法成立的对商品和服务进行社会监督的保护消费者合法权益的社会组织。

消费者协会履行下列公益性职责：

（1）向消费者提供消费信息和咨询服务，提高消费者维护自身合法权益的能力，引导文明、健康、节约资源和保护环境的消费方式；

（2）参与制定有关消费者权益的法律、法规、规章和强制性标准；

（3）参与有关行政部门对商品和服务的监督、检查；

（4）就有关消费者合法权益的问题，向有关部门反映、查询，提出建议；

（5）受理消费者的投诉，并对投诉事项进行调查、调解；

（6）投诉事项涉及商品和服务质量问题的，可以委托具备资格的鉴定人鉴定，鉴定人应当告知鉴定意见；

（7）就损害消费者合法权益的行为，支持受损害的消费者提起诉讼或者依照《消费者权益保护法》提起诉讼；

（8）对损害消费者合法权益的行为，通过大众传播媒介予以揭露、批评。

各级人民政府对消费者协会履行职责应当予以必要的经费等支持；消费者协会应当认真履行保护消费者合法权益的职责，听取消费者的意见和建议，接受社会监督；依法成立的其他消费者组织依照法律、法规及其章程的规定，开展保护消费者合法权益的活动。

（三）消费者权益的自我保护

自我保护是指消费者依法维护自身合法权益的活动。一个人的衣食住行，无时无刻都离不开消费，其合法权益随时都可能被侵害。作为消费者，要切实保护自己的合法权益，必须做到两点：一是要深入地学习和了解消费者有哪些权利；二是在合法权益受到侵害后要正确、及时地保全证据，并向消费者协会或相关国家机关进行申诉。

四、争议的解决和法律责任的确定

（一）争议的解决途径

消费者和经营者发生消费者权益争议的，可以通过下列途径解决：

（1）与经营者协商和解；

（2）请求消费者协会或者依法成立的其他调解组织调解；

（3）向有关行政部门投诉；

（4）根据与经营者达成的仲裁协议提请仲裁机构仲裁；

（5）向人民法院提起诉讼。

（二）损害赔偿责任主体的确定

（1）消费者在购买、使用商品时，其合法权益受到损害的，可以向销售者要求赔偿。销售者赔偿后，属于生产者的责任或者属于向销售者提供商品的其他销售者的责任的，销售者有权向生产者或者其他销售者追偿。

（2）消费者或者其他受害人因商品缺陷造成人身、财产损害的，可以向销售者要求赔偿，也可以向生产者要求赔偿。属于生产者责任的，销售者赔偿后，有权向生产者追偿。属于销售者责任的，生产者赔偿后，有权向销售者追偿。

（3）消费者在接受服务时，其合法权益受到损害的，可以向服务者要求赔偿。

（4）消费者在购买、使用商品或者接受服务时，其合法权益受到损害，因原企业分立、合并的，可以向变更后承受其权利义务的企业要求赔偿。

（5）使用他人营业执照的违法经营者提供商品或者服务，损害消费者合法权益的，消费者可以向其要求赔偿，也可以向营业执照的持有人要求赔偿。

（6）消费者在展销会、租赁柜台购买商品或者接受服务，其合法权益受到损害的，可以向销售者或者服务者要求赔偿。展销会结束或者柜台租赁期满后，也可以向展销会的举办者、柜台的出租者要求赔偿。展销会的举办者、柜台的出租者赔偿后，有权向销售者或者服务者追偿。

（7）消费者通过网络交易平台购买商品或者接受服务，其合法权益受到损害的，可以向销售者或者服务者要求赔偿。网络交易平台提供者不能提供销售者或者服务者的真实名称、地址和有效联系方式的，消费者也可以向网络交易平台提供者要求赔偿；网络交易平台提供者做出更有利于消费者的承诺的，应当履行承诺。网络交易平台提供者赔偿后，有权向销售者或者服务者追偿。网络交易平台提供者明知或者应知销售者或者服务者利用其平台侵害消费者合法权益，未采取必要措施的，依法与该销售者或者服务者承担连带责任。

（8）消费者因经营者利用虚假广告或者其他虚假宣传方式提供商品或者服务，其合法权益受到损害的，可以向经营者要求赔偿。广告经营者、发布者发布虚假广告的，消费者可以请求行政主管部门予以惩处。广告经营者、发布者不能提供经营者的真实名称、地址和有效联系方式的，应当承担赔偿责任。广告经营者、发布者设计、制作、发布关系消费者生命健康商品或者服务的虚假广告，造成消费者损害的，应当与提供该商品或者服务的经营者承担连带责任。社会团体或者其他组织、个人在关系消费者生命健康商品或者服务的虚假广告或者其他虚假宣传中向消费者推荐商品或者服务，造成消费者损害的，应当与提供该商品或者服务的经营者承担连带责任。

（三）法律责任的确定

1. 民事法律责任的确定

（1）经营者提供商品或者服务有下列情形之一的，除《消费者权益保护法》另有规定外，应当依照其他有关法律、法规承担民事责任。

①商品或者服务存在缺陷的；

②不具备商品应当具备的使用性能而出售时未作说明的；

③不符合在商品或者其包装上注明采用的商品标准的；

④不符合商品说明、实物样品等方式表明的质量状况的；

⑤生产国家明令淘汰的商品或者销售失效、变质的商品的；

⑥销售的商品数量不足的；

⑦服务的内容和费用违反约定的；

⑧对消费者提出的修理、重作、更换、退货、补足商品数量、退还货款和服务费用或者赔偿损失的要求，故意拖延或者无理拒绝的；

⑨法律、法规规定的其他损害消费者权益的情形。

（2）法律、法规规定的其他损害消费者权益情形的责任，具体包括：

①经营者提供商品或者服务，造成消费者或者其他受害人人身伤害的，应当赔偿医疗费、护理费、交通费等为治疗和康复支出的合理费用，以及因误工减少的收入造成残疾的，还应当赔偿残疾生活辅助具费和残疾赔偿金。造成死亡的，还应当赔偿丧葬费和死亡赔偿金；

②经营者侵害消费者的人格尊严、侵犯消费者人身自由或者侵害消费者个人信息依法得到保护的权利的，应当停止侵害、恢复名誉、消除影响、赔礼道歉，并赔偿损失；

③经营者有侮辱诽谤、搜查身体、侵犯人身自由等侵害消费者或者其他受害人人身权益的行为，造成严重精神损害的，受害人可以要求精神损害赔偿；

④经营者提供商品或者服务，造成消费者财产损害的，应当依照法律规定或者当事人约定承担修理、重作、更换、退货、补足商品数量、退还货款和服务费用或者赔偿损失等民事责任；

⑤经营者以预收款方式提供商品或者服务的，应当按照约定提供。未按照约定提供的，应当按照消费者的要求履行约定或者退回预付款；并应当承担预付款的利息、消费者必须支付的合理费用；

⑥依法经有关行政部门认定为不合格的商品，消费者要求退货的，经营者应当负责退货；

⑦经营者提供商品或者服务有欺诈行为的，应当按照消费者的要求增加赔偿其受到的损失，增加赔偿的金额为消费者购买商品的价款或者接受服务的费用的三倍；增加赔偿的金额不足五百元的，为五百元。法律另有规定的，依照其规定。

经营者明知商品或者服务存在缺陷，仍然向消费者提供，造成消费者或者其他受害人死亡或者健康严重损害的，受害人有权要求经营者依照《消费者权益保护法》第四十九条、第五十一条等法律规定赔偿损失，并有权要求所受损失二倍以下的惩罚性赔偿。

2. 行政责任的确定

经营者有下列情形之一，除承担相应的民事责任外，其他有关法律、法规对处罚机关和处罚方式有规定的，依照法律、法规的规定执行；法律、法规未作规定的，由工商行政管理部门或者其他有关行政部门责令改正，可以根据情节单处或者并处警告、没收违法所得、处以违法所得一倍以上十倍以下的罚款，没有违法所得的，处以五十万元以下的罚款；情节严重的，责令停业整顿、吊销营业执照：

（1）提供的商品或者服务不符合保障人身、财产安全要求的；

（2）在商品中掺杂、掺假，以假充真，以次充好，或者以不合格商品冒充合格商品的；

（3）生产国家明令淘汰的商品或者销售失效、变质的商品的；

（4）伪造商品的产地，伪造或者冒用他人的厂名、厂址，伪造或者冒用认证标志、名优标志等质量标志的；

（5）销售的商品应当检验、检疫而未检验、检疫或者伪造检验、检疫结果的；

（6）对商品或者服务作引人误解的虚假宣传的；

（7）拒绝或者拖延有关行政部门责令对缺陷商品或者服务采取停止销售、警示、召回、无害化处理、销毁、停止生产或者服务等措施的；

（8）对消费者提出的修理、重作、更换、退货、补足商品数量、退还货款和服务费用或者赔偿损失的要求，故意拖延或者无理拒绝的；

（9）侵害消费者人格尊严、侵犯消费者人身自由或者侵害消费者个人信息依法得到保护的权利的；

（10）法律、法规规定的对损害消费者权益应当予以处罚的其他情形。

经营者有以上规定情形的，除依照法律、法规规定予以处罚外，处罚机关应当记入信用档案，向社会公布。经营者对行政处罚决定不服的，可以依法申请行政复议或者提起行政诉讼。

3. 刑事责任的确定

依据我国《消费者权益保护法》的有关规定，追究刑事责任的情况主要包括以下几种：

（1）经营者违反《消费者权益保护法》规定提供商品或者服务，侵害消费者合法权益，构成犯罪的，依法追究刑事责任。

（2）以暴力、威胁等方法阻碍有关行政部门工作人员依法执行职务的，依法追究刑事责任；拒绝、阻碍有关行政部门工作人员依法执行职务，未使用暴力、威胁方法的，由公安机关依照《中华人民共和国治安管理处罚法》的规定处罚；

（3）国家机关工作人员玩忽职守或者包庇经营者侵害消费者合法权益的行为的，由其所在单位或者上级机关给予行政处分；情节严重，构成犯罪的，依法追究刑事责任。

思考与练习题

1. 什么是产品和产品质量？我国《产品质量法》对产品质量有哪些基本要求？
2. 简述生产者、销售者的产品质量责任和义务。
3. 简述承担产品责任的条件。
4. 什么是消费者？消费者有哪些特征？
5. 简述消费者的法定权利。
6. 简述消费者权益争议的解决途径。
7. 简述承担产品责任的抗辩理由。

第十一章 工业产权法律制度

第一节 工业产权法律制度概述

一、工业产权的概念与特征

工业产权是指人们依法对应用于商品生产和流通中的创造发明和显著标记等智力成果，在一定地区和期限内享有的专有权。依照《保护工业产权巴黎公约》的相关规定，工业产权包括发明、实用新型、外观设计、商标、服务标记、厂商名称、货源标记、原产地名称，以及制止不正当竞争的权利。一般来说，工业产权和版权（著作权）统称为知识产权。

“工业产权”一词最早于 1791 年由法国专利法起草人德布运捷首先使用，主要包括商标权和专利权，是知识产权的重要组成部分。

工业产权作为一项民事权利，具有以下特征：

1. 专有性

工业产权与所有权一样，具有排他性和绝对性的特点。也就是说，这种权利为权利人所专有，权利人垄断这种专有权并受到严格保护。权利人以外的人不得侵犯这种权利，未经权利人的同意，不能享受或使用这种权利；否则，构成侵权行为，要依法受到惩罚和制裁。权利人对这种权利可自己行使，也可转让他人行使，并从中收取报酬。

2. 地域性

一国保护的工业产权只在本国生效，其他国家对这种权利没有保护的义务。一国主管部门授予、拒绝授予、变更或消灭工业产权的决定，只在本国范围内有效，对其他国家不发生法律效力。但签有国际公约或双边互惠协定的国家，则必须在相互范围内保护工业产权的存在。

3. 时间性

工业产权的保护具有一定的时间性。工业产权在法律规定的时间内受法律保护，一旦超过法律规定的有效期限，这一权利就自行消灭，其产品即成为整个社会的共同财富，为全人类所共同使用。

二、工业产权法的概念

工业产权法是调整在工业产权的申请、确认、保护、使用和管理过程中所发生的各种社会关系的法律规范的总称。工业产权法通常包括商标法和专利法。迄今为止，我国已相继颁布和实施了《中华人民共和国商标法》（以下简称《商标法》）、《中华人民共和国商标法实施细则》（以下简称《商标法实施细则》）、《中华人民共和国专利法》（以下简称《专利法》）、《中华人民共和国专利法实施细则》（以下简称《专利法实施细则》）等法律、法规。

第二节　专利法律制度

一、专利的含义

“专利”一词从不同的角度论述，通常有三种含义：

（一）专利是专利权的简称

专利权是指专利机关代表国家依法授予发明人、设计人或其所属单位对某项发明创造在法律规定的期限内享有的专有权。它具有独占性、时间性和地域性的特点。所谓独占性是指专利权人对取得专利权的发明创造在法律规定的期限内享有独占实施权，未经许可，他人不得使用其专利技术，否则，就构成侵权；所谓时间性是指在法律规定的有效期限内，专利权人享有该项发明创造的专利权，有效期届满，专利权不再受法律保护，进入公有领域；所谓地域性是指专利人所取得的专利权，只能得到授予该项权利的国家法律保护。

（二）专利是受法律保护的发明创造

我国专利法保护的发明创造包括发明、实用新型和外观设计三种。所谓发明专利，是指对产品、方法或其改进提出的新的技术方案所授予的专利；所谓实用新型专利，是指对产品的形状、构造或其结合提出的适于实用的新的技术方案所授予的专利，又称“小发明”；所谓外观设计专利，是指对产品的形状、图案、色彩或其结合所做出的富有美感并适合于工业上应用的新设计所授予的专利。

（三）专利是国家专利机关颁发的专利证书（略）

二、专利法的概念及调整对象

（一）专利法的概念

专利法，是调整因专利权的申请、取得、管理、使用和保护而产生的各种社会关系的法律规范的总称。

为了保护专利权人的合法权益，鼓励发明创造，推动发明创造的应用，提高创新能力，促进科学技术进步和经济社会发展，1984 年 3 月 12 日全国第六届人大常委会第四次会议通过并公布了《中华人民共和国专利法》，自 1985 年 4 月 1 日起施行。此后，《专利法》分别于 1992 年、2000 年、2008 年进行了 3 次修正；《专利法实施细则》作为与《专利法》相配套的行政法规自 1985 年 4 月 1 日起施行以来，经历了与《专利法》大体相应的修订过程。

（二）专利法的调整对象

专利法的调整对象是指因发明创造的开发、实施及其保护等发生的各种社会关系。具体包括以下四个方面：

1. 因确认发明创造的归属而发生的社会关系

发明创造专利申请权的归属直接关系到专利权的归属，因此，对专利申请权的确认是一个重要而复杂的法律问题。一般情况下，只有享有专利申请权的公民，法人或者其他组织，才能就其发明创造申请专利，从而获得专利权。

2. 因授予发明创造专利权而发生的社会关系

一项发明创造能否获得专利权以及如何取得专利权涉及许多方面的关系，如发明人或设计人与专利申请之间的关系、专利申请人与专利行政部门之间的关系、专利申请人与公众之间的关系等，都属专利法调整范围。

3. 因发明创造专利的实施、转让或者许可实施而发生的社会关系

一项发明创造被批准为专利并产生专利权后，专利权人总希望通过各种途径将其专利付诸实施或者进行转让，使之转化为生产力，并获得利润，由此而产生的社会关系，属于专利法调整的对象。

4. 因发明创造专利权的保护而发生的社会关系

专利权人对其专利依法享有独占权，并有权禁止他人未经许可而以营利为目的实施其专利。一旦发生侵权行为，便在专利权人与侵权行为人之间、专利权人与专利行政部门或者人民法院之间发生各种社会关系，这些社会关系也是专利法的调整对象。

三、专利权的主体和客体

（一）专利权的主体

专利权的主体是指具体参加特定的专利权法律关系并享有专利权的人。根据《专利法》的规定，发明人或者设计人、职务发明创造的单位、外国人和外国企业或者外国其他组织都可以成为专利权的主体。

1. 发明人或者设计人

《专利法》所称发明人或者设计人，是指对发明创造的实质性特点做出创造性贡献的人。在完成发明创造过程中，只负责组织工作的人、为物质技术条件的利用提供方便的人或者从事其他辅助工作的人，不是发明人或者设计人。

发明人或者设计人一般具有以下特征：

（1）发明人或者设计人为自然人。发明创造必须依靠人的大脑才能完成，它是人类智慧的结晶。因此，发明人或者设计人只能是自然人。

（2）发明人或者设计人的认定不受其民事行为能力的限制。发明创造行为是一种事实行为，不是法律行为，因此，不论从事发明创造的人作为法律上的主体是否具备完全民事行为能力，只要其完成了发明创造，就可以被认定为发明人或者设计人。

（3）发明人或者设计人必须是对发明创造的实质性特点做出创造性贡献的人。发明人或者设计人必须参与了发明创造活动，存在现实的智力投入，且其智力投入对发明创造起到了不可缺少的作用。在完成发明创造过程中，只负责组织工作的人，为物质技术条件的利用提供方便的人或者从事其他辅助工作的人，都不应当认定为发明人或者设计人。

与发明人或者设计人相关的一个概念是专利申请人。专利申请人是指有资格就发明创造向专利行政部门申请专利的人或者是已经向专利行政部门提出专利申请的自然人或法人。专利申请人可以是发明人、设计人，也可以不是发明人、设计人。因为，专利申请人只要对符合专利法规定的发明创造具有合法所有权即可，故职务发明创造的单位，发明创造的受让人、发明人或者设计人的合法继承人，都可以成为专利申请人。

2. 职务发明创造的单位

职务发明创造是指发明人或者设计人执行本单位的任务，或者主要是利用本单位的物质技术条件所完成的发明创造。凡是不能被证明为职务发明创造的，为非职务发明创造。

根据《专利法》及其实施细则的规定，发明人或者设计人做出的发明创造，凡符合下列条件之一的，均属于职务发明创造：

（1）在本职工作中做出的发明创造。这里所称本职工作，是指发明人或者设计人的职务范围，即工作责任的范围，而不是指单位的业务范围，也不是指个人所学专业的业务范围。

（2）履行本单位交付的本职工作之外的任务所做出的发明创造。这里所称本单位交付的任务，是指本职工作之外的任务，主要是工作人员根据单位领导的要求承担的短期或临时的任务，属于领导一般性的同意或赞成不能作为本单位交付的任务。

（3）退职、退休或者调动工作后1年内做出的，与其在原单位承担的本职工作或者原单位分配的任务有关的发明创造。

（4）主要利用本单位的物质技术条件完成的发明创造。这里所称本单位的物质技术条件，是指本单位的资金、设备、原材料或者不对外公开的技术资料等。

对于职务发明创造，申请专利的权利属于该单位，申请被批准后，该单位为专利权人。对于非职务发明创造，申请专利的权利属于发明人或者设计人。申请被批准后，该发明人或者设计人为专利权人。利用本单位的物质技术条件所完成的发明创造，单位与发明人或者设计人订有合同，对申请专利的权利和专利权的归属做出约定的，从其约定。

3. 外国人、外国企业或外国其他组织

根据国民待遇原则，外国人、外国企业或者外国其他组织在中国有经常性居所或者营业场所的，其申请专利的权利与中国公民和法人的地位相同。在中国没有经常居所或者营业场所的外国人、外国企业或者外国其他组织在中国申请专利的，依照其所属国同中国签订的协议或者共同参加的国际条约，或者依照互惠原则，在中国申请专利。专利申请被批准后，申请人为专利权人。

（二）专利权的客体

专利权的客体，即专利法保护的对象，是指可以获得专利法保护的发明创造。我国《专利法》规定的发明创造是指发明、实用新型和外观设计。

1. 发明

发明是指对产品、方法或者其改进所提出的新的技术方案。具有以下两个特征：①发明是利用自然规律而进行的创造。自然规律是脱离人的思维而独立存在的客观事物，发明则是在利用自然规律的基础上进行的一种创造。发明与发现不同，发现是对自然规律本身的新的认识，并不是利用。②发明是具体的技术方案。发明应能够解决特定的技术难题，必须产生一定的技术效果，具有一定的实用性。

发明按其表现形式可分为三类：①产品发明：指人们通过研究开发出来的关于各种新产品、新材料、新物质等的技术方案。②方法发明：指人们为制造产品或者解决某个技术课题而研究开发出来的操作方法、制造方法以及工艺流程等技术方案。③改进发明：指对已知的物品或方法提出实质性的新的技术方案。

2. 实用新型

实用新型是指对产品的形状、构造或其结合所提出的适于实用的新的技术方案。实用新型具有以下特征：

（1）实用新型是一种新的技术方案。实用新型实质上是一种技术方案，也是发明的一部分。

（2）实用新型仅限于产品，不包括方法。

（3）实用新型要求产品必须是具有固定的形状、构造的产品。气态、液态，凝胶状或颗粒粉末状的物质或者材料，不属于实用新型的产品范围。

3. 外观设计

外观设计是指对产品的形状、图案或者其结合以及色彩与形状、图案的结合所做出的富有美感并适于工业应用的新设计。外观设计具有如下特征：

（1）外观设计必须与产品相结合。外观设计是产品的外观设计，外观设计必须以产品的外表为依托，构成产品与设计的组合。

（2）外观设计必须能在产业上应用。外观设计必须能够用于生产经营目的的制造或生产。如果设计不能用工业的方法复制出来，或者达不到批量生产的要求，就不是专利法意义上的外观设计。

（3）外观设计富有美感。外观设计包含的是美术思想，即解决产品的视觉效果问题，而不是技术思想。这一点与实用新型相区别。

四、专利权人的权利和义务

（一）专利权人的权利

（1）专利权人有自行实施其专利的权利，并排除其他任何人支配其专利的权利。

（2）专利权人有将自己的专利权转让给他人的权利。

全民所有制单位转让专利权，必须经其上级主管机关批准；中国的有关组织或者个人向国外转让专利权，须报经国务院有关部门批准；转让专利权的当事人必须订立书面合同，转让经专利局登记和公告后生效。

（3）专利权人有许可他人实施其专利并收取使用费的权利。

（4）专利权人有在专利产品或者该产品的包装上表明专利标记和专利号的权利。

（5）专利权人在自己的专利权受到侵犯时，有请求专利管理机关进行处理，或者直接向人民法院起诉的权利。

（6）专利权人有权以书面声明形式放弃其专利权。

（二）专利权人的义务

（1）专利权人有缴纳年费的义务。专利权人应从授予专利权的当年开始缴纳专利年费，不按规定缴纳年费的，专利权应予终止。

（2）职务发明创造取得专利后，作为专利权人的单位有向发明人或设计人给予报酬奖励的义务。

五、授予专利权的条件

（一）授予发明和实用新型专利的实质条件

《专利法》规定，授予专利权的发明和实用新型，应当具备新颖性、创造性和实用性。

1. 新颖性

新颖性是指在申请日以前没有同样的发明或者实用新型在国内外出版物上公开发表过、在国内公开使用过或者以其他方式为公众所知，也没有同样的发明或者实用新型由他人向国务院专利行政部门提出过申请并且记载在申请日以后公布的专利申请文件中。新颖性的判断标准如下：

（1）已有技术的范围。已有技术是指申请日（有优先权的，指优先权日）前在国内外出版物上公开发表、在国内公开使用或者以其他方式为公众所知的技术；

（2）公开：包括技术公开的方式和公开的地域标准、时间标准。

技术公开的方式有三种：①出版物公开或书面公开。即把发明创造的内容在出版物上予以描述。这里的出版物是指以书面形式描述并公开出版和发行的有形物，它可以是印刷品、胶片、磁带、电子出版物等。②使用公开。使用公开是指由于使用将发明或实用新型的技术内容公开，公众可以从技术的应用中得知其技术内容。使用公开包括产品的制造、使用、销售、公开演示、展览等。③其他方式的公开。包括口头公开、广播公开等。但如果是以其他方式公开，要求公开的内容完整、清楚，公众能够根据其公开的内容实现发明或实用新型。

公开的地域标准：①世界性标准，即凡是在世界任何一个地方公开过的技术，都不具备新颖性；②本国标准，即凡是在本国公开过的技术，都不具备新颖性；③混合标准，即关于出版物的公开采用世界性的标准，而其他方式的公开，采用本国标准。从《专利法》的规定看，我国采用的是混合标准。

公开的时间标准：①以发明日为标准，即只要在发明创造完成时该发明创造是新的，就具有新颖性；②以申请日为标准，即发明创造在申请日时是新的便具有新颖性。从《专利法》的规定看，我国采取的是申请日的时间标准，即以国务院专利行政部门收到专利申请文件之日为申请日。

（3）抵触申请。

所谓抵触申请是指由于在先申请的存在，使得在后申请的同一发明创造不具备新颖性。如果出现抵触申请，必须把后申请的发明创造的技术内容与先申请的发明创造的技术内容进行比较。只要后申请的内容在先申请的内容中已经有所披露，则后申请不能获得专利权。需要指出的是，如果先申请在被公布以前撤回、放弃或者被视为撤回或者被驳回，则不能构成抵触申请。

对于不符合上述标准的发明或实用新型则丧失新颖性，但是也有例外。丧失新颖性的例外是指在某些特殊情况下，尽管申请专利的发明或者实用新型在申请日或者优先权日前公开，但在一定期限内提出专利申请的，则不丧失新颖性。

我国《专利法》规定，申请专利的发明创造在申请日以前 6 个月内，有下列情形之一的，不丧失新颖性：①在中国政府主办或者承认的国际展览会上首次展出的；②在规定的学术会议或者技术会议上首次发表的；③他人未经申请人同意泄露其内容的。

2. 创造性

创造性是指同申请日以前已有的技术相比，该发明有突出的实质特点和显著的进步，该实用新型有实质性特点和进步。创造性的衡量标准可以从该发明或者实用新型是否存在“实质性特点”和“进步”而得到判断。

所谓实质性特点是指发明创造具有一个或几个技术特征，与现有技术相比有本质的区别。因此，凡是发明创造所属技术领域的普通技术人员都不能直接从现有的技术中得出构成的全部必要技术特征，都应认为具有实质性特点。在评定一项发明创造是否具有实质性特点时，不仅要考虑技术方案本身的内容，还要考虑它的目的和效果，并把它们作为一个整体来理解。

所谓进步是指与现有技术相比有所发展和进步。克服了现有技术存在的缺点和不足，或者具有新的优点或效果，或者代表了某种新的技术趋势。

3. 实用性

实用性是指该发明或实用新型能够制造或者使用，并且能够产生积极的效果。实用性体现在下列三个方面：

（1）具有可实施性。即发明创造必须能够解决技术问题，并且能够在产业中应用，能够制造或者使用。

（2）具有再现性。即所属技术领域的技术人员根据公开的技术内容，能够重复实施专利申请中为解决技术问题所采用的技术方案。

（3）具有有益性。即发明创造能够在经济、技术和社会等领域产生积极和有益的效果。

（二）授予外观设计专利的实质条件

《专利法》规定，授予专利权的外观设计，应当同申请日以前在国内外出版物上公开发表过或者国内公开使用过的外观设计不相同和不相近似，并不得与他人在先取得的合法权利相冲突。

由于外观设计是产品的一种新设计，是产品外在的东西，其本身并不涉及技术上的创造，因此，对于外观设计授予专利权的条件更多地体现在与同类产品的比较上是否具有新颖性。根据我国法律规定，外观设计的新颖性在判断标准上与发明、实用新型的新颖性基本相同。

（三）不授予专利权的发明创造

1. 科学发现

科学发现是指人们通过自己的智力活动对客观世界已经存在的但未被揭示出来的规律、性质和现象等的认识。与发明创造相比，两者存在本质区别，科学发现指对前所未知的自然规律的认识，而发明创造则是前所未有的东西。

2. 智力活动的规则和方法

智力活动的规则和方法是指人们进行推理、分析、判断、记忆等思维活动的规则和方法。如体育竞赛规则、游戏规则、计算方法、生产管理方法等。虽然智力活动的规则和方法本身不能被授予专利权，但进行智力活动的设备、装置或者根据智力活动的规则和方法而设计制造的仪器、用具等，如果具备专利条件，可以被授予专利权。

3. 疾病的诊断和治疗方法

由于疾病的诊断和治疗方法不能用工业的方法制造和使用因此不适用于专利法保护。但是对于血液、毛发、尿样等脱离了人体的物质的化验方法则不属于疾病的诊断和治疗方法，因此如果具备专利条件，可以被授予专利权。另外，对于用于诊断或者治疗疾病方法的仪器、设备或者器械等，如果具备专利条件，可以被授予专利权。

4. 动物和植物品种

动物和植物品种（不包括动物和植物品种的生产方法）分为天然生长和人工培养两种。天然生长的动植物品种不是人类智力活动的发明创造，因此不能被授予专利权。人类培养动植物品种，虽然是人类智力活动的成果，但其不是用工业的方法进行制造、生产出来的，而是通过动植物母体培养出来的，有其自身的发生和成长规律，套用产品发明的模式保护不太合适，因此，我国专利法明确对动植物品种不授予专利权。但对动植物品种的生产方法，可以依照专利法的规定授予专利权。

5. 用原子核变换方法获得的物质

这种方法获得的物质，关系国防和国家重大利益，涉及科研和公共生活的各个方面，不宜为人垄断，因此不授予专利权。

此外，我国《专利法》规定，对违反国家法律、社会公德或者妨害公共利益的发明创造，不授予专利权。如专用于伪造货币的方法或者工具等。若发明创造本身的目的并不违法，但其实施可能破坏社会公德或者妨害公共利益，如万能钥匙等，这样的发明创造也不能授予专利权。

六、专利的申请、审查和批准

（一）专利的申请

1. 专利申请的原则

（1）先申请原则。先申请原则是指在两个以上的申请人分别就同样的发明创造申请专利的情况下，对先提出申请的申请人授予专利权。先申请的判断标准是专利申请日，如果两个以上申请人在同一日分别就同样的发明创造申请专利的，应当在收到专利行政管理部门的通知后自行协商确定申请人。

（2）单一性原则。单一性原则是指一份专利申请文件只能就一项发明创造提出专利申请，即“一申请一发明”原则。

就发明或者实用新型的专利申请而言，一件发明或者实用新型专利申请应当限于一项发明或者实用新型。属于一个总的发明构思的两项以上的发明或者实用新型，可以作为一件申请提出。但该两项以上的发明或者实用新型应当在技术上相互关联，包含一个或者多个相同或者相应的特定技术特征，其中特定技术特征是指每一项发明或者实用新型作为整体，对现有技术做出贡献的技术特征。

就外观设计的专利申请而言，一件外观设计专利申请应当限于一种产品所使用的一项外观设计。用于同一类别并且成套出售或者使用的产品的两项以上的外观设计，可以作为一件申请提出。同一类别是指产品属于分类表中同一小类。成套出售或者使用是指各产品的设计构思相同，并且习惯上同时出售、同时使用。

（二）专利的审查、批准

1. 初步审查

这是专利审批程序的第一阶段，又称形式审查。专利局收到专利申请后，首先进行初步审查。审查的主要内容有：专利申请案的申请手续是否完备，申请文件是否齐全，格式是否符合要求；专利申请案中必备的各种证件是否齐备；专利申请人身份是否符合法律规定；申请主题是否符合法律规定；是否缴纳了专利申请费等。

2. 早期公开

专利局收到发明专利申请后，经初步审查认为符合专利法要求的，自申请日起满18个月，即行公布。专利局也可以根据申请人的请求早日公布其申请。

3. 实质审查

发明专利申请自申请日起3年内，专利局可以根据申请人随时提出的请求，对其申请进行实质审查；申请人无正当理由逾期不请求实质审查的，该申请即被视为撤回。专利局认为必要的时候，可以自行对发明专利申请进行实质审查。发明专利的申请人请求实质审查的时候，应当提交在申请日前与其发明有关的参考资料。

4. 撤回与驳回

专利局对发明专利申请进行实质审查后，认为不符合《专利法》规定的，应当通知申请人，要求其在指定的期限内陈述意见，或者对此申请进行修改；无正当理由逾期不答复的，该申请即被视为撤回。发明专利申请经申请人陈述意见或者进行修改后，专利局仍然认为不符合专利法规定的，应当予以驳回。

5. 授予专利权

发明专利申请经实质审查没有发现驳回理由的，专利局应当做出授予发明专利权的决定，发给发明专利证书，并予以登记和公告。实用新型和外观设计专利申请经初步审查没有发现驳回理由的，专利局应当做出授予实用新型专利权或者外观设计专利权的决定，发给相应的专利证书，并予以登记和公告。

6. 专利权的撤销

自专利局公告授予专利权之日起 6 个月内，任何单位或者个人认为该专利权的授予不符合本法有关规定的，都可以请求专利局撤销该专利权。专利局对撤销专利权的请求进行审查，做出撤销或者维持专利权的决定，并通知请求人和专利权人。撤销专利权的决定，由专利局登记和公告。被撤销的专利权视为自始即不存在。

7. 复审

专利局设立专利复审委员会。对专利局驳回申请的决定不服的，或者对专利局撤销或维持专利权的决定不服的，可以自收到通知之日起 3 个月内，向专利复审委员会请求复审。专利复审委员会复审后，做出决定，并通知专利申请人、专利权人或者撤销专利权的请求人。专利复审委员会对申请人、专利权人或者撤销专利权的请求人关于实用新型和外观设计的复审请求所做出的决定为终局决定。

8. 向人民法院起诉

发明专利的申请人、发明专利权人或者撤销发明专利权的请求人对专利复审委员会的复审决定不服的，可以自收到通知之日起 3 个月内向人民法院起诉。

七、专利权的期限、终止和无效

（一）专利权的期限

专利权的期限是指专利权具有法律效力的时间。专利权都是有一定期限的，只有在有效期限内，才受到法律保护，超过了这段时间，便失去了法律效力。发明专利权的期限为 20 年，实用新型专利权和外观设计专利权的期限为 10 年，均自申请日起计算。

（二）专利权的终止

专利权的终止是指专利权在有效期限届满或在届满前失去法律效力，不再受法律保护。专利权在以下情况下终止：①期限届满；②没有按照规定缴纳年费的；③专利权人以书面声明放弃其专利权的；④专利权人死亡，无继承人或受遗赠人的。专利权的终止，由专利局登记和公告。

（三）专利权的无效

1. 专利权无效的情形

专利权无效是指已经取得的专利权，因不符合专利法的规定，根据有关单位或个人的请求，经专利复审委员会审核后被宣告无效。专利权无效的情形有：

（1）授予专利权的发明创造不符合专利法规定的授予专利权的实质性条件；

（2）授予专利权的发明创造不符合专利法规定的关于专利申请文件的撰写要求或专利申请文件修改范围的规定；

（3）授予专利权的发明创造不属于专利法规定的发明、实用新型和外观设计；

（4）授予专利权的发明创造不符合先申请原则和单一性原则；

（5）授予专利权的发明创造属于专利法规定的不授予专利权的项目，或者属于依照专利法关于申请在先取得专利权的规定而不能取得专利权的项目。

2. 专利权宣告无效的程序

请求宣告专利权无效的单位或个人，应当向专利复审委员会提出请求书，并说明理由。专利复审委员会收到请求宣告专利权无效的请求书后，应当及时审查和做出决定，并通知请求人和专利权人。宣告专利权无效的决定，由国务院专利机关登记和公告。对专利复审委员会宣告专利权无效或者维持专利权的决定不服的，可以自收到通知之日起3个月内向人民法院起诉。人民法院应当通知无效宣告请求程序的对方当事人作为第三人参加诉讼。

3. 专利权宣告无效的法律效力

（1）宣告无效的专利权视为自始即不存在。

（2）宣告专利权无效的决定，对在宣告专利权无效前人民法院做出并已执行的专利侵权的判决、裁定，已经履行或者强制执行的专利侵权纠纷处理决定，以及已经履行的专利实施许可合同和专利权转让合同，不具有追溯力。但是因专利权人的恶意给他人造成损失的，应当给予赔偿。

（3）如果依照上述规定，专利权人或者专利权转让人不向被许可实施专利人或者专利权受让人返还专利使用费或者专利权转让费明显违反公平原则，专利权人或者专利权转让人应当向被许可实施专利人或者专利权受让人返还全部或者部分专利使用费或者专利权转让费。

八、专利权的保护

（一）侵权行为

专利侵权行为，是指未经专利权人的许可为生产经营目的实施其专利的行为。所谓实施专利的行为是指：当专利权的对象是产品时，实施专利可为任何未经专利权人许可的制造、使用、销售或者进口该产品的行为；当专利权的对象是方法时，实施专利的行为指任何未经专利权人许可使用该方法的行为；当专利权的对象是制造产品的方法，并且当专利权的效力延及由该方法直接制造出的产品时，实施专利的行为还包括任何未经许可使用、销售或者进口由该方法所直接制造出的产品的行为。

此外，假冒他人专利，即违背专利权人的意愿，以欺骗他人获得高额利润为目的而冒充获得专利权的发明创造的行为，也属侵权行为。

（二）法律责任

1. 民事责任

民事责任主要包括：停止侵害、赔偿损失、消除影响、恢复名誉等。其中，侵犯专利权的赔偿数额，按照权利人因被侵权所受到的损失或者侵权人因侵权所获得的利益确定；被侵权人的损失或者侵权人获得的利益难以确定的参照该专利许可使用费的倍数合理确定。

2. 行政责任

（1）对未经专利权人许可实施其专利的行为，管理专利工作的部门认定侵权行为成立的，可以责令侵权人立即停止侵权行为；

（2）对假冒他人专利的行为，除依法承担民事责任外，由管理专利工作的部门责令改正并予以公告，没收违法所得，可以并处违法所得 3 倍以下的罚款，没有违法所得的，可以处 5 万元以下的罚款；

（3）对以非专利产品冒充专利产品、以非专利方法冒充专利方法的行为，由管理专利工作的部门责令改正并予以公告，可以处 5 万元以下的罚款；

（4）对侵夺发明人或者设计人的非职务发明创造专利申请权以及其他权益的行为，由所在单位或者上级主管机关给予行政处分等。

3. 刑事责任

《刑法》第二百一十六条规定，假冒他人专利，情节严重的，处 3 年以下有期徒刑或者拘役，并处或者单处罚金。最高人民检察院、公安部 2001 年 4 月在《关于经济犯罪案件追诉标准的规定》里将假冒专利罪的追诉标准确定为：

（1）违法所得数额在 10 万元以上的；

（2）给专利权人造成直接经济损失数额在 50 万元以上的；

（3）虽未达到上述数额标准，但因假冒他人专利，受到行政处罚两次以上，又假冒他人专利的；

（4）造成恶劣影响的。

（三）专利侵权诉讼时效

根据《专利法》的规定，侵犯专利权的诉讼时效为 2 年，自专利权人或者利害关系人得知或者应当得知侵权行为之日起计算。

发明专利申请公布后至专利权授予前使用该发明未支付适当使用费的，专利权人要求支付使用费的诉讼时效为 2 年，自专利权人得知或者应当得知他人使用其发明之日起计算，但是，专利权人于专利权授予之日前即已得知或者应当得知的，自专利权授予之日起计算。

第三节　商标法律制度

一、商标的概念、特征及其分类

（一）商标的概念及特征

商标是指由文字、图形、字母、数字、三维标志和颜色组合，以及上述要素的组合，使用于一定的商品或者服务项目上，用以区别商标使用者与同类商品的生产经营者或者同类服务业经营者的显著标记。

商标具有如下特征：

1. 商标是由文字、图形或文字与图形结合而组成的标记

商标的构成具有多样性，凡能够将一企业的商品或者服务与另一企业的商品或者服务加以区别的任何标志或者标志的组合，均能构成一项商标。

2. 商标是使用于商品或者服务上的显著标记

商标依附于商品或者服务而存在，其使用具有商业意义和商业价值。

3. 商标是代表特定商品生产者、经销者或者服务提供者的专用符号

商标具有识别性和表彰性功能。商标的识别性功能，使消费者能够根据各自的需要认牌购货，认牌消费；商标的表彰性功能，代表着特定经营者的商业信誉、市场竞争能力和地位。

4. 商标是附于商品表面、包装或标于与所提供的服务相关的物品上具有显著特征的简洁符号

商标是经过设计人为地、有意识地置于商品外表或包装上的显著标记，同时商标又是一种具有显著特征的简洁符号，便于识别，能够借以指代某一特定的经营者所经营的商品或者服务。

（二）商标的分类

根据不同的划分标准，可以将商标分成不同的种类。

1. 根据商标的结构，可将商标分为文字商标、图形商标、数字商标、三维商标以及组合商标

文字商标是以文字为主组成的商标，如“白玉”牙膏等；图形商标是指用图形构成的商标，如上海老城隍庙工艺品商店就是以城隍庙的图形作为商标；数字商标是以阿拉伯数字组成的商标，如“555”等；三维商标即立体商标，如某酒瓶的包装等；组合商标是以文字、图形、数字等组合起来的商标，它可以是上述要素的组合，也可以是其中两个或几个要素的组合。

2. 根据商标的用途，可将商标分为商品商标和服务商标

商品商标是用于生产销售的商品上的标记；服务商标是用于服务行业，以便与其他服务行业相区别的标记。

3. 根据商标的作用和功能，可将商标分为证明商标、集体商标、防御商标和联合商标

证明商标是指由对某种商品或者服务具有监督能力的组织所控制，而由该组织以外的单位或者个人使用于其商品或者服务，用以证明该商品或者服务的原产地、原料、制造方法、质量或者其他特定品质的标志。

集体商标是指以团体、协会或者其他组织名义注册，供该组织成员在商事活动中使用，以表明使用者在该组织中的成员资格的标志。

防御商标是将同一商标注册于不同的商品或服务上，构成一个防御体系，以防止他人在不同商品或服务上使用该商标可能给消费者造成的混淆。

联合商标是指将与已注册商标相近似的商标在相同或类似商品或服务上加以注册。

4. 根据商标在相关市场上的知名度，可将商标分为驰名商标、著名商标和知名商标

驰名商标是指由商标局认定的在市场上享有较高声誉并为相关公众所熟知的商标。《商标法》第十四条规定，认定驰名商标应当考虑下列因素：

（1）相关公众对该商标的知晓程度；

（2）该商标使用的持续时间；

（3）该商标的任何宣传工作的持续时间、程度和地理范围；

（4）该商标作为驰名商标受保护的记录；

（5）该商标驰名的其他因素。

著名商标是指由省级工商行政管理部门认可的，在该行政区划范围内具有较高声誉和市场知名度的商标。

知名商标是指由市一级工商行政管理部门认可的，在该行政区划范围内具有较高声誉和市场知名度的商标。

二、商标法的概念

商标法是确认商标专用权，规定商标注册、使用、转让、保护和管理的法律规范的总称。1982 年 8 月 23 日，第五届全国人大常委会第二十四次会议通过了《商标法》，并于 1983 年 3 月 10 日起施行。此后，该法分别于 1993 年、2001 年、2013 年、2019 年进行了 4 次修正；1983 年 3 月 1 日，国务院颁布了《商标法实施细则》，随后相继于 1988 年、1993 年、1995 年进行了修订；2002 年 8 月 3 日国务院又颁布了《商标法实施条例》，并于 2014 年 4 月修订，自同年 5 月 1 日起施行。《商标法》及其配套法规的颁布和施行不仅标志着我国商标法制的逐步健全和完善，也标志着我国知识产权的法律制度的逐步建立、健全。

三、商标权的主体和客体

（一）商标权的主体

商标权的主体是指可以申请商标注册并享有商标专用权的参加者。

在我国，商标注册申请者必须是依法登记并能独立承担经济责任的企业、个体工

商户、具有法人资格的事业单位，以及符合规定的外国人或外国企业。凡是企业、事业单位和个体工商业者对其生产、制造、加工、拣选或者经销的产品，以及对其提供服务的项目和服务需要取得商标专用权的，应当向商标局申请商品商标注册。外国人或外国企业也可以在我国申请商标注册，可按有关协议、共同参加的国际条约或者按对等原则办理。

（二）商标权的客体

商标权的客体是指经商标局核准注册的商标，即注册商标。

申请注册商标应当具备以下条件：

1. 商标应当具备显著性

《商标法》规定，申请注册的商标，应当有显著特征，便于识别，并不得与他人在先取得的合法权利相冲突。商标具备的这种显著性，可以通过两种方式产生，一是商标本身具有显著性；二是通过长期的使用获得商标的显著性。

2. 商标应当符合可视性要求

《商标法》规定，任何能够将自然人、法人或者其他组织的商品与他人的商品区别开的可视性标志，包括文字、图形、字母、数字、三维标志和颜色组合，以及上述要素的组合，均可以作为商标申请注册。由此可见，气味标志、音响标志不能成为注册商标。

3. 法律规定不得作为商标注册的标志

《商标法》第十条规定，下列标志不得作为商标使用：

（1）同中华人民共和国的国家名称、国旗、国徽、军旗、勋章相同或者近似的，以及同中央国家机关所在地特定地点的名称或者标志性建筑物的名称、图形相同的；

（2）同外国的国家名称、国旗、国徽、军旗相同或者近似的，但该国政府同意的除外；

（3）同政府间国际组织的名称、旗帜、徽记相同或者近似的，但经该组织同意或者不易误导公众的除外；

（4）与表明实施控制、予以保证的官方标志、检验印记相同或者近似的，但经授权的除外；

（5）同“红十字”、“红新月”的名称、标志相同或者近似的；

（6）带有民族歧视性的；

（7）夸大宣传并带有欺骗性的；

（8）有害于社会主义道德风尚或者有其他不良影响的。

县级以上行政区划的地名或者公众知晓的外国地名，不得作为商标。但是，地名具有其他含义或者作为集体商标、证明商标组成部分的除外；已经注册的使用地名的商标继续有效。

《商标法》第十一条规定，下列标志不得作为商标注册：

（1）仅有本商品的通用名称、图形、型号的；

（2）仅仅直接表示商品的质量、主要原料、功能、用途、重量、数量及其他特点的；

（3）缺乏显著特征的。

前款所列标志经过使用取得显著特征，并便于识别的，可以作为商标注册。

《商标法》第十二条规定：以三维标志申请注册商标的，仅由商品自身的性质产生的形状、为获得技术效果而需有的商品形状或者使商品具有实质性价值的形状，不得注册。

4. 法律规定不予注册并禁止使用的商标

《商标法》第十三条规定：就相同或者类似商品申请注册的商标是复制、摹仿或者翻译他人未在中国注册的驰名商标，容易导致混淆的，不予注册并禁止使用。

就不相同或者不相类似商品申请注册的商标是复制、摹仿或者翻译他人已经在中国注册的驰名商标，误导公众，致使该驰名商标注册人的利益可能受到损害的，不予注册并禁止使用。

《商标法》第十五条规定：未经授权，代理人或者代表人以自己的名义将被代理人或者被代表人的商标进行注册，被代理人或者被代表人提出异议的，不予注册并禁止使用。

《商标法》第十六条规定：商标中有商品的地理标志，而该商品并非来源于该标志所标示的地区，误导公众的，不予注册并禁止使用；但是，已经善意取得注册的继续有效。这里所称地理标志，是指标示某商品来源于某地区，该商品的特定质量、信誉或者其他特征，主要由该地区的自然因素或者人文因素所决定的标志。

四、商标权人的权利和义务

（一）商标权人的权利

1. 商标专用权

商标专用权是指商标权人对其注册商标独占、专有的使用权，这是商标法的核心问题。

2. 商标转让权

注册商标是一种无形财产，商标权人有全部或部分地转让给他人的权利。转让注册商标，转让人和受让人应当共同向商标局提出申请。受让人应当保证使用该注册商标的商品质量。转让核准后，予以公告。

3. 使用许可权

使用许可权是指注册商标所有人享有通过签订使用许可合同，许可他人使用其注册商标的权利。许可人应当监督被许可人使用其注册商标的商品质量，被许可人应当保证使用该注册商标的商品质量。

许可他人使用注册商标的，被许可人必须在使用该注册商标的商品上标明其名称和商品产地，商标使用许可合同应当报商标局备案。

4. 商标投资权

商标权人有权将其注册商标作价投资，投资作价由双方协商议定。

（二）商标权人的义务

1. 依法使用注册商标的义务

注册商标必须使用是商标权人的义务。连续 3 年停止使用，可撤销其注册商标。

注册商标的使用必须正确，不得自行改变、私自转让或租借注册商标等。

2. 保证商品质量的义务

对注册商标的商品质量负责是商标权人的一项重要义务。

3. 标明“注册商标”字样或者标明注册标记

在商品上不便标明的，应当在商品包装或者说明书以及其他附着物上标明。

4. 缴纳各项费用的义务

五、商标注册

（一）商标注册的概念

商标注册是商标注册人依照法律规定的程序，将自己使用的商标向国家商标局申请注册，经审查核准注册，并取得商标专用权的活动。简而言之，商标注册就是取得商标专用权的法律行为。

商标注册是《商标法》的核心。只有经过注册的商标才享有商标专用权，受法律保护；没有经过注册的商标可以依法使用，但不得侵犯已经注册的商标的专用权。

（二）商标注册的原则

1. 自愿注册为主、强制注册例外原则

所谓自愿原则，又称自愿注册原则，主要指商标所有人对其所有的商标是否申请注册，可根据情况自行决定。商标注册实行自愿原则，表明商标所有人也可以不申请商标注册。但由于只有经过注册的商标才能取得商标专用权，才能受到法律的保护，所以商标所有人在不申请商标注册的情况下，不受法律保护，也就不能禁止他人使用自己未经注册的商标。

实行商标自愿注册原则，也有一定的例外，即某些特定的商品必须申请商标注册，否则不能在市场上销售。按照目前的规定，人用药品和烟草制品必须申请商标注册。人用药品包括中成药（含药酒）、化学原料及其制剂、抗生素、生化药品、放射性药品、血清疫苗、血液制品和诊断药品；烟草制品包括卷烟、雪茄烟和有包装的烟丝。上述商品必须使用注册商标，这实际上是一种商标强制注册制度，是商标自愿注册原则的一个例外。

2. 申请在先原则

所谓申请在先原则，是指两个或两个以上相同或者相近似的商标都提出了注册的申请，只给申请在先的商标予以注册。目前国际上通常采用两种基本原则：先申请原则与先注册原则。我国实行先申请原则，即根据申请日期这一客观事实，初步审定并公告申请在先的商标；同一天申请的，初步审定并公告使用在先的商标，驳回其他人的申请，不予公告。

3. 防止误导公众原则

所谓误导公众原则，是指商标中有商品的地理标志，而该商品并非来源于该标志所标示的地区，误导公众的，不予注册并禁止使用；但是，已经善意取得注册的继续有效。地理标志是指标示某商品来源于某地区，该商品的特定质量、信誉或者其他特征，主要由该地区的自然因素或人文因素所决定的标志。

4. 禁止恶意注册原则

所谓恶意注册，是指未经授权，代理人或者代表人以自己的名义将被代理人或者被代表人的商标进行注册，被代理人或者被代表人提出异议的，不予注册并禁止使用。

构成恶意注册需具备两个条件：一是商标代理人或为企业办理商标注册的代表人接受了办理商标注册的委托等事项，但并未实施代理或代表行为；二是代理人或代表人将委托人交给他的商标据为己有，并申请注册在自己的名下。当然，如果当事人没有提出异议，默许了代理人、代表人的行为，也并未认为其行为给自己造成什么损失，则不会产生法律纠纷。而一旦当事人提出异议，国家工商管理局商标局则应驳回该商标的注册申请，并责令其禁止使用。

（三）商标注册的程序

1. 注册申请

我国的商标注册申请实行核转制度，即申请人向所在地的市、县工商行政管理局提出商标注册申请，经其初步审核认可后，由其向国家商标局转递申请人的申请。申请人提出商标注册申请时，应当按规定要求进行。

（1）按商品分类表填报使用商标的商品类别和商品名称。商品分类表是划分商品或服务类别和进行商标注册管理的重要依据。我国在1988年11月1日开始采用《尼斯协定》的商品分类表申请商标注册，1994年加入尼斯同盟。该协定将商品和服务分为45类，其中34类商品、11类服务，覆盖了1万多个商品和服务项目。

（2）商标注册申请人在不同类别的商品上申请注册同一商标的，应当按商品分类表提出注册申请。

（3）注册商标需要在同一类的其他商品上使用的，应当另行提出注册申请。

（4）注册商标需要改变其标志的，应当重新提出注册申请。

（5）注册商标需要变更注册人的名义、地址或者其他注册事项的，应当提出变更申请。

2. 审查

国家商标局接到地方工商行政管理局核转的商标注册申请后，依照《商标法》的规定，对申请注册的商标进行审查。审查主要包括以下内容：

（1）形式审查。形式审查的内容主要包括：申请手续是否齐备；申请人是否具备申请资格；申请文件是否齐全，填写是否正确；是否按规定缴纳了申请注册费等。

经过形式审查，凡符合规定的，商标局予以受理，编定申请号，发给《受理通知书》。对于申请手续和申请文件基本符合规定，但需要补正的，通知予以补正，在规定期限内补正的，保留申请日期；未在规定期限内补正的，予以退回，申请日期不予保留。

（2）实质审查。实质审查的内容主要包括：申请注册的商标是否具有显著特征，便于识别；申请注册的商标是否与已注册在相同或类似商品或服务上的商标相同或近似；申请注册的商标是否违背商标法的禁止规定等。

此外，商标局认为商标注册申请内容可以修正的，发给审查意见书，限其在收到通知之日起 15 天内予以修正；未作修正的，超过期限修正或者修正后仍不符合商标法规定的，驳回申请，发给申请人驳回通知书。

3. 公告

申请注册的商标，符合《商标法》规定的，经商标局初步审定后，予以公告。对于两个或者两个以上的商标注册申请人，在同一种商品或者类似商品上，以相同或者近似的商标申请注册的，初步审定并公告申请在先的商标；同一天申请的，初步审定并公告使用在先的商标，驳回其他人的申请，不予公告。申请注册的商标，凡不符合《商标法》规定的，由商标局驳回申请，不予公告。

4. 核准

对于初步审定的商标，自公告之日起 3 个月内无人提出异议，或虽有异议，但经商标局裁定异议不能成立的，商标局予以核准登记注册，向申请人颁发《商标注册证》，并进行第二次公告。

5. 复审或者裁定

对驳回申请、不予公告的商标，商标局应当书面通知商标注册申请人。商标注册申请人不服的，可以自收到通知之日起 15 日内向商标评审委员会申请复审，由商标评审委则会做出决定，并书面通知申请人。当事人对商标评审委员会的决定不服的，可以自收到通知之日起 30 日内向人民法院起诉。

对初步审定、予以公告的商标提出异议的，商标局应当听取异议人和被异议人陈述事实和理由，经调查核实后，做出裁定。当事人不服的，可以自收到通知之日起 15 日内向商标评审委员会申请复审，由商标评审委员会做出裁定，并书面通知。异议人和被异议人，当事人对商标评审委员会的裁定不服的，可以自收到通知之日起 30 日内向人民法院起诉。

人民法院应当通知商标复审程序的对方当事人作为第三人参加诉讼。当事人在法定期限内对商标局做出的裁定不申请复审或者对商标评审委员会做出的裁定不向人民法院起诉的，裁定生效。经裁定异议不能成立的，予以核准注册，发给商标注册证，并予以公告；经裁定异议成立的，不予核准注册。

经裁定异议不能成立而核准注册的，商标注册申请人取得商标专用权的时间自初审公告 3 个月期满之日起计算。

六、注册商标的续展、变更、转让和使用许可

（一）注册商标的续展

注册商标的续展是指注册商标所有人在商标注册有效期届满前后的一定时间内，依法办理一定手续延长其注册商标有效期的制度。

根据我国《商标法》的规定，注册商标的有效期为 10 年，自核准注册之日起开始计算。注册商标有效期满，需要继续使用的，应当在期满前 6 个月内申请续展注册。在此期间未能提出申请的，可以给予 6 个月的宽展期。宽展期满仍未提出申请的，注销其注册商标。续展注册的次数不限，但每次续展注册的有效期仍为 10 年。申请商标续展注册的，应当向商标局交送商标续展注册申请书，商标局应当对续展注册申请进

行审查。续展注册符合《商标法》规定的，经核准后，发给相应证明，并予以公告。不符合《商标法》规定的，不予核准。

（二）注册商标的变更

注册商标需要改变文字、图形的以及需要变更注册人的名义、地址或者其他注册事项的，应当提出变更申请。

（三）注册商标的转让

注册商标的转让是指注册人作为转让人将其依法注册的商标依照法定程序让与给受让人的行为。注册商标的转让，是市场经济发展过程中的一种客观需要，它一方面有利于发挥商标的经济利益，有利于商标资源的充分利用；另一方面可以使商标专用权延续下去，避免因注册人的原因而终止。

各国商标立法中对注册商标转让的原则，一般有两种不同的规定：一是连同营业转让的原则，即商标专用权人在转让注册商标时，注册商标必须与企业或者与企业注册商标有关的业务和生产要素一起转让，这一原则实际上是不允许单独转让注册商标；二是自由转让原则，即注册商标的注册人既可以将其注册商标连同营业一并转让，也可以只转让注册商标；既可以将注册商标所使用非类似商品按类别分割单独转让，也可以将注册商标所使用的所有商品全部进行转让。我国商标法对此未作明文规定，即对注册商标的转让，没有做出限制性的规定，这表明商标法对注册商标的转让，实行自由转让原则。

根据《商标法》规定，注册商标转让主要有以下程序：

（1）转让和受让方签订注册商标的转让协议；

（2）转让方和受让方共同向商标主管机关提出申请，受让人应当保证使用该注册商标的商品质量；

（3）由商标主管机关核准；

（4）公告，即转让注册商标经核准后，予以公告，受让人自公告之日起享有商标专用权。

（四）注册商标的使用许可

注册商标的许可使用是指注册人作为许可人许可他人即被许可人使用其注册商标。注册商标的使用许可与注册商标的转让不同，两者的主要区别在于，前者不产生注册商标所有权的转移，只是允许被许可人使用其注册商标；而后者注册商标的所有权发生了转移，变成受让人所有；前者无需经过商标主管机关的核准，而后者不经商标主管机关的核准则无效。

1. 注册商标使用许可的条件

注册商标的使用许可应当符合下列条件：

（1）许可人是被许可的注册商标的所有人或有充分处置权人；

（2）被许可人有生产使用许可的商品的资格；

（3）使用许可的商标在法律保护的期限内，且使用许可期限不得超过该注册商标的有效期限；

(4) 使用许可的商品在该注册商标核定使用的商品范围内；

(5) 使用许可的商标与注册商标一致。

2. 注册商标使用许可的形式

注册商标的使用许可，通常可分为 3 种形式，即独占许可、排他许可和普通许可。

(1) 注册商标的独占许可

所谓商标的独占许可，是指许可人在同一时间内只能准许一个被许可人在规定的地域和指定的商品或服务项目上独家使用其注册商标，许可人即注册人自己也不能使用该注册商标，否则即构成违约，须承担相应的法律责任。

(2) 注册商标的排他许可

所谓商标的排他许可，是指许可人在同一时间内准许一个被许可人在指定的地域和指定的商品或者项目上使用其注册商标的同时，不得再准许他人使用其注册商标，但许可人本人仍然保留使用该注册商标的权利。在注册商标的排他许可中，只是排除了除许可人被许可人以外其他第三人对注册商标的使用。

(3) 注册商标的普通许可

所谓商标的普通许可，是指许可人在同一时间内准许一个被许可人在规定的地域和指定的商品或者服务项目上使用其注册商标的同时，不但许可人本人仍然保留使用该注册商标的权利，而且还保留了许可其他人使用其注册商标的权利。在普通许可中，被许可人虽然取得了注册商标的使用权，但许可人不但保留了自己使用该注册商标的权利，而且还保留了同时许可他人使用该注册商标的权利。

根据《商标法》的规定，被许可使用他人注册商标的，必须在使用该注册商标的商标上标明被许可人的名称和商品产地。商标使用许可合同应当报商标局备案。

七、商标使用的管理

(一) 商标使用的管理机关

国务院工商行政管理部门——商标局主管全国商标的注册和管理工作。商标管理机构的主要任务是：严格执行《商标法》，监督商标的正确使用，制止商标的滥用等。

(二) 注册商标的管理

(1) 使用注册商标，有下列行为之一的，由商标局责令限期改正或者撤销其注册商标：

①自行改变注册商标的文字、图形或者其组合的；

②自行改变注册商标的注册人名义、地址或者其他注册事项的；

③自行转让注册商标的；

④连续 3 年停止使用的。

(2) 使用注册商标，其商品粗制滥造、以次充好、欺骗消费者的，由各级工商行政管理部门分别不同情况，责令限期改正，予以通报，并可以处以非法经营额 20% 以下或者非法获利 2 倍以下的罚款。对有毒、有害并且没有使用价值的商品予以销毁，或者由商标局撤销其注册商标。

（3）注册商标被撤销的或者期满不再续展的，自撤销或者注销之日起 1 年内，商标局对与该商标相同或者近似的商标注册申请，不予核准。

（三）未注册商标使用的管理

未注册商标如果不是法律规定必须注册的，允许使用。但使用未注册商标有下列行为之一的，由地方工商行政管理部门予以制止、限期改正，并可以予以通报或者处以罚款：

（1）冒充注册商标的；

（2）违反商标标识禁用规定的；

（3）粗制滥造，以次充好，欺骗消费者的。对商标局撤销未注册商标的规定，当事人不服的，可以在收到通知 15 天内申请复审，由商标评审委员会做出终局决定，并书面通知申请人。

八、商标专用权的保护

（一）侵犯注册商标专用权的行为

根据《商标法》规定，有下列行为之一的，均属侵犯商标专用权的行为：

（1）未经商标注册人的许可，在同一种商品或者类似商品上使用与其注册商标相同或者近似的商标的；

（2）销售侵犯注册商标专用权的商品的；

（3）伪造、擅自制造他人注册商标标识或者销售伪造、擅自制造的注册商标标识的；

（4）未经商标注册人同意，更换其注册商标并将该更换商标的商品又投入市场的；

（5）给他人的注册商标专用权造成其他损害的。

（二）侵犯商标专用权案件的处理

根据《商标法》的规定，对侵犯商标专用权的案件，首先由当事人协商解决。当事人不愿协商或者协商解决不成时，有两种处理方式：一是由商标注册人或者利害关系人请求工商行政管理部门处理；二是商标注册人或者利害关系人向人民法院起诉。

1. 工商行政管理部门对侵犯注册商标专用权案件的处理

根据《商标法》的规定，商标注册人或者利害关系人对有侵犯注册商标专用权的行为，可以请求工商行政管理部门进行处理。

县级以上工商行政管理部门对涉嫌侵犯他人注册商标专用权的行为人进行查处时，可以行使下列职权：

（1）询问有关当事人，调查与侵犯他人注册商标专用权的有关情况；

（2）查阅复制当事人与侵权活动有关的合同、发票、账簿以及其他有关资料；

（3）对当事人涉嫌从事侵犯他人注册商标专用权活动的场所实施现场检查；

（4）检查与侵权活动有关的物品，对有证据证明是侵犯他人注册商标专用权的物品，可以查封或者扣押。

工商行政管理部门在处理侵犯注册商标专用权案件时，认定侵权行为成立的，责令立即停止侵权行为，没收、销毁侵权商品和专门用于制造侵权商品、伪造注册商标标识的工具，并可处以罚款。

当事人对工商行政管理部门的处理决定不服的，可以自收到处理通知之日起15日内向人民法院起诉。侵权人期满不起诉又不履行的，工商行政管理部门可以申请人民法院强制执行。

2. 人民法院对侵犯注册商标专用权案件的处理

根据《商标法》的规定，商标注册人或者利害关系人对有侵犯注册商标专用权的行为，可以向人民法院起诉。

商标注册人或者利害关系人有证据证明他人正在实施或者即将实施侵犯其注册商标专用权的行为，如不及时制止，将会使其合法权益受到难以弥补的损害的，可以在起诉前向人民法院申请采取责令停止有关行为和财产保全的措施。

为制止侵权行为，在证据可能灭失或者以后难以取得的情况下，商标注册人或者利害关系人可以在起诉前向人民法院申请保全证据。人民法院接受申请后，必须在48小时内做出裁定。裁定采取保全措施的，应当立即开始执行。人民法院可以责令申请人提供担保，申请人不提供担保的，驳回申请。申请人在人民法院采取保全措施后15日内不起诉的，人民法院应当解除保全措施。

（三）侵犯注册商标专用权的法律责任

1. 民事责任

民事责任主要包括：停止侵犯、消除影响、赔偿损失等。其中，侵犯商标专用权的赔款数额，为侵权人在侵权期间因侵权所获得的利益，或者被侵权人在被侵权期间因被侵权所受到的损失，包括被侵权人为制止侵权行为所支付的合理的开支。侵权人因侵权所得利益或者被侵权人因被侵权所受损失难以确定的，由人民法院根据侵权行为的情节判决给予50万元以下的赔偿。

销售不知道是侵犯注册商标专用权的商品，能证明该商品是自己合法取得的并说明提供者的，不承担赔偿责任。

2. 行政责任

行政责任主要包括：责令立即停止侵权行为；没收、销毁侵权商品和专门用于制造侵权商品、伪造注册商标标识的工具；罚款。

根据规定，工商行政管理部门可以根据情节处以非法经营额50%以下或者侵权所获利润5倍以下的罚款；对侵犯注册商标专用权的单位的直接责任人员，可根据情节处以1万元以下的罚款。

3. 刑事责任

我国《刑法》第二百一十三条规定：未经注册商标所有人许可，在同一种商品上使用与其注册商标相同的商标，情节严重的，处3年以下有期徒刑或者拘役，并处或者单处罚金；情节特别严重的，处3年以上7年以下有期徒刑，并处罚金。

我国《刑法》第二百一十四条规定：销售明知是假冒注册商标的商品，销售金额数额较大的，处3年以下有期徒刑或者拘役，并处或者单处罚金；销售金额数额巨大的，处3年以上7年以下有期徒刑，并处罚金。

我国《刑法》第二百一十五条规定：伪造、擅自制造他人注册商标标识或者销售伪造、擅自制造的注册商标标识的，情节严重的，处3年以下有期徒刑、拘役或者管制，并处或者单处罚金；情节特别严重的，处3年以上7年以下有期徒刑，并处罚金。

第四节　工业产权的国际保护

一、工业产权的国际保护

有关工业产权国际保护的世界性或地区性的国际条约很多，最主要的有《巴黎公约》《专利合作公约》《商标注册马德里协定》和《商标注册公约》等。此外，国际上还成立了政府间的国际机构——世界知识产权组织。

《巴黎公约》是1883年在巴黎签订的，后经多次修改，它是目前保护工业产权方面影响最大的国际公约。该公约组织有100多个成员国，我国第六届全国人大会常委会第八次会议于1984年11月14日决定加入《巴黎公约》，自1985年3月19日起该公约对我国生效。

《巴黎公约》的主要原则和制度如下：

1. 国民待遇原则

在工业产权的国际保护方面，每一缔约国必须把它给予本国国民的待遇同等地给予其他缔约国国民；非缔约国国民如在缔约国国内有住所或营业场所，也应得到同样的保护。

2. 优先权制度

缔约国国民第一次向一个缔约国提出专利或商标注册申请后，又在一定期限内就同一发明创造和商标向另一缔约国申请时，其第二次的申请日应视同第一次申请日。在优先权期限内，即使有任何第三人就相同的发明或商标提出申请或已实施了该发明或使用了该商标，申请人仍因享有优先权而获得专利权或商标专用权。

3. 独立性原则

各缔约国独立地视本国的法律规定是否给予专利权或商标专用权，不受该专利或商标专用权在其他缔约国规定的影响。就是说，同一发明创造或商标在一个成员国取得专利权或商标专用权，并不意味着在其他成员国也一定可以取得专利权或商标专用权；专利权或商标专用权在一个成员国被撤销或终止，也不意味着在其他成员国一定要被撤销或终止。

4. 强制许可原则

对已获得工业产权法律保护的权利人，自申请日起满4年，或从专利批准日起满3年，无正当理由没有实施或没有充分实施的，各成员国可以在不征得权利人同意的情况下，对该工业产权实行强制许可。

二、对驰名商标的特别保护

《巴黎公约》最先涉及驰名商标问题，但并未对驰名商标下明确定义，只是规定给驰名商标的特殊保护。我国国家工商行政管理局1996年8月14日发布的《驰名商标认定和管理暂行规定》将驰名商标定义为“在市场上享有较高声誉并为相关公众所熟知的注册商标”。驰名商标是企业重要的无形资产，它不仅仅涉及到商标所有人的利益，更成为各国维持本国竞争者占领国际市场的有效手段。

1. 驰名商标的认定机关

根据商标法及《驰名商标认定和管理暂行规定》，商标局是我国商标主管机关。除商标局外，任何组织和个人都不得认定或者采取其他变相方式认定驰名商标。那些通过民间评选出来的“驰名商标”是没有法律效力的，也得不到法律的特别保护。

2. 驰名商标的认定条件

认定驰名商标考虑的主要因素如下：

（1）相关公众对该商标的知晓程度；

（2）该商标使用的持续时间；

（3）该商标的任何宣传工作的持续时间、程度和地理范围；

（4）该商标作为驰名商标受保护的记录；

（5）该商标驰名的其他因素。

3. 对驰名商标的特殊保护措施

国家工商行政管理局的《驰名商标认定和管理暂行规定》总结了我国对驰名商标进行保护的经验，并借鉴国际公约及其他国家的做法，明确规定了对驰名商标的特别保护措施。具体内容有以下几个方面：

（1）将与他人驰名商标相同或者近似的商标在非类似的商品或者服务上申请注册，且可能损害驰名商标注册人的权益，从而构成《商标法》第十条和第十一条所述不良影响的，由国家工商行政管理局商标局驳回其注册申请；已经注册的，自注册之日起5年内，驰名商标注册人可以请求国家工商行政管理局商标评审委员会予以撤销，但恶意注册的不受时间限制。

（2）将与他人驰名商标相同或者近似的商标使用在非类似的商品上，且会暗示该商品或者服务与驰名商标注册人存在某种联系，从而可能使驰名商标注册人的权益受到损害的，驰名商标注册人可以自知道或者应当知道之日起两年内，请求工商行政管理机关予以制止。对有上述行为的，由行为地工商行政管理机关比照《商标法实施细则》的规定处理。

（3）自驰名商标认定之日起，他人将与驰名商标相同或者近似的文字作为企业名称一部分使用，且可能引起公众误认的，工商行政管理机关不予核准登记；已经登记的，驰名商标注册人可以自知道或者应当知道之日起两年内，请求工商行政管理机关予以撤销。对驰名商标保护的上述措施，须明确以下几点：

第一，我国对驰名商标的特殊保护，以注册为前提，这一点与《巴黎公约》及《协议》的规定有所不符。《巴黎公约》及《协议》，认定驰名商标时，不仅仅以商标是否注册为前提，注册和使用均可作为认定驰名商标的依据。

第二，我国对驰名商标的特殊保护，适用于商品商标和服务商标，而且我国将驰名商标注册人的权利延伸到"非类似的商品或者服务"上，这比《巴黎公约》的规定更进一步，而与《协议》的规定相一致。

第三，我国对将驰名商标作非商标意义使用的行为也加以规制，这比《巴黎公约》及《协议》更进了一步。因这两者对驰名商标的保护均是针对"商标"而言，不涉及驰名商标作其他商业标记使用的行为。

第四，我国驰名商标的特殊保护，可由商标管理机关依当事人的请求为之，也可由商标管理机关依职权主动为之。《驰名商标认定和管理暂行规定》规定：对于可能损及驰名商标注册人权益的类似商品或服务上注册与驰名商标相同或近似商标的申请，商标局应予驳回；对于可能引起公众误认的包含有与驰名商标相同或近似的文字的企业名称，工商行政管理机关应不予核准登记。

思考与练习题

1. 专利权的特征是什么？
2. 职务发明创造应具备的条件是什么？
3. 发明的具体分类是什么？
4. 实用新型应具备的条件是什么？
5. 《专利法》第25条规定不授予专利权发明创造的内容是什么？
6. 专利权基本权利的内容是什么？
7. 申请发明或者实用新型专利应提供的文件是什么？
8. 专利申请应经过哪些程序？
9. 商标的特征是什么？
10. 商标权终止的具体情形有哪些？
11. 商标申请原则的具体内容有哪些？
12. 加强商标管理的意义是什么？
13. 对侵犯商标权行为应该采取什么行政处罚措施？

第十二章 劳动法律制度

第一节 劳动法概述

一、劳动法的概念和调整对象

（一）劳动法的概念

劳动法是调整劳动关系以及与劳动关系密切联系的其他社会关系的法律规范的总称。劳动法有广义和狭义之分。广义的劳动法即实质意义上的劳动法，是指调整一定范围的劳动关系以及与此劳动关系密切联系的其他社会关系的法律规范总和，其中，除了包括上述广义劳动法中的法律规范之外，还包括其他各种规范性文件中有关调整一定范围的劳动关系以及与其密切联系的其他社会关系的法律规范。狭义的劳动法即形式意义上的劳动法，是指由国家立法机关颁布的关于调整一定范围的劳动关系以及与其密切联系的其他社会关系的、全国性、综合性的法律。

《中华人民共和国劳动法》（以下简称《劳动法》）于1994年7月5日由第八届全国人民代表大会常务委员会第8次会议通过，自1995年1月1日起施行。此后，《劳动法》分别于2009年、2018年进行了2次修正，其立法宗旨是为了保护劳动者的合法权益，调整劳动关系，建立和维护适应社会主义市场经济的劳动制度，促进经济发展和社会进步。作为《劳动法》重要组成部分的《中华人民共和国劳动合同法》（以下简称《劳动合同法》）于2007年6月29日由第十届全国人民代表大会常务委员会第28次会议通过，自2008年1月1日起施行；2012年12月28日第十一届全国人民代表大会常务委员会第30次会议通过关于修改《中华人民共和国劳动合同法》的决定，自2013年7月1日起施行。

（二）劳动法的调整对象

1. 劳动关系

劳动是人们为创造社会财富所进行的有意识、有目的的活动。在劳动过程中，人们利用劳动资料，改造劳动对象，使之符合人类需要，创造出一定的使用价值；同时，人们在这种社会劳动过程中彼此之间发生一定的社会关系，这种关系在整个社会关系体系中居于核心地位。而其中，劳动者和用人单位在劳动过程中发生的劳动力与生产资料相结合的社会关系，称为劳动关系，就是劳动法的调整对象。

2. 与劳动关系密切联系的其他社会关系

这种关系又称为“附属于劳动关系的各种关系”或者“劳动关系的附随关系”，它本身不是劳动关系，而是以劳动关系为中心，为实现劳动关系而产生的一些其他社会关系。它与劳动关系的密切联系主要表现在两方面：一方面，它的当事人一般有一方是劳动者或用人单位，另一方则是与实现劳动过程有关的国家机关或单位，如劳动人事部门、用人单位主管部门、工会、职业介绍机构、职业培训机构、社会保险经办机构等；另一方面，它的目的是实现劳动关系，即它是为实现劳动关系而发生的社会关系。

二、劳动法的基本原则

（一）劳动法的基本原则的概念

劳动法的基本原则，是指集中体现劳动法的本质和基本精神，主导整个劳动法体系，为劳动法调整劳动关系以及与其密切联系的其他社会关系所应遵循的根本准则，是劳动法的核心和灵魂。

（二）劳动法的基本原则的内容

1. 维护劳动者合法权益与兼顾用人单位利益相结合原则

维护劳动者的合法权益是劳动法的立法宗旨，劳动法明确规定了劳动者应享有的基本权利和在各个劳动环节中的具体权利，规定了用人单位必须履行劳动法上的义务。劳动法在突出体现保护劳动者合法权益的同时，也兼顾用人单位的利益。这是因为，从法律上权利义务相一致的原则来讲，劳动者享受劳动权利是以履行劳动义务为前提的，劳动者只有在全面履行劳动义务的条件下，才能充分享受法律赋予的权利。

2. 按劳分配与公平救助相结合原则

在贯彻按劳分配原则的同时，要求兼顾公平救助原则。公平救助原则的实现受制于按劳分配原则的贯彻，只有真正贯彻按劳分配原则，调动劳动者的劳动积极性，创造出更多、更丰富的物质财富，才能使公平救助原则得到充分体现。

3. 劳动者公平竞争与特殊劳动保护相结合原则

建立劳动者平等竞争机制，是发展社会主义市场经济、提高劳动生产率的客观要求，也是公民在法律面前一律平等原则的重要体现。劳动法在坚持劳动者平等竞争原则的同时，也注重对特殊劳动者的劳动保护，使他们真正与其他劳动者处于平等的法律地位。

4. 劳动行为自主与劳动标准制约相结合原则

用人单位与劳动者经过双方选择，在平等自愿、协商一致的基础上，签订劳动合同，确立劳动关系。他们进入劳动过程之后，用人单位享有法律赋予的劳动管理权、劳动力分配自主权等，劳动者自愿接受这些条件而成为单位集体劳动的一员，这些都充分体现了劳动行为自主的原则。在实行劳动行为自主的同时，国家制定劳动标准，明确规定劳动的基本条件，以制约用人单位的行为，保护劳动者的合法权益。

5. 劳动者享有物质帮助权利原则

物质帮助权是指劳动者在暂时或永久丧失劳动能力时有获得物质帮助的权利，从而使劳动者在生、老、病、死、残等情况下，其本人或其亲属能够获得基本的生活保障。在我国，物质帮助权主要表现为：劳动者能够获得社会保险的各种待遇，享受国家提供的社会救济、公费医疗、合作医疗等福利。

6. 劳动者男女平等、民族平等原则

在劳动方面的男女平等、民族平等主要表现为：在招工时，不得歧视妇女和少数民族的劳动者；男女之间、不同民族之间应一视同仁；在劳动和工作调配上，要根据实际情况给予妇女必要的照顾，根据政策的对少数民族职工给予适当的安排；在工资津贴方面坚持同工同酬。

三、劳动者的权利和义务

（一）劳动者的权利

1. 平等就业和选择职业的权利

平等就业和选择职业时劳动者生存权的前提条件。所谓平等就业，是指劳动者在就业方面一律平等，不因民族、种族、性别、宗教信仰不同而受歧视。所谓选择职业权，是指劳动者在就业时，有权根据自己的意思、兴趣选择用人单位，不受外在力量的强迫。

2. 取得劳动报酬权

取得劳动报酬权是劳动者赖以生存的物质条件，是劳动者的基本劳动权利之一。

3. 休息休假的权利

休息休假权是劳动者依法享有的在法定工作时间之余进行充分休息的一项权利。

4. 获得劳动安全卫生保护的权利

劳动安全卫生保护是劳动者在劳动过程中依法要求用人单位提供安全卫生的劳动条件，保护其生命安全和身体健康的一项基本劳动权利。给予劳动者以安全卫生保护，是维护劳动者生存和健康的需要，也是生产力发展的客观要求和提高劳动生产率的重要手段。

5. 接受职业技能培训的权利

职业技能培训是为了增强和提高劳动者从事各种职业所需要的技术业务知识和实际操作技能而进行专门教育的训练活动，这是劳动者受教育的一个重要方面。赋予劳动者这一权利，有利于提高劳动者的文化素质和职业技能水平。

6. 享受社会保险和福利的权利

社会保险是国家在劳动者丧失劳动能力或劳动机会时，为保障其基本生活而依法强制实行的一项物质帮助制度。福利是国家和社会为方便劳动者工作和生活，适应其物质文化需要而举办的各项事业。劳动者享受这项权利是法律赋予公民物质帮助权利的一个方面。

7. 提请劳动争议处理的权利

劳动争议的发生和处理，直接关系到劳动者的工作和生活，与劳动者的切身利益息息相关。赋予劳动者这项权利，明确劳动者在劳动争议处理中的主动地位，有利于劳动争议的尽快解决和保护劳动者的合法权益，有利于培养和增强劳动者的法律意识。

8. 法律、法规规定的其他权利

法律、法规规定的其他权利包括：依法享有参加和组织工会的权利；参加民主管理的权利；参加社会义务劳动的权利；提出合理化建议的权利；从事科学研究、技术革新、发明创造的权利；依法解除劳动合同的权利；对用人单位管理人员违章指挥、强令冒险作业有权拒绝执行的权利；对危害生命安全和身体健康的行为有批评、举报和控告的权利；对违反劳动法的行为进行监督的权利等。

（二）劳动者的义务

1. 完成劳动任务

完成劳动任务是劳动者所应担负的首要义务，劳动者只有完成劳动任务，才能获得相应的劳动报酬，使整个劳动过程得以延续，生产得到发展，才能实现建立劳动关系的目的。

2. 提高职业技能

规定劳动者负有提高职业技能的义务，是要求劳动者自觉地在学习和实践中不断接受新的业务知识，提高业务能力和操作技能，做一名积极主动、好学上进、有责任感的熟练劳动者。

3. 劳动安全卫生规程

劳动安全卫生规程是国家为了保护劳动者在劳动过程中的生命安全和身体健康而制定的一系列法律、法规和规章等，认真执行这些规程，能够避免或减少工伤事故和职业病的发生，保证安全生产。劳动者是劳动过程的直接参加者，只有认真执行劳动安全卫生规程，才能切实保护自身的生命安全和身体健康。

4. 遵守劳动纪律和职业道德

劳动纪律是人们在共同劳动过程中必须遵守的规章制度，使组织社会劳动的基础，是保证劳动得以正常有序进行的必要条件。职业道德是劳动者在劳动实践中形成的共同行为准则，是劳动者进行劳动时的必然要求，也是社会主义精神文明的基本要求。

第二节 劳动合同

一、劳动合同的概念和特征

（一）劳动合同的概念

劳动合同又称劳动契约或劳动协议，是指劳动者与用人单位之间确立劳动关系，明确双方权利和义务的协议。

（二）劳动合同的特征

劳动合同除具有合同的一般特征外，还具有本身独有的法律特征：

（1）劳动合同是建立劳动关系的一种法律形式，以合同形式确立了劳动者与用人单位的权利和义务；

（2）劳动合同的主体具有特定性，一方是劳动者，另一方是用人单位；

（3）劳动合同的内容具有劳动权利和义务的统一性和对应性；

（4）劳动合同的当事人之间存在着职业上的从属关系，劳动者要接受用人单位的管理；

（5）劳动合同的订立、变更、终止和解除，按照劳动法律、法规的规定进行。

二、劳动合同的分类

劳动合同可根据不同的标准分类：

（一）以合同主体为标准分类

（1）从劳动者的角度，劳动合同可分为工人劳动合同和职员劳动合同；也可分为正式工合同和临时工合同。其中，正式工合同还可划分为城镇合同制工合同、农民合同制工劳动合同和固定工劳动合同。

（2）从用人单位的角度，各国通行的做法是，按照用人单位所属行业不同，分为工业、商业、矿业、林业、农业、海运、家事等劳动合同；在我国现阶段，还有一定必要按照用人单位的所有制性质不同对劳动合同进行分类。

（二）以合同期限为标准分类

1. 定期劳动合同

定期劳动合同又称有固定期限的劳动合同，是明确规定了合同有效期限的劳动合同。劳动关系只在合同有效期限内存续，期限届满若未依法延期则劳动关系终止。

2. 不定期劳动合同

不定期劳动合同又称无固定期限劳动合同，它没有明确规定合同有效期限，劳动关系可以在劳动者的法定劳动年龄内和企业的存在期限内无期限存续，只有在符合法定或约定的合同解除条件的情况下，劳动关系才可终止。

3. 以完成一定工作任务为期限的劳动合同

它把完成某项工作任务规定为合同终止条件。这实际上是一种特殊的定期劳动合同，但不存在合同延期的问题。

（三）以合同目的为标准分类

1. 录用合同

录用合同是指以职工录用（雇佣）为目的，由用人单位从社会上招收新职工时与被录用者依法签订的，缔结劳动关系并约定一般性劳动报酬和劳动义务的合同。它普遍适用于正式工和临时工的录用，为劳动合同的基本类型。

2. 聘用合同

聘用合同是指以招聘或聘请在职和非在职劳动者中有特定技术业务专长者为专职或兼职的技术专业人员或管理人员为目的，由用人单位与被聘用者依法签订的，缔结劳动关系，并约定聘用职务和相应权利义务以及聘用期间的合同。

3. 借调合同

借调合同是指将某用人单位职工借调到另一用人单位从事短期性工作，而由借调单位、被借调单位和被借调职工依法签订的，约定借调期间三方当事人权利和义务的合同。

4. 劳动组合合同

劳动组合合同又称上岗合同，是指以实现劳动组织合理化为目的，由企业与参与劳动组合的职工依法签订的，约定职工在其劳动关系存续期间某段时间内在特定岗位上的劳动权利和劳动义务的合同。它以录用或聘用职工时确立的劳动关系为前提和基础，是既存劳动关系内容的具体化；当其内容与录用（聘用）合同内容有所不同时，则引起录用（聘用）合同内容的变更。

5. 停薪留职合同

停薪留职合同是指为了使特定职工有期限离岗停薪并保留职工身份，而由用人单位与该职工依法签订的，约定停薪留职期间和此期间双方相互权利义务的合同。允许签订这种合同的职工，只限于一定范围内的固定工和城镇合同制工。

6. 学徒培训合同

学徒培训合同是指为了招收学徒并将其培训成合格职工，由招收单位与学徒依法签订的，约定学徒期间、培训目标和学徒权利义务的合同。由于学徒经培训后考核合格可转为正式职工，故该合同所确立是预备劳动关系，可视为一种附加条件（经考核合格）的录用合同。

《劳动合同法》第十条规定，建立劳动关系，应当订立书面合同。已建立劳动关系，未同时订立书面合同的，应当自用工之日起一个月内订立书面合同。用人单位与劳动者在用工前订立劳动合同的，劳动关系自用工之日起建立。

三、劳动合同的内容

劳动合同的内容即劳动合同的条款，是指劳动合同当事人双方权利和义务的具体规定，包括法定内容和约定内容。

法定内容包括下列条款：

（1）劳动合同期限，即劳动合同对双方当事人约定的有效期限，包括合同的生效日期和终止日期，或者约定合同有效期限的工作（工程）项目等；

（2）工作内容，即劳动者的劳动岗位、劳动任务；

（3）劳动保护和劳动条件，即用人单位应当为劳动者提供劳动安全卫生条件和生产资料条件；

（4）劳动报酬，即劳动者依法享有的从用人单位或取得劳动报酬，包括工资、奖金及津贴等形式；

（5）劳动纪律，即劳动者在劳动过程中必须遵守的规章制度；

（6）劳动合同的终止条件，即劳动合同在法定终止条件之外的哪些条件下可以或应当终止；

（7）违反劳动合同的责任，即劳动合同的当事人因过错不履行或不完全履行义务时应当承担的法律责任。

约定内容即当事人双方协商约定的条款。劳动合同可以约定试用期，试用期最长不得超过六个月，可以在劳动合同中约定保守用人单位商业秘密的有关事项。约定内容不得与法定内容相抵触，也不得违反劳动法律、法规的规定。

《劳动合同法》第二十六条规定，下列劳动合同无效或者部分无效：

（1）以欺诈、胁迫的手段或者乘人之危，使对方在违背真实意思的情况下订立或者变更劳动合同的；

（2）用人单位免除自己的法定责任、排除劳动者权利的；

（3）违反法律、行政法规强制性规定的。

对劳动合同的无效或者部分无效有争议的，由劳动争议仲裁机构或者人民法院确认。

四、劳动合同的订立

（一）劳动合同订立的条件

1. 用人单位订立劳动合同的条件

我国《劳动法》第二条规定："在中华人民共和国境内的企业、个体经济组织（以下统称用人单位）和与之形成劳动关系的劳动者，适用本法。国家机关、事业单位、社会团体和与之建立劳动合同关系的劳动者，依照本法执行。"

从上述规定中可以看出，作为用人单位一方的当事人多数是以法人的资格出现的。我国《民法总则》对法人资格有明确的规定（即依法成立；有必要的财产或经费；有自己的名称、组织机构和场所；能够独立承担民事责任），只有具备了这些条件，用人单位才能在在行使权利的同时履行其对等的义务。在劳动关系双方当事人之间，法人凭借其完备的主体资格，足够的财力物力在缔结劳动合同后能够一举合同的约定，为劳动者按时足额地支付报酬，为劳动者参加社会保险和提供生活福利。

用人单位类型除法人外，还有许多非法人组织或个体经济组织。这些用人单位虽然不具备法人资格，但仍可以成为劳动合同订立的主体，尤其在个体经济组织作为劳动合同主体订立合同的时候。在个体经济组织与劳动者订立劳动合同时，劳动者应当考虑该用人单位有无资信能力，能否为劳动者按时足额支付劳动报酬。非法人资格的用人单位订立劳动合同时，劳动者就应当对该用人单位的财产状况，有无承担民事责任的能力等进行考察，这样才能保证订立的劳动合同有效，才能保证自己的劳动报酬以及其他权利的实现。

2. 劳动者订立劳动合同的条件

劳动者订立劳动合同的条件是指劳动者作为劳动合同的一方当事人必须具备的主体资格。订立劳动合同是公民实现自己的劳动权利、履行劳动义务的途径，订立劳动合同对当事人一方的劳动者也是有一定条件限制的。

（1）年龄条件。这是指劳动者订立劳动合同必须达到合法的劳动年龄。我国《劳动法》第五十八条第二款规定："未成年工是指年满 16 周岁未满 18 周岁的劳动者。"这表明，年满 18 周岁的劳动者达到了订立劳动合同的条件；年满 16 周岁不满 18 周岁的劳动者依照《劳动法》的有关规定及劳动合同的约定，在劳动合同约定的权利义务关系不违背有关法律、法规前提下订立劳动合同。

（2）劳动能力的条件。劳动能力是指凭借自己的智力或体力完成某项工作的能力，各类劳动者的劳动能力差别很大，脑力劳动者的劳动能力与体力劳动者的劳动能力，成年工与未成年工的劳动能力，男性劳动者与女性劳动者的劳动能力都是有区别的，订立劳动合同时应根据合同的内容，分别与有相应劳动能力的劳动者订立，才能保证劳动合同的正确履行。

根据我国《劳动合同法》的规定，用人单位应与劳动者订立劳动合同，个体工商户雇工也应与被雇人员订立劳动合同。国家机关、事业组织、社会团体实行劳动合同制度的，以及按照规定应实行劳动合同制的工勤人员，实行企业化管理的事业组织人员，其他通过劳动合同形式方能与国家机关、事业组织、社会团体建立劳动关系的劳动者，均应与用人单位订立劳动合同。

（二）劳动合同订立的原则

1. 平等自愿原则

平等是指用人单位和劳动者在缔结合同时法律地位上的平等。在订立劳动合同过程中，当事人双方都是以劳动关系主体资格出现的，是平等主体之间的关系。双方都要依法在协商一致的基础上达成协议，用人单位不得借助于我国劳动力市场供大于求的现实，在订立劳动合同时提出对劳动者不平等的附加条件。

劳动者和用人单位在法律上处于平等的地位，平等地决定是否缔约，平等地决定合同的内容。劳动者与用人单位享有同样的权利，有权拒绝与用人单位订立劳动合同。

自愿，是指订立劳动合同完全是出于双方当事人自己的真实意志，是双方在意思表示一致的情况下，经过平等协商而达成协议。自愿主要是指劳动合同的订立必须由当事人自己的意愿独立地完成意思表示，他人不得强迫对方完成这种意思表示。根据自愿原则，双方当事人对于劳动合同的订立不得享有任何特权。当事人订立劳动合同只能出于其内心意愿。其他任何机关、团体和个人都无权强迫劳动者订立劳动合同。同样，用人单位也有权不与劳动者签订不符合法律规定或者不符合用人单位录用条件的劳动合同。

2. 协商一致原则

所谓协商一致原则，是指劳动合同的内容、条款，在法律、法规允许的范围内，由双方当事人共同讨论、协商，在取得完全一致的意思表示后确定。协商一致是在合同的内容、条款上都取得了一致。只有双方当事人就合同的主要条款达成一致意见后，合同才成立和生效。在实践中，常见的是用人单位事先拟好劳动合同，由劳动者做出是否签约的决定，根据我国合同法的有关规定，采用格式条款订立合同的，提供格式条款的一方应当遵循公平原则确定当事人之间的权利和义务，并采取合理的方式提请对方注意免除或者限制其责任的条款，按照对方的要求，对该条款予以说明。

3. 遵守法律、法规的原则

订立劳动合同必须符合法律的要求，这是劳动合同有效并受法律保护的前提条件。否则，劳动合同当事人的权利不仅得不到保护，还要承担相应的法律责任。

订立劳动合同要求其内容合法，订立劳动合同的目的不能违背法律、法规的规定，也不得违背社会基本道德和善良风俗。当事人双方均不得以订立劳动合同的合法形式掩盖不法意图。劳动合同中约定的权利义务也不得违背法律、法规的规定。这项原则要求劳动合同的内容不违法或不得对社会公共利益有害，例如劳动者不得与用人单位订立盗窃其他企业技术秘密的合同，并且劳动合同必须采用法律规定的形式，主体符合法律规定的条件。用人单位的公开招收工人时，要贯彻公开招收、自愿报名，德智体全面考核、择优录用原则。

五、劳动合同的变更

（一）劳动合同变更的含义和条件

劳动合同的变更，是指当事人双方对依法成立、尚未履行的劳动合同条款所作的修改或增减。劳动合同的变更只限于劳动合同条款内容的变更，不包括当事人的变更；劳动合同的变更只能在法律允许的范围进行。

根据劳动法律、法规的有关规定和劳动合同的实践，允许变更劳动合同的条件是：

（1）订立劳动合同时所依据的法律、法规已经修改或废止；

（2）企业经有关部门批准转产、调整生产任务，或者由上级主管机关决定改变单位的工作任务；

（3）企业严重亏损或发生自然灾害，确实无法履行劳动合同规定的义务；

（4）当事人双方协商同意；

（5）法律、法规允许的其他情况。

（二）劳动合同变更的程序

变更劳动合同，应当遵循平等自愿、协商一致的原则，不得违反法律、法规的规定。劳动合同变更的程序，一般分为以下三个步骤：

（1）及时提出变更合同的要求，当事人一方要求变更劳动合同时，应及时向对方提出，说明变更的理由、内容、条件以及请求对方答复的期限等内容；

（2）按期做出答复，当事人一方的指令一方提出变更合同的要求，应在对方规定的期限内做出答复，可以表示同意，也可以提出不同意见，另行协商，还可以在不违背法律规定的情况下表示不同意；

（3）双方达成书面协议，当事人双方就变更劳动合同的内容经过协商，取得一致意见，应当达成变更劳动合同的书面协议，载明变更的具体内容、变更的生效日期，经双方签字盖章生效。

劳动合同部分内容变更后，其他内容可以维持，也可以作相应的修改。

（三）劳动合同的解除

劳动合同的解除，是指劳动合同订立后、期限届满前，经劳动合同当事人协商一致，依法终止原订劳动合同的法律行为。

1. 劳动者有下列情形之一，用人单位可以单方面解除劳动合同

（1）在试用期间被证明不符合录用条件；

（2）严重违反劳动纪律或用人单位规章制度的；

（3）严重失职，营私舞弊，对用人单位利益造成重大损失的；

（4）劳动者同时与其他用人单位建立劳动关系，对完成本单位的工作任务造成严重影响，或者经用人单位提出，拒不改正的；

（5）因劳动者以欺诈、胁迫的手段或者乘人之危，使对方在违背真实意思的情况下订立或者变更劳动合同，致使劳动合同无效的；

（6）被依法追究刑事责任的。

2. 劳动者虽然没有过错，用人单位也可以解除劳动合同的情况

（1）劳动者患病或非因工负伤，医疗期满后，不能从事原工作，也不能从事由用人单位另行安排的工作的；

（2）劳动者不能胜任工作，经过培训或调整工作岗位，仍不能胜任工作的；

（3）劳动合同订立时所依据的客观情况发生重大变化，致使原劳动合同无法履行，经当事人协商不能就变更劳动合同达成协议的。

用人单位在以上情况下解除劳动合同的，应当提前 30 日以书面形式通知劳动者本人，并依照国家有关规定给予经济补偿。

3. 劳动者可以随时通知用人单位解除劳动合同的情况有：

（1）未按照劳动合同约定提供劳动保护或者劳动条件的；

（2）未及时足额支付劳动报酬的；

（3）未依法为劳动者缴纳社会保险费的；

（4）用人单位的规章制度违反法律、法规的规定，损害劳动者权益的；

（5）用人单位以欺诈、胁迫的手段或者乘人之危，使劳动者在违背真实意思的情况下订立或者变更劳动合同，致使劳动合同无效的；

（6）用人单位以暴力、威胁或非法限制人身自由的手段强迫劳动的；

（7）用人单位违章指挥、强令冒险作业危及其人身安全的；

（8）法律、行政法规规定劳动者可以解除劳动合同的其他情形。

除此之外，劳动者应提前 30 日以书面形式通知用人单位解除劳动合同。

第三节　集体合同

一、集体合同的概念和意义

（一）集体合同的概念

集体合同，是指工会或劳动者代表和用人单位或其团体为规范劳动关系而订立的，以全体劳动者在劳动、生活方面的共同条件为中心内容的书面协议。

（二）集体合同的意义

1. 集体合同可以弥补劳动立法的不足

（1）劳动法所规定的关于劳动者权益的标准属于最低标准，但其立法的意图并不是希望对劳动者权益的保护只停留在最低标准的水平上，而集体合同可以对劳动者权益做出高于法定最低标准的约定，从而使劳动者权益的保护水平能够实际高于法定最低标准。

（2）劳动法规关于劳动者权益和劳动关系协调规则的规定，有许多是粗线条、原则性的，而通过订立集体合同，可以就一定范围内有关劳动者权益和劳动关系协调的共同性问题做出约定，从而使劳动法规具体化，并对劳动立法不足之处起补充作用。

2. 集体合同可以弥补劳动合同的不足

（1）在签订劳动合同时，单个劳动者因是相对较弱而不足以同用人单位抗衡，可能难免违心地接受用人单位提出的不合理条款；而工会或劳动者代表来代表全体劳动者签订集体合同，则可以改善在劳动关系中单个劳动者的地位，便于双方平等协商。

（2）劳动者各自实力不同，因而在与用人单位相对时实际地位有差别，仅以劳动合同来确定劳动者的权利义务，难免使有的劳动者受到歧视，如同工不同酬；而集体合同可以确保在一定范围内全体劳动者的权利义务实现基本平等；

（3）劳动关系的内容包括工时、定额、工资、保险、福利、安全卫生等多个方面，若事无巨细都由劳动合同具体规定，对于劳动合同的签订来说，都是一种难以承受的负担，即使能够承受，也不利于劳动关系的及时确立，并且会增加确立劳动关系的成本；而集体合同对劳动关系的内容做出具体规定后，劳动合同只需就单个劳动者的特殊情况做出规定即可。这样，可以简化劳动合同内容，减少劳动合同签订的工作量，降低确立劳动关系的成本。

二、集体合同的内容

我国《劳动法》第三十三条就集体合同可以具备的条款作了不完全的列举规定；《集体合同规定》第八条规定，集体协商双方可以就下列多项或某项内容进行集体协商，签订集体合同或专项集体合同。

1. 劳动报酬

主要包括用人单位工资水平、工资分配制度、工资标准和工资分配形式；工资支付办法；加班、加点工资及津贴、补贴标准和奖金分配办法；工资调整办法；试用期及病、事假等期间的工资待遇；特殊情况下职工工资（生活费）支付办法；其他劳动报酬分配办法。

2. 工作时间

主要包括工时制度、加班加点办法、特殊工种的工作时间、劳动定额标准。

3. 休息休假

主要包括日休息时间、周休息日安排、年休假办法；不能实行标准工时职工的休息休假、其他假期。

4．劳动安全卫生

主要包括劳动安全卫生责任制、劳动条件和安全技术措施、安全操作规程、劳保用品发放标准、定期健康检查和职业健康体检。

5. 补充保险和福利

主要包括补充保险的种类和范围、基本福利制度和福利设施、医疗期延长及其待遇、职工亲属福利制度。

6. 女职工和未成年工的特殊保护

主要包括女职工和未成年工禁忌从事的劳动；女职工的经期、孕期、产期和哺乳期的劳动保护；女职工、未成年工定期健康检查；未成年工的使用和登记制度。

7. 职业技能培训

主要包括职业技能培训项目规划及年度计划、职业技能培训费用的提取和使用、保障和改善职业技能培训的措施。

8. 劳动合同管理

主要包括劳动合同签订时间；确定劳动合同期限的条件；劳动合同变更、解除、续订的一般原则及无固定期限劳动合同的终止条件；试用期的条件和期限。

9. 奖惩

主要包括劳动纪律、考核奖惩制度、奖惩程序。

10. 裁员

主要包括裁员的方案、裁员的程序、裁员的实施办法和补偿标准。

11. 集体合同期限（略）

12. 变更、解除集体合同的程序（略）

13. 履行集体合同发生争议时的协商处理办法（略）

14. 违反集体合同的责任（略）

15. 双方认为应当协商的其他内容（略）

三、集体合同的订立

订立集体合同，应当进行集体协商，遵循遵守法律法规及国家有关规定，相互尊重，平等协商，诚实守信，公平合作和兼顾双方合法权益等原则，不得采取过激行为。

（一）订立集体合同的主体

根据《集体合同规定》，订立集体合同的主体称为集体协商代表（以下统称协商代表），是指按照法定程序产生并有权代表本方利益进行集体协商的人员。集体协商双方的代表人数应当对等，每方至少 3 人，并各确定 1 名首席代表。

职工一方的协商代表由本单位工会选派，为建立工会的，由本单位职工民主推荐，并经本单位半数以上职工同意。职工一方的首席代表由本单位工会主席担任。职工一方协商代表履行协商代表职责期间，用人单位无正当理由或法定情形，不得调整其工作岗位或与其解除劳动合同。

用人单位一方的协商代表，由用人单位法定代表人指派，首席代表由单位法定代表人担任或由其书面委托的其他管理人员担任。用人单位协商代表与职工协商代表不得相互兼任。

协商代表应履行下列职责：参加集体协商；接受本方人员质询，及时向本方人员公布协商情况并征求意见；提供与集体协商有关的情况和资料；代表本方参加集体协商争议的处理；监督集体合同或专项集体合同的履行；法律、法规和规章规定的职责。

（二）订立集体合同的程序

1. 集体协商

用人单位与本单位职工签订集体合同或专项集体合同，以及确定相关事宜，应当采取召开协商会议的形式，进行集体协商，达成一致意见的，应当形成集体合同草案或专项集体合同草案，由双方首席代表签字。

经协商一致的集体合同草案或专项集体合同草案应当提交职工代表大会或者全体职工讨论。职工代表大会或者全体职工讨论集体合同草案或专项集体合同草案，应当有三分之二以上职工代表或者职工出席，且须经全体职工代表半数以上或者全体职工半数以上同意，方可通过。通过后的草案，也要由集体协商双方首席代表签字。

2. 政府确认

许多国家规定，集体合同由双方签约人签订后，须经政府有关部门依法确认方能生效，我国对集体合同试行审查登记制度。在我国，集体合同或专项集体合同签订后，应当自双方首席代表签字之日起 10 日内，由用人单位一方将文本一式三份报送劳动保障行政部门进行合法性审查。劳动保障行政部门对集体合同或专项集体合同有异议的，应当自收到文本之日起 15 日内将审查意见书送达双方协商代表。用人单位与本单位职工就劳动保障行政部门提出的异议的是集体协商重新签订集体合同或专项集体合同的，用人单位一方应当根据规定将文本报送劳动保障行政部门审查。劳动保障行政部门自收到文本之日起 15 日内未提出异议的，集体合同或专项集体合同即行生效。劳动保障行政部门负责对报送的集体合同或专项集体合同办理登记手续。

四、集体合同的变更和终止

（一）集体合同的变更

因订立集体合同所依据的主客观情况发生变化，当事人可以依法对尚未履行或尚未完全履行的集体合同的条款进行修改和补充。

根据《集体合同规定》的规定，出现下列情形之一时，经双方代表协商一致，可以变更集体合同或专项集体合同：

（1）用人单位因被兼并、解散、破产等原因，致使集体合同或专项集体合同无法履行的；

（2）因不可抗力等原因致使集体合同或专项集体合同无法履行或部分无法履行的；

（3）集体合同或专项集体合同约定的变更条件出现的；

（4）法律、法规、规章规定的其他情形。

（二）集体合同的终止

集体合同可因有效期届满、合同目的的实现、终止条件出现、依法解除等法律事实的发生而导致效力消失。

《集体合同规定》规定，集体合同或专项集体合同期限一般为1—3年，期满即行终止。集体合同或专项集体合同期满前3个月内，任何一方均可向对方提出重新签订或续订的要求。

此外，《集体合同规定》还规定，有下列情形之一的，可以解除集体合同或专项集体合同：

（1）用人单位因被兼并、解散、破产等原因，致使集体合同或专项集体合同无法履行的；

（2）因不可抗力等原因致使集体合同或专项集体合同无法履行或部分无法履行的；

（3）集体合同或专项集体合同约定的解除条件出现的；

（4）法律、法规、规章规定的其他情形。

第四节　工资、工作时间与休息休假

一、工资

（一）工资的概念和分配原则

工资是指用人单位按照法律规定和劳动合同约定的标准，根据劳动者提供的劳动数量和质量，以货币形式支付给劳动者的劳动报酬，是劳动者取得劳动报酬的基本形式。工资总额有计时工资、计件工资、奖金、津贴、补贴和特殊情况下的工资共六部分组成。

工资分配应当遵循以下原则：

（1）按劳分配原则。按劳分配，即按照劳动者提供的劳动数量和质量分配个人消费品，等量劳动领取等量报酬。

（2）同工同酬原则。同工同酬是指提供的劳动数量和质量相同，领取相等的劳动报酬。

（3）工资水平随经济发展逐步提高原则。在国民收入分配和工资分配中，应当正确处理积累与消费的关系，保持工资水平与经济发展水平相协调，形成一种适应社会主义市场经济的，符合社会主义生产建设目的的，又能促进经济发展的工资增长机制。

（4）国家对工资总量宏观调控原则。国家对工资总量的宏观调控是指国家对地区、部门全面实行动态调控的弹性劳动工资计划。

（二）最低工资制度

最低工资，是指劳动者在法定工作时间内提供了正常劳动的前提下，其用人单位应支付的最低劳动报酬。国家实行最低工资保障制度，最低工资的具体标准由省、自治区、直辖市人民政府规定，报国务院备案。用人单位支付劳动者的工资不得低于当地最低工资标准。

（三）工资的支付

《劳动法》规定："工资应当以货币形式按月支付给劳动者本人。不得克扣或者无故拖欠劳动者的工资。"这是对劳动者取得工资的法律保障。工资支付的内容包括：工资必须以货币形式支付给劳动者，不得以实物及有价证券替代支付；工资必须在用人单位与劳动者约定的日期按月及时支付，实行周、日、小时支付的工资应依法足额支付；工资应支付给劳动者本人。

《劳动法》第四十四条规定，有下列情形之一的，用人单位应当按照下列标准支付高于劳动者正常工作时间工资的工资报酬：

（1）安排劳动者延长工作时间的，支付不低于工资的百分之一百五十的工资报酬；

（2）休息日安排劳动者工作又不能安排补休的，支付不低于工资的百分之二百的工资报酬；

（3）法定休假日安排劳动者工作的，支付不低于工资的百分之三百的工资报酬。

二、工作时间

工作时间是指法律规定的劳动者在用人单位中应从事劳动或工作的时间，以及对用人单位延长劳动或工作时间的限制性规定。一般而言，工作时间包括每日应工作的时数和每周应工作的天数，它们分别称为工作日和工作周。

《劳动法》规定，劳动者每日工作时间不超过 8 小时，平均每周工作时间不超过 44 小时。因工作性质和工作职责限制的，实行不定时工作制度，但平均每周不超过 44 小时。用人单位应当保证劳动者每周至少休息 1 日。

延长工作时间是指职工根据用人单位的要求，在标准工作日以外或法定节假日内进行工作。我国《劳动法》实行限制延长工作时间制度。用人单位由于生产经营需要，经与工会和劳动者协商后可以延长工作时间，一般每日不得超过 1 小时；因特殊原因需要延长工作时间的，在保障劳动者身体健康的条件下工作时间不得超过 3 小时，每月不得超过 36 小时。延长工作时间，用人单位必须依法支付工资报酬。

三、休息休假

（一）休息时间

劳动者如果工作时间过长，得不到充分的休息，不仅其身体健康会受到影响，而且还容易发生工伤事故，影响生产、工作。因此，合理安排工作时间和休息时间，使劳动者有劳有逸，对于保护劳动者的身体健康和促进生产发展都有重要作用。《劳动法》第三十八条规定："用人单位应当保证劳动者每周至少休息一日。"

休息时间的种类包括：

1. 工作日内间隙时间

工作日内间隙时间指在工作日内给予职工休息和用膳时间。午休和用膳时间，一般为1~2小时，最少不得少于半小时。生产、工作不容间断的，应保证职工在工作时间内有用膳时间。工间操时间算作工作时间，但不得超过20分钟。

2. 工作日间的休息时间

工作日间的休息时间指两个邻近工作日之间的休息时间。职工在完成一个工作日后到下一个工作日开始前的休息时间长度，应以保证职工体力得以恢复的时间为准，一般为15~16小时。

3. 公休假日

公休假日又称周休息日，是指职工工作满一个工作周以后的休息时间。法律保障职工工作满一个工作周以后享有一定的连续休息时间。公休假日一般安排在星期六和星期日。由于生产或社会服务工作需要，不能在星期六和星期日公休的，可安排职工分别在一周内轮流休息。

在我国，自1995年5月1日起，国家机关、事业单位、社会团体实行职工每日工作8小时、每周工作40小时制，星期六和星期日为周休息日。企业和不能实行上述统一工作时间的事业单位，可根据实际情况灵活安排周休息日。

因工出差人员的公休假日，应在出差地点享用；如因工作需要未能享用者，可给予补休。

（二）休假时间

1. 法定节日

法定节日是指法律规定用以开展纪念、庆祝活动的休息时间。包括政治性节日、职业性节日、传统习惯性节日以及全民节日、部分人民节日等。根据《劳动法》第四十条规定，用人单位在下列节日期间应当依法安排劳动者休假：元旦、春节、劳动节、国庆节，法律、法规规定的其他休假节日。

2. 探亲假

探亲假是指职工享有保留工作和工资而同分居两地的父母或配偶团聚的假期。根据《关于职工探亲待遇的规定》，凡在国家机关、人民团体和全民所有制企业、事业单位工作满一年的固定职工，与配偶不住在一起，又不能在公休假日团聚的，可以享受探望配偶的待遇；与父亲、母亲都不住在一起，又不能在公休假日团聚的，可以享受探望父母的待遇。但是，职工与父亲或与母亲一方能够在公休假日团聚的，不享受探望父母的待遇。

职工探望配偶的，每年给予一方探亲假一次，假期为30天。未婚职工探望父母，原则上每年给假一次，假期为20天。如因工作需要或者职工自愿两年探亲一次的，可两年休假一次，假期为45天。已婚职工探望父母的，每四年休假一次，假期为20天。

另外，根据实际需要给予职工探亲路程假。凡实行休假制度的职工，应在休假期间探亲；如休假期较短，可补足其探亲假的天数。

3. 年休假

年休假是指职工满一年工作年限，每年享有照领工资的连续休息时间。《劳动法》第四十五条规定："国家实行带薪年休假制度。劳动者连续工作一年以上的，享受带薪年休假。具体办法由国务院规定。"年休假长度可因工作年限长短而有所不同。年休假由职工本人申请，用人单位统筹安排，予以保证。

《劳动法》第五十一条规定，劳动者在法定休假日和婚丧假期间以及依法参加社会活动期间，用人单位应当依法支付工资。

第五节　劳动保护与职业培训

一、劳动安全卫生

（一）劳动安全卫生的概念

劳动安全卫生是指劳动者在劳动中安全和健康的法律保障，包括劳动安全技术规程、劳动卫生规程、企业安全卫生管理制度等。劳动法中的劳动安全卫生是基于劳动关系而产生的，在我国传统立法中称为劳动保护。劳动安全卫生是我国劳动法的一项重要制度。

获得劳动安全卫生保护是劳动者的一项基本权利。由于劳动过程中存在着各种不安全和不卫生的因素，给劳动者的生命安全和身体健康带来极大的危害，必须通过立法对劳动安全和劳动卫生做出规范，以保障劳动者在劳动过程中的安全和健康。劳动过程常常给劳动者带来危害，尤其是现代工业给人类带来了许多伤害。劳动者在劳动过程中的危害日益增多，如矿井作业的瓦斯爆炸、冒顶、水灾，生产场所的机器绞碾、电击伤害、锅炉爆炸，从建筑工地的高空坠落、物体碰撞，生产过程中的烟雾、粉尘、有毒有害气体等，这些都会损害劳动者的身体和健康。

劳动者还受自身劳动能力和生理因素的限制，只能在一定的劳动强度和劳动时间下从事劳动。如果劳动强度和劳动时间超过了人体正常的生理限度，则会使人体机能不能自我恢复，导致劳动者早衰或死亡。为了保护劳动者的身体健康，维护劳动者的生产和再生产，国家必须采取各种措施改善劳动条件，通过制定各种劳动保护法来保护劳动者劳动过程中的安全和健康。

（二）劳动安全卫生管理制度

劳动安全卫生管理制度，是指贯彻劳动安全卫生法律、法规，有效的保护劳动者在劳动过程中的安全健康而制定的各种制度。劳动安全卫生制度包括：

（1）安全生产责任制度；

（2）安全技术措施计划管理制度；

(3) 劳动安全卫生教育制度；
(4) 劳动安全卫生检查制度；
(5) 劳动防护用品发放和管理制度；
(6) 伤亡事故和职业病的统计报告处理制度。

二、女职工特殊保护

(一) 女职工特殊保护的概念

女职工在劳动方面的特殊保护，是反映根据女职工身体结构、生理机能的特点以及抚育子女的特殊需要，在劳动方面对妇女特殊权益的法律保障。我国境内的一切国家机关、人民团体、事业单位、企业的女职工，都有权获得特殊劳动保护。

(二) 女职工特殊保护的内容

(1) 在劳动就业和享受待遇报酬上，用人单位必须严格遵循男女平等、男女同工同酬的原则。

(2) 禁止安排女职工从事有害妇女健康的劳动。

(3) 对女职工进行"四期"保护。"四期"是指妇女的经期、孕期、产期和哺乳期。在女职工经期，不得安排其从事高空、低温、冷水作业和国家规定的第三级体力劳动强度的劳动；在女职工孕期和哺乳期，不得安排其从事国家规定的第三级体力劳动强度的劳动和其他禁忌从事的劳动，不得安排其延长工作时间和夜班劳动；女职工生育，享受不少于 90 天的产假。

(4) 用人单位不得在保险福利方面歧视女职工。

三、未成年工的特殊保护

《劳动法》规定，根据未成年工生长发育的特点及其接受义务教育的需要，对其在劳动法律关系中所给予特殊权益的保护。未成年工的特殊保护制度包括限制就业年龄（用人单位不得招收 16 周岁以下的童工）、限制劳动时间（每工作日 6 小时）、禁止从事某些作业（不得安排未成年工从事矿山井下、有毒有害、国家规定的第四级体力劳动强度的劳动和其他禁忌从事的劳动）、定期进行健康检查等特殊保护。

四、职业培训

(一) 职业培训的概念和分类

1. 职业培训的概念

职业培训，又称职业技能培训或职业技术培训，是指根据社会职业的需要和劳动者从业的意愿及条件，按照一定标准，对劳动者进行的旨在培养和提高其职业技能的教育训练活动。

2. 职业培训的分类

(1) 劳动就业培训。劳动就业培训，是指对就业前的公民或失业人员进行的教育和训练，包括后备劳动者培训和转业培训。后备劳动者培训，是指对达到就业年龄的青年在就业前进行劳动技能教育；专业培训，是指职工失业后，为使其再次就业而组织的专门教育。

（2）职工在职培训。职工在职培训，是指对在职职工的培训，包括为富余职工转换岗位进行的培训。职工在职培训实行全员培训方针，即对全体职工，包括各类干部和全体工人，分期分批地进行培训，全面提高其文化技术素质、管理素质和思想政治素质。

（二）职业培训的原则

1. 先培后用

先培后用又称先培训后就业原则。现代化生产以高科技为基础，对劳动者的素质和技能有着很高的要求，因此，必须先行开发，进行职业培训，提高其素质，然后再就业上岗，这是企业提高经济效益的人才保证。这一原则要求，劳动者就业前和上岗前都必须先经过职业培训，掌握某项专业知识或技能，经过考核鉴定后，发给职业培训证和职业资格证书，方可就业和上岗。

2. 按需培训

按需培训是指职业培训活动必须与社会、经济发展的实际需要相结合。此原则包含三层含义：

（1）要求职业培训以“短、平、快”的速度，即按照社会需要，在较短的时间里，为社会某个生产、服务领域培训技术要求不高的急需人才，以满足社会特定领域对劳动者的大面积的需求；

（2）要求职业培训搞好人才预测工作，以保障劳动者近期培训与新科技发展趋势相衔接，避免劳动者发生结构性短缺或过剩；

（3）必须按照市场需要进行职业培训，及时修订培训的计划，调整职业培训的目标（专业）、等级和规模。

3. 费用分担

费用分担即职业培训的各方受益主体应合理分担培训费用。这是现代市场经济的基本要求。在国家、用人单位和劳动者之间，就业前的培训应由国家承担基本投资；用人单位应当有偿吸纳和使用培成人员，并承担本单位在职人员的培训费用；劳动者就业前也应自费就培。

4. 效益责任

效益责任是指培训实体及其主管人员应对办学的效益承担责任。培训的社会效益以满足社会需求的程度为标准；培训的经济效益包括直接效益和间接效益。直接效益指培训实体在一定时期内投入办学的人力、财力、物力与办学成效的比较；间接效益是指培成人员投入使用后所获得经济效益的提高部分。这一原则要求对办学成果实施评估和奖惩，对卓有成效者奖，对成效不佳者勒令停办或追究责任，促进培训事业的发展。

5. 学用一致

学用一致该原则要求劳动者的开发和利用应当紧密衔接，重在人才的充分利用。

据此，国家有责任制定有效的宏观政策，调控劳动者的流向，调剂人才余缺，最大限度地满足培训人员所学有所用，做到扬长避短，人尽其才，实现理论知识与实际的有机结合。用人单位要自觉地用人所长；培训实体要按照实际生产、操作需要施教；劳动者则应依本身从事的专业或愿意从事的专业进行培训，力争对口就业。

（三）职业培训的主要形式

职业培训的主要形式包括：

（1）学徒培训，即由用人单位招收学徒工，在师傅直接指导下，通过实际生产劳动，让其掌握一定的生产技能和业务知识的培训形式；

（2）学校正规培训，包括技工学校培训、职业技术学校培训和成人高等学校教育；

（3）就业培训中心培训。

第六节　劳动争议的处理

一、劳动争议的概念

劳动争议又称劳动纠纷，是指劳动关系双方当事人因执行劳动法律、法规或履行劳动合同、集体合同发生的纠纷。

从世界各国的劳动立法看，劳动法中的劳动争议是指劳动关系双方当事人之间因实现劳动权利、履行劳动义务发生的争议。具体指劳动者与用人单位之间，在劳动法的范围内，因使用国家法律、法规和订立、履行、变更、终止劳动合同以及其他劳动关系直接相联系的问题而引起的纠纷，因而是狭义的劳动争议。

二、劳动争议处理的基本原则

（一）着重调解、及时处理原则

1. 调解是处理劳动争议的基本手段，并贯彻于劳动争议处理的全过程

企业劳动争议调解委员会处理劳动争议的工作程序是进行调解。仲裁委员会和人民法院处理劳动争议，应当先行调解。即使进入裁决或判决程序，在裁决或判决之前还要为当事人提供一次调解解决争议的机会。

2. 调解应当在当事人双方自愿的基础上进行

调解必须是双方当事人自愿进行，不能勉强或强制，否则企业调解委员会的调解协议书、仲裁委员会或人民法院的调解书的法律效力会受到影响。

3. 调解应依法进行

调解劳动争议应依法进行，既依实体法，又依程序法。

4. 对劳动争议的处理要及时

及时处理劳动争议包括：一是企业调解委员会对案件调解不成，应在规定的时间内及时结案，不要使当事人丧失申请仲裁的权利；二是劳动争议仲裁委员会对案件先

行调解不成，应及时裁决；三是人民法院在调解不成时，应及时裁决。

（二）在查清事实的基础上，依法处理的原则

（1）调查取证与举证责任的关系处理好，才能查清事实。调查取证是劳动争议处理机构的权利和责任，举证是当事人应尽的义务和责任，只有将两者有机结合，才能达到查清事实的目的，为处理劳动争议提供依据。

（2）处理劳动争议既要依程序法，又要依实体法，而且要掌握好依法的顺序，即有法律依法律，没有法律依法规，没有法规依规章。不同层次的法规相矛盾，依据高层次的法规。

（3）处理劳动争议既要有原则性，又要有灵活性，坚持原则性与灵活性相结合。

（三）当事人在适用法律上，一律平等原则

劳动争议当事人法律地位平等，双方具有平等的权利和义务，任何一方当事人都不得有超越另一方当事人的特权。由于职工一方实际处于弱者的地位，劳动立法的目的之一是侧重保护劳动者，向弱者倾斜，以保障职工一方当事人与企业一方当事人平等地参与仲裁活动。

三、劳动争议处理的机构

（一）劳动争议调解委员会

根据《企业劳动争议处理条例》第七条规定，企业可以设立劳动争议调解委员会（简称调解委员会），负责调解本企业发生的劳动争议。调解委员会由下列人员组成：①职工代表；②企业代表；③企业工会代表。职工代表由职工代表大会（或者职工大会）推举产生；企业代表由厂长（经理）指定；企业工会代表由企业工会委员会指定。调解委员会组成人员的具体人数由职工代表大会提出并与厂长（经理）协商确定，企业代表的人数不得超过调解委员会成员人数的三分之一。调解委员会名单应报送地方总工会和地方仲裁委员会备案。

调解委员会主任由企业工会代表担任。调解委员会的办事机构设在企业工会委员会。办事机构负责调解委员会的日常工作，主要是接受劳动争议当事人的调解申请，做好调解的登记、档案管理和统计分析工作等。调解委员会应当建立必要的工作制度，有条件的应设专职的办事机构工作人员。

没有建立工会组织的企业，调解委员会的设立及其组成由职工代表和企业代表协商决定。

（二）劳动争议仲裁委员会

《企业劳动争议处理条例》第十二条规定：县、市、市辖区应当设立劳动争议仲裁委员会。劳动争议仲裁委员会主要包括仲裁委员会、仲裁委员会办事机构以及仲裁庭。仲裁委员会是国家授权，依法独立处理劳动争议的专门机构，其职责是负责处理本委员会管辖范围内的劳动争议案件；聘任专职和兼职仲裁员，并对仲裁员进行管理。

仲裁委员会由下列人员组成：

（1）企业行政主管部门的代表；

（2）工会的代表；

（3）政府指定的经济综合管理部门的代表。

仲裁委员会主任由劳动行政主管部门的负责人担任。劳动行政主管部门的劳动争议处理机构为仲裁委员会的办事机构，负责办理仲裁委员会的日常事务。仲裁委员会人员组成实行"三方原则"，劳动行政部门代表政府，工会代表职工，经济综合管理部门代表企业经营者，三方共同组成仲裁委员会，共同处理劳动争议。经济综合管理部门一般是同级的经济贸易委员会，没有经贸委的也可以是经委或计经委一类的部门。

仲裁委员会办事机构的职责为：①承办处理劳动争议案件的日常工作；②根据仲裁委员会的授权，负责管理仲裁员，组织仲裁；③管理仲裁委员会的文书、档案、印鉴；④负责劳动争议处理方面的法律、法规及政策咨询；⑤向仲裁委员会汇报、请示工作；⑥办理仲裁委员会授权或交办的其他事项。

由于仲裁委员会处理劳动争议的程序除仲裁调解之外，还有仲裁裁决。而裁决案件常常需要表决，所以仲裁委员会组成人员必须是单数。仲裁委员会实行少数服从多数的原则。

仲裁委员会处理劳动争议，实行仲裁员、仲裁庭办案制度。所谓仲裁员、仲裁庭办案制度，是指仲裁委员会根据不同的劳动争议案件，从以一定条件下任命或聘任的专职或兼职仲裁员中挑选 1 名或 3 名仲裁员组成仲裁庭，由仲裁庭代表仲裁委员会行使处理劳动争议的权力。

仲裁委员会可以聘任劳动行政部门或者政府其他有关部门的人员、工会工作者、专家学者和律师为专职的或者兼职的仲裁员。兼职仲裁员与专职仲裁员在执行仲裁公务时享有同等权利。

（三）人民法院

人民法院受理依法提起诉讼的劳动争议案件。

四、劳动争议处理途径

（一）协商

劳动争议发生后，当事人可以协商处理，协商不是处理劳动争议的必经程序，不愿协商的，可以申请调解。

（二）调解

调解是在用人单位内部设立劳动争议调解委员会，依法调解在用人单位发生的劳动争议。其主要的工作程序为：①争议事项的申请和受理；②调查；③召开调解会议进行调解。劳动争议发生之日起 30 日内，当事人可以向本单位劳动争议调解委员会申请调解；但是，调解也不是处理劳动争议的必经程序，当事人任何一方不愿调解的，可以直接向有管辖权的劳动争议仲裁委员会申请仲裁。

（三）仲裁

仲裁是劳动争议案件处理必经的法律程序：发生劳动争议，当事人不愿调解、调解不成或者达成调解协议后不履行的，可以向劳动争议仲裁委员会申请仲裁。劳动争议发生后，当事人任何一方都可以直接向劳动争议仲裁委员会申请仲裁。劳动争议申请仲裁的时效期间为 1 年，从当事人知道或者应当知道其权利被侵害之日起计算。对仲裁无异议的，当事人必须履行。

（四）诉讼

劳动争议当事人对仲裁裁决不服的，可以自收到仲裁裁决书之日起 15 日内向人民法院提起诉讼。当事人在法定期限内不起诉又不履行仲裁裁决的，另一方当事人可以申请人民法院强制执行。人民法院受理劳动争议案件必须具备的条件为：

（1）当事人之间的劳动争议，必须先经过仲裁；

（2）当事人一方或双方对仲裁裁决不服；

（3）当事人提起诉讼在法定的时效内。人民法院受理劳动争议案件，依照民事诉讼法规定的诉讼程序进行审理。

五、违反劳动法的法律责任

（一）行政责任

行政责任是指违法行为人依法应当承担的，由有关行政机关或违法行为人所在单位以行政处罚或纪律处分的方式予以追究的法律责任。违反劳动法的行政处罚大多由劳动行政部门（劳动监察机构）实施，如警告、通报批评、责令改正、责令停业、查封、吊销许可证、罚款等；有的则有其他特定行政部门或政府实施，如吊销营业执照由市场监督管理部门决定，治安处罚由公安部门决定，停产整顿由政府决定。

违反劳动法的纪律处分可分为两大类：

（1）有关行政机关作为行政管理实体对其公务人员的行政处分，以及对在其人事管理权限内的用人单位或劳动服务单位领导人员及其他管理人员的行政处分，包括警告、记过、记大过、降级、撤职、留用察看和开除；

（2）用人单位对其职工的纪律处分，除以上各种行政处分外，还包括除名和强制辞退（解除劳动合同），以及罚款、扣发或停发工资（奖金）等经济处罚。

（二）民事责任

民事责任主要表现为损害赔偿责任，用人单位违反劳动法对女职工和未成年工的保护规定，对女职工或未成年工造成损害的；劳动者违反劳动法规定的条件解除劳动合同或违反劳动合同约定的保密事项，对用人单位造成经济损失的等等，应当承担赔偿责任。

（三）刑事责任

《劳动法》规定，以暴力、威胁或者非法限制人身自由的手段强迫职工劳动，或者侮辱、体罚、殴打、非法搜查和拘禁劳动者，构成犯罪的，对责任人员依法追究刑事责任。

思考与练习题

1. 简述劳动法的概念。
2. 劳动者有哪些权利和义务？
3. 什么是劳动合同？劳动合同的内容有哪些？
4. 什么是集体合同？集体合同的内容有哪些？
5. 什么是劳动争议？劳动争议处理有哪些途径？

第十三章 会计、审计与统计法律制度

第一节 会计法律制度

一、会计法概述

（一）会计和会计法

1. 会计的概念

会计是以货币为计量单位，采用专门方法，对国家机关、社会团体、企业、事业单位和其他组织的经济活动进行记录、分析、检查和监督的一种活动。会计核算和会计监督是会计的基本职能。

2. 会计法

会计法有广义和狭义之分。狭义的会计法是指一个国家的会计基本法，在我国是指《中华人民共和国会计法》（以下简称《会计法》）。该法于1985年1月21日第六届全国人民代表大会常务委员会第9次会议通过，自1985年5月1日起施行，后经1993年、1999年、2017年修正和修订。广义的会计法是调整经济活动中各种会计关系的法律规范的总称，即是指一个国家的会计法律体系，包括会计法在内的一系列调整会计关系的法律、法规和行政规章。在我国是指除《会计法》外，还包括1993年第八届全国人民代表大会常务委员会第4次会议通过的《中华人民共和国注册会计师法》、1996年经国务院批准、国家财政部发布的《企业会计准则》、《企业财务通则》等法律法规。

（二）《会计法》的立法宗旨和适用范围

1.《会计法》的立法宗旨

《会计法》的立法宗旨一是规范会计行为，保证会计资料真实、完整；二是加强经济管理和财务管理，提高经济效益，维护社会主义市场经济秩序。

2.《会计法》的适用范围

根据《会计法》的规定：凡国家机关、社会团体、公司、企业、事业单位和其他组织（以下统称单位）必须依照《会计法》办理会计事务，但个体工商户会计管理的具体办法，由国务院财政部门根据《会计法》的原则另行规定。

二、会计制度

根据《会计法》的规定：国家实行统一的会计制度。国家统一的会计制度由国务院财政部门根据本法制定并公布。

国务院有关部门可以依照本法和国家统一的会计制度制定对会计核算和会计监督有特殊要求的行业实施国家统一的会计制度的具体办法或者补充规定，报国务院财政部门审核批准。

中国人民解放军总后勤部可以依照本法和国家统一的会计制度制定军队实施国家统一的会计制度的具体办法，报国务院财政部门备案。

三、会计核算制度

会计核算是以货币为主要计量单位，通过专门的程序和方法对其经济业务事项进行连续、系统、全面、综合的确认、计量、记录和报告的行为。会计核算是会计的基本职能之一，也是会计工作的核心内容之一。

（一）会计核算的内容

根据《会计法》的规定，会计核算的内容包括：

（1）款项和有价证券的收付；

（2）财物的收发、增减和使用；

（3）债权债务的发生和结算；

（4）资本、基金的增减；

（5）收入、支出、费用、成本的计算；

（6）财务成果的计算和处理；

（7）需要办理会计手续、进行会计核算的其他事项。

（二）会计年度和记账本位币

我国会计年度采用历年制，自公历 1 月 1 日起至 12 月 31 日止为一个会计年度。我国记账单位以人民币为记账本位币。业务收支以人民币以外的货币为主的单位，也可以选定其中一种货币为记账本位币，但是编报的会计报表应当折算为人民币。

（三）会计核算的方法和程序

根据《会计法》的规定，各单位必须按照国家统一的会计制度的规定设置会计科目和会计账簿，并应建立财产清查制度，保证账簿记录与实物、款项相符。

1. 会计凭证的填制和审核

会计凭证包括原始凭证和记账凭证。凡应当办理会计手续，进行会计核算的事项，必须填制或者取得原始凭证，并及时送交会计机构。会计机构必须对原始凭证进行审核，对不真实、不合法的原始凭证，有权不予接受，并向单位负责人报告；对不正确、不完整的原始凭证，有权退回更正、补充，并根据经过审核的原始凭证及有关资料编制记账凭证。原始凭证记载的各项内容均不得涂改；原始凭证有错误的，应当由出具单位重开或者更正，更正处应当加盖出具单位印章。原始凭证金额有错误的，应当由出具单位重开，不得在原始凭证上更正。

记账凭证应当根据经过审核的原始凭证及有关资料编制。

2. 会计账簿的设置与登记

各单位必须依法设置会计账簿，并保证其真实、完整。根据《会计法》的规定，会计账簿设置及登记应符合以下条件：

（1）以经过审核的会计凭证为依据，并符合有关法律、行政法规和国家统一的会计制度的规定。会计账簿包括总账、明细账、日记账和其他辅助性账簿。使用电子计算机进行会计核算的，其会计账簿的登记、更正，应当符合国家统一的会计制度的规定。

（2）严格遵守记账规则。会计账簿应当按照连续编号的页码顺序登记。会计账簿记录发生错误或者隔页、缺号、跳行的，应当按照国家统一的会计制度规定的方法更正，并由会计人员和会计机构负责人（会计主管人员）在更正处盖章。

（3）禁止私设会计账簿。各单位发生的各项经济业务事项应当在依法设置的会计账簿上统一登记、核算，不得违反会计法和国家统一的会计制度的规定私设会计账簿登记、核算。

3. 财务会计报告的编制

财务会计报告应当根据经过审核的会计账簿记录和有关资料编制，并符合《会计法》和国家统一的会计制度关于财务会计报告的编制要求、提供对象和提供期限的规定。财务会计报告由会计报表、会计报表附注和财务情况说明书组成。向不同的会计资料使用者提供的财务会计报告，其编制依据应当一致。有关法律、行政法规规定会计报表、会计报表附注和财务情况说明书须经注册会计师审计的，注册会计师及其所在的会计师事务所出具的审计报告应当随同财务会计报告一并提供。

财务会计报告应当由单位负责人和主管会计工作的负责人、会计机构负责人（会计主管人员）签名并盖章；设置总会计师的单位，还须由总会计师签名并盖章。单位负责人应当保证财务会计报告真实、完整。

4. 财产清查

各单位应当定期将会计账簿记录与实物、款项及有关资料相互核对，保证会计账簿记录与实物及款项的实有数额相符、会计账簿记录与会计凭证的有关内容相符、会计账簿之间相对应的记录相符、会计账簿记录与会计报表的有关内容相符。

5. 建立会计档案制度

会计档案资料是各单位经济活动的历史记录和证据，充分利用会计档案资料，对于指导生产经营管理、查证经济财务问题都有重要作用。《会计法》第二十三条规定：

"各单位对会计凭证、会计账簿、财务会计报告和其他会计资料应当建立档案，妥善保管。会计档案的保管期限和销毁办法，由国务院财政部会同有关部门制定。"

6. 公司、企业会计核算的特别规定

公司、企业必须根据实际发生的经济业务事项，按照国家统一的会计制度的规定确认、计量和记录资产、负债、所有者权益、收入、费用、成本和利润。

公司、企业进行会计核算不得有下列行为：

（1）随意改变资产、负债、所有者权益的确认标准或者计量方法，虚列、多列、不列或者少列资产、负债、所有者权益；

（2）虚列或者隐瞒收入，推迟或者提前确认收入；

（3）随意改变费用、成本的确认标准或者计量方法，虚列、多列、不列或者少列费用、成本；

（4）随意调整利润的计算、分配方法，编造虚假利润或者隐瞒利润；

（5）违反国家统一的会计制度规定的其他行为。

三、会计监督

会计监督即运用会计方法，对经济业务事项中资金运用的合法性、合理性和有效性进行的监督和检查，是会计的基本职能之一。会计监督包括内部监督和外部监督两方面。

（一）内部监督

内部会计监督，是指会计机构和会计人员依照法律的规定，通过会计手续对经济活动的合法性、合理性和有效性进行的监督。

1. 内部监督的要求

根据《会计法》规定，各单位应当建立、健全本单位内部会计监督制度。单位负责人应当保证会计机构、会计人员依法履行职责，不得授意、指使、强令会计机构、会计人员违法办理会计事项。单位内部会计监督制度应当符合下列要求：

（1）记账人员与经济业务事项和会计事项的审批人员、经办人员、财物保管人员的职责权限应当明确，并相互分离、相互制约；

（2）重大对外投资、资产处置、资金调度和其他重要经济业务事项的决策和执行的相互监督、相互制约程序应当明确；

（3）财产清查的范围、期限和组织程序应当明确；

（4）对会计资料定期进行内部审计的办法和程序应当明确。

2. 会计机构、会计人员的监督职权

（1）单位负责人应当保证会计机构、会计人员依法履行职责，不得授意、指使、强令会计机构、会计人员违法办理会计事项；会计机构、会计人员对违反《会计法》和国家统一的会计制度规定的会计事项，有权拒绝办理或者按照职权予以纠正。

（2）会计机构、会计人员发现会计账簿记录与实物、款项及有关资料不相符的，按照国家统一的会计制度的规定有权自行处理的，应当及时处理；无权处理的，应当立即向单位负责人报告，请求查明原因，做出处理。

此外，会计机构、会计人员应当对单位制定的预算、财务计划、经济计划、业务计划的执行情况进行监督。

（二）外部监督

各单位必须依照有关法律、行政法规的规定，接受有关监督检查部门依法实施的监督检查，如实提供会计凭证、会计账簿、财务会计报告和其他会计资料以及有关情况，不得拒绝、隐匿、谎报。会计的外部监督又可分为国家监督和社会监督。

1. 国家有关部门监督

财政、审计、税务、人民银行、证券监管、保险监管等部门应当依照有关法律、行政法规规定的职责，对有关单位的会计资料实施监督检查。有关部门实施监督检查后，应当出具检查结论。有关监督检查部门已经做出的检查结论能够满足其他监督检查部门履行本部门职责需要的，其他监督检查部门应当加以利用，避免重复查账。

财政部门对各单位的下列情况实施监督：

（1）是否依法设置会计账簿；

（2）会计凭证、会计账簿、财务会计报告和其他会计资料是否真实、完整；

（3）会计核算是否符合《会计法》和国家统一的会计制度的规定；

（4）从事会计工作的人员是否具备专业能力、遵守职业道德。

《会计法》规定：各单位必须依照有关法律、行政法规的规定，接受有关监督检查部门依法实施的监督检查，如实提供会计凭证、会计账簿、财务会计报告和其他会计资料以及有关情况，不得拒绝、隐匿、谎报；依法对有关单位的会计资料实施监督检查的部门及其工作人员对在监督检查中知悉的国家秘密和商业秘密负有保密义务。

2. 社会监督

任何单位和个人对违反《会计法》和国家统一的会计制度规定的行为，有权检举。收到检举的部门有权处理的，应当依法按照职责分工及时处理；无权处理的，应当及时移送有权处理的部门处理。收到检举的部门、负责处理的部门应当为检举人保密，不得将检举人姓名和检举材料转给被检举单位和被检举人个人。

根据有关法律、行政法规规定，须经注册会计师进行审计的单位，应当向受委托的会计师事务所如实提供会计凭证、会计账簿、财务会计报告和其他会计资料以及有关情况。

任何单位或者个人不得以任何方式要求或者示意注册会计师及其所在的会计师事务所出具不实或者不当的审计报告。

财政部门有权对会计师事务所出具审计报告的程序和内容进行监督。

四、会计机构和会计人员

（一）会计机构的设置

《会计法》规定，各单位应当根据会计业务的需要，设置会计机构，或者在有关机构中设置会计人员并指定会计主管人员；不具备设置条件的，应当委托经批准设立从事会计代理记账业务的中介机构代理记账。国有的和国有资产占控股地位或者主导地位的大、中型企业必须设置总会计师。总会计师的任职资格、任免程序、职责权限由国务院财务部门规定。

会计机构内部应当建立稽核制度。出纳人员不得兼任稽核、会计档案保管和收入、支出、费用、债权债务账目的登记工作。

（二）会计人员的任职资格

《会计法》规定："会计人员应当具备从事会计工作所需要的专业能力。担任单位会计机构负责人（会计主管人员）的，应当具备会计师以上专业技术职务资格或者从事会计工作三年以上经历。"

《会计法》还规定："因有提供虚假财务会计报告，做假账，隐匿或者故意销毁会计凭证、会计账簿、财务会计报告，贪污，挪用公款，职务侵占等与会计职务的有关违法行为被依法追究刑事责任的人员，不得再从事会计工作。"

五、法律责任

（一）不依法进行会计管理、核算和监督的法律责任

《会计法》规定，有下列行为之一的，由县级以上人民政府财政部门责令限期改正，可以对单位并处3 000元以上5万元以下的罚款；对其直接负责的主管人员和其他直接责任人员，可以处2 000元以上2万元以下的罚款；属于国家工作人员的，还应当由其所在单位或者有关单位依法给予行政处分：

（1）不依法设置会计账簿的；

（2）私设会计账簿的；

（3）未按照规定填制、取得原始凭证或者填制、取得的原始凭证不符合规定的；

（4）以未经审核的会计凭证为依据登记会计账簿或者登记会计账簿不符合规定的；

（5）随意变更会计处理方法的；

（6）向不同的会计资料使用者提供的财务会计报告编制依据不一致的；

（7）未按照规定使用会计记录文字或者记账本位币的；

（8）未按照规定保管会计资料，致使会计资料毁损、灭失的；

（9）未按照规定建立并实施单位内部会计监督制度或者拒绝依法实施的监督或者不如实提供有关会计资料及有关情况的；

（10）任用会计人员不符合《会计法》规定的。

有上述行为之一，构成犯罪的，依法追究刑事责任。

会计人员有上述行为之一，情节严重的，五年内不得从事会计工作。

有关法律对上述行为的处罚另有规定的，依照有关法律的规定办理。

（二）伪造、变造、编制虚假会计资料的法律责任

伪造、变造会计凭证、会计账簿，编制虚假财务会计报告，构成犯罪的，依法追究刑事责任。尚不构成犯罪的，由县级以上人民政府财政部门予以通报，可以对单位并处5 000元以上10万元以下的罚款；对其直接负责的主管人员和其他直接责任人员，可以处3

000 元以上 5 万元以下的罚款；属于国家工作人员的，还应当由其所在单位或者有关单位依法给予撤职直至开除的行政处分；其中的会计人员，五年内不得从事会计工作。

（三）隐匿或者故意销毁会计资料的法律责任

隐匿或者故意销毁依法应当保存的会计凭证、会计账簿、财务会计报告，构成犯罪的，依法追究刑事责任。尚不构成犯罪的，由县级以上人民政府财政部门予以通报，可以对单位并处 5000 元以上 10 万元以下的罚款；对其直接负责的主管人员和其他直接责任人员，可以处 3000 元以上 5 万元以下的罚款；属于国家工作人员的，还应当由其所在单位或者有关单位依法给予撤职直至开除的行政处分；其中的会计人员，五年内不得从事会计工作。

（四）授意、指使、强令会计机构及人员伪造、变造、编制、故意销毁会计资料的法律责任

授意、指使、强令会计机构、会计人员及其他人员伪造、变造会计凭证、会计账簿，编制虚假财务会计报告或者隐匿、故意销毁依法应当保存的会计凭证、会计账簿、财务会计报告，构成犯罪的，依法追究刑事责任；尚不构成犯罪的，可以处 5000 元以上 5 万元以下的罚款；属于国家工作人员的，还应当由其所在单位或者有关单位依法给予降级、撤职、开除的行政处分。

（五）单位负责人对会计人员实行打击报复的法律责任

单位负责人对依法履行职责、抵制违法行为的会计人员以降级、撤职、调离工作岗位、解聘或者开除等方式实行打击报复，构成犯罪的，依法追究刑事责任；尚不构成犯罪的，由其所在单位或者有关单位依法给予行政处分。对受打击报复的会计人员，应当恢复其名誉和原有职务、级别。

（六）其他部门违反会计法的法律责任

财政部门及有关行政部门的工作人员在实施监督管理中滥用职权、玩忽职守、徇私舞弊或者泄露国家秘密、商业秘密，构成犯罪的，依法追究刑事责任；尚不构成犯罪的，依法给予行政处分。

第二节　审计法律制度

一、审计法概述

（一）审计的概念

审计是指审计机关和审计人员依照法律的规定，依照专门程序，运用专门方法对应当接受审计的单位的财政收支、财务收支和经济活动的真实性、合法性、效益性进

行全面审查、评价的一系列监督活动的总称。

审计包括审计机关审计、内部审计和社会审计三种类型。

《中华人民共和国审计法》（以下简称《审计法》）虽然没有对内部审计制度和社会审计制度做出具体的规定。但《审计法》在审计机关职责一章中，原则要求国务院各部门和地方人民政府各部门、国有的金融机构和企业事业组织，应当按照国家有关规定建立健全内部审计制度。各部门、国有的金融机构和企业事业组织的内部审计，应当接受审计机关的业务指导和监督。对依法独立进行社会审计的机构的指导、监督、管理，依照有关法律和国务院的规定执行。

（二）审计法的概念

审计法是指调整审计关系的法律规范的总称。

所谓审计关系，是指审计机关和审计人员依法对政府及其各部门的财政收支，对国有金融机构和企业事业单位以及其应当接受审计的财务收支及其经济效益进行审计的过程中发生的社会关系。

我国曾于1988年10月由国务院制定了《中华人民共和国审计条例》。1994年8月31日第八届全国人大常委会第9次会议通过了《中华人民共和国审计法》，自1995年1月1日起施行，《中华人民共和国审计条例》同时废止。2006年2月28日，第十届全国人民代表大会常务委员会第20次会议通过了《全国人民代表大会常务委员会关于修改〈中华人民共和国审计法〉的决定》并自2006年6月1日起施行。《中华人民共和国审计法实施条例》（以下简称《审计法实施条例》）于1997年10月21日由国务院公布施行，2010年修订并自2010年5月1日起施行。

二、审计机关和审计人员

（一）审计机关的设立

1. 审计机关的设立和领导体制

国务院设立审计署，在国务院总理领导下，主管全国的审计工作。审计长是审计署的行政首长。省、自治区、直辖市、设区的市、自治州、县、自治县、不设区的市、市辖区的人民政府的审计机关，分别在省长、自治区主席、市长、州长、县长、区长和上一级审计机关的领导下，负责本行政区域内的审计工作。

地方各级审计机关对本级人民政府和上一级审计机关负责并报告工作，审计业务以上级审计机关领导为主。

审计机关根据工作需要，经本级人民政府批准，可以在其审计管辖范围内设立派出机构。派出机构根据审计机关的授权，依法进行审计工作。

审计机关履行职责所必需的经费，应当列入财政预算，由本级人民政府予以保证。

2. 审计人员

审计人员应当具备与其从事的审计工作相适应的专业知识和业务能力。

审计人员办理审计事项，与被审计单位或者审计事项有利害关系的，应当回避。审计人员对其在执行职务中知悉的国家秘密和被审计单位的商业秘密，负有保密的义务。

审计人员依法执行职务，受法律保护。任何组织和个人不得拒绝、阻碍审计人员依法执行职务，不得打击报复审计人员。

审计机关负责人依照法定程序任免。审计机关负责人没有违法失职或者其他不符合任职条件的情况的，不得随意撤换。

地方各级审计机关负责人的任免，应当事先征求上一级审计机关的意见。

（二）审计机关的职责和权限

1. 审计机关的职责

根据《审计法》的规定，审计机关的职责包括：

（1）审计署在国务院总理领导下，对中央预算执行情况和其他财政收支情况进行审计监督，向国务院总理提出审计结果报告。

（2）地方各级审计机关对本级预算执行情况和其他财政收支情况进行审计监督，向本级人民政府和上一级审计机关提出审计结果报告。

（3）对本级各部门（含直属单位）和下级政府预算的执行情况和决算以及其他财政收支情况进行审计监督。

（4）对国有金融机构的资产、负债、损益进行审计监督。审计署对中央银行的财务收支进行审计监督。

（5）对国家的事业组织和使用财政资金的其他事业组织的财务收支进行审计监督。

（6）对国有企业的资产、负债、损益，进行审计监督。对国有资本占控股地位或者主导地位的企业、金融机构的审计监督由国务院规定。

（7）对政府投资和以政府投资为主的建设项目的预算执行情况和决算进行审计监督。

（8）对政府部门管理的和其他单位受政府委托管理的社会保障基金、社会捐赠资金以及其他有关基金、资金的财务收支进行审计监督。

（9）对国际组织和外国政府援助、贷款项目的财务收支进行审计监督。

（10）按照国家有关规定，对国家机关和依法属于审计机关审计监督对象的其他单位的主要负责人在任职期间对本地区、本部门或者本单位的财政收支、财务收支以及有关经济活动应负经济责任的履行情况进行审计监督。

（11）对社会审计机构出具的相关审计报告进行核查。

（12）对审计对象的内部审计工作进行指导和监督。

（13）对其他法律、行政法规规定应当由审计机关进行审计的事项进行审计监督。

2. 审计机关的权限

审计机关依法独立行使审计监督权。根据《审计法》的规定，审计机关的权限主要有：

（1）要求被审计单位按照审计机关的规定提供预算或者财务收支计划、预算执行情况、决算、财务会计报告，运用电子计算机储存、处理的财政收支、财务收支电子数据和必要的电子计算机技术文档，在金融机构开立账户的情况，社会审计机构出具的审计报告，以及其他与财政收支或者财务收支有关的资料，被审计单位不得拒绝、拖延、谎报。被审计单位负责人对本单位提供的财务会计资料的真实性和完整性负责。

（2）审计机关进行审计时，有权检查被审计单位的会计凭证、会计账簿、财务会计报告和运用电子计算机管理财政收支、财务收支电子数据的系统，以及其他与财政收支、财务收支有关的资料和资产，被审计单位不得拒绝。

（3）审计机关进行审计时，有权就审计事项的有关问题向有关单位和个人进行调查，并取得有关证明材料。有关单位和个人应当支持、协助审计机关工作，如实向审计机关反映情况，提供有关证明材料。审计机关经县级以上人民政府审计机关负责人批准，有权查询被审计单位在金融机构的账户。审计机关有证据证明被审计单位以个人名义存储公款的，经县级以上人民政府审计机关主要负责人批准，有权查询被审计单位以个人名义在金融机构的存款。

（4）对被审计单位采取相应措施。审计机关进行审计时，有权制止被审计单位转移、隐匿、篡改、毁弃会计凭证、会计账簿、财务会计报告以及其他与财政收支或者财务收支有关的资料的行为和转移、隐匿所持有的违反国家规定取得的资产的行为。必要时，经县级以上人民政府审计机关负责人批准，有权封存有关资料和违反国家规定取得的资产；对其中在金融机构的有关存款需要予以冻结的，应当向人民法院提出申请。

审计机关对被审计单位正在进行的违反国家规定的财政收支、财务收支行为，有权予以制止；制止无效的，经县级以上人民政府审计机关负责人批准，通知财政部门和有关主管部门暂停拨付与违反国家规定的财政收支、财务收支行为直接有关的款项，已经拨付的，暂停使用。

（5）提请有关部门纠正被审计单位的不合法规定。审计机关认为被审计单位所执行的上级主管部门有关财政收支、财务收支的规定与法律、行政法规相抵触的，应当建议有关主管部门纠正；有关主管部门不予纠正的，审计机关应当提请有权处理的机关依法处理。

（6）向政府有关部门通报或者向社会公布审计结果。审计机关通报或者公布审计结果，应当依法保守国家秘密和被审计单位的商业秘密，遵守国务院的有关规定。

（7）提请公安、监察、财政、税务、海关、价格、工商行政管理等机关予以协助。审计机关履行审计监督职责，可以提请公安、监察、财政、税务、海关、价格、工商行政管理等机关予以协助。

三、审计程序

（一）审计的管辖问题

根据《审计法》的规定，审计机关根据被审计单位的财政、财务隶属关系或者国有资产监督管理关系，确定审计管辖范围。

审计机关之间对审计管辖范围有争议的，由其共同的上级审计机关确定。上级审计机关可以将其审计管辖范围内的《审计法》规定的可以授权给下级审计机关进行审计的审计事项授权下级审计机关进行审计；上级审计机关对下级审计机关审计管辖范围内的重大审计事项，可以直接进行审计，但是应当防止不必要的重复审计。

（二）审计的具体程序

根据《审计法》的规定，审计机关必须依照法定程序进行审计监督。审计程序包括：

1. 组建审计组，向被审计单位送达审计通知书

审计机关根据审计项目计划确定的审计事项组成审计组，并应当在实施审计 3 日前，向被审计单位送达审计通知书；遇有特殊情况，经本级人民政府批准，审计机关可以直接持审计通知书实施审计。被审计单位应当配合审计机关的工作，并提供必要的工作条件。

2. 进行审计，取得证据

审计人员通过审查会计凭证、会计账簿、会计报表，查阅与审计事项有关的文件、资料，检查现金、实物、有价证券，向有关单位和个人调查等方式进行审计，并取得证明材料。审计人员向有关单位和个人进行调查时，应当出示审计人员的工作证件和审计通知书副本。

3. 向审计机关提出审计报告

审计组对审计事项实施审计后，应当向审计机关提出审计报告。审计报告报送审计机关前，应当征求被审计单位的意见。被审计单位应当自接到审计报告之日起 10 日内，将其书面意见送交审计组或者审计机关。

4. 审计机关出具审计意见书

审计机关审定审计报告，对审计事项做出评价，出具审计意见书。对违反国家规定的财政收支、财务收支行为，依法应当给予处理、处罚的，在法定职权范围内做出审计决定或者向有关主管机关提出处理、处罚意见。审计机关应当自收到审计报告之日起30 日内，将审计意见书和审计决定送达被审计单位和有关单位。审计决定自送达之日起生效。

四、法律责任

（一）被审计单位和个人的法律责任

（1）被审计单位拒绝或者拖延提供与审计事项有关的资料的，或者拒绝、阻碍检查的，审计机关责令改正，可以通报批评，给予警告；拒不改正的，依法追究责任。

（2）被审计单位转移、隐匿、篡改、毁弃会计凭证、会计账簿、会计报表以及其他与财政收支或者财务收支有关的资料的，审计机关有权对上述行为予以制止；对其负有直接责任的主管人员和其他直接责任人员依法应当给予行政处分的，应当提出给予行政处分的建议，被审计单位或者其上级机关、监察机关应当依法及时做出决定；构成犯罪的，由司法机关依法追究刑事责任。

（3）被审计单位转移、隐匿违法取得的资产的，审计机关、人民政府或者有关主管部门在法定职权范围内有权予以制止，或者申请法院采取保全措施。审计机关认为对其负有直接责任的主管人员和其他直接责任人员依法应当给予行政处分的，应当提出给予行政处分的建议；被审计单位或者其上级机关，监察机关应当依法及时做出决

定；构成犯罪的，由司法机关依法追究刑事责任。

（4）被审计单位的财政收支、财务收支违反法律、行政法规的规定，构成犯罪的，依法追究刑事责任。报复陷害审计人员，构成犯罪的，依法追究刑事责任；不构成犯罪的，给予行政处分。

（二）审计人员的法律责任

《审计法》规定，审计人员滥用职权、徇私舞弊、玩忽职守、构成犯罪的，依法追究刑事责任；不构成犯罪的，给予行政处分。

第三节　统计法律制度

一、统计法概述

统计是按一定要求和专门方法对客观事物的数量进行汇总、综合计算和分析的监督管理活动。（《中华人民共和国统计法》（以下简称《统计法》）所指统计是指运用各种统计方法对国民经济和社会发展情况进行统计调查、统计分析，提供统计资料和统计咨询意见，实行统计监督等活动的总称。统计的基本任务是对国民经济和社会发展情况进行统计调查、统计分析，提供统计资料和统计咨询意见，实行统计监督。

统计法是调整统计关系的法律规范的总称。1983 年 12 月第六届全国人民代表大会常务委员会第三次会议通过了《中华人民共和国统计法》，该法分别于 1996 年、2009 年修订和修正。1987 年经国务院批准，国家统计局发布《中华人民共和国统计法实施细则》（以下简称《实施细则》）并分别于 2000 年、2006 年修订；2017 年 4 月 12 日国务院第 168 次常务会议通过《中华人民共和国统计法实施条例》（以下简称《实施条例》），自 2017 年 8 月 1 日起施行。

二、统计调查计划和统计制度

（一）统计调查计划

统计调查必须按照经过批准的计划进行。统计调查计划按照统计调查项目编制。制定统计调查项目计划，必须同时制定相应的统计调查表，报国家统计局或者同级地方人民政府统计机构审查或者备案。

国家统计调查项目，由国家统计局拟订，或者由国家统计局和国务院有关部门共同拟订，报国务院审批；部门统计调查项目，调查对象属于本部门管辖系统内的，由该部门拟订，报国家统计局或者同级地方人民政府统计机构备案；调查对象超出本部门管辖系统的，由该部门拟订，报国家统计局或者同级地方人民政府统计机构审批，其中重要的，报国务院或者同级地方人民政府审批；地方统计调查项目，由县级以上地方各级人民政府统计机构拟订，或者由县级以上地方各级人民政府统计机构和有关部门共同拟订，报同级地方人民政府审批；发生重大灾情或者其他不可预料的情况，县级以上地方各级人民政府可以决定在原定计划以外进行临时性调查。

统计调查方案应当包括下列内容：

（1）供统计调查对象填报用的统计调查表和说明书；

（2）供整理上报用的统计综合表和说明书；

（3）统计调查需要的人员和经费及其来源。

县级以上各级人民政府统计机构、各部门统计机构对送审的统计调查计划和统计调查方案的必要性、可行性、科学性应当进行严格审查；对不符合规定的，应当退回修改或者不予批准。

（二）统计制度

1. 调查制度

统计调查应当以周期性普查为基础，以经常性抽样调查为主体，以必要的统计报表、重点调查、综合分析等为补充，搜集、整理基本统计资料。重大的国情国力普查，需要动员各方面力量进行的，由国务院和地方各级人民政府统一领导，组织统计机构和有关部门共同实施。进行经常性抽样调查，应当在调查前查明基本统计单位及其分布情况，按照经批准的抽样调查方案，建立科学的抽样框。发往基层单位的全面定期统计报表，必须严格限制。凡通过抽样调查、重点调查、行政记录能取得统计数据的，不得制发全面定期统计报表。

2. 统计标准

国家制定统一的统计标准，以保障统计调查中采用的指标涵义、计算方法、分类目录、调查表式和统计编码等方面的标准化。国家统计标准由国家统计局制定，或者由国家统计局和国务院标准化管理部门共同制定。国务院各部门可以制定补充性的部门统计标准。部门统计标准不得与国家统计标准相抵触。

按照规定程序批准的统计调查表，必须在右上角标明表号、制表机关、批准或者备案机关、批准或者备案文号、有效期限。未标明上述内容或者超过有效期限的统计调查表，有关统计调查对象有权拒绝填报，统计机构有权废止。

统计调查方案所规定的指标涵义、调查范围、计算方法、分类目录、调查表式、统计编码等，未经批准该统计调查方案的机关同意，任何单位或者个人不得修改。

三、统计资料的管理和公布

（一）统计资料的管理

《统计法》第十三条规定：国家统计调查和地方统计调查范围内的统计资料，分别由国家统计局、县级以上地方各级人民政府统计机构或者乡、镇统计员统一管理。部门统计调查范围内的统计资料，由主管部门的统计机构或者统计负责人统一管理。企业事业组织的统计资料，由企业事业组织的统计机构或者统计负责人统一管理。

属于国家秘密的统计资料，必须保密。属于私人、家庭的单项调查资料，非经本人同意，不得泄露。统计机构、统计人员对在统计调查中知悉的统计调查对象的商业秘密，负有保密义务。

（二）统计资料的公布

国家统计局和省、自治区、直辖市的人民政府统计机构依照国家规定，定期公布统计资料。各地方、各部门、各单位公布统计资料，必须经《统计法》第十三条规定的统计机构或者统计负责人核定，并依照国家规定的程序报请审批。

国家统计数据以国家统计局公布的数据为准。

四、统计机构和统计人员

（一）统计机构和统计人员的设置

国务院设国家统计局负责组织、领导和协调全国统计工作。县级以上地方各级人民政府设立独立的统计机构，乡、镇人民政府设置专职或者兼职的统计员，负责组织领导和协调本行政区域内的统计工作。国务院和地方各级人民政府的各部门，根据统计任务的需要设立统计机构，或者在有关机构中设置统计人员，并指定统计负责人。

企业事业组织根据统计任务的需要设立统计机构，或者在有关机构中设置统计人员，并指定统计负责人。企业事业组织执行国家统计调查或者地方统计调查任务，接受地方人民政府统计机构的指导。

（二）统计机构或者统计负责人的职责

1. 国家统计局和地方各级人民政府统计机构的主要职责

国家统计局和地方各级人民政府统计机构的主要职责包括：

（1）制订统计调查计划，部署和检查全国或者本行政区域内的统计工作；

（2）组织国家统计调查、地方统计调查，搜集、整理、提供全国或者本行政区域内的统计资料；

（3）对国民经济和社会发展情况进行统计分析，实行统计监督，依照国务院的规定组织国民经济核算；

（4）管理和协调各部门制定的统计调查表和统计标准。国家统计局管理国家的统计信息自动化系统和统计数据库体系。乡、镇统计员会同有关人员负责农村基层统计工作，完成国家统计调查和地方统计调查任务。

2. 国务院和地方各级人民政府各部门的统计机构或统计负责人的主要职责

国务院和地方各级人民政府各部门的统计机构或统计负责人的主要职责包括：

（1）组织、协调本部门各职能机构的统计工作，完成国家统计调查和地方统计调查任务，制订和实施本部门的统计调查计划，搜集、整理、提供统计资料；

（2）对本部门和管辖系统内企业事业组织的计划执行情况，进行统计分析，实行统计监督；

（3）组织、协调本部门管辖系统内企业事业组织的统计工作，管理本部门的统计调查表。

3. 企业事业组织的统计机构或者统计负责人的主要职责

企业事业组织的统计机构或者统计负责人的主要职责包括：

（1）组织、协调本单位的统计工作，完成国家统计调查、部门统计调查和地方统计调查任务，搜集、整理、提供统计资料；

（2）对本单位的计划执行情况进行统计分析，实行统计监督；

（3）管理本单位的统计调查表，建立健全统计台账制度，并会同有关机构或者人员建立健全原始记录制度。

（三）统计机构、统计人员的权限

根据《实施条例》的规定，统计机构、统计人员的权限有：

1. 统计调查权

调查、搜集有关资料，召开有关调查会议，检查与统计资料有关的原始记录和凭证。统计调查对象应当依照《统计法》和国家有关规定，如实提供统计资料和情况，不得虚报、瞒报、拒报、迟报，不得伪造、篡改。

2. 统计报告权

将统计调查取得的统计资料和情况加以整理、分析，向上级领导机关和有关部门提出统计报告。任何单位或者个人不得阻挠和扣押统计报告，不得篡改统计资料。

3. 统计监督权

根据统计调查和统计分析，对国民经济和社会发展情况进行统计监督，检查国家政策和计划的实施，考核经济效益、社会效益和工作成绩，检查和揭露存在的问题，检查虚报、瞒报、伪造、篡改统计资料的行为，提出改进工作的建议。有关部门和单位对统计机构、统计人员反映、揭露的问题和提出的建议，应当及时处理，做出答复。

五、法律责任

（一）有关领导及统计机构、统计人员违反《统计法》的法律责任

地方、部门、单位的领导人自行修改统计资料、编造虚假数据或者强令、授意统计机构、统计人员篡改统计资料或者编造虚假数据的，依法给予行政处分，并由县级以上人民政府统计机构予以通报批评。地方、部门、单位的领导人对拒绝、抵制篡改统计资料或者对拒绝、抵制编造虚假数据行为的统计人员进行打击报复的，依法给予行政处分；构成犯罪的，依法追究刑事责任。

统计人员参与篡改统计资料、编造虚假数据的，由县级以上人民政府统计机构予以通报批评，依法给予行政处分或者建议有关部门依法给予行政处分。

统计机构、统计人员违反《统计法》规定，泄露私人、家庭的单项调查资料或者统计调查对象的商业秘密，造成损害的，依法承担民事责任，并对负有直接责任的主管人员和其他直接责任人员依法给予行政处分。

（二）统计调查对象违反《统计法》的法律责任

统计调查对象有虚报、瞒报统计资料，伪造、篡改统计资料的或拒报或者屡次迟

报统计资料的行为之一的，由县级以上人民政府统计机构责令改正，予以通报批评；情节较重的，可以对负有直接责任的主管人员和其他直接责任人员依法给予行政处分。

企业事业组织、个体工商户有上述违法行为之一的，由县级以上人民政府统计机构予以警告，并可以处以罚款。

（三）利用统计调查进行违法活动的法律责任

利用统计调查窃取国家秘密或者违反《统计法》有关保密规定的，依照有关法律规定处罚。

利用统计调查损害社会公共利益或者进行欺诈活动的，由县级以上人民政府统计机构责令改正，没收违法所得，可以处以罚款；构成犯罪的，依法追究刑事责任。

统计机构、统计人员违反规定，泄露私人、家庭的单项调查资料或者统计调查对象的商业秘密，造成损害的，依法承担民事责任，并对负有直接责任的主管人员和其他直接责任人员依法给予行政处分。

思考与练习题

1. 分析会计监督体系的组成及其功能。
2. 简述审计法对审计范围的规定。
3. 简述统计机构或者统计负责人的职责。
4. 论述会计人员、审计人员、统计人员的法律责任。

第十四章 经济争议的解决

第一节 经济争议的解决方式

一、经济争议的概念及其产生的原因

经济争议，是指经济法主体之间因经济权利与经济义务的矛盾而引起的纠纷。经济争议的实质是经济主体之间的价值目标的不同和物质利益的冲突。其产生的原因是多方面的，但就一般情况而言，可归为经济方面的原因和当事人认识方面的原因。在市场经济条件下，市场主体之间均有各自的物质利益，而物质利益的不可调和性，必然表现为经济权利与经济义务，经济权力与经济责任的冲突，此种冲突即为经济方面的原因产生的争议。参与经济法律关系的当事人，基于各自的法治意识的差异，必然导致经济法律行为与后果的冲突，此种冲突即为认识方面的原因产生的争议。

认识探求经济争议发生的原因，对于维护当事人各自的合法权益，维护市场秩序，其作用和意义都是显而易见的。

二、经济争议的分类

经济争议，可从不同角度和标准进行分类。常见的划分方法主要有以下两类：

（一）按争议性质不同划分

1. 合同争议

合同争议是指合同当事人对于自己与他人之间的权利行使、义务履行与利益分配有不同的观点、意见、请求的法律事实，如各类经济合同争议，损害赔偿争议等。

2. 侵权争议

侵权争议指市场主体在市场经营活动中因侵害他方市场主体的经济权利而引起的经济争议，如专利侵权争议，商标侵权争议等。

3. 行政管理行为争议

行政管理行为争议指市场规制主体与市场主体之间因经济权力与经济责任的矛盾所引起的争议，如征税争议等。

（二）按争议当事人是否涉外划分

1. 国内经济争议

国内经济争议指国内经济法主体之间因经济权利和经济义务的矛盾所引起的各种类型的争议。它既包括生产经营行为争议，也包括调控管理行为争议。

2. 涉外经济争议

涉外经济争议指中方当事人与外方当事人之间因经济权利和经济义务的矛盾所引起的各种类型的争议。它包括商贸运输和海事争议外商投资者与我国经济调控管理机关在税务、劳务等方面的争议。

无论什么类型的经济争议，一旦发生就应积极地解决，而解决经济争议的方式主要有协商、调解、仲裁和诉讼四种方式。前两种作为可替代性解决纠纷机制的可利用途径，对于避免法律实际操作层面的僵化梗塞倾向具有重大的意义，尤其在“诉讼爆炸”的当下。然基于本书编写意图，在此不赘述，我们主要来了解、学习仲裁和诉讼。

第二节　经济仲裁

一、概述

（一）仲裁的概念

仲裁，俗称“公断”，是争议双方在争议发生前或争议发生后达成协议，自愿将争议交给第三者做出裁决，双方有义务执行的一种解决争议的方法。仲裁作为解决当事人之间各种争议的方法已具有悠久的历史。远在古罗马时代，人们就已采用仲裁方式解决当事人之间的借贷争议和商事争议。我国古代买卖契约或借贷文书中的“中人”，在缔约双方发生争议后，受双方之托，居中调和，提出解决办法，亦直接含有民间仲裁的性质。

随着人类社会的演进和商品经济的发展，仲裁已成为国际上通行的解决商事争议、海事争议、劳动争议以及国际争端的重要方式。进入 20 世纪以后，各国已普遍把仲裁作为解决国际贸易争议的一种方式。1923 年由国际联盟主持，在日内瓦签订了一项《仲裁条款议定书》，缔约国承认当事人签订的仲裁协议是有效的。1927 年又签订了一项《关于执行外国仲裁裁决的公约》，承认在缔约国国境内做出的仲裁裁决在其他缔约国都应当承认有效，并且可以执行，这两个公约的签订有利于国际商事仲裁工作的开展。第二次世界大战前后，许多国家相继成立了常设的仲裁机构。1958 年联合国通过了《承认和执行外国仲裁裁决的公约》。联合国国际贸易法委员会又于 1976 年制定了《仲裁规则》，推荐各国经济贸易界采用。仲裁作为解决国际商事争议的一种方式，已在国际上得到普遍承认和广泛采用。

我国 1994 年 8 月 31 日颁布，于 1995 年 9 月 1 日起施行的《中华人民共和国仲裁法》（以下简称《仲裁法》），确立了我国现行的仲裁制度。根据仲裁法的规定，我国仲裁法适用的范围是“平等主体的公民、法人和其他组织之间发生的合同争议和其他财产权益争议”。婚姻、收养、监护、抚养、继承等涉及人身属性的争议和依法应当由行政机关处理的行政争议不能通过仲裁解决；劳动争议和农业集体经济组织内部的农业承包合同纠纷的仲裁，另行规定。不难看出，我国仲裁法的适用范围其实是经济仲裁。

（二）仲裁的特征

1. 仲裁具有自愿性

只有在当事人于争议发生之前或之后达成了仲裁协议，有关仲裁机构才有权对该争议进行受理和裁决；否则，任何当事人都无权强迫当事人接受以仲裁方式解决争议，任何仲裁机构也无权管辖该争议。此外，仲裁的自愿性还体现在仲裁机构、仲裁员的选择上，即当事人可按自己的意愿选择仲裁机构和仲裁员。这一特征也是仲裁与诉讼最大的区别之一。

2. 仲裁具有迅速快捷性

仲裁实行“一裁终局制”，即仲裁机构一旦就仲裁事项做出裁决后，当事人就同一争议再申请仲裁或者向人民法院起诉的，仲裁机构与法院都将不予受理；诉讼实行的是“两审终审”。因此，通过仲裁解决经济争议相对于通过诉讼解决争议，程序被缩短，能迅速快捷地解决争议。

3. 仲裁具有强制性

无论是协商还是调解，其过程和结果皆以各方当事人一致同意为基础。在协商或调解过程中，当事人中的任何一方不愿继续协商或调解的，协商或调解过程只好终止；即使调解和协商取得了各方一致同意的争议解决方案，但若事后任何一方反悔了，其他当事人仍不能根据该解决方案直接请求法院强制执行。即通过协商或调解达成的争议解决方案即便在事实上和法律上皆属公正，任何国家的法律也未赋予它们可强制执行的效力。

与协商或调解不同的是，仲裁程序一经开始，当事人中的任何一方皆无权单方面终止仲裁程序，即便有一方当事人不参加或拒绝参加仲裁程序，仲裁庭（或独任仲裁员）仍有权做出缺席审理或裁决。除少数仲裁程序或裁决存在违反法律强制性规定或严重不当等情形外，可由法院强制执行。

4. 仲裁具有不公开审理性

仲裁机构仲裁案件实行不公开开庭审理制，完全不同于诉讼的公开开庭审理制。仲裁机构仲裁案件时，除当事人及其代理外，其他人都不能出席仲裁庭，包括新闻记者。这是因为，经济纠纷案件往往涉及当事人的商业秘密。如果当事人协商同意公开开庭审理的，也可公开审理。这也是仲裁与诉讼的区别之一。

二、仲裁协议

（一）仲裁协议的概念

仲裁协议，是指双方当事人自愿将他们之间已经发生或者可能发生的争议提交仲裁解决的协议。可以从以下三个方面来理解仲裁协议这一概念：

1. 从性质上看，仲裁协议是一种合同

它必须建立在双方当事人自愿、平等和协商一致的基础上。仲裁协议是双方当事人共同的意思表示，是他们同意将争议提交仲裁的一种书面形式。所以说仲裁协议是一种合同。

2. 从形式上看，仲裁协议是一种书面协议

一般的合同可以是书面形式也可以是口头形式，仲裁协议的形式具有特殊性，这种特殊性就是要求要有书面形式。对此仲裁法有明确规定。《仲裁法》第 16 条规定，仲裁协议包括合同中订立的仲裁条款和以其他书面方式在纠纷发生前或者纠纷发生后达成的请求仲裁的协议。从仲裁法的这一规定可以看出，我国只承认书面仲裁协议的法律效力，以口头方式订立的仲裁协议不受法律保护。当事人以口头仲裁协议为依据申请仲裁的，仲裁机构不予受理。

因此，在实践中当事人应用书面形式订立仲裁协议，如果是以口头形式订立的，应及时转化为书面协议。例如，如果双方当事人通过电话谈妥了将他们之间的纠纷提交仲裁的事宜，一方当事人应当及时整理出电话记录，并要求对方予以确认；否则，仲裁协议无效。

3. 从内容上看，仲裁协议是当事人约定将争议提交仲裁解决的协议

当事人约定提交仲裁的争议可以是已经发生的，也可以是将来可能发生的争议。在仲裁协议中需要约定的是有关仲裁的内容。

（二）仲裁协议的作用

这里所说的仲裁协议是指有效的仲裁协议。至于无效的仲裁协议，它对任何人都不会产生约束力，因而也就谈不上有什么作用。仲裁协议的作用主要表现在以下几方面：

1. 对各方当事人具有约束

仲裁协议只要有效，各方当事人就得受其约束。除事后发生了法定失效的情由外，任何当事人不得就仲裁协议中约定的争议事项向法院起诉；否则，另一方当事人可根据仲裁协议要求法院终止起诉。若有关法院不顾有效的仲裁协议而强行判决，当事人可以持有效仲裁协议作为拒绝执行判决的抗辩理由。

2. 选择解决争议的方式

争议当事人就争议解决方式达成了仲裁协议，即表明了双方当事人选定了以仲裁的方式解决他们之间的争议。当事人不能就他们之间的争议再向法院起诉，通过诉讼解决他们之间的争议，而只能提请仲裁机构进行裁决，即排除了以诉讼方式解决他们之间的争议。

3. 排除了法院的管辖

当事人一旦就争议之间的解决方式达成了仲裁协议，根据仲裁法确定的“或审或裁”原则，也就排除了法院对当事人争议案件的管辖，即法院再也不能根据民事诉讼法确定的地域管辖权行使管辖。除非当事人之间达成的仲裁协议是无效的。

4. 仲裁机构受理案件的依据

仲裁机构对当事人争议案件的管辖来自当事人双方的授权，授权书就是当事人之间达成的仲裁协议，即仲裁协议是仲裁机构受理争议案件的依据。这里说的“依据”有两个方面的含义：

（1）只有仲裁协议指定的仲裁机构才有权受理仲裁争议；

（2）仲裁机构只能对仲裁协议中的争议事项进行仲裁。

5. 仲裁裁决的主要依据之一

当事人在请求法院承认和执行仲裁裁决时，必须提交有效的仲裁协议。仲裁协议的这一作用也为《纽约公约》所确认。

（三）仲裁协议的形式与内容

1. 仲裁协议的形式

仲裁协议的形式有两种：一种是当事人在订立合同时，在合同中订立的仲裁条款。这是仲裁协议最常见的协议形式；另一种是当事人发生争议后达成的请求仲裁机构解决争议的协议。从仲裁实际来看，仲裁协议的最后一种形式要少见一些，因为争议发生后，当事人很难达成解决争议的协议。

2. 仲裁协议的内容

（1）请求仲裁的意思表示。仲裁条款或协议要有提请仲裁机构仲裁争议的意思表示，且请求仲裁的意思表示应是明确的，不能含糊其辞、模棱两可。例如，有当事人约定：“本合同发生争议，任何一方可以向仲裁机构提起仲裁请求，也可以向法院提起诉讼。”这是典型的模棱两可、含糊不清的表述，违反了仲裁法所确定的“或裁或审”的原则，是无效约定。

（2）约定仲裁的事项。仲裁事项是指仲裁机构能进行仲裁的事由范围。当事人可以笼统的约定，如“关于本协议所产生的一切争议均可向仲裁机构提起仲裁”；也可以是具体约定，如“本协议双方当事人如遇下列争议，应提起仲裁申请：1，2，3……”后一种约定，仲裁条款没有列入的事项被排除在仲裁范围之外。

（3）指定仲裁机构。在仲裁协议中，如不明确指定仲裁机构，仲裁协议实际上不能产生由仲裁机构解决争议的效力。仲裁机构的选择既可选择申请人所在地的仲裁机构，也可选择被申请人所在地的仲裁机构，还可选择第三地的仲裁机构。通常选择声誉和权威较高的仲裁机构，作为合同争议的仲裁人。选择不可模糊，如“遇争议的双方可选择中国贸促会仲裁机构或香港仲裁机构作为合同争议的仲裁人”，这种约定属于模糊不清，无法律效力。

（三）无效的仲裁协议

无效的仲裁协议不能产生本节所述的仲裁协议的作用。属于以下几种情况的仲裁协议是无效的仲裁协议：

（1）仲裁协议约定的仲裁事项超出法律规定的仲裁范围。例如，关于婚姻、继承、抚养、监护等问题的仲裁协议，是无效的仲裁协议。

（2）由无民事行为能力或限制民事行为能力的人订立的仲裁协议。

（3）一方在另一方胁迫下与对方订立的仲裁协议。

如果出现上述三种情况，任何一方当事人可在仲裁庭首次开庭仲裁前提出异议，并提供有关证据。当事人也可以请求法院对仲裁协议的效力做出裁定。如果一方当事人请求仲裁机构确认仲裁协议是否有效，而另一方当事人向法院提出异议，要求法院对仲裁协议的效力做出裁定，仲裁机构应停止活动，由人民法院对此做出裁定，并以该裁定为准。这体现了国家司法审判权高于仲裁权的原则。

三、仲裁程序

（一）仲裁的申请和受理

当事人申请仲裁，应当向仲裁机构递交仲裁协议、仲裁申请书及副本。仲裁申请书应当书写下列事项：

（1）当事人的姓名、性别、年龄、职业、工作单位和住所，法人或者其他组织的名称、地址和法定代表人或者主要负责人的姓名、职务；

（2）仲裁请求和所根据的事实、理由；

（3）证据和证据来源，证人姓名和住所。

仲裁机构自收到仲裁申请之日起 5 日内，认为符合受理条件的，应当受理，并通知当事人；认为不符合受理条件的，书面通知当事人不予受理，并说明理由。仲裁机构受理仲裁申请后，在仲裁规则规定的期限内将仲裁规则和仲裁员名册送达申请人，并将仲裁申请书副本和仲裁规则、仲裁员名册送达被申请人。被申请人收到仲裁申请书副本后，在仲裁规则规定的期限内向仲裁机构提交答辩书。仲裁机构收到答辩书后，在仲裁规则规定的期限内将答辩书副本送达申请人。

（二）仲裁庭的组成

仲裁庭可以由 3 名仲裁员或者 1 名仲裁员组成；由 3 名仲裁员组成的，设首席仲裁员。

当仲裁庭由 3 名仲裁员组成时，由当事人双方在仲裁员名册中各自选定 1 名仲裁员，当事人也可以委托仲裁委员会主任指定 1 名仲裁员，第 3 名仲裁员由当事人共同选定或共同委托仲裁委员会主任指定。第 3 名仲裁员即是首席仲裁员。当事人约定由 1 名仲裁员成立仲裁庭的，仲裁员应当由当事人共同选定或者委托仲裁委员会主任指定。

仲裁员有下列情形之一的，当事人有权提出回避申请：

（1）仲裁员是本案当事人或者当事人、代理人的近亲属的；

（2）仲裁员与本案有利害关系的；

（3）仲裁员与本案当事人、代理人有其他关系，可能影响公正仲裁的；

（4）仲裁员私自会见当事人、代理人，或者接受当事人、代理人的请客送礼的。

当事人提出回避申请，应当说明理由，并在首次开庭仲裁前提出。回避事由在首次开庭后提出的，可以在最后一次开庭终结前提出。

（三）开庭和裁决

1. 仲裁开庭

仲裁机构应当在仲裁规则规定的期限内将开庭日期通知双方当事人。当事人有正当理由的，可以在仲裁规则规定的期限内请求延期开庭。是否延期，由仲裁庭决定。

申请人经书面通知，无正当理由不到庭或者未经仲裁庭许可中途退庭的，可以视为撤回仲裁申请。被申请人经书面通知，无正当理由不到庭或者未经仲裁庭许可中途退庭的，可以缺席裁决。

仲裁开庭审理是在首席仲裁员的主持下进行的。审理的程序是首先对双方当事人及代理人的身份进行确认。确认结束后，先由申请人陈述仲裁请求、事实、依据和理由，后由被申请人针对申请人的请求作答复与辩解。这一过程结束后双方提供证据和对对方提供的证据进行质证。质证结束后，双方进行辩论。辩论时先由申请人发言后由被申请人发言。双方的发言都有时间限制。辩论进行多轮。辩论终结时，首席仲裁员或者独任仲裁员应当征询当事人的最后意见。

仲裁应当将开庭情况进行笔录。笔录由仲裁员、记录人员、当事人和其他仲裁参与人签名或者盖章。

当事人申请仲裁后，可以自行和解。达成和解协议的，可以请求仲裁庭根据和解协议做出裁决书，也可以撤回仲裁申请。当事人达成和解协议，撤回仲裁申请后反悔的，可以根据仲裁协议申请仲裁。

仲裁庭在做出裁决前，可以先行调解。当事人自愿调解的，仲裁庭应当支持调解。调解不成的，应当及时做出裁决。调解达成协议的，仲裁庭应当制作调解书或者根据协议的结果制作裁决书。调解书与裁决书具有同等法律效力。调解书经双方当事人签收后，即发生法律效力。在调解书签收前当事人反悔的，仲裁庭应当及时做出裁决。

2. 仲裁裁决

裁决应当按照多数人的意见做出，少数仲裁员的不同意见可以记入笔录。仲裁庭不能形成多数意见时，裁决应当按照首席仲裁员的意见做出。裁决书应当写明仲裁请求、争议事实、裁决理由、裁决结果、仲裁费用的负担和裁决日期。当事人协议不愿写明争议事实和裁决理由的，可以不写。裁决书由仲裁员签名，加盖仲裁委员会印章。对裁决持不同意见的仲裁员，可以签名，也可以不签名。

四、仲裁裁决的撤销与执行

（一）仲裁裁决的撤销

仲裁裁决具有法律效力，裁决对双方当事人而言，是终局决定，当事人必须执行；否则，法院可依另一方当事人的申请强制执行仲裁裁决。如果当事人认为仲裁裁决确实不符合法律规定，可以在收到裁决之日起 6 个月内向仲裁机构所在地中级人民法院提出撤销裁决的申请。法院经审理后对依法应当撤销仲裁的裁决可以自行撤销。当事人可就以下事实和理由向法院提出撤销仲裁裁决：

（1）当事人之间没有达成仲裁协议。如果当事人无仲裁协议，包括仲裁协议无效，仲裁机构受理仲裁申请并做出裁决的，裁决是属于应该撤销的仲裁裁决。

（2）裁决的事项超出仲裁协议的范围，或者不属于仲裁机构有权仲裁的范围。超越仲裁协议约定的可仲裁事项的范围，违反当事人的意愿，仲裁机构没有获得当事人的仲裁授权，仲裁无效，其裁决属于可撤销的裁决。仲裁机构受理了本不属于它受理的争议事项，属违法无效。

（3）仲裁庭的组成或仲裁程序违反法定程序。例如，当事人合理的回避请求没有得到准许，导致裁决不公。

（4）仲裁裁决依据的证据是伪造的。当事人发现证据是伪造的，可请求法院撤销裁决。

（5）一方当事人隐瞒证据。

（6）仲裁员在仲裁案件中，有受贿索贿、徇私舞弊、枉法裁决等行为。

（7）仲裁结果虽不存在以上列举的情况，但其实际履行却会给社会公共利益带来损害的，法院有权裁定撤销其仲裁裁决。

法院所作的撤销裁决的裁定或驳回当事人申请撤销裁决的裁定，对当事人发生终局裁定的法律效力。

（二）仲裁裁决的执行

仲裁裁决具有法律强制力，一方不履行自己在裁决中应当承担的义务，另一方可申请法院强制执行。申请执行的期限是：当事人如果一方或双方是公民的，申请执行期限为1年；当事人双方是法人的，其申请执行期限为半年，均从裁决中规定的义务最后履行期限日起计算。法院将通过划拨、扣留、提取、搜查、查封、扣押、变卖、强制交付被执行人的存款、收入、财产、指定财物和票证等手段进行强制执行。

第三节　经济司法

经济司法，是指人民法院、人民检察院依法对经济纠纷案件和经济犯罪案件进行审判和检察的活动。经济司法包括经济审判制度和经济检察制度两个方面。在此，本书所述的经济司法仅指代经济审判制度即经济争议诉讼。经济争议诉讼，是指人民法院在双方当事人和其他诉讼参与人参加下，运用审判权处理经济争议，解决当事人之间经济纠纷案件的活动。人民法院依照法律规定独立行使审判权，不受行政机关、社会团体和个人的干涉。当事人通过诉讼请求人民法院处理经济争议，如前所述是解决经济争议的途径之一，从实际来看，而非最佳或最终手段，我们认可司法的重要地位，并非推崇司法在社会纠纷解决中的优先地位。当然，构筑经济司法知识体系是必要的。

在以法律手段解决经济纠纷的过程中除了依据实体法对案件做出定性之外，还需要相应的程序法规来保障经济实体法律的实施。例如，合同双方当事人中的一方违约，另一方准备起诉对方，那么他们双方都必须要按照程序法的要求，在以法官居中裁判的角色指领下开展相应的经济诉讼活动。

保障经济诉讼活动顺利进行的法律，即经济诉讼法。经济诉讼法有广义和狭义之分，狭义的经济诉讼法是指经济诉讼法典，在我国具体是指 1991 年 4 月 9 日第七届全国人民代表大会第四次会议通过的《中华人民共和国民事诉讼法》（以下简称《诉讼法》），其主要内容有：管辖、回避、诉讼参加人、证据、调解、财产保全的先予执行，强制措施、审判程序、督促程序、公示催告程序、企业法人破产还债程序、执行程序、涉外民事诉讼程序的特别规定。广义的经济诉讼法是指经济讼法典，宪法和其他法律中有关民事诉讼的规定，以及最高人民法院发布的指导民事诉讼的司法解释文件，如指示、批复、意见等。主要有 1992 年 7 月 14 日最高人民法院颁布的《关于适用〈中华人民共和国民事诉讼法〉若干问题的意见》（以下简称《意见》）。

一、诉讼管辖

管辖是指法院系统内各级法院之间以及同级法院之间受理第一审案件的分工与权限。诉讼管辖可分为级别管辖、地域管辖、移送管辖和指定管辖。

（一）级别管辖

级别管辖是指根据经济争议案件争议标的金额的多少和影响大小，由不同级别的法院作为第一审案件的受理法院。根据民事诉讼法的规定，基层人民法院，即区县级人民法院管辖一般的第一审经济争议案件；中级人民法院管辖的第一审案件，包括重大涉外案件，在辖区有重大影响的案件和最高人民法院确定由中级人民法院管辖的案件；高级人民法院管辖在本辖区有重大影响的第一审经济争议案件；最高人民法院管辖第一审案件包括，在全国有重大影响的案件，认为应当由本院审理的案件。各级法院受理一审经济争议案件的金额的多少，全国没有统一的规定，均根据各地经济发展水平确定。

（二）地域管辖

地域管辖是指由哪个地方的法院受理经济争议的第一审案件根据民事诉讼法的规定，地域管辖又可分为一般地域管辖、特殊地域管辖、专属管辖和协议管辖几种。

1. 一般地域管辖

一般地域管辖也叫普通地域管辖，是指根据当事人住所地确定管辖权的法院。地域管辖的基本原则是原告就被告，即由被告所在地的法院管辖，原告到被告所在地的法院起诉。实行该原则的目的是为了防止原告滥用诉权。

2. 特殊地域管辖

特殊地域管辖是指根据诉讼标的或诉讼标的物所在地及被告住所地来确定管辖权，具体规定如下：

（1）因一般经济合同争议提起的诉讼，由被告住所地或者合同履行地人民法院管辖。

（2）因保险合同争议提起的诉讼，由被告住所地或者保险标的物所在地人民法院管辖。

（3）因铁路、公路、水上、航空运输和联合运输合同争议提起的诉讼，由运输始发地、目的地或者被告住所地人民法院管辖。

（4）因侵权行为提起的诉讼，由侵权行为地或者被告住所地人民法院管辖。

（5）因铁路、公路、水上和航空事故请求损害赔偿提起的诉讼，由事故发生地或者车辆、船舶最先到达地，航空器最先降落地或者被告住所地人民法院管辖。

（6）因船舶碰撞或者其他海事损害事故请求损害赔偿提起的诉讼，由碰撞发生地、碰撞船舶最先到达地、加害船舶被扣留地或者被告住所地人民法院管辖。

（7）因海难救助费用提起的诉讼，由救助地或者被救助船舶最先到达地人民法院管辖。

（8）因共同海损提起的诉讼，由船舶最先到达地、共同海损理算地或者航程终止地的人民法院管辖。

3. 专属管辖

专属管辖是指根据案件的特定性质，法律规定某类案件必须由特定地区的人民法院管辖。例如，因不动产争议提起的诉讼由不动产所在地人民法院管辖；因港口作业争议提起的诉讼，由港口所在地人民法院管辖。

4. 协议管辖

协议管辖是指当事人通过协商确定经济争议案件的第一审受理法院。协议管辖尊重了当事人的意愿，减少了当事人对管辖的争议，增强了当事人对管辖法院的信赖，对配合法院解决争议案件有非常积极的作用。协议管辖主要适用于因合同争议提起的诉讼，即双方当事人可在合同中或事后达成的书面协议中选择被告住所地、合同履行地、合同签订地、原告住所地、标的物所在地中的任一法院管辖。当事人协议选择的管辖法院必须是与争议相关的法院。当事人行使协议选择地域管辖法院时，不能违反级别管辖或专属管辖的规定。

（三）移送管辖和指定管辖

人民法院受理经济争议案件后发现不属于自己管辖范围时，应当移交有管辖权的人民法院。有管辖权的人民法院由于特殊原因，不能行使管辖权的，由上级人民法院指定管辖。

人民法院就管辖权发生争议时，由争议双方协商解决；协商解决不了的，报请有管辖权法院共同的上级人民法院指定管辖。

二、诉讼时效

（一）诉讼时效的概念

诉讼时效是指民事权利受到侵害的权利人在法定的时效期间内不行使权利，当时效期届满时，即丧失了请求人民法院依诉讼程序强制义务人履行义务之权利的制度。

（二）诉讼时效的法律特征

诉讼时效作为依法得以引起民事法律关系产生、变更或者消灭的民事法律事实，具有如下法律特点：

（1）诉讼时效具有严格的法律强制性，即有关诉讼时效的民事法律规范属于强制性法律规范。当事人不得以其意思排除诉讼时效规定的适用，协议变更法定的诉讼时效制度的内容或者约定预先放弃时效利益等均为法律所禁止。

（2）诉讼时效属于民事法律中的事件，以法定的事实状态——权利人不行使权利的事实连续存在作为适用依据，也不为当事人意志所决定，故不同于民事法律事实中的行为。

（3）诉讼时效产生的法律后果是消灭了权利人的胜诉权，故区别于以当事人取得民事权利为后果的取得时效和以消灭实体权利为法律后果的除斥期。

（三）诉讼时效的意义

诉讼时效制度的目的不是处罚权利人不及时行使请求权的行为，更不是保护义务人不履行义务的行为，而是具有更积极的法律意义。

（1）诉讼时效制度的实施，有利于稳定社会经济秩序，促进社会主义市场经济的发展。因为诉讼时效可以促使当事人及时行使请求权，解除因义务人不履行义务所造成的不平等局面，维护正常的社会经济秩序。否则，当事人长期不行使请求权必然影响财产流转，造成经济关系的长期不稳定，不利于社会主义市场经济的正常发展。

（2）诉讼时效制度的实施，有利于保护当事人的合法权益。诉讼时效可以促使权利人及时行使权利，也就是间接地督促义务人履行义务，以实现权利人的合法权益。即使义务人不履行义务，权利人也可以在诉讼时效期间内及时寻求法律保护。

（3）诉讼时效制度的实施，有利于人民法院及时正确处理民事纠纷。诉讼时效促使权利人及时向人民法院起诉，便于人民法院调查取证，分辨是非，正确、及时地解决纠纷。

（四）诉讼时效的效力

诉讼时效的效力就是指诉讼时效届满所产生的法律后果。根据《民法总则》第一百八十八条、第一百九十二条的规定，这种法律后果表现在：

1. 诉讼时效属于消灭时效

诉讼时效期间届满之后，产生的法律后果是消灭了权利人享有的胜诉权，即权利人丧失了获得法律强制保护的权利。

2. 诉讼时效消灭胜诉权，而不消灭起诉权

根据最高人民法院《关于适用〈中华人民共和国民事诉讼法〉若干问题的意见》第一百五十三条的规定，权利人在超过诉讼时效期间后起诉的，人民法院仍应予以受理，不得以诉讼时效届满为由不予受理。因为人民法院在受理起诉后才能查明诉讼时效是否届满。当然，如果人民法院受理后查明没有中止、中断、延长事由的，则依法判决驳回其诉讼请求。如果人民法院查明权利人确有正当理由的，则依法认定诉讼时效中止、中断或予以延长，以便保护权利人的权利。

3. 诉讼时效届满并不消灭实体权利

诉讼时效届满，导致权利人的胜诉权消失，人民法院不再予以强制保护。但是，

权利人基于民事法律关系所享有的民事权利（实体权利）仍然存在。所以，义务人在诉讼时效届满后自愿向权利人履行义务的，权利人仍然有权接受，不受诉讼时效限制。而且，基于当事人之间实体权利义务的存在，义务人在自愿履行后，又以超过诉讼时效为由反悔的，人民法院也不予以支持。但是，如果有证据证明实体权利本身已因其他原因而消灭，则履行义务的义务人可以以不得当利为由要求返还。

三、诉讼中当事人的权利

（一）申请回避的权利

当事人发现审判人员、书记员、翻译人员、鉴定人、勘验人有下列情形之一的，有权以口头或者书面方式申请他们回避：

（1）是本案当事人或者当事人、诉讼代理人的近亲属；

（2）与本案有利害关系；

（3）与本案当事人有其他关系，可能影响对案件公正审理的。

当事人提出回避申请，应当说明理由，在案件开始审理时提出；回避事由在案件审理开始后知道的，也可以在法庭辩论终结前提出。被申请回避的人员在人民法院做出是否回避的决定前，应当暂停参与本案的工作，但案件需要采取紧急措施的除外。人民法院对当事人提出的回避申请，应当在申请提出的 3 日内，以口头或者书面形式做出决定。申请人对决定不服的，可以再接到决定时申请复议一次。复议期间，被申请回避的人员，不停止参与本案的工作。人民法院对复议申请，应当在 3 日内做出决定，并通知复议申请人。

（二）请求财产保全的权利

财产保全是指当事人因另一方的行为或者其他原因（如抽逃、转移、隐藏财产），使判决不能执行或难以执行的，申请法院以查封、扣押、冻结等措施使被申请的财产保持现有的状态，以便使判决能够得以执行。当事人没有提出申请的，法院认为有必要的也可以自行采取财产保全措施，以保证判决得以执行，保护债权人的合法权益。

法院采取采取财产保全措施前，可以责令申请人提供担保，申请人不能提供担保的，法院将驳回申请。要求申请人提供担保的目的是，如果申请人有错误并败诉，使被申请人因财产保全遭受损失时，可用担保财产赔偿被申请人的损失。法院接受申请后，对情况紧急的，必须在 48 小时内做出裁定。裁定采取财产保全措施的，应立即开始执行。申请人在法院采取保全措施后 15 日内必须起诉，如果 15 天内不起诉，15 天过后，财产保全自动失效，法院将解除财产保全。

财产保全仅限于诉讼请求的范围，与债务额相当，不能与债务额相比过分悬殊，影响被申请人的正常生产经营活动。例如，债务金额为 10 万元，扣押价值 20 万财产则是不恰当的财产保全。财产保全措施有查封、扣押、冻结或法律规定的其他方法。法院冻结财产后，应立即通知被冻结人。被申请人提供担保的，法院应当解除财产保全。此外，当事人申请财产保全的应向财产所在地法院申请。

（三）其他诉讼权利

当事人在诉讼中享有委托代理人、收集提供证据、进行辩论、请求调解，以及查阅复制与本案有关的档案材料和法律文书的权利。原告有放弃或变更诉讼请求的权利，被告有承认或反驳诉讼请求或提起反诉等诉讼权利。双方当事人还可自行和解。

四、经济诉讼程序

经济诉讼程序，是指人民法院、诉讼当事人以及诉讼参与人为经济争议案件的审查终结而分段、连续，并依次进行的一系列审理环节。经济诉讼程序一般是指我国实行的“两审终审”原则规定的所有法定程序，即一审程序和二审程序。从广义上讲，还包括审判程序之外的审判监督程序和执行程序。

（一）一审程序

一审程序，亦称普通程序，是指人民法院受理并审理第一审经济争议案件通常适用的程序。一审程序具有环节齐备、内容完整、体现诉讼原则充分的特点，是整个诉讼程序的前提和基础。一审程序始于起诉，后有受理、审理、判决等基本环节。

1. 起诉

起诉是指经济争议案件当事人，因其合法权益受到侵犯或因争议不决，以自己的名义请求人民法院依法审判给予司法保护的诉讼行为。起诉须具备四个要件：

（1）原告须是与本案有直接利害关系的人（包括公民和法人）；

（2）须有明确的被告；

（3）须有具体的诉讼请求、事实和依据；

（4）须有人民法院受案范围和管辖范围。

2. 受理

受理是指人民法院通过审查原告起诉，认为符合起诉条件而决定立案审理的诉讼行为。立案是受理的标志，亦是进入司法审判程序的标志。人民法院是否受理，应在收到原告起诉后 7 日内做出决定。

3. 审前准备

审前准备是指法院受理案件后至庭审前，为保证案件开庭审理顺利进行，依法进行的必要准备工作。其主要包括：

（1）通知被告应诉，即法院应在立案之日起 5 日内将起诉状副本送达被告，被告应在收到起诉状副本之日起 15 日内提交答辩状；

（2）组成合议庭；

（3）审阅诉讼材料、必要的调查取证；

（4）决定是否采取诉讼保全；

（5）确定案件是否公开审理。该项准备工作，按照诉讼法规定，以公开审理为原则，以不公开审理为例外。不公开审理，有法定不公开审理和当事人申请不公开审理两种。前者主要适应涉及国家秘密的经济争议案件，后者主要适用涉及当事人商事秘密的案件。

4. 开庭审理

根据民事诉讼法规定及司法实践，开庭审理应该经过五个阶段：

（1）宣布开庭。诉讼参与人员入庭就座后，由审判长宣布开庭，并核对当事人身份，宣布案由、法庭组成人员名单、书记员名单，告知当事人诉讼权利和诉讼义务，询问当事人是否提出回避申请。

（2）法庭调查。它是指在审判长的主持下，对案情事实及有关证据进行查证核实，以查清案情，认定事实。法庭调查的顺序是：首先，当事人陈述；其次，证人作证；再次，出示书证、物证；最后，宣读鉴定结论与勘验笔录。

（3）法庭辩论。在审判长的主持下，当事人对法庭调查的事实和证据提出各自的看法，展开辩论，相互反驳，以分清是非。辩论顺序是，先原告及其诉讼代理人发言，后被告及其代理人发言，然后控辩双方互相辩驳。

（4）法庭调解。法庭辩论结束后，法院根据案情需要和可能进行辩解，以促使双方协商解决，但这不是法定的必经程序。

（5）评议宣判。该阶段是庭审的最后阶段，即法庭在通过上述调查、辩论等阶段，查清事实，明确适用法律的基础上，由合议庭退庭秘密评议，做出判决之后向当事人宣判。人民法院的宣判，无论是否公开审理，一律公开进行，宣判方式，可当庭宣判，也可定期宣判。判决书应当说明：案情、案由、判决适用法律依据，判决结论及诉讼费用负担，上诉期间及上诉法院等基本内容。人民法院适用一审程序审理案件，应在立案之日起6个月内结束，特殊情况需延期的，须经院长批准。

（二）二审程序

二审程序，亦称上诉程序，即经济诉讼当事人不服一审法院做出的未生效的判决或裁定，提请上一级法院重新审理的诉讼程序。二审程序，是我国审级制度规定的法定程序。通过二级程序的适用，既可维护一审法院的正确结论，也可及时纠正其错误，切实维护当事人的合法的权益。

二审程序，始于当事人的上诉，终由二审法院的重新审理、判决。上诉，可由原告提起也可由被告提起。提起上诉的人，称上诉人，对方当事人则称为被上诉人。上诉，必须具备四个要件：

（1）须有明确的上诉人和被上诉人。

（2）须有具体的上诉事由。

（3）须在法定的上诉期内提出。不服判决的，上诉期为15天；不服裁定的，上诉期为10天；若当事人在境内无住所，其不服判决或裁定的上诉期均为30天。

（4）须符合法定的可以上诉的范围。属特别程序审理案件的判决或裁定不能上诉。

二审法院对上诉案件的重新审理，是针对上诉事由进行“事实审”和“法律审”，即审理原审事实认定是否清楚、适用法律是否正确。审理结果，有三种情况：

（1）驳回的判决，即驳回上诉，维持原判。意指原判决认定事实清楚，适用法律正确，作全盘肯定。

（2）变更的判决，即依法改判。意指原判决认定事实清楚或基本清楚，但适用法律错误，作部分肯定或否定。

（3）发回的裁定，即撤销原判，发回重审。意指原判决认定事实不清楚，证据不足，适用法律错误，作全盘否定。

二审法院对上诉案件，仍可进行调解。当事人也可自行和解，经和解而申请撤诉，法院应与准许。

二审法院的判决、裁定是生效的终审结论，当事人不得再行上诉。二审法院判决的上诉案，应在二审立案之日起 3 个月内结案。对裁定的上诉案，应在二审立案之日起 30 日内做出终审裁定。

（三）审判监督程序

审判监督程序，亦称再审程序，是指人民法院发现已经生效的判决、裁定、调解书确有错误，依法决定再行审理所适用的一种内部监督或特殊补救程序。审判监督程序，对于切实维护当事人合法权益，维护法律尊严，促进和提高审判质量有着重要意义。

审判监督程序，可因以下几种情况引起：

（1）人民法院自行发现错误，经本院院长提交审判委员会讨论决定引起再审。

（2）上级法院和最高人民法院发现错误，提审或指令下级法院再审。

（3）人民检察院（对经济犯罪刑诉案）抗诉引起再审。

（4）当事人不服生效判决或裁定的申诉引起再审，但当事人的申诉须在上述结论生效后 2 年内提起。申诉不能影响原判决的效力，也不能直接使原判决的执行停止。法院通过审查当事人的申诉，发现原判决确有错误的，可依法重新再审；如认为原判正确，可作申诉无效，予以驳回处理。

人民法院按照审判监督程序再审的案件，原属一审的，依一审程序进行再审，所作的判决、裁定，当事人可以上诉；原属二审的，经再审所作的判决，即属终审，当事人不得上诉。

（四）执行程序

执行，是指人民法院对已经生效的判决书、裁定书、调解书所确定的义务，当事人拒绝履行，经另一方当事人申请，或法院主动决定，并依照法定程序，运用国家权力强制当事人履行所负义务的行为。

执行程序，不是所有经济案件的必经程序。换言之，如果当事人均自觉地履行了给付义务，或权利人超过了法定申请执行期限，就不会发生执行。申请执行的法定期限，双方或一方当事人是公民的为 1 年，双方是法人或其他组织的为 6 个月。其时间计算，以法律文书规定当事人履行期限的最后一日起算。

人民法院实行审执分离，即基层法院和中级法院设置专司执行的执行庭，执行工作由执行员依法进行。根据民事诉讼法规定，生效的判决、裁定、调解书，无论是一审法院做出的，还是二审法院做出的，均由一审法院执行庭执行。

思考与练习题

1. 什么是合同争议?
2. 什么是行政管理争议?
3. 协商与调解作为解决经济争议的手段有什么优点?
4. 仲裁与诉讼有什么不同?
5. 如何完善仲裁条款和仲裁协议，以确保协议有效?
6. 司法机关如何对仲裁实施监督?
7. 简述管辖的分类。
8. 协议管辖怎样才能有效?
9. 诉讼当事人有哪些权利?
10. 在什么情况下可以启动再审程序?

参考文献

1. 赵旭东．新公司法讲义［M］．北京：人民法院出版社，2005.

2. 杨紫煊，徐杰．经济法学［M］.4版．北京：北京大学出版社，2007.

3. 高晋康．经济法［M］.4版．成都：西南财经大学出版社，2008.

4. 商法．司法考试分类法规随身查［M］．北京：中国法制出版社，2006.

5. 刘宁元．国际经济法论丛——中外反垄断法实施体制研究［M］．北京：北京大学出版社，2005.

6. 钟明钊．竞争法［M］．北京：法律出版社，2002.

7. 王晓晔．竞争法学［M］．北京．社会科学文献出版社，2007.

8. 曹士兵．反垄断法研究［M］．北京：法律出版社，1996.

9. 徐杰．经济法学［M］.4版．北京：北京大学出版社，2007.

10. 黎建飞．劳动法和社会保障法［M］．北京：中国人民大学出版社，2003.

11. 王全兴．劳动法［M］．北京：法律出版社，1997.

12. 刘金同，张雪芹．法学概论［M］．北京：清华大学出版社，2006.

13. 王丽．经济法教程［M］．北京：对外经济贸易大学出版社，2007.

14. 李昌麒．经济法学［M］．北京：中国政法大学出版社，2007.

15. 左祥琦．学好用好劳动合同法［M］．北京：北京大学出版社，2008.

16. 潘静成，刘文华．经济法［M］.2版．北京：中国人民大学出版社，2005.

17. 谭兵．中国仲裁制度研究［M］．北京：法律出版社，1999.

18. 田平安．民事诉讼法学［M］．北京：中国政法大学出版社，1999.

19. 国家司法考试辅导用书编辑委员会．国家司法考试辅导用书［M］．北京：法律出版社，2008.